普通高等院校经济管理专业系列规划教材

财 务 管 理

主 编 张惠琴

副主编 丁建国 游德升

图书在版编目（CIP）数据

财务管理／张惠琴主编．—成都：西南交通大学出版社，2015.5

ISBN 978-7-5643-3876-3

Ⅰ．①财… Ⅱ．①张… Ⅲ．①财务管理 Ⅳ．①F275

中国版本图书馆 CIP 数据核字（2015）第 096509 号

财务管理

主编　张惠琴

责任编辑　罗爱林
特邀编辑　罗　旋
封面设计　何东琳设计工作室

出版发行　西南交通大学出版社
（四川省成都市金牛区交大路 146 号）
发行部电话　028-87600564　028-87600533
邮政编码　610031
网　　址　http://www.xnjdcbs.com

印　　刷　成都蓉军广告印务有限责任公司
成品尺寸　185 mm × 260 mm
印　　张　22
字　　数　546 千
版　　次　2015 年 5 月第 1 版
印　　次　2015 年 5 月第 1 次
书　　号　ISBN 978-7-5643-3876-3
定　　价　42.00 元

课件咨询电话：028-87600533

前　言

随着经济的快速发展，企业管理在现代企业中发挥着越来越重要的作用，财务管理作为企业管理中的主要组成部分，在企业管理中有着举足轻重的地位。在财务管理的知识体系中，财务管理的基本理论是研究财务学和掌握财务管理实践知识的基础，本书立足管理学的发展规律，较为深入地介绍了财务管理的基本理论，以为进一步深入研究和学习打下坚实的基础。本书内容简明扼要、实践性强，适合在普通应用性大学中推广使用。同时，还可以作为报考注册会计师、资产评估师、证券从业人员资格考试的参考教材，以及从事公司理财、证券投资、资产评估、资本运营等相关工作的人士自学参考用书。

本书编写过程中努力做到以下三点：

一是致力于构建一个完整的财务管理理论体系。本书第一章对财务管理的内涵、财务管理的本质特点、财务管理的对象、财务管理的发展、财务管理的地位、财务管理的环境以及财务管理的实践方法和研究方法等进行了系统的阐述；从第二章开始进行分类讲解，财务管理价值理论、收益与风险理论（第二章），融资管理理论（第三章），资金成本理论（第四章），杠杆理论（第五章），资金结构理论（第六章），营运资本管理理论（第七章），资本预算决策和股利分配理论（第八章~第九章），财务分析、绩效评价（第十章），企业价值评估、企业并购理论（第十一章~第十二章），国际财务管理理论（第十三章）。

二是突出应用性，增强适用性。本书根据教育部对应用性大学总体规划和发展目标的要求，紧紧围绕财务管理、会计学专业人才培养方案和培养目标，适应教学改革和发展要求进行编写。编写过程中力求做到应用性、科学性、系统性相结合，以基本理论、基本知识为基础，以基本内容和基本方法为主线，侧重于培养学生的应用能力和专业技能，以及分析问题和解决问题的能力，突出为培养适应目前社会经济环境的应用型人才服务。

三是力求简明扼要，抓住重点，便于读者理解。为此，在每一章的开始都列出了本章的学习目标和引入案例，结尾都归纳和配备了案例分析考题、本章小结、思考与讨论、课外作业等，有助于读者系统学习和整体掌握每一章的重点知识。每章穿插1~2个与相关知识紧密结合的专栏，以增加教材的趣味性。

本书由天水师范学院张惠琴副教授担任主编，并负责总纂定稿；由陕西理工学院丁建国老师、平顶山学院游德升老师担任副主编。各章具体编写分工如下：第一章至第九章由张惠琴编写；第十章、第十三章由丁建国编写；第十一章、第十二章由游德升编写。

我们力求编写一本较为全面深入的财务管理教材，如存在着不妥之处，敬请广大读者批评指正，并渴望提出宝贵意见。欢迎通过 zhanghuiqin030635@163. com 邮箱联系和交流。

张惠琴

2015 年 1 月谨记于天水师范学院南苑

目　录

第一章　财务管理概论

【学习目标】　本章的核心在于介绍财务管理的基本概念、财务管理的目标、财务管理的环境等要素，通过对这些内容的介绍以使读者了解财务管理学科的框架结构和基础理论。如果读者对其中的基础概念感兴趣，可以通过以后各章的学习逐步理解，本书将深入浅出地介绍现代企业财务管理的理论与方法。

【引入案例】

钱能生钱[①]

古时候，在丰饶富庶的江南小镇上有一个大户人家，主人姓钱，人们都称之为钱老爷。钱老爷乃是当地首富。这钱老爷也是贫苦出身，以前在商号里给人做伙计，省吃俭用，攒了一点银子，就自己在街上做点小买卖。虽说是小买卖，可是生意很红火，每年也小有积蓄，但钱老爷从不乱花钱，而是把积蓄再投入到买卖中，就这样过了几年，钱老爷就已经富甲一方。

俗话说：人无远虑，必有近忧。钱老爷虽说生意红红火火，可自己也已不再年轻了，眼看三个儿子一天天长大，也不知三个儿子这几年到底历练得如何，钱老爷决定考验一下。

这一天，钱老爷决定出门远游，他想趁这个机会，来看看三个儿子除会干活以外，还会不会利用银子来赚取银子，于是他给三个儿子每人一笔银子谋生。

三年后钱老爷回来，大儿子说用父亲给的银子做木材生意赚了两倍，二儿子说用这些银子放贷赚了一倍，三儿子说为防丢失将银子埋进了地里。

钱老爷对大儿子和二儿子的做法都很满意，分别安排他们去掌管各处的生意，而收回了给小儿子的银子，并让他继续锻炼。

点　评　大儿子和二儿子不但保住原有的银子，还赚取了更多的银子，而三儿子则是原银收回。对于三个人的谋生之道，钱老爷对大儿子、二儿子称赞有加，对三儿子则是原银收回，这是理所当然的。因为钱并不仅仅是钱，在更重要的意义上，钱是资本，他能不断增值，带来更大的财富。所以，从此刻起，培养你的投资观念吧！记住：钱能生钱。

---

① 中世：《让狗吐出骨头——一分钟财务管理故事》，西苑出版社2005年版。

第一节 财务的内涵与外延

一、财务的内涵

财务泛指社会各经济环节中，涉及钱、财、物的经济业务。这些经济业务的发生，就是财产在企业的运动。在商品经济社会，财产的货币表现就是资金。

（一）企业资金运动

在企业的生产经营过程中，客观地存在着资金和资金运动。一个企业没有资金，就无法运营。因此，企业在建立时就要通过各种途径筹集资金，作为最初的资本。企业建立后，随着业务活动的开展，现金变为经营用的各种资产，有的现金用于购建固定资产，如厂房、设备等；有的现金用于购买原材料，原材料经过加工变为在产品、产成品，产成品出售后又变为现金。

在企业生产经营过程中，现金变为非现金资产，非现金资产又变为现金，这种周而复始的流转过程称为现金流转。这种流转无始无终，不断循环，又称为现金循环或资金循环，如图 1.1 所示。

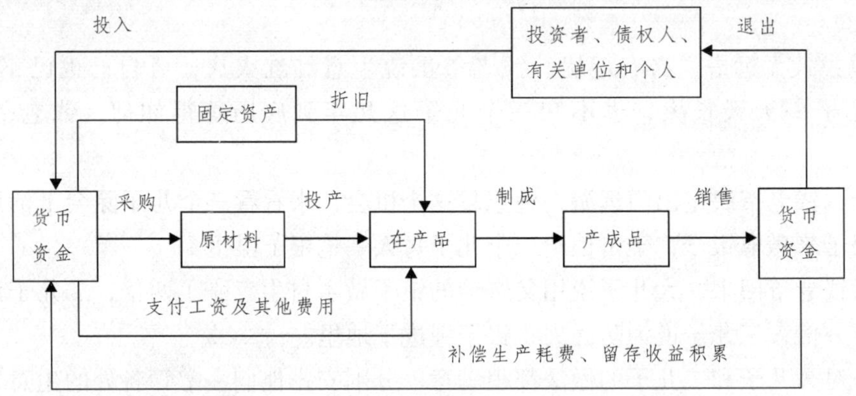

图 1.1　现金循环

现金流转是以价值形式综合地反映企业的生产经营过程。企业在生产经营过程中客观存在的资金运动及其所体现的经济利益关系就是企业财务。

（二）企业资金运动的特点

1. 物质性

投入形态——货币，运用形态——各种资产，其中大部分以财产物资的形态存在，一部分以暂时闲置的货币形式存在，无论是财物形态或是货币形态，从经济内容看都是企业的各种生产经营要素。资金在这里表现为过去已经生产出来，现在继续用于生产流通的一部分社会物质资源，是社会再生产进行的物质条件，即资金的物质性（金融等企业例外）。

2．垫支性

资金的垫支性指企业用于购买生产资料和支付劳动者报酬的资金，是暂时性的付出，经过一定时期后要收回。这一特征是由资金的生产性质决定的。劳动资料、劳动力和劳动对象是生产的三要素，企业只有具备了三要素，才能进行生产。在商品货币经济存在的条件下，企业借助于财务筹集一定数量的货币资金，并利用这些资金通过购买占有劳动资料和劳动对象，并用来支付劳动者的报酬。企业垫支在生产资料和工资上的资金价值，通过生产形成产品价值，产品通过销售实现价值后加以回收。这种支出和回收，清楚地表明了资金的垫支性。

3．周转性

垫支的资金购买了生产资料和支付了工资之后，即从货币资金形态转化为生产资金形态，继而通过生产过程生产出产品，则又使生产资金形态转化为产成品资金形态，最后通过销售过程，使产成品资金形态转化为货币资金形态，以使资金运动处于重新开始的阶段。这样周而复始、不断重复的循环，就是资金的周转。资金的这一特性，是由企业的再生产过程决定的。只有通过资金的不断周转，才能保证企业再生产过程的顺利进行，否则，企业的再生产过程就会中断。

4．增值性

资金的增值性，是指企业垫支的资金通过生产过程中所形成的价值，不仅仅要补偿垫支资金的价值，而且还要创造出超过原垫支价值的剩余价值。资金的这一特性，是由社会生产的目的决定的。社会生产的目的，归根结底是在生产不断发展的基础上满足人民日益增长的物质文化生活需要。要满足社会目的，就要不断地扩大再生产，不断地增加国民收入和社会纯收入（剩余产品价值），要求资金在生产过程中，努力做到少投入、多产出、高效益，以便创造出更多的国民收入和社会纯收入，满足积累和消费的需要。这样，资金的增值性也就成了财务管理及其价值运动的直接目的。市场经济下，企业投资的基本动机都是为了盈利。投资者追逐利润的动机，是资金增值的必要条件。再生产过程中，劳动者为社会创造的剩余产品价值量客观存在，是资金增值的可能性。

因此财务可以定义为：财务是企业再生产过程中资金运动以及在资金运动中所形成的企业同各方面的经济关系。

二、财务关系的内涵

（一）财务关系的定义

企业有关财产所发生的经济业务的本质是资金运动的过程和结果，各种财务关系是这一本质的表现形式。财务关系是指财务主体在其财务活动中所形成的特定的经济关系。企业财务关系是伴随着企业财务活动而产生的，没有企业财务活动就不可能产生财务关系，财务活动决定财务关系的性质、内容和发展方向，每一种财务关系都是适用于一定的财务活动运行要求而建立起来的，当财务活动发生变化后，财务关系必须做出调整。市场经济条件下的财务活动比计划经济条件下的财务活动更加丰富，从而使财务关系更加复杂。

按照传统的解释，企业财务管理的对象是企业资金运动，包括资金筹集、投放、运用和分配等内容。可是，现代企业财务已经突破了“资金运动”所限定的范围，广泛涉及财务机制、产权管理、财务体制、企业设立、重组、清算等一系列问题和各种经济关系。

研究财务关系可了解和掌握财务关系的实质，有利于正确处理各种经济关系，以达到完善财务管理机制的目的。

（二） 财务关系的实质

财务关系的实质是权、责、利的有机统一。权即权力，是指企业有独立营运资本和独立处理财务关系的财权；责即责任，是指企业所承担的义务；利即利益，是经营者所获得的经济利益和精神满足。权责应该对等，无权就无责，有权就有责，权力大小与责任大小应该对等；否则，对整个企业财务管理效能的发挥是极其不利的，要么产生瞎指挥、滥用权力的官僚主义，要么束缚企业的积极性、主动性和创造性，使企业失去应有的活力。责和利既相互分离，又相互一致。责任要求主体付出，而利益反映了主体的需求，两者方向相反。承担特定责任的主体，没有得到应有的利益，长此以往，其积极性就会下降。而任何利益中都包含着责任成分，没有责任的利益是无法满足的，因而是不存在的。任何责任中都包含着利益，如果责任中不包含利益，履行责任就不可能有动力。因此，不尽责任，就不能取得利益，而责任在履行过程中必然转化为利益，这是尽责任应得的报酬。总之，责、权、利三者的有机结合，意味着责任要明确，权力要恰当，利益要合理，三者相互平等，相互牵制，缺一不可；否则，财务关系的处理和协调就会困难重重，财务管理机制也将不会顺畅运行。

（三） 财务关系的内容

财务关系是伴随财务活动的进行而产生的，而财务活动是本金运动，其客观内容包括筹资、投资、耗资、收入、分配等。过去人们一般把财务关系概括为企业与国家、企业与企业、企业与内部各职能部门之间的关系。在现代企业制度下，企业的财务关系发生了很大的变化，概括起来有以下几个方面：

1. 企业与政府之间的财务关系

中央政府和地方政府作为社会管理者，担负着维持社会正常秩序、保护国家安全、组织和管理社会活动等任务，行使政府行政职能。政府依据这一身份，无偿参与企业利润分配。企业必须按照税法规定向中央和地方政府缴纳各种税款，包括所得税、流转税、资源税、财产税和行为税等。政府对企业的这种关系体现为一种强制和无偿的分配关系。

2. 企业与投资者之间的财务关系

企业与投资者之间的财务关系主要是指企业的投资者向企业投入资金、企业向其投资者支付投资报酬所形成的经济关系。企业的所有者主要包括国家、法人和个人。企业所有者要按照投资合同、协议、章程的约定履行出资义务以便及时形成企业资本。企业利用资本营运实现利润后，按照出资比例或合同、章程的约定，向其所有者支付报酬。一般而言，所有者的出资不同，他们各自对企业承担的责任也不同，相应地对企业享有的权益也不相同。但他们通常要与企业发生以下财务关系：

（1）投资者能对企业进行何种程度的控制；

（2）投资者对企业获得的利润能在多大份额上参与分配；

（3）投资者对企业的净资产享有多大的分配权；

（4）投资者对企业破产承担多大的责任。

在这种关系中，投资者要依据上述关系考虑选择合理的投资方式和投资额，最终实现投资者与企业之间的利益均衡。

3. 企业与债权人之间的债务关系

企业与债权人之间的债务关系主要是指企业向债权人借入资金，并按借款合同的规定按时支付利息和归还本金所形成的经济关系。企业除利用资本进行经营活动以外，还要借入一定数量的资金，以便降低企业资金成本，扩大企业经营规模。企业的债权人主要有债券持有人、贷款机构、商业信用提供者、采用其他出借资金给企业的单位和个人。企业利用债权人的资金，要按约定的利息率，及时向债权人支付利息；债务到期时，要合理调度资金，按时向债权人归还本金。企业同债权人的财务关系在性质上属于债务与债权关系。

4. 企业与受资者之间的财务关系

企业与受资者之间的财务关系主要是企业以购买股票或直接投资的形式向其他企业投资所形成的经济关系。随着市场经济的不断深入发展，企业经营规模和范围的不断扩大，这种关系将会越来越广泛。企业向其他单位投资，应按约定履行出资义务，并依据其出资份额参与受资者的经营管理和利润分配。企业与受资者的财务关系是体现所有权性质的投资与受资的关系。

5. 企业与债务人之间的财务关系

企业与债务人之间的财务关系主要是指企业将其资金以购买债券、提供借款或商业信用等形式出借给其他单位所形成的经济关系。企业将资金借出后，有权要求其债务人按约定的条件支付利息和归还本金。企业同其债务人的关系体现的是债权与债务关系。

6. 企业内部各单位之间的财务关系

企业内部各单位之间的财务关系主要是指企业内部各单位之间在生产经营各环节相互提供产品或劳务所形成的经济关系。企业内部各职能部门和生产单位既分工又协作，共同形成一个企业系统。在这个系统中，只有各系统功能的执行与协调，整个系统才能具有稳定功

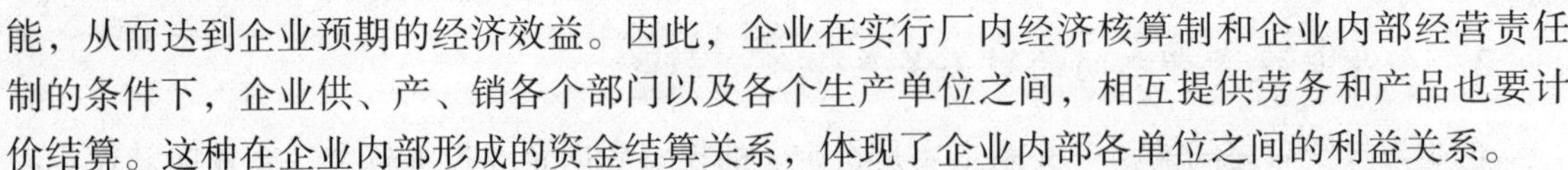

能，从而达到企业预期的经济效益。因此，企业在实行厂内经济核算制和企业内部经营责任制的条件下，企业供、产、销各个部门以及各个生产单位之间，相互提供劳务和产品也要计价结算。这种在企业内部形成的资金结算关系，体现了企业内部各单位之间的利益关系。

7. 企业与职工之间的财务关系

企业与职工之间的财务关系主要是指企业向职工支付劳动报酬过程中所形成的关系。职工是企业的劳动者，他们以自身提供的劳动作为参加企业分配的依据。企业根据劳动者的劳动情况，用其收入向职工支付工资、津贴和奖金，并按规定提取福利费等，体现了职工个人和集体在劳动成果上的分配关系。进一步分析，企业与职工的分配关系还将直接影响企业利润并由此而影响所有者权益，因此职工分配最终会导致所有者权益的变动。

第二节　财务管理的本质与对象

一、财务管理的含义与本质

（一）财务管理的含义

企业的生产经营过程一方面表现为实物商品的运动过程，另一方面表现为资金的运动过程。资金运动使企业再生产过程的价值有它自己的运动规律，这就是企业的财务活动。财务活动指资金的筹集、投放、使用、收回及分配等一系列行为，企业在资金活动中与各方面发生的经济关系就是财务关系。财务管理是基于企业再生产过程中客观存在的财务活动和财务关系产生的，是企业组织财务活动、处理与各方面财务关系的一项经济管理工作。企业财务管理渗透到企业的各个领域和环节中，直接关系到企业的生存与发展。从某种意义上说，财务管理是企业可持续发展的关键。

服务于企业总目标的财务管理，是企业经营管理中的一项独立活动，承担着生财、聚财、用财的专业化的理财职能。财务管理利用资本、成本、收入和利润等价值指标，来组织企业中价值的形成、实现和分配，并处理这种资金运动中的财务关系。组织资金运动和处理财务关系是企业财务管理的两大基本职能。所以财务管理区别于其他管理的特点，在于它是一种价值管理，是对企业再生产的过程中的价值运动所进行的管理。财务管理是企业管理的一个独立方面，是一项综合的管理工作，企业生产经营活动各方面的质量和效果，大多可以从资金运动中综合反映出来，而通过合理组织资金运动、妥善处理财务关系，又可以提高企业生产经营活动的积极性。因而做好财务管理工作，对于促进企业提高经济效益具有重要作用。

（二）财务管理的本质

国内学者对于财务管理本质的研究，已经形成了较成熟的观点，其中最具代表性的有资金运动论、资金关系论、货币关系论、资金分配论、本金投入收益论、财权流论和资金配置论。

1. 资金运动论

其基本论点是：企业财务就是企业再生产过程的资金运动，体现着企业同各个方面的经济关系，即财务关系。企业资金运动论的内容包括：资金的筹集、投放、耗费、收入和分配；要透过资金运动的现象，看到人与人之间的财务关系（邢宗江等，1964；王庆成等，1981；谷棋，1989；刘恩禄，1989）。

2. 资金关系论

其基本论点是：社会主义财务的本质是企业、事业和行政等微观经济活动中价值运动的一种形式，它体现着社会主义经济关系。企业再生产过程，不仅在实物形态上表现为物资运动，还在价值形态上表现为资金运动，即资金的筹集、投放、耗费、收入和分配。前者是经济现象，后者是从经济现象中分离出来的财务现象（耿汉斌，1992；陈贵华，1986；赵玉眠，1985）。

3. 货币关系论

其基本论点是：企业在生产经营过程中发生的同各个方面的经济关系，都离不开价值的货币形式，表现为货币运动的过程，通过货币运动过程，使商品生产者同各方面形成了货币关系。企业资金运动是企业财务的现象，而由资金运动所体现的货币关系则是企业财务的本质（李儒训，1988；吴水澎 1989；温坤，1981）。

4. 资金分配论

其基本论点是：企业财务的逻辑结论应该是，企业为实现其生产职能，在社会主义国家组织经济职能作用下，对生产要素分配和生产成果实现及其所形成的分配关系体系（张国干，1979）。企业财务活动包括企业筹资、企业投资、企业收益分配三个基本方面（刘贵生，1995）。

5. 本金投入收益论

其基本观点是：国民经济中的资金按经济性质可划分为本金与基金。本金是各类经济组织与个人为进行生产经营活动而垫支的资金；基金是国家行政组织与非企业化事业单位为实现其职能而筹集和运用的专项资金。本金的管理主体是各类从事生产经营活动的经济组织与个人，基金的管理主体是社会行政单位与事业管理单位。财务活动包括筹资、投资、耗资、收入、分配，前三项可概括为本金的投入，后两项可概括为本金的收益。财务是社会再生产过程中本金的投入与收益活动，并形成特定的经济关系（郭复初，1997）。

6. 财权流论

其基本观点是：财务管理不是简单的对资金运动的管理，而是有助于资金运动管理实现产权管理，是价值与权利的结合。价值是从财务活动的现象或物质流中抽象出来的本质的东西，而支配这一价值的“权力”则是隐藏在“价值”后更为抽象的本质力量（伍中信，1998）。

7．资金配置论

其基本观点是：在市场经济条件下，企业资源配置的过程就是企业经济活动，并表现为两种形态，即使用价值的生产与交换，价值的创造、实现和分配。价值表现为企业运用货币计量实现资源配置的过程，这是财务活动领域。资金运动是财务及管理的对象，货币收支是理财的基本手段。企业资金配置活动分为资金的估量、筹集、使用、分配、投放五个基本环节。企业财务直观地看表现为企业的资金运动，本质上看是企业资金运动中所形成的利益关系，简称财务关系（杨雄胜，2000）。

关于财务本质，归纳起来有“活动论”“关系论”与“活动+关系论”三种主要观点，即对资金或货币运动的管理，及在资金或货币运动背后呈现的对财务主体与资金的关系、财务主体与利益相关者责权利的管理。

但是，企业资金来自于投资者投入的资本，资本的收益性与风险性是财务的基本矛盾。资本的投入和收益活动往往是在投资者之间合作的情况下进行的，资本的投入与收益活动形成了投资者之间的经济责任、权力与利益关系。财务的本质是投资者基于未来跨期配置资本的活动及其形成的风险收益关系。资本配置主体的经济性和配置环境的不确定性决定了财务的基本矛盾——风险性与收益性。

一般来讲，财务的本质与职能决定了财务的对象与内容，财务的基本职能包括筹资、调节、分配、监督职能等。财务研究的对象是财务理论的重要内容。

二、财务管理的对象和表现形式

（一） 财务管理的对象

财务管理学研究的对象是经济活动中的资金运动，是对资金的管理，是一种价值形态的管理。核心是对资金及其运动的有效管理，通过对资金运动的管理促使企业价值的最大化。财务管理学科着重对资本的取得、资本的运用、资本收益的分配等财务问题进行研究，为理财人员提供了必备的财务理论知识和实务操作方法。

从财务管理的定义中，我们已经了解到财务管理的本质：“财务管理是价值运动的一种形式，它的具体活动体现为货币关系。”在此基础上，我们进一步认识到，财务管理的本质是通过各种具体的资金运转体现出来的。企业在对各种财务管理关系的组织过程中，运用一系列财务管理运作使企业资金顺利周转，从而达到价值最大化的目的。因而，可以认为财务管理对象即为资金运动。由于受资金运动本身多样性的影响，决定了企业财务管理对象的多种特征和多样化的表现形式。

（二） 财务管理对象的表现形式

财务管理对象——资金运动的形式多样化主要表现为过程的多样性，可以分为以下两种：

1. 与生产过程紧密相连的资金运动过程

此过程主要是指财务管理活动及相应的资金运动过程，主要为社会再生产服务，完成企业的财务管理目标，如企业价值最大化目标。此过程可以按以下顺序进行。

（1）筹集资金。

筹集资金指企业为了进行生产建设和举办各项事业，从不同的资金所有者那里集中、占有资金的形式。筹集资金是企业资金运动的起点，正如马克思所说："它表现为发动整个过程资本运动的第一推动力。"显然，没有货币资金的筹集，资金的垫支就无从谈起，企业的再生产过程也不会开始，即使开始也会中断，企业的生产经营活动也无法进行。

另外，企业筹集资金也是商品经济和横向经济联合的客观需要，是企业自主权的主要内容之一。它对于补充企业本身自有资金的不足，促使企业合理而节约地使用资金，提高资金使用效益，搞活经济，促进生产迅速发展有着重要的意义。随着各国经济开放程度的不断提升，日益发达的资本市场也为企业筹资提供了可能性，筹资的成本会越来越低，筹资的规模会越来越大。

（2）资金预付。

资金预付指企业用于购买生产资料和支付劳动者报酬的资金。一方面，为了保证企业再生产过程的顺利进行，企业必须用筹集的货币资金购买生产资料，为社会生产准备物质要素；另一方面，为了保证劳动力的再生产，还必须对生产的另一要素——劳动力，支付一定数量的工资。这些预付的价值，是企业价值形成和增值的首要条件，它在企业的资金运动中起着十分重要的作用。因为，没有资金预付，就无法取得生产资料和劳动力，并使两者结合起来，也无法进行生产经营活动，更谈不上价值增值。资金预付是资金筹集的直接目的，资金在筹集阶段并未实现劳动资料与劳动力的结合，因而最初筹集的货币只具有资金的可能性，如果不用来购买生产资料和支付工资费用，更谈不上现实的资金。筹资的多少，何时筹资，归根到底还是取决于资金预付的需要。最后，资金垫支又是价值实现的必要代价。如果没有必要的资金预付，要实现商品价值是十分困难的，甚至是不可能的。总之，资金预付是资金运动过程中的重要一环。

（3）价值增值。

与商品具有使用价值和价值相适应，生产商品的过程也就是生产使用价值的劳动过程和生产价值的价值形成过程。在这一过程中，劳动者所创造的新价值的数量超过补偿劳动者报酬的资金价值数量时，这个超过的部分就是价值增值。只有在价值增值阶段，才能为社会生产物质财富、增值价值，才能为价值分配、实现扩大再生产提供可靠的资金来源。要实现扩大再生产，就必须在价值分配中，将一部分价值用于资金积累，以保证追加各生产要素的需要。资金积累的来源，则是价值的增值，且价值增值越多，扩大再生产的规模就会越大。如果价值不能增值，则不能补偿所垫支的价值，甚至发生亏损，不要说扩大再生产，就连简单再生产也难以维持。

（4）价值实现。

所谓价值实现，是指企业生产出来的产品通过销售实现产品的价值，满足社会的需求。产品销售表现为两个方面：一是实现产品的使用价值，以满足生产对生产资料和生活对消费资料的需要；二是以货币形式收回垫支的生产资料价值和劳动者的工资，以补偿企业的生产消耗，使企业的简单再生产能够继续进行，并有条件逐步实现扩大再生产。价值实现过程完成了产品生产过程和流通过程的统一。

2．与生产过程相对独立的货币资金运动过程

随着市场经济的发展、金融商品的日益丰富，实物商品运动中相对独立出了另一类商品的运动，即金融商品或货币商品的运动。此种运动与实物商品运动有着质的不同，它是一般等价物之间的相互交换，或者说是价值单方面的转让；而实物商品运动是与一定的实物相对应的等价交换。由此，资金运动过程中派生出了独立的货币商品资金运动过程。

首先，随着企业生产经营规模的扩张，企业对货币资金的需求将超过法定资本金的限额，为筹集到这部分资金，企业财务管理部门必须进行融资活动，主要是取得各种借债，包括向金融机构、其他企业和社会公众的借款。企业借款一般运用各种金融工具进行，这些金融工具就是金融市场买卖的货币商品（即金融商品），如公司债券、各种票据和金融契约。这种活动直接表示为G_W—G（G_W：货币商品；G：货币）。

其次，当企业出现临时资金多余时，财务管理部门通过将其用于金融商品投资而不使资金沉淀，以便产生效益；当企业出现临时资金短缺时，就将这些投资收回以满足临时资金需要。这些运动可分别表示为G—G_W和G_W—G。

最后，企业财务管理部门也可以完全独立地组织货币商品运动，形成一个独立的货币商品经营过程，其运动形式是：G—G_W—G′。其中，G_W是一种与G不同的货币商品，G′则表示某一货币商品的价值中已包含着一个增值额。此公式表示买进然后卖出的商品，皆为货币或金融商品，但其并不涉及再生产过程的本身。由此可见，随着货币商品经济和金融市场的发展，货币商品的这种独立运行形态将变得越来越重要。

三、财务管理的内容

财务管理是基于企业再生产过程中客观存在的财务活动和财务关系产生的，财务管理的对象就是企业的资金及其流转，因此，企业的资金及其流转过程决定了财务管理的内容。这一过程包括资金的筹集、使用、收回及分配等一系列行为。

（一）筹资管理

筹资是指筹集资金，是指企业通过各种融资渠道，运用不同的方式从企业内部或外部获取所需的资金。例如，企业发行股票、发行债券、取得借款、赊购、租赁等都属于筹资。筹集资金是企业资金运动的起点。企业可从三个方面融通资金并形成两种不同的资金来源：一是从投资者那里取得的资金，形成企业的资本金，投资者包括国家、其他企业、个人等；二是从债权人处取得的资金，构成企业的负债；三是从企业获利中以留利形式取得的资金，构成所有者权益的一部分。

筹资管理要解决的问题是：如何取得企业所需要的资金，包括向谁、在什么时候、筹集

多少资金。筹资决策和投资、股利分配有密切关系，筹资的数量多少要考虑投资需要，在利润分配时加大保留盈余可减少外部筹资。筹资决策的关键是决定各种资金来源在总资金中所占的比重，即确定资本结构，以使筹资风险和筹资成本相协调。

（二） 投资管理

投资是指以收回现金并取得收益为目的而发生的现金流出，例如，购买政府公债、购买企业股票和债券、兴建工厂、增加新产品等，企业都要发生货币性流出，并期望取得更多的现金流入。企业为了正常运转和扩大再生产：一是会补充流动资金缺口即进行流动资产投资；二是要完成设备重置和扩张性生产投资。当企业有现金节余时，有时会投资于金融性资产，以便获取股利和利息收益。此外，随着资本市场的发展，长期证券投资也成为企业投资的重要形式。

投资按不同的投资时限可分为短期投资和长期投资，对短期投资主要应遵从成本—效益原则确定其合理的占用量，并尽量加速其周转速度，提高资金的利用效率，属于营运资金管理的内容。这里的投资管理主要针对长期投资而言，其基本内容是投资决策分析。投资管理的首要任务是投资方向的选择，如多元化投资、一体化投资及专业化投资等。因为投资方向的不同选择意味着企业不同的发展方向和路径，所以，投资方向的选择是一个非常具有战略意义的问题，必须慎之又慎。在具体的投资决策分析中，一方面要谨慎地结算现金流量，另一方面还要充分考虑投资风险。在投资项目形成之后，还应注意加强跟踪管理，以确保投资项目实施取得预期效果。

无论是对内投资还是对外投资，投资管理都要求企业必须合理确定投资规模、投资方向和投资方式等，以控制投资风险，提高投资收益。

（三） 营运资金管理

营运资金是指企业在生产经营过程中占用在流动资产上的资金。企业在日常生产经营过程中，会发生一系列的资金收付。以制造业为例，首先，企业要采购材料或商品，以便从事生产和销售活动，同时，还要支付工资和其他营业费用；其次，当企业把产品或商品售出后，便可以取得收入，收回资金；最后，如果企业现有资金不能满足企业经营的需要，还要采取短期借款方式来筹集所需资金。上述各方面都会产生企业资金的收付。这种因企业日常生产经营而引起的财务活动，也称为资金营运活动。不同的企业经营活动的具体内容和资金运作方式不同，但本质是一样的。企业的营运资金，主要是为满足企业日常营业活动的需要而垫支的资金，营运资金的周转与生产经营周期具有一致性。在一定时期内，资金周转越快，其利用效率就越高，越可能生产出更多的产品，取得更多的收入，获得更多的报酬。因此加速资金周转，提高资金利用效果，也是财务管理的主要内容之一。

为了使流动资金在“流动性”和“收益性”的统一中合理配置在各种资产上，必须加强营运资金的管理。营运资金管理的基本任务是短期资金来源的筹措和短期资金周转效率的提高。营运资金管理的基本目标是：通过有效地进行资金的日常调度和调剂，合理地配置资金，以提高资金使用效率，增强资金流动性。

（四） 利润分配管理

企业通过投资或资金营运活动可以取得相应的收入，并实现资金的增值。企业取得的各种收入在补偿成本，缴纳税金以后，还应依据现行法规及规章对剩余收益予以分配。广义的分配是指对企业各种收入进行分割和分派的过程；狭义的分配仅指对企业净利润的分配。

企业通过生产经营活动取得的收入如销售收入，首先要用以弥补生产经营损耗，缴纳流转税，其余部分成为企业的营业利润。营业利润和投资净收益、营业外收支净额等构成企业的利润总额。利润总额首先要按照国家规定缴纳所得税。净利润要提取公积金和公益金，分别用于扩大积累，弥补亏损和改善职工集体福利设施，剩下的利润作为投资者的收益分配给投资者或暂时留存企业或作为投资者的追加投资。值得说明的是：企业筹集的资金归结为所有者权益和负债两个方面，在对这两种资金分配报酬时，前者是通过利润分配的形式进行的，属于税后分配，后者是通过将利息等计入成本费用的形式进行分配的，属于税前分配。

另外，随着分配过程的进行，资金或者退出或者留存企业，它必然会影响企业的资金活动。这不仅表现在资金运动的规模上，而且表现在资金运动的结构上，如筹资结构。因此，如何依据一定的法律原则，合理确定分配规模和分配方式，确保企业取得最大的长期利益，也是财务管理的主要内容之一。

税后利润分配过程实际上是税后利润在企业（留存收益）和投资者（股利）之间如何划分的问题。这种划分既要遵守法律、章程，又要结合企业的外部环境和内部条件来决定留存比率。在利润分配决策过程中起码应明确两点：一是利润分配过程绝不是一个孤立的过程，它与企业后续的投资和融资紧密关联；二是分配的数额和方式会影响到股票价格及人们对公司的预期。在既定的税收政策下，企业理财对利润分配的管理主要侧重于企业与投资者之间的利益分配。

上述财务管理的四个方面，不是相互割裂、互不相关的，而是相互联系、相互依存的。正是上述互相联系又有一定区别的四个方面，构成了完整的企业财务活动，这四个方面也就是财务管理的基本内容。此外，还包括企业设立、合并、分立、改组、解散、破产和国际理财等事项的管理，它们构成企业财务管理不可分割的统一体。

第三节 财务管理的产生与发展

一、西方财务管理的产生和发展

理财活动，由来已久。只要经济生活中有银钱财富存在，就不可避免地有理财活动，理财活动从来就是商品经济下最基本的管理活动。但是理财活动作为一项独立的业务工作则形成较晚，而财务管理学作为一门独立的学科则存在更晚。在很长一段时期内，财务管理学都依附于其他学科。直到进入 20 世纪以后，特别是在第二次世界大战以后，在西方发达国家，财务管理学才逐渐成为一门独立的经济管理学科。要明确财务管理学作为一门独立的经济管理学科的学科地位，有必要研究一下财务管理学与其他学科结合的背景和分化的必然。

现代意义上的财务管理，主要是从西方国家发展起来的，其产生和发展大约经历了以下几个阶段。

（一） 19世纪末到20世纪30年代财务管理的产生

在西方，15世纪、16世纪地中海沿岸一带商业蓬勃发展，出现了邀请公众入股的城市商业组织，入股的股东包括商人、王公、大臣、市民等。商业股份经济的发展，要求做好集资、股份分配等工作，财务活动开始萌芽。18世纪发生了产业革命，过去的作坊、工场手工业的生产方式被工业化的机器生产方式所替代，财务活动才开始复杂起来。但当时主要采取独资、合伙等经营方式，企业组织比较简单，财务关系较为单纯，财务活动大多由企业主亲自从事。

19世纪末期，随着股份公司和托拉斯的建立，企业规模不断扩大，企业所需资金大量增加，财务关系逐渐复杂，企业主难以再亲自从事财务管理活动，开始委派专人负责，建立财务管理部门，独立的财务管理工作逐渐分化出来。财务管理实践对财务管理人员提出了要求，财务管理的理论也随之得到发展。1897年，美国著名财务管理学者格林出版了《公司财务》一书，这是一部最早的财务理论著作，标志着财务管理学科的初步形成。这个阶段，各类企业都面临着如何为扩大生产经营规模筹措资金的问题。那时，市场竞争不是十分激烈，只要能筹集到足够的资金，一般都能取得较好的效益。财务管理面临的主要问题是怎样获取扩大生产经营所需的资金。

（二） 20世纪30年代到50年代财务管理的改进

从20世纪开始，随着科学技术的发展和市场竞争的加剧，尤其30年代资本主义经济危机后，资金周转不灵，财务管理的重点开始转向注意资金运动，加强财务监督方面。这一时期是财务管理研究经历的一个重要发展时期。随着科学技术的迅速发展，市场竞争的日益激烈，西方财务管理人员逐渐认识到，在残酷的竞争中要维持企业的生存和发展，财务管理问题不仅在于筹集资金，更在于实行有效的内部控制，管理和运用好现有资金。在此阶段，资产负债表中的资产项目，如现金、应收账款、存货、固定资产等引起财务管理人员的高度重视，并应用各种计量模型对其加以管理。公司内部财务决策被认为是财务管理最主要的问题，而与资金筹集有关的事项退居第二位。此后，财务管理的中心由重视外部融资转向注重资金在公司内部的合理配置，使公司财务管理产生了质的飞跃。

（三） 20世纪50年代到80年代财务管理的完善

第二次世界大战以后，尤其进入20世纪50年代，西方财务管理发生根本性的转变。由于世界市场的扩大，生产技术的发展，竞争加剧，对财务管理的渗透性、灵敏性、预见性提出了很高要求，而现代财务管理方法和手段的产生又为财务管理的变革提供了可能，因而西方财务管理不仅在内容上由资金筹集、资金运用进而转向多方面经济利益的收益分配，而且广泛实行财务预测，加强预算控制，建立责任中心，运用计量模型，使用电子计算等，深入参与经营决策。随着财务管理实践的发展，从 20 年代起到现在，财务管理理论也在迅速发展，由传统的“筹资财务管理理论”发展为以资产管理为中心的“内部控制财务管理理论”，进而又发展为现代的“投资财务管理理论”。实践中，投资者和债权人往往根据公司的盈利能力、资本结构、股利政策、经营风险等一系列因素来决定公司股票和债券的价值。所以，遇有重大决策时，首先必须评估决策对公司价值将会产生何种影响。因此，资本结构和股利政策的研究受到高度重视。1958 年 6 月，莫迪利安尼（Modiliani）和米勒（Miller）在《美国经济评论》上发表《资本成本、公司理财和投资理论》一文；同年 9 月又在该刊物上发表《资本成本、公司理财和投资理论：答读者问》一文；1963 年在《美国经济评论》上再度发表《税收和资本成本：校正》一文。这三篇文章，首次以严格、科学的实证研究方法，研究资本结构与企业价值的关系，形成了著名的 MM 定理，为现代财务管理理论的发展做出了重要贡献，奠定了现代企业财务理论的基础。在 MM 理论之后的各种理论，如权衡理论、信息不对称理论、激励理论等，基本上沿着 MM 理论的思路进行研究，将财务管理理论推进了一大步。美国法玛和米勒的《财务理论》一书于 1972 年出版，它集西方理论之大成，标志着西方财务管理理论进入成熟阶段，随之，许多大学开设了财务管理课程。

（四） 20 世纪 80 年代以后财务管理的新发展

20 世纪 80 年代以后，金融工具的创新、金融风险的加剧、产品生产和需求的柔性化，以及网络经济的发展，加剧了公司所面临的不确定性和预测、决策的难度，同时出现公司内部的机构重组、公司之间的购并与重组、虚拟公司的兴起等。以上每一方面环境的变化都将对财务管理学科和财务管理工作带来新的挑战，使企业财务管理的理论和实践都发生了显著的变化。企业财务管理学的研究重心侧重于通货膨胀对利率的影响；资本市场金融工具应用；计算机和互联网在财务决策中的大量应用；国际财务管理理论和方法得到迅速发展，成为现代财务管理的分支。80 年代中后期，由于现代交通工具和通讯技术的发展，企业跨国经营发展很快，国际财务管理越来越重要，如外汇风险管理、多国融资问题、国际转移价格问题、国际投资分析、跨国公司财务业绩评估等，成为财务管理研究的热点。随着 21 世纪经济全球化时代的到来，国际财务管理得到了更多的重视和发展。

自从 20 世纪财务管理学作为一门独立学科产生以来，其理论研究已取得巨大的发展。这些理论的提出和发展，为财务管理学体系提供了重要的理论支撑，并使其发展更贴近现实。

二、我国财务管理的产生和发展

我国财务管理是在新中国成立后逐步建立和发展起来的，其产生和发展也经历了不同的阶段：

（一） 新中国成立之前财务管理的产生

在我国，早在春秋战国时代，就出现了不少卓越的理财能手和理财理论。在漫长的封建社会，地主庄园和手工业作坊里设有“管家”和“账房先生”，他们往往是地主或老板的代言人，既是总管，又要理财，但他们还不是专职财务人员。在半封建半殖民的旧中国，一些大型企业由于业务比较复杂，设置了专门的财务主管。在这一阶段，逐渐从西方引进了一些财务管理课程，甚至在上海交通大学还建立了财务管理学系。但由于经济发展落后，独立的财务管理工作和独立的财务管理学科还只是处于萌芽阶段。

（二） 1949 年到 1978 年以计划管理为主的时期

新中国成立后，大批现代化企业相继建立，社会经济日益发展，对财务管理的研究自然就提到议事日程上来。20 世纪 50 年代初受苏联影响，财务课作为财政学的分支开始建立，因为当时实行统收统支的财务体制，资金靠国家拨款，利润要上缴，企业筹资、用资、分配收益的职能相当一部分被国家财政所代替，财务管理依附于财政学也不足为奇。这一时期，我国实行高度集中的计划经济体制，为适应国民经济计划化的要求，财务管理实行统收统支、统负盈亏的体制，资金由国家供应、资金使用由国家计划安排、收益分配按国家计划进行，企业无理财自主权，企业财务管理的职责就是按照国家生产计划，编制有关资金需用量计划、成本开支计划等，并对计划执行情况进行考核。于此相适应，财务管理的理论研究也是围绕着计划管理来进行的。

接着 20 世纪 50 年代的“大跃进”和 60 年代末期的“文化大革命”，导致了“财会合课”，大大削弱了财务管理的教学内容，加剧了财务和会计分与合、大与小的长期争论。此阶段，我国财务理论研究基本上处于停滞状态，财务管理实务基本上没有开展工作。

（三） 1978 年到 1992 年以利润和分配管理为主的时期

自从 1978 年 12 月党的十一届三中全会到 1992 年 10 月党的十四大为止，这 14 年是我国对经济改革目标进行探索的时期，先后提出了“计划经济为主，市场调节为辅”“有计划的商品经济”，直至十四大才正式确立市场经济体制模式。十一届三中全会以后，随着商品经济的发展和经济体制的改革，企业自主权扩大，企业作为自主经营、自负盈亏的经济实体，有了一定的独立财权，并有丰富的财务活动和广泛的财务关系，财务管理的独特内容和重要地位便凸现出来了。这一时期的改革围绕放权让利、切分蛋糕的思路进行。在分配领域进行过企业基金制、利润留成制、两步利改税、承包制、利税分流等改革，由于放权让利，企业财务主体地位得以确立，财务管理研究和应用也由过去单纯的计划管理转移到以追求利润最大化为目标以及收益分配的管理上。在此期间，我国著名财务管理学家余绪缨教授率先编著了我国第一本财务管理专著，开创了我国财务管理理论研究的领域。之后，《会计研究》《财务与会计》等国内权威会计刊物也开始刊登一些财务管理理论创新及实践效果较好的典型案例或经验介绍。

（四） 1992年10月至今以筹资、投资管理与财务预测、决策为主的时期

党的十四大确立了我国经济改革的目标模式是建立社会主义市场经济体制。这一时期，我国以改革企业组织为突破口，以建立现代企业制度为目标，法人财产权的确立使企业拥有财务筹资权和财务投资权。当改革中出现企业资金紧张的难题时，财务管理必须履行其筹资职能。为了从不同渠道取得资金，企业财务管理的首要任务是向各类社会出资者和债权人提供企业目前的财务状况和今后一定时间内的企业盈利能力、偿债能力的财务预测分析报告，提供所筹措资金用以进行投资的可行性分析与决策报告，为社会出资者与债权人提供真实可信的决策资料。当改革向纵深方向发展，企业兼并、合并、重组等新事项不断出现时，财务管理又研究如何优化资产结构、盘活资产存量等问题。从 1998 年开始，我国有的高等学校已设立财务管理专业，财务管理在教学、理论研究和实践上均取得一定的成绩。

从中外财务管理研究的历史和现状可以看出，财务管理的理论研究和实践应用，是随着企业财务环境的变化而不断发展的。西方国家财务管理研究，已有上百年的历史。由于企业财务管理环境的千变万化，使财务管理研究的新理论层出不穷，各种方法推陈出新。虽然各个时期财务管理的侧重点不同，但从目前的发展状况来看，在内容上已包括了筹资、投资、分配等方面，在方法上包括了预算、决策、控制、分析、考评等，一门较成熟的学科已初步形成。在我国 1993 年的财务会计改革，以颁布和实施"两则两制"为契机，财务理论研究的视野、方法、内容呈现出明显的"多极化"特征，财务理论研究空前活跃，成果颇丰。

总之，随着市场经济体制在我国的建立和完善，企业财务主体地位已经确立，有了相当的理财自主权。随之财务管理研究与实践迫切需要构建新的财务管理机制，以财务管理水平的提高，促进整个企业管理水平的提高，从而适应我国市场经济体制发展和建立现代企业制度的需要。

第四节　财务管理的特点及其在企业管理中的地位

一、财务管理的特点

财务管理的特点具体表现在以下几个方面：

1．涉及面广

财务管理与企业的各个方面具有广泛的联系。企业购、产、销、运、技术、设备、人事、行政等各部门业务活动的进行，无不伴随着企业资金的收支，财务管理的触角就必然要伸向企业生产经营的各个角落。每个部门都会通过资金的收付，与财务管理部门发生联系。每个部门也都要在合理使用资金和组织收入方面接受财务管理部门的指导，受到财务管理制度的约束。

2. 灵敏度高

财务管理能迅速提供反映生产经营状况的财务信息。企业的财务状况是经常变动的，具有很强的敏感性。各种经济业务的发生，特别是经营决策的得失，经营行为的成败，会及时地在财务状况中表现出来。成品资金居高不下，往往反映产品不适销对路；资金周转不灵，往往反映销售货款未及时收取，并可能带来不能按期支付材料价款、偿还到期债务的后果。财务管理部门通过向企业经理人员提供财务状况信息，可以协助企业领导适时控制和调整各项生产经营活动。

3. 综合性强

财务管理能综合反映企业生产经营各方面的工作质量，以价值形式表现出来的财务状况和经营成果具有很强的综合性。资金、成本、利润等价值指标，能全面、系统地反映各种财产物资的数额、结构和周转情况，反映企业各种人力消耗和物资消耗，反映各种营业收入、非营业收入及经济效益。透过财务信息把企业生产经营的各种因素及其相互影响综合全面地反映出来，并有效地反作用于企业各方面的活动，是财务管理的一个突出特点。

二、财务管理在企业管理中的中心地位

财务管理是基于企业再生产过程中客观存在的财务活动和财务关系而产生的，是组织企业资金活动、处理企业同各方面的财务关系的一项经济管理工作。企业生产经营的过程就是资金运动增值的过程，财务管理深入企业生产经营的各个环节。

企业生产经营活动的复杂性，决定了企业管理必须包括许多方面的内容如技术管理、生产管理、设备管理、物资供应管理、销售管理、财务管理等各项管理工作，他们是相互联系、密切配合的，具有各自的特点：有的侧重于使用价值的管理，有的侧重于价值的管理，有的侧重于信息的管理，有的侧重于劳动因素的管理。鉴于在企业再生产过程中客观地存在着资金活动，于是对企业资金活动的管理就逐渐独立化，形成了企业的财务管理。企业财务管理的内容包括：财务分析、财务预测、决策、计划、资金筹集管理、投资产品成本管理、收入与利润分配等。此外，还包括企业设立、合并、分立、改组、解散、破产的财务处理。所以财务管理区别于其他管理的特点在于，它是一种价值管理，是对企业再生产过程中的价值运动所进行的管理，是企业管理的重要组成部分。

财务管理是一个完整的循环过程，包括财务预测、财务决策、财务预算、财务控制、财务分析等环节，具有涉及面广、综合性强的特点。它的基本职能是财务决策，决策是管理工作的核心，复杂多变的市场经济要求企业财务管理能够预测市场需求和企业外部环境的变化，针对种种不确定的经济因素及时做出科学有效的决策。财务管理是企业管理的一个独立方面，同时又是一项综合性的管理工作。企业各方面生产经营活动的质量和效果，大多可以从资金活动中综合地反映出来，而通过合理地组织资金活动又可以对企业各方面的生产经营活动起到促进作用。财务管理的各项价值指标是企业经营决策的重要依据。搞好财务管理对于改善企业经营管理、提高经济效益具有重要的作用。所以说，财务管理在企业管理中处于中心地位。

现代企业制度要求产权明晰、责任明确、政企分开、科学管理。在企业内部要使企业管理科学化，必须以财务管理为中心带动整个企业的科学管理。企业的生产经营活动最终都要反映到财务成果上来，通过财务预算、财务分析，检查企业经营活动执行情况，发现问题，解决问题，为领导决策提供可靠的依据。财务管理具有作为中心要素所应具备的功能。财务管理在企业组织机构中属于较高层次，是对企业价值的综合管理。它首先接受各种市场信息，综合处理有价值的信息，并据此提出决策方案，参与经营决策。所以说财务管理在管理控制、资源分配、业绩评价中起核心主导作用，能够对与决策有关的诸多要素进行平衡，从而在经营决策中起核心作用。在筹资决策中，它能够平衡筹资成本和财务风险，选择最优资本结构，利用各种强化资金管理的方法和手段调整资金存量、流量和流速，最大限度地优化资本结构，实现资本增值。在投资、用资的过程中，它能够贯彻优化资本运营的思想，实施资产结构调整和资产重组，使资产合理流动、优化配置，促使企业的经济资源资本化、货币化、市场化、平衡风险与收益，实现收益性与流动性的和谐统一。

在企业管理实践中，生产、营销等先后都曾作为企业管理的中心。随着市场经济体制的改革和发展，企业管理演变为以营销为中心。但实践证明，财务管理作为一种价值管理，具有平衡风险和收益等综合平衡功能。企业规模的不断扩大、企业集团和跨国公司的涌现、资本市场的逐步完善、多数企业资金十分紧张，企业为了生存、发展、获利、资本增值就必须以财务管理为中心。现代企业管理的核心是财务管理，这是市场经济发展的必然。

第五节　财务管理的目标

一、财务管理目标的含义和作用

财务管理目标又称理财目标，是指企业进行财务活动所要达到的根本目的。在充分研究财务活动客观规律性的基础上明确理财目标，是财务管理的一个重要理论问题。研究理财目标最重要的是明确企业全部财务活动需要实现的最终目标。

（一）财务管理目标的含义

目标是某种活动希望实现的结果。财务管理的目标是企业理财活动所希望实现的结果，是评价企业理财活动是否合理的基本标准，是财务管理实践中进行财务决策的出发点和归宿。

（二）财务管理目标的基本特点

1．相对稳定性

财务管理目标是一定政治、经济环境的产物，在一定时期、特定条件下保持稳定。

2．多元性

财务管理的目标不是单一的，而是适应多因素变化的综合目标群，包含主导目标和辅助目标。主导目标是在多元目标群中，处于支配地位、起主导作用的目标。辅助目标是处于被支配地位、对主导目标的实现有配合作用的目标。

3．层次性

财务管理的目标是由不同层次的系列目标所组成的目标体系。主要包括：

（1）整体目标：整个企业财务管理所要达到的目标，是财务活动的出发点和归宿。

（2）分部目标：在整体目标制约下，进行某一部分财务活动所要达到的目标。

（3）具体目标：在整体目标和分部目标制约下，从事某项具体财务活动所要达到的目标。

财务管理目标多元性中的主导目标和层次性中的整体目标，都是指整个企业财务管理工作所要达到的最终目的，是同一事物的不同提法。它们是同一的、一致的，统称为财务管理的基本目标。

（三）财务管理目标的作用

财务管理目标的作用可以概括为四个方面：

1．导向作用

管理是为了达到某一目的而组织和协调集体所做出努力的过程，理财目标的作用首先就在于为各种管理者指明方向。

2．激励作用

目标是激励企业全体成员的力量源泉，每个职工只有明确了企业的目标才能调动起潜在能力，尽力而为，创造出最佳成绩。

3．凝聚作用

企业是一个协作系统，必须增强全体成员的凝聚力，才能发挥作用。企业凝聚力的大小受到多种因素的影响，其中一个重要因素就是它的目标。企业目标明确，能充分体现全体职工的共同利益，能极大地激发企业职工的工作热情、献身精神和创造能力，形成强大的凝聚力。

4．考核作用

在一些管理不够规范的企业中，往往凭上级领导的主观印象和对下级工作人员的粗略了解作为业绩考核的依据，不客观、不科学。以明确的目标作为绩效考核的标准，就能按职工的实际贡献大小如实地进行评价。

二、财务管理目标的观点

财务管理是企业管理的一部分，是有关资金的科学筹集、有效使用和合理分配的管理工作。财务管理的目标取决于企业的总目标，并且受财务管理自身特点的制约。

（一） 企业总目标

企业是营利性组织，其出发点和归宿是获利。企业一旦成立，就会面临竞争，并始终处于生存和倒闭、发展和萎缩的矛盾之中。企业必须生存下去才可能获利，只有不断发展才能求得生存。因此企业的目标可以概括为生存、发展和获利。

企业只有生存，才可能获利。力求保持以收抵支和偿还到期债务的能力，减少破产的风险，使企业能够长期、稳定地生存下去，这是对财务管理的第一个要求。企业是在发展中求生存的，企业的发展离不开资金。因此，筹集企业发展所需的资金，是对财务管理的第二个要求。企业必须能够获利，才有存在的价值。因此，通过合理、有效地使用资金使企业获利，是对财务管理的第三个要求。

（二） 财务管理目标的相关观点

企业管理的目标是生存、发展和获利。企业的这些目标要求财务管理完成筹措资金并有效地投放和使用资金的任务。企业的成功、生存，在很大程度上取决于它过去和现在的财务政策。财务管理不仅与资产的获得及合理使用的决策有关，而且与企业的生产、销售管理有直接联系。

企业的财务管理是基于企业这个实体的存在为前提而进行的一系列理财活动。因此，企业的财务管理就成为企业管理的一部分，财务管理的目标取决于企业的总目标。企业的目标可概括为生存、发展和获利，由此企业财务管理的目标就有企业利润最大化、股东财富最大化、企业价值最大化、相关者利益最大化等多种观点。

1．企业利润最大化

在资本主义社会的初期，企业投资主体单一，利益关系简单，实现利润最大化无疑是当时企业财务管理的总目标。然而，在现代企业投资主体多元化与利益结构复杂化的情况下，企业除要实现利润目标以外，还必须同时考虑降低财务风险和谋求长远发展的问题。而利润最大化目标，无论在理论上还是在实践上，都无法涵盖规避财务风险与谋求企业长远发展的要求。

在我国，随着经济体制改革的不断深入，经济体制由高度集中的计划经济转向商品经济，实行政企分开，两权分离，让企业有了自主权，有了自己的经营利润，人们逐渐由产值最大化目标模式自然地转向了利润最大化。与产值最大化相比，将利润最大化作为理财目标有一定的道理。

首先，促使企业注重投入与产出的对比结果，关心经济效益的高低。利润是收入与费用的差额，企业为追求利润增长，就要努力增收节支，改进技术、提高劳动生产率和资源的利用水平，降低产品成本，这些都有利于资源的合理配置和经济效益的提高。

其次，促使企业重视产品，关注市场需求。企业的产品只有销售出去，才能实现利润。以利润最大化作为理财目标会促使企业进行市场调查、自觉适应市场需求、提高产品质量，生产市场适销产品，并研究制订营销策略，把产品顺利销售出去。

最后，利润是增加投资者收益、提高职工劳动报酬的源泉，也是企业积累资本、扩大经营规模的来源。利润的高低还体现了企业对国家、对社会的贡献。但利润最大化的理财目标在实践中也存在一些缺陷。其一，利润是一个绝对数，未考虑同投入资本的关系，不能科学地说明企业经济效益的高低，不便于在同一企业不同时期、不同企业之间进行比较。例如，同样获得100万元利润，一个企业投入资本500万元，另一个企业投入600万元，哪一个更符合企业的目标？若不与投入的资本额联系起来，就难以做出正确判断。另外，会误导企业选择投入资本额较高的项目，而不是高效率的项目，不利于资金的有效使用。其二，未考虑获得利润的时间和风险，难以对不同时期获得的利润额的大小做出判断，且会促使企业管理人员不顾风险大小追求最大利润。例如，同样投入500万元，本年获利100万元，一个企业获利已全部转化为现金，另一个企业获利则全部是应收账款，并可能发生坏账损失，哪一个更符合企业的目标？若不考虑风险大小，就难以做出正确判断。其三，往往导致企业只关心当前利润，忽视在科技开发、产品开发、产品市场占有率、生活福利设施、履行社会责任等方面下功夫，不利于企业长期的健康发展。

2. 股东财富最大化

20世纪80年代以后，西方财务理论界提出了以“股东财富最大化”作为财务管理的目标。股东财富最大化是指通过财务上的合理经营，采用最佳财务策略，在考虑资金的时间价值和风险报酬的情况下，使股东的财富达到最大。其中，股东财富是由其拥有的股票数量和股票市场价格两方面决定的，在股票数量一定时，当股票市价最高时，股东财富也就达到最大，因此，股东财富最大化又被称为股票价格最大化。该目标认为，企业是所有者的企业，股东应在企业生产经营、财务决策中起主导作用。企业的每一项决策都应以服从股东利益为前提条件，以股东财富最大化为根本目标。主张股东财富最大化目标以美国企业为代表。美国的财务管理模式是建立在发达的证券市场基础之上的，这主要是由美国企业各利益相关者在企业财务管理中所起的不同作用所决定的。在美国，股东在财务决策中起主导作用，其他利益相关者如雇员、债权人、政府的作用很小，而且发达的证券市场使美国上市企业之间的收购和反收购经常发生，当股票价格降低到某一限度时，往往导致企业被兼并或者被收购（周密斯、周华，2001）。众所周知，美国企业的股东以个人股东居多，他们不直接参与企业的决策，而是主要通过股票的买卖来间接影响企业的财务决策，如果企业的走向不佳，他们将采取“用脚投票”的方式，抛售该企业的股票。这样的市场环境促使股票市价成为企业财务决策所要考虑的最重要因素。与此同时，股东权益也是通过股票的市价得到充分的体现。因此，股东财富最大化是他们的财务管理目标。

与利润最大化等以往的财务管理目标相比，股东财富最大化有其积极的一面。将其归纳为三点：第一，股东财富最大化目标考虑了风险因素的影响，风险的高低，会对股票价格产生重要影响。第二，股东财富最大化在一定程度上能够克服企业在追求利润上的短期行为，因为不仅目前的利润会影响股票价格，预期未来的利润对企业股票价格也会产生重要影响。第三，股东财富最大化目标比较容易量化，便于考核和奖惩。

与此同时，股东财富最大化也存在如下缺点。第一，股东财富最大化在适用范围上具有狭隘性。由于该目标以股票价格作为考核标准，因此它只适用于上市公司，非上市公司却很难适用。而并非所有的企业都是上市公司（事实上，无论是在我国还是在西方，上市公司在全部企业中都只占少一部分），大量的非上市企业的股东财富无法确定和计量，即使采用评估的方式来确定，由于受评估标准和评估方法的影响，也难以保证其客观和准确。第二，股东财富最大化在考虑范畴上具有狭隘性。该目标只强调股东的利益，而对企业其他利益相关者的利益重视不够。从企业契约理论角度看，现代股份公司实质上是一系列契约关系的集合体。在这个契约合同关系的集合体中，除了有股东外，还有债权人、雇员、供应商、顾客、政府和社会，他们都与企业存在着某种或近或远或疏或密的关系。他们对企业有所投入，同时也要求有所回报。而股东财富最大化只关注股东的利益，这对其他利益相关者来说，显然是不妥当的，可能导致企业所有者与其他利益主体之间的矛盾。第三，股东财富最大化把过多的不可控因素引入财务管理目标。可控性是财务管理目标应具有的特征之一，但对上市企业而言，其股票市价会受多种因素包括非经济因素的影响，而且这些因素并非都是公司所能控制的，把不可控因素引入理财目标显然是不合理的。众所周知，股票价格受到多种因素的复杂影响，其中包括很多不可控制的因素，如政治因素。政治因素会对股票价格产生不可预计的影响，而它本身又是不可控制的。第四，股东财富最大化目标容易使企业偏离正常的经营道路，用过度投机制造“虚拟财富”，使虚拟经济与实际经济相脱离，误导投资者做出错误的选择。鉴于此，股东财富最大化的理财目标在实际中很难普遍采用。

3. 企业价值最大化

企业价值最大化主要是针对非上市公司而言的，所谓“企业价值”是指企业全部资产的市场价值。企业价值不仅包括了已取得的利润，还包括潜在的预期获利能力。

企业价值最大化观点在近几年颇为流行，受到许多人的推崇。该观点认为，企业价值最大化是指通过企业财务上的合理经营，采用最优的财务政策，充分考虑货币的时间价值和风险与报酬的关系，在保证企业长期稳定发展的基础上使企业总价值达到最大。企业价值是指公司全部资产的市场价值（股票和负债市场价值之和），通俗地说，就是指企业本身值多少钱，是企业全部资产的市场价值，即企业有形资产和无形资产价值的市场评价，反映了企业潜在或预期的获利能力。与其他理财目标相比，企业价值最大化目标有其积极的方面。一是它考虑了取得报酬的时间和风险，克服了在追求利润上的短期行为。企业的价值与预期的报酬成正比，而与企业的风险成反比。报酬往往与风险并存。并且报酬的增加是以风险的增大为代价的，而风险的增加会直接影响企业的生存和发展。价值最大化目标模式考虑了报酬与风险的关系，将企业取得的报酬按时间价值进行计量，使企业的当前利润与未来利润都对企业价值产生影响，特别是未来利润对企业的影响更大，可避免在追求利润上的短期行为。二是它更能适应现代企业制度的要求。现代企业理论认为，企业是投资者、债权人、员工、客户等形成的一个契约，企业的利润是所有者与签约各方的共同利益。企业价值最大化注重在企业发展中考虑各方利益，能有效地防止短期行为的发生，有利于调动各利润主体的积极性，共同关注企业的发展，使企业的财富大大增加。

但是，企业价值最大化目标也有明显的缺陷，主要表现在：

（1）企业价值最大化的提法过于抽象、模糊、不具体，容易在认识上产生混乱。例如，有人认为，企业价值最大化也可表述为股东财富最大化；股东财富最大化，又称企业价值最大化；等等，即将企业价值与股东权益混在一起。

（2）企业价值难以准确计量和分解。一般地讲，企业资产的市场价值只能通过资产评估的方式确定，但资产评估需要动用大量人力、物力，是牵扯面比较广的一项工作，通常只是在企业清算、并购等特殊情况下进行，把它用于企业日常管理则是不合适的。此外，由于受评估标准和评估方法的影响，也难以确保它的准确性和客观性。

4. 相关者利益最大化

随着工业经济向知识经济的过渡，企业除股东以外的其他利益相关者的地位不断提高，从企业可持续发展的角度来看，相关者利益最大化的目标越来越受到学术界的关注。

相关者利益最大化，又称为公司财富最大化，根据詹森（Jensen，2001）的定义，是指在考虑企业所有利益相关者的利益的基础上增加企业长期总市场价值，其中所指的利益相关者包括股东、债权人、雇员、供应商、顾客、政府、社会等利益受到企业经营的影响，同时又通过特定手段影响企业经营的主体。

中国理论界关于相关者利益最大化的定义是指通过企业财务上的合理经营，采用最优的财务政策，充分考虑资金的时间价值和风险与报酬的关系，在保证企业长期最稳定发展的基础上使企业的利益相关者财富达到最大。这一目标是以利益相关者理论为基础提出的。该理论认为，财务管理目标应该与企业多个利益相关者有关，可以说，财务管理目标是这些利益相关者共同作用相互妥协最终达到均衡的结果，在一定时期一定环境一定条件下某一利益相关者可能会起主导作用，如股东。但从长期发展来看，不能只强调某一利益相关者的作用，而置其他利益相关者的利益于不顾。仅仅将财务管理的目标集中于某一利益相关者的利益的做法是不妥当的，而应该兼顾其他利益相关者的利益。同时，多年的企业实践也表明，如果企业仅为某一利益相关者服务而对其他利益相关者的利益不加重视，甚至不闻不问，反过来会对企业本身的生存与发展产生不利的影响。

这一目标的基本思想是将企业长期可持续发展放在最重要的地位，强调满足各个利益相关者的利益。与股东财富最大化的财务管理目标相比，相关者利益最大化目标同样充分考虑了不确定性和时间价值。王化成（1999）还为这一目标注入了更为丰富的内涵：第一，这种经过企业努力所达到的“最大化”目标，应该是一个动态过程，而不是一个终极的静态过程。第二，创造与股东之间的利益协调关系，努力培养安定性的股东。第三，关心本企业职工利益，创造优美和谐的工作环境，培养员工的认同感。第四，不断加强与债权人的联系，重大财务决策请债权人参加讨论，培养可靠的资金供应者。第五，关心政府政策的变化，关注政府制定相关政策的有关活动，一旦立法颁布实施，不管是否对自己有利，都应严格执行。第六，关系客户的利益，不断推出新产品来满足客户的要求，以便保持销售收入的长期稳定增长。第七，讲求信誉，注重企业形象的优化，持续发展能力的增长等。

日本企业就比较关注股东以外的其他相关者的利益，如债权人的利益和雇员的利益。日本企业的财务管理模式是建立在发达的银行业基础上的。在日本实行主银行制度，凡大企业都有一家大银行的支持，银行与企业之间有着稳固、密切的关系，银行被允许持有企业股份，许多银行既是债权人，又是股东，这种双重身份使“所有者观念”的企业观弱化。加之日本企业传统的“终身雇佣制度”与西方企业的企业用人制度大相径庭，导致企业关系也自有其特色。

与股东财富最大化相比，相关者利益最大化目标具有以下优点：第一，相关者利益最大化目标将企业众多利益相关者的利益纳入考虑的范围，兼顾了各个利益相关者的利益。第二，由于相关者利益最大化目标充分考虑各方利益关系，因此该目标有利于企业的可持续发展。

但是相关者利益最大化也受到了诸多质疑。很多学者认为，这个目标太过理想化，从理论层面看似完美，但在实际操作中会遇到很多问题。首当其冲的一个问题就是如何有效地衡量相关者利益的最大化。

综上所述，纵观中外各种财务管理目标观，无论是利润最大化、相关者利益最大化，抑或是股东财富最大化、企业价值最大化，财务管理目标都应体现宏观经济体制和企业经营方式的要求，反映财务活动的客观规律，协调处理财务关系。只有真正确立符合自身发展要求的财务管理目标，才能确保企业正常生存与发展。

第六节　财务管理的基本环节

财务管理的基本环节是指财务管理工作的各个阶段与一般程序。财务管理的基本环节包括财务预测、财务决策、财务计划、财务控制和财务分析。它们相互紧密配合，紧密联系，形成周而复始的财务管理循环，构成完整的财务管理工作体系。

一、财务预测

财务预测，就是在认识财务活动的过去和现状的基础上，发现财务活动的客观规律，并据此推断财务活动的未来状况和发展趋势。财务预测是财务决策的基础，是编制财务计划的前提，是组织日常财务活动的必要条件。

财务活动是企业各项具体活动的综合反映。财务预测是一项综合性的预测工作，涉及面较广，因此，财务预测不能脱离企业的各项业务预测。但是财务预测绝不是各项业务预测结果的简单拼凑，而是根据业务活动对资金活动的作用与反作用的关系，将业务预测结果进行合乎逻辑的综合。

财务预测的基本任务是测算各项生产经营方案的经济效益，为决策提供可靠地依据；预计财务收支的变化情况，以确定经营目标；测定各项定额和标准，为编制计划、分解计划指标服务。

财务预测环节包括以下工作程序：

1. 明确的预测对象和目的

预测的对象和目的不同，对预测资料的搜集、模型的建立、方法的选择、预测结果的表现形式等都有不同的要求。为了达到预期的效果，必须根据管理决策的需要，明确预测的对象和目的，从而确定预测的范围。

2. 搜集和整理资料

根据预测的对象和目的，要广泛收集有关的资料，包括企业内部和外部资料、财务和业务资料、计划和统计资料、本年和以前年度资料等。对资料要检查其可靠性、完整性和典型性，排除偶然因素的干扰，还应对资料进行归类汇总等加工处理，使资料满足预测的需要。

3. 选择预测模型

根据影响预测对象的各个因素之间的关系，选择相应的财务预测模型。常见的财务预测模型有时间序列预测模型、回归分析预测模型、因果关系预测模型等。

4. 实行财务预测

将经过加工整理的资料进行系统的研究，代入财务预测模型，并采用适当的预测方法，进行定性分析与定量分析，确定预测结果。

二、财务决策

简单地说，决策就是对未来活动安排的方案选择。决策的成功与否，从根本上决定了事业的成败。财务管理效果的优劣，很大程度上取决于财务决策的成败。财务决策建立在预测的基础之上，根据财务预测的结果，按照一定的决策方法，在若干备选方案中选取一个最优的财务活动方案。

财务决策环节包括以下工作程序：

（一） 确定决策目标

确定决策目标就是根据企业经营目标，在调查研究的基础上，确定财务决策要解决的问题，如设备更新决策、发行债券决策、对外证券投资决策等。

（二） 提出备选方案

提出备选方案就是在预测未来有关因素的基础上，提出为达到财务决策目标的各种备选方案。拟订备选方案时，对方案中决定现金流出、流入的各种因素要做周密的计算，全面分析各方案实施的有利条件和制约条件。

（三） 评价备选方案，选择最佳方案

备选方案提出后，要依据一定的评价标准，采用科学的评价方法评定各方案的优劣，从中选择一个预期效果最佳的财务决策方案。

做好财务决策工作，除了有赖于财务管理的预测职能，还应妥善处理以下几个问题：

1. 财务决策的组织问题

财务决策需要决策者做出主观判断，而主观判断则会受决策者的价值取向及知识、经验等个人素质差异的影响。只有较低层次，比较简单的财务决策问题，才可以由个人决策，较高层次的财务决策问题，应尽可能地由集体进行决策。

2. 财务决策的程序问题

财务决策不同于一般业务决策，具有很强的综合性，所以，财务决策不能仅仅由专职的财务管理人员一次完成，而应更多地深入基层，了解企业生产经营的各种具体情况，并尽可能地吸收业务部门的有关人员参与财务决策。同时，财务决策应与各项业务决策取得协调，故需要对决策结果进行调整。

3. 财务决策的方法

财务决策既需要定量权衡，也需要定性分析，财务决策具体方法的选择，应以财务决策内容为前提，同时还要考虑掌握资料的性质及数量等具体情况。常见的决策方法为：

（1）优选对比法——总量对比、差量对比、指标对比。

（2）数学微分法——采用数学上的微分法，成本判别求最小值；收入、利润判别求极大值。

（3）线性规划法——根据运筹学原理，对具有线性联系的极值问题求解，进而选优。

（4）概率决策法——风险决策的主要方法。

（5）损益决策法——不确定决策的方法。最大最小收益值法（小中取大）、最小最大后悔值法。

三、财务计划

财务计划是指企业预计计划期内资金的取得与运用、各项经营收支和财务成果的书面文件。它是企业经营计划的重要组成部分，是进行财务管理、财务监督的主要依据。

财务计划是在生产、销售、物资供应、劳动工资、设备维修、技术组织等计划的基础上编制的，其目的是为了确立财务管理的奋斗目标，在企业内部实行经济责任制，使生产经营活动按计划协调进行，挖掘增产节约的潜力，提高经济效益。从内容上来说，财务计划主要包括资金使用计划、资金筹集计划、成本费用计划、利润及利润分配计划等。

财务计划编制包括以下程序：

1. 分析财务环境，确定计划指标

按照国家产业政策和企业财务决策的要求，根据企业内外部条件，运用各种科学方法，分析与所确定的经营目标有关的各种因素，按照总体经济效益的原则，确定出主要的计划指标。

2. 协调生产要素，组织综合平衡

要合理安排人力、物力、财力，使之与经营目标的要求相适应。在财力平衡方面，要组织流动资金同固定资金的平衡、资金运用同资金来源平衡、财务支出同财务收入的平衡等，还要努力挖掘企业潜力。从提高经济效益出发，对企业各方面生产经营活动提出要求，制定好各单位的增产节支措施，制定和修订各项定额，以保证计划指标的落实。

3. 选择预算方法，编制财务预算

编制预算的方法有多种，如固定预算法与弹性预算法、增量预算法与零基预算法、定期预算法与滚动预算法等。企业应以经营目标为核心，以先进可行的定额为基础，计算计划期内资金占用、成本、利润等各项指标，编制财务预算。

四、财务控制

财务控制是指对企业的资金投入、收益过程和结果进行衡量与校正，目的是确保企业目标以及为达到此目标所制订的财务计划得以实现。财务控制的总目标是在确保法律法规和规章制度贯彻执行的基础上，优化企业整体资源综合配置效益，根据资本保值、增值的委托责任目标与其他各项绩效考核标准来制定的，是企业理财活动的关键环节，也是实现理财目标的根本保证。

常见的控制方法包括：

（1）防护性控制（排除干扰控制）：在活动发生前，先制定规章制度，把可能产生的差异排除。

（2）前馈性控制（补充干扰控制）：监视实际财务运行系统，预测产生偏差，采取一定措施，使差异得以消除。

（3）反馈控制（平衡偏差控制）：通过实际反馈，发现实际与计划差异，分析原因，采取措施。

此外，还经常提到事前控制、事中控制和事后控制。

财务控制通常包括以下几个程序：

1. 制定控制标准，分解落实责任

按照责权利相结合的原则，将预算指标进行分解，落实到分厂、车间、班组以及个人，企业内部每个部门、个人都有明确的工作要求，便于落实责任，检查考核。通过预算指标的分解，可以把预算任务变成单位和个人的指标，形成一个由上至下的经济指标体系。

2．实施追踪控制，及时调整误差

详细记录预算的执行情况，将实际与预算进行比较，确定差异的程度和性质。同时，要经常检查预算指标的完成情况，分析可能出现的变动趋势，及时发现生产经营过程中出现的问题。此外，还要及时分析差异形成的原因，确定造成差异的责任归属，采取切实有效的措施进行纠正。

3．分析执行情况，实施奖惩措施

在一定时期终了，企业应对各责任单位的预算执行情况进行分析评价，考核各项财务指标的执行结果，实行激励机制，奖优罚劣。

五、财务分析

财务分析是以财务报告资料及其他相关资料为依据，采用一系列专门的分析技术和方法，对企业等经济组织过去和现在有关筹资活动、投资活动、经营活动、分配活动的盈利能力、营运能力、偿债能力和增长能力状况等进行分析与评价的经济管理活动。它为企业的投资者、债权人、经营者及其他关心企业的组织或个人了解企业过去、评价企业现状、预测企业未来，为其做出正确决策提供了准确的信息或依据。

财务分析一般包括以下程序：

1．占有资料，掌握信息

开展财务分析首先需要充分的资料和信息。财务分析所用的资料包括财务会计报告、财务预算、市场调查资料以及统计资料等。

2．指标比较，揭露矛盾

比较分析是揭示矛盾、发现问题的基本方法。在占有资料、掌握信息的基础上，通过数量指标的对比分析，结合定性判断，评价业绩，发现问题，找出差异，揭示矛盾。

3．分析原因，明确责任

进行比较分析可以发现差距、揭示矛盾。为弄清问题产生的原因，还应进行因素分析。通过对影响财务指标各项因素的分析，查清影响财务指标完成的主要因素。

4．提出措施，改进工作

对掌握的大量资料进行整理，找出各财务活动之间以及财务活动同其他经济活动之间的内在联系，提出明确、具体、切实可行的改进措施，并组织各方面的力量，确定负责人，规定实施的期限，认真进行整改。要通过措施的落实，改善企业经营管理工作，促进财务管理水平的提高。

第七节　财务管理的环境

财务管理环境又称理财环境，指对企业财务管理活动产生影响的企业内外各种因素的总和，是影响财务主体的财务机制运行的各种外部和内部条件和因素。影响企业财务主体的财务机制运行的内外部条件和因素错综复杂且变幻莫测，所以财务环境本身就构成了一个复杂多变的系统。

财务管理环境可以分为外部环境和内部环境两方面。财务环境按其与企业的关系，分为企业外部财务管理环境和企业内部财务管理环境。企业外部财务管理环境是指企业外部影响财务管理的各种因素，如经济政策、市场、金融、法律、科学等。企业内部财务管理环境是指企业内部影响财务管理的各种因素，如管理体制、经营组织形式、生产经营状况、内部管理水平等。

企业财务管理人员必须适应外部理财环境的变化和需求，把握有利于企业的外部理财时机，在竞争激烈的市场经济中搞好理财工作，使企业不断发展。同时，企业财务管理人员还必须重视内部理财环境因素的分析研究，通过强化企业内部组织管理，充分挖掘、把握生产技术、设备和产品质量以及降低成本消耗的潜力，以达到不断提高企业经济效益的目的。

研究理财环境，弄清企业财务管理所处环境的现实状况和发展趋势，把握开展财务活动的有利条件和不利条件，为企业的财务决策提供充分可靠的依据，并提出相应对策，提高财务工作对环境的适应能力和利用能力，对实现企业的理财目标具有非常重要的作用。

一、外部财务环境

企业财务管理外部环境的研究对企业财务决策是十分重要的。企业是整个社会经济体系的一个基层性的小系统，整个社会是企业财务管理活动赖以进行、扩展的土壤。无论是社会经济的变化、市场的变动，还是经济政策的调整、国际经济形势的变化，对企业财务管理活动都有着直接或间接的作用，甚至产生严重的影响。因此，外部环境的研究是企业理财环境研究的重点。

（一）经济环境

经济环境是影响企业财务管理的社会经济因素。经济环境是企业赖以生存的宏观环境，它对企业产生的各种影响或力量，往往是无法控制的，只能去适应。影响企业理财的经济环境主要有经济体制、经济周期、经济发展水平以及经济政策等。

1．经济体制

经济体制是指一国经济结构和组织管理经济活动的方式方法、组织形式与机构的总称。

经济体制变革会对企业财务管理目标、内容产生巨大影响。我国现行经济体制是社会主义市场经济体制，企业成为“自主经营、自负盈亏、自我约束、自我发展”的独立经济组织。要在市场中求得生存与发展，就必须面向市场自主筹资，慎重地进行财务决策，强化财务控制，以保持合理的资金结构，灵活调动资金，重视经营效益的提高，不断增强自身在市场中的竞争能力，从而实现企业财务管理的目标。这就要求财务管理要适应市场经济体制的要求，充分发挥财务管理的资金筹集、资金使用和资金分配职能。

2. 经济周期

经济周期主要指社会经济增长规律性地交替出现高速、低速、停滞，甚至负增长几个阶段，在不同的阶段有不同的经济发展速度，因此在理财过程中企业应对此采取不同的财务策略。

在经济高速发展阶段，表明市场相当繁荣、需求旺盛。对此企业要扩大生产规模，积极筹资和投资，增加企业劳动力，提高产品价格，促使利润大幅度上升。在经济低速发展阶段，表明市场需求已经饱和，对此企业应维持其生产现状或有目的地收缩以保存实力。如因减产出售多余设备，对销路不好的产品停止生产，尽量压低库存等。在经济停滞阶段，表明整个大市场都不景气，市场需求急剧下降，库存积压严重。对此，企业应努力保持其在市场的一定份额，大幅压缩企业管理费用，减少员工，将有限的资金用在刀刃上，等待经济形势的好转。

3. 经济发展水平

财务管理的发展水平与经济发展水平密切相关。

(1) 从经济发展水平看，如果经济发展处于落后状态，生产力水平不高，财务管理就得不到重视，财务管理的职能也不能充分发挥；如果经济发展迅速，生产技术水平不断提高，财务管理将受到重视，财务管理便可充分发挥其职能，对经济效益提高将产生重大影响。

(2) 从经济发展阶段看，在经济发展的繁荣时期，市场需求旺盛，销量上升，投资活跃，财务人员需要迅速筹集资金，满足生产经营的需要；在经济衰退时期，市场萎缩，销售量下降，投资锐减，财务人员则需要及时调整资金配置，调整生产经营。近几年，我国经济快速增长，给企业拓宽财务活动的领域带来了机会和挑战，企业应积极探索与经济发展水平相适应的财务管理模式。

4. 经济政策

经济政策主要是指国民经济发展规划，如国家的产业政策、金融政策、财税政策、价格政策等。经济政策对企业财务管理工作有重大影响。产业政策直接影响着企业的投资行为；金融政策中货币发行量、信贷规模能影响企业投资的资金来源和投资的预期收益；财税政策会影响企业的资金结构和投资项目的选择；价格政策能影响资金的投向等。这就要求企业财务管理人员必须把握经济政策，以更好地为企业的经营理财活动服务。

(二) 金融环境

金融环境主要指金融市场环境，是企业财务管理所面临的来自于金融市场方面的影响因素。金融市场是指资金供应者和资金需求者双方通过信用工具进行交易而融通资金的场所。

广义的金融市场，是指办理各种票据、有价证券和外汇买卖以及实现货币借贷的场所；狭义的金融市场，一般是指股票、债券等有价证券的买卖市场。金融市场上资金供求关系直接影响企业筹资活动能否顺利进行，如果金融市场资金供不应求，利率上升，企业发行股票、债券，以及向银行借款就比较困难，资金成本加大；如果金融市场资金供过于求，利率下降，企业筹资活动就会比较顺利，资金成本较低。

1. 金融市场的类型

金融市场中与企业财务管理最具紧密关系的是货币市场与资本市场，货币市场也称短期资金借贷市场，主要是一年期以内的短期资金借贷市场。资本市场又称长期资金融通市场，主要是指长期债券和股票市场。金融市场的类型如图 1.2 所示。

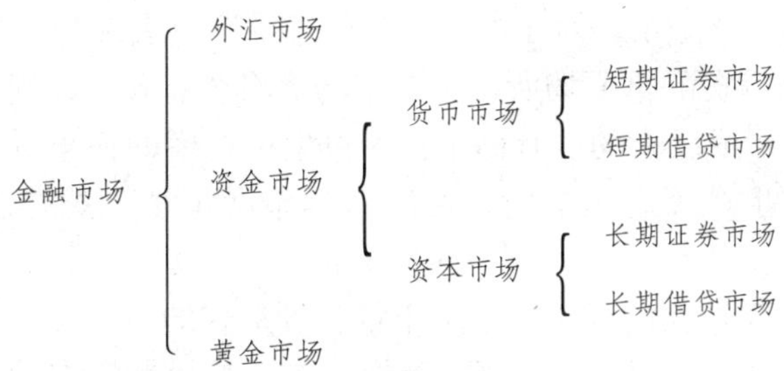

图 1.2　金融市场的类型

2. 金融市场的构成

(1) 主体：银行和非银行金融机构，主要包括：①人民银行，代表政府管理全国的金融机构和金融活动，经理国库。②政策性银行，政府设立，贯彻产业政策，不以盈利为目的专门办理某一方面政策性贷款业务的金融机构（包括国家开发银行、中国进出口银行、中国农业发展银行）。③商业银行，以经营存贷款，办理转账结算为主要业务，以营利为目的的金融企业。④其他金融机构，如财务公司等。

(2) 客体：买卖对象，包括商业票据、有价证券等各种金融信用工具。金融工具是指在信用活动中产生的、能够证明债权债务关系或所有权关系并据以进行货币资金交易的合法凭证。金融工具的特征：①期限性，是指债务人必须全部归还本金前所经历的时间。②流动性，是指金融工具在必要时迅速转变为现金而不致遭受损失的能力。③风险性，是指金融工具的本金和预定收益遭受损失的可能性。④收益性，是指持有金融工具所能带来的收益。流动性好的金融工具，其风险性往往较小，收益性往往也比较差。

(3) 参加人：客体的供给者和需求者，包括企事业单位、政府部门、居民等。

3. 金融市场上利率的决定

金融市场上利率就是资金使用权的价格，是利息额与借入资金的比率。决定和影响利率高低的因素主要有：

(1) 纯粹利率：无通胀、无风险情况下的市场利率，受平均利润率、资金供求关系和国家调节的影响。

（2）通货膨胀附加率：通胀→货币贬值→投资者真实报酬下降，因此投资者将资金交与借款人时，在纯粹利息的基础上再加上通货膨胀附加率以弥补通胀造成的购买力损失。

（3）变现力附加率：有价证券的变现力不同。国库券、大公司债券、股票可随时出售收回投资，小公司的债券不易变现，故投资者要求提高1%～2%作为补偿。

（4）违约风险附加率：不能按期收到利息和收回本金的风险。

（5）到期风险附加率：因到期时间长短不同而形成的利率差别。

利率＝纯粹利率＋通货膨胀附加率＋变现力附加率＋违约风险附加率＋到期风险附加率

4．金融市场对财务管理的影响

在一个比较发达完善的市场体系中，金融市场与商品市场、劳务市场一样在形态上是处于相对独立地位的市场，金融市场对于企业财务管理的影响表现为：

（1）是企业投资与筹资的重要场所。金融市场能将企业和个人现期、近期不用的闲置资金最有效地集中起来，形成巨大的、有助于扩大再生产规模的积累资金和生产基金。企业在需要扩充经济规模而再生产资金短缺时，可随时到金融市场上选择适合自己的方式进行融资，以满足自己的需要。

（2）长短期资金相互转换的场所。金融市场各种形式的金融交易，形成了纵横交错的融资活动。通过融资活动可以实现资本的相互转换，包括长短期资本的相互转换，不同区域间资本的相互转换，大额资本和小额资本的相互转换。例如，股票、债券的发行能够将储蓄资本转换为生产资本；未到期的商业票据通过贴现可随时变为现金；短期证券不想变现，可转化为其他长期有价证券等。这种多种方式的相互转换能调剂资本供求，促进资本流通。

（3）为财务管理提供有意义的信息。企业进行筹资、投资决策时，可以利用金融市场提供的有关信息。股市行情从宏观上反映了国家总体经济状况和政策情况，从微观上反映了企业的经营状况、盈利水平和发展前景，有利于投资者对企业财务状况做出基本评价。市场利率如果呈下降趋势，它带给公众的信息基本上是政府在刺激人们消费，减少储蓄；如果对某一地区或行业采取优惠贷款等政策，表明政府在一定时期的经济政策；如果市场资金较多涌向某一行业，表明该行业利润水平较高。金融市场因它的特点具有传递经济信息的功能。

不同金融市场环境对企业的作用不同，金融市场环境的好坏，决定着企业未来收益的高低，影响企业的财务目标和财务运行方式。因而，企业面临不同的金融市场要采取不同的财务政策，寻找发展机遇，推动自身发展。

（三）法律环境

法律环境是指企业与外部发生经济关系时所应遵守的各种法律、法规和规章制度。市场经济是法制经济，企业的财务活动必须在法律框架内进行，企业的财务关系也要在法律框架内调整。法律环境主要包括企业的组织法规、税务法规和财务法规等。

1．企业组织法律法规

企业组织法律法规指涉及经济组织方面的法律法规。组建不同的企业组织，需要依照相应的企业组织法律法规。《中华人民共和国公司法》《中华人民共和国合伙企业法》和《中华人民共和国个人独资企业法》为建立公司制企业、合伙制企业、业主制企业提供了企业组织法和企业行为法。

2．税务法律法规

税收是国家为实现其职能而取得财政收入最重要、最基本的方式，也是国家用于调控社会经济运行的重要经济杠杆。税收制度是一国税收法令和征收办法的总称，是国家向纳税人依法征税的法律依据和工作规程。国家税种的多少、税率的高低等，直接影响企业的税收负担，因此直接关系到企业的利益。

由于税收直接减少了企业的经济利益，构成企业财务的重要影响因素，企业财务人员必须精通所在企业所涉及的各项税法条款，避免工作失误所造成的损失。

3．财务法律法规

财务法律法规包括《企业会计准则》《企业财务通则》和行业财务制度。《企业会计准则》是反映经济活动、确认产权关系、规范收益分配的会计技术标准。《企业财务通则》对企业财务管理体制、资金筹集、资产运营、成本控制、收益分配等做出规定。行业财务制度是财政部根据《企业财务通则》的规定，对不同行业做出的财务行为规范。

4．其他法律法规

能够约束企业财务行为的其他法律法规包括：证券法律法规、结算法律法规、合同法律法规、环境保护法律法规等。

与财务活动有关的各种法律、规定和制度，约束着企业的经济行为，企业必须按照有关法规的要求组织经济活动，处理与各方面的关系。法律对企业来说是一把双刃剑，一方面它为企业的经营活动规定了限制空间，另一方面也为企业在相应空间内自由经营提供了法律上的保护。每个企业进行各项财务活动时，必须依法处理各种财务关系，并学会用法律来保护自己的合法权益。因此，法律环境主要影响企业的财务关系和财务行为。

二、内部财务环境

财务管理的内部环境，是指企业的内部条件，它包括企业所拥有的物质技术条件和管理工作基础。企业财务活动的状况和成果，与企业生产经营情况、管理工作有着密切的联系，企业经济效益的高低是企业各项活动质量的综合反映，脱离一定的企业内部环境，则难以搞好财务工作。

（一） 企业管理体制

企业管理体制是指企业对各项工作管理极限的划分，包括由一定制度所确定的纵向分权和横向分工、隶属关系以及各自管理范围的规定等。在企业内部理财环境中，管理体制因素起着决定作用，它直接决定着企业内部理财环境的优劣，以及企业理财权限的大小和理财领域的宽窄。现代企业制度的建立，从根本上确立了企业市场主体的地位，为企业自主理财提供了客观可能性，企业可以自行筹资，自主投资，并可以制定自己的财务管理制度。

（二） 企业经营组织形式

企业经营组织形式是指在既定的产权体制下，企业内部的权责结构和利益关系的组合方式，又称经营方式。企业组织形式按投资组合形式的不同可分为：独资企业、合伙企业和公司。不同的企业组织形式对企业理财有着重要影响。如果是独资企业，由于其规模小、资金少、人员少等特点，财务管理模式也比较简单。合伙企业的规模、资金和人员比独资企业都有所增加，合伙企业的财务管理模式要比独资企业复杂得多。公司制企业的财务管理模式最复杂，要考虑企业内外部因素，合理确定企业的财务管理理念、财务管理目标、财务关系、财务权责和财务运行机制。

（三） 企业生产经营状况

企业生产经营状况是指企业的产品在商品市场上进行生产、销售、服务的发展现状。企业生产经营状况对财务管理的影响主要表现在：经营规模的大小，对财务管理复杂程度的要求有所不相同；企业的采购环境、生产环境和销售环境对财务管理目标的实现有很大影响，好的环境有利于财务管理目标的实现，反之，阻碍目标的实现。

（四） 企业管理水平

企业管理水平是由企业经理人员或经理机构对企业的经济活动过程进行计划、组织、指挥、协调、控制，以提高经济效益，实现盈利目的的熟练程度。企业管理水平高，则财务管理相对规范，财务管理各方面的职能能够得到有效发挥；企业财务管理水平不高，则财务管理相对混乱，企业各财务管理目标的实现和财务管理运行机制的实施都会受到限制。

（五） 财务管理的意识观念

由于受财务管理意识落后以及上述因素的影响，我国企业财务管理工作的职能独立化并没有成为现实，财务管理职能依然由传统的会计部门担任，缺少专职的财务管理能手，至于厂内银行和财务公司也只是在极少数的企业才建立起来。财务管理组织的设置、职能和地位的不独立都明显地影响企业财务管理水平的提高。目前我国的企业领导甚至财务管理人员，没有从根本上重视财务管理。与此同时，财务管理人员素质较差，缺乏参与意识和管理意识，加之受其他因素的影响，以及客观实际情况的制约，没能很好地进行财务决策，致使财务决策失误的现象十分普遍。

第八节 财务管理的假设

根据《韦氏国际词典》对假设的解释：一为理所当然或不言自明的命题；二为基本的前提或假定。因此，可把假设定义为：假设是人们根据特定环境和已有知识提出的、具有一定事实依据的假定或设想，是进一步研究的基本前提。

根据假设的定义，结合财务管理的特点，财务管理假设可定义为：财务管理是人们利用自己的知识，根据财务活动的内在规律和理财环境的要求所提出的、具有一定事实依据的假定或设想，是进一步研究财务管理理论和实践问题的前提。

一、财务管理基本假设

（一） 理财主体假设

理财主体假设是指企业的财务管理工作不是盲目的，而应限制在每一个具有经济独立性的组织之内。理财主体是指具有独立的财务权力、责任和利益的经济组织和个人。理财主体假设解决的是财务管理所服务的对象及其可以利用的资源范围的问题。该假设确定了理财的空间范围，得以区分公司的财务活动与股东的财务活动。

经济组织是利益相关者共同体的资本组织形式，利益相关者通过委托代理人独立对外行使财权、获取收益、承担法律责任。作为独立的理财主体，经济组织的代理人可以依法行使法人财产权利，但是，代理人的行为选择要建立在利益相关者意志之上，利益相关者的意志可以通过财务政策或财务治理机制来反映。按照利益相关者理论，股东、经营者、债权人、员工等分别投入要素资本形成利益相关者共同体，这个共同体也可称之为经济组织，具有独立的财务权力、责任和利益，利益共同体采取委托代理的形式运营资本，由利益相关者推选代理人行使。作为利益相关者，股东、债权人、经营者、员工等都具有选择财务行为的动机，他们的行为选择又会影响利益相关共同体的行为选择。理财主体虽然也表现为经济组织和个人，但是在具体研究时，着重研究了利益相关者个体的财务行为及其对代理人行为的影响。

作为理财主体必须具备以下条件：①理财主体必须有独立的经济利益。②理财主体必须有独立的经营权和财权。③理财主体必须是一个法律实体，但法律实体并不一定是理财主体。一个组织只有具备这三个特点，才能真正成为理财主体。与会计主体相比，理财主体的要求更加严格。该假设从空间上限定了财务管理要素的具体范围，使财务主体、财务客体、财务管理目标、信息、方法具有了空间归属，并赋予了其特定的经济含义。同时，也明确了财务管理工作的服务对象。

（二） 持续经营假设

持续经营假设是指理财主体能持续存在并能执行其预计的经济活动，该假设确定了理财工作的时间范围。

在假定企业作为主体后，就面临着这个企业能生存多久的问题。企业可能是持续经营的，也可能会因为某种原因发生变化甚至终止营业。由于绝大多数企业都能持续经营下去，破产、清算的企业毕竟是少数，即使可能会破产，也难以预计发生的时间。因此，在财务管理上，除非有证据表明企业将破产、关闭，否则，都假定企业在可以预见的将来持续经营下去。

持续经营虽是一种假设，但在正常情况下，却是财务管理人员唯一可以选择的办法。因为在任何一个时点上，企业的前景只有两种可能，持续经营和停业清算，非此即彼，没有第三种可能。在正常情况下，当企业进行筹资决策和分配决策时，假定企业持续经营是完全合理的，推测企业破产反而会违背常理。因为只有在持续经营情况下，企业的投资在未来产生效益才有意义，企业才会根据其财务状况和未来现金流量的预测、业务发展的要求安排借款期限。如果没有持续经营假设，这一切都无从谈起。可见，如果企业在下一期不继续经营，对企业下一期财务活动进行的预测、决策和计划就无必要。因此，它是企业财务管理进行财务预测，制定财务决策和计划，进行财务控制的前提条件。

持续经营假设可以派生出理财分期假设。理财分期假设将企业持续不断的经营活动，人为地划分为一定期间，以便分阶段考核企业的经营成果和财务状况。这与会计的持续经营假设和会计分期假设是一致的。

持续经营假设是财务管理的一个重要基础前提。企业要合理安排长期资金和短期资金的比例，合理确定短期投资和长期投资的关系，正确处理各种短期利益和长期利益的关系，这些都是建立在持续经营假设的基础之上。

（三） 有效市场假设

有效市场假设是现代财务学的理论基础之一，它是连接财务管理和资本市场的纽带。最早提出该假设的是美国的法玛（Fama，1970）。市场有效性假设是基于理财环境的价格因素提出的。价格是由市场的供需关系等因素决定的，市场是否有效是分析价格因素的关键。所谓市场有效性是指市场价格对信息的反映程度。根据价格对信息的反映程度，市场的有效性可分为：弱式市场、次强式市场和强式市场。弱式市场价格只能对历史信息做出反应；次强式市场价格能对历史信息和现有信息做出反应；强式市场价格不仅能对历史信息、现有信息做出反应，而且能对未来信息做出反应。在强式市场上，市场的交易成本为零，信息搜集成本为零，参与主体对未来的预测一致而且会做出一致的决策，价格是价值的反映，不存在套利的机会。市场有效性假设为资本资产定价模型、套利定价模型等财务估价模型提供了理论依据。

财务管理所依据的资金市场是健全的和有效的，只有在有效的市场上，财务管理才能正常进行，财务管理理论体系才能建立。有效市场的有效性表现在：①资源配置的有效性。也就是说，有效率的企业在市场上能够较容易筹集资金。而业绩不好的企业则会丧失其在市场上筹集资金的能力。②信息有效性。这种有效性表现在财务预测、财务决策、财务控制所依据的各种信息是可靠的、可以信赖的。

有效市场应具备以下特点：①当企业需要资金时，能以合理的价格在资金市场上及时筹集到所需资金。②当企业有闲置资金时，能在市场上找到有效的投资方式。③企业任何理财上的成功与失败都能在资金市场上反映出来。

有效市场派生的是市场公平假设，它是指理财主体在资金市场筹资和投资等完全处于市场经济条件下的公平交易状态，理财主体的成功与失败都能在资金市场上得到公平的反映。

（四） 资金增值假设

通过财务管理人员的合理营运，企业资金的价值可以不断增加，这是财务管理存在的现实意义。

理财环境的变化是财务主体理财的外部干扰因素，从理财环境中抽象出两个最基本的财务因素：资本和价格。只有对资本和价格特性做出假定，才可以解决理财环境的变化对理论研究和实务工作的影响。资本增值假设就是其中之一。资本增值假设是指社会资本总量在周转循环的过程中，资本流量的净增加。资本流量包括资本流入量和资本流出量，净流量是指资本流入量与资本流出量之间的差值。资本增值假设是财务管理的基本前提，如果财务管理主体认为资本不会增值，就没有理财的客观需求。但是，事实上，资本增值是个别财务主体的美好愿望，由于主体之间理财能力的差异和投资对象的不同，资本增值能力也不一样，有的甚至出现资本减值。资本增值假设可以推导出资金时间价值、风险价值以及投资决策的标准等概念。

资金增值假设的派生假设就是风险与报酬同增假设。该假设是指风险越高，要求获得的报酬也越高。如国库券基本是无风险投资，而股票是风险很大的投资，为什么还有许多人将巨额资金投向股市？这是因为他们假设股票投资取得的收益远远高于国库券的收益，依据风险与报酬同增这一假设来进行投资行为的选择。

（五） 理性理财假设

理性是指在一定约束条件下，行为主体为了达到预期的目标而选择的行为方式。据行为主体决策基础的不同，理性可分为完全理性与有限理性。西蒙（Simon，1989）认为，完全理性是指行为主体具备关于其所处环境的各有关方面的知识，而且这些知识即使不是绝对完备的，至少是相当丰富、相当透彻的。此外，完全理性人还被设想为有一个很有条理的、稳定的偏好体系，并能够计算出备选方案中的哪个方案可以达到最好尺度上的最高点。有限理性是指在信息不完备的条件下，甚至是知识和能力受到限制的条件下，行为主体也不可能预先知道所有可能的备选方案。

理性理财假设理财人员是理性的，主要表现为：①理财是有目的的行为。②理财人员会在众多方案中择优。③理财人员会及时纠正偏差。④理财人员会吸取经验教训，不断学习更新，使理财行为由理性变得更加理性。

理性理财假设可派生出资金再投资假设。时间价值原理、净现值和内部报酬率的计算都建立在此假设基础之上。

二、财务管理基本假设与会计基本假设的关系

会计理论体系有四个基本假设，财务管理假设与会计基本假设之间有怎样的关系呢？会

计基本假设是会计人员对会计核算所处的变化不定的环境做出合理判断，是会计核算的前提条件，它主要包括会计主体假设、持续经营假设、会计分期假设和货币计量假设。财务管理与会计历来都是相辅相成的。会计核算是财务管理工作的反映，并为财务管理工作提供信息来源。会计主体假设与理财主体既有联系又有区别，一切理财主体都是会计主体，但会计主体不一定都是理财主体。持续经营假设与会计分期假设，两者基本一致，他们都以此来假设主体能持久地存在下去，并且要进行分期管理和会计反映。会计的货币计量假设与财务管理的资金增值假设有相同之处，他们都假设主体发生的各项财务活动能以货币计量。总之，财务管理假设与会计基本假设在内容上有相似之处，在理论研究方法上也相似，它们都是以假设为理论研究的前提条件。

第九节 财务管理的原则

一、财务管理原则的含义

财务管理原则，也称理财原则，是企业组织财务活动、处理财务关系的准则，它是从企业财务管理的实践经验中概括出来的、体现理财活动规律性的行为规范，是对财务管理的基本要求。它是联系理论与实务的纽带。财务管理理论是从科学角度对财务管理进行研究的成果，通常包括假设、概念、原理和原则等。财务管理实务是指人们在财务管理工作中使用的原则、程序和方法。财务管理原则就是财务管理理论与实务的结合部分。

二、财务管理原则的具体内容

对于如何概括财务管理原则，人们的认识不完全相同。《企业财务通则》规定：“企业财务管理的基本原则是，建立健全企业内部财务管理制度，做好财务管理基础工作，如实反映企业财务状况，依法计算和缴纳国家税收，保护投资者权益不受侵犯。”具体来讲，财务管理包括下列原则：

（一） 资金合理配置原则

企业财务管理是对企业全部资金的管理，而资金运用的结果则形成企业各种各样的物质资源。各种物质资源总是有一定的比例关系。所谓资金合理配置，就是要通过资金活动的组织和调节，来保证各项物质资源具有最优化的结构比例关系。

（二） 收支积极平衡原则

在财务管理中，不仅要保持各种资金存量的协调平衡，而且要经常关注资金流量的动态协调平衡。所谓收支积极平衡，就是要求资金收支不仅在一定期间总量上求得平衡，而且在每一个时点上协调平衡。资金收支在每一时点上的平衡性，是资金循环过程得以周而复始进行的条件，从而保证生产经营活动的顺畅进行。

资金收支的平衡，归根到底取决于购产销活动的平衡。企业既要搞好生产过程的组织管理工作，又要抓好生产资料的采购和产品的销售，要购产销一起抓，克服任何一种片面性。只有坚持生产和流通的统一，使企业的购产销三个环节互相衔接，保持平衡，企业资金的周转才能正常进行，并取得相应的经济效益。

（三） 成本效益原则

在企业财务管理中，既要关心资金的存量和流量，更要关心资金的增量。企业资金的增量即资金的增值额，是由营业利润或投资收益形成的。因此，对于形成资金增量的成本与收益这两方面的因素必须认真进行分析和权衡。成本效益原则，就是要对经济活动中的所费与所得进行分析比较，对经济行为的得失进行衡量，使成本与收益得到最优的结合，以求获取最多的盈利。

（四） 收益风险均衡原则

在市场经济的激烈竞争中，进行财务活动不可避免地要遇到风险。财务活动中的风险是指获得预期财务成果的不确定性。企业要想获得收益，就不能回避风险，可以说风险中包含收益，挑战中存在机遇。企业进行财务管理不能只顾追求收益，不考虑发生损失的可能。收益风险均衡原则，要求企业对每一项财务活动，全面分析其收益性和安全性，按照收益和风险适当均衡的要求来决定采取何种行动方案，在实践中趋利避害，提高收益。

（五） 分级分权管理原则

分级管理原则，即在全面协调、统一的前提下，按照管理物资与管理资金相结合、使用资金与管理资金相结合、管理责任同管理权限相结合的要求，实行各级、各部门共同承担责任的财务管理，以调动全体员工的管理积极性，将各项管理措施落到实处，务求有效。在规模较大的现代化企业中，对财务活动必须实行分级分权管理。所谓分级分权管理，就是在企业总部统一领导的前提下，合理安排各级单位和各职能部门的权责关系，充分调动各级各部门的积极性。统一领导下的分级分权管理，是民主集中制在财务管理中的具体运用。

（六） 利益关系协调原则

企业财务管理要组织资金的活动，因而同各方面的经济利益有非常密切联系。实行利益关系协调原则，就是在财务管理中利用经济手段协调国家、投资者、债权人、购销客户、经营者、劳动者、企业内部各部门各单位的经济利益关系，维护有关各方的合法权益。有关各方利益关系的协调，是理财目标顺利实现的必不可少的条件。

（七） 弹性原则

财务管理应努力实现收支平衡，略有结余。略有结余就是留有弹性。在财务管理中，追求准确节约的同时，要留有合理的伸缩余地。这就是财务管理的弹性原则。

保持合理弹性的原因：①环境复杂多变，企业缺乏完全控制能力。②财务管理人员素质、能力有限，可能出现失误。③财务预测、决策、计划都是对未来的一种大致规划，不可能完全准确。贯彻弹性原则的关键是防止弹性过大或过小，过大会造成浪费，过小会带来风险。

确定合理弹性要考虑：①企业适应财务环境能力。②不利事件出现可能性大小。③企业愿意承担风险大小。例如，对现金、存货留有一定的保险储备，在编制财务计划时留有余地，都是弹性原则的具体应用。

第十节 财务管理的组织机构和管理模式

一、企业组织形式及其财务特征

企业采用何种组织形式，不仅影响企业的财务组织结构，而且影响企业筹资、纳税、分配以及财务决策等诸多方面。在我国，法律允许的企业组织形式有四种类型：独资企业、合伙企业、股份有限公司和有限责任公司。

（一） 独资企业

独资企业是指依法在中国境内设立，由一个自然人投资，财产为投资者个人所有，投资人以其个人财产对企业债务承担无限责任的经营实体。

独资企业规模一般很小，不具有法人资格，是由个人拥有并独立经营，业主独享营业利润，独担失败风险，这是最早、最原始、最简单的企业形式。

独资企业的财务优势在于：①单独出资，不受他人干扰，业主承担企业的全部盈亏责任，生产经营的积极性高，经营灵活，决策速度快，能够适应消费者各种分散的需求。②它的设立程序不复杂，设立的费用也不高。

独资企业的财务劣势在于：①业主个人要对企业的全部债务负责，风险大。如果独资企业被起诉，那么业主也会成为被告，并且承担无限连带责任，这意味着业主私人的全部财产同企业的全部财产一样可能被强制用于抵债。②个人财力有限，难以大规模地经营与发展。企业资本来源单一，筹集资金很困难，所以企业规模一般较小，难以承担大规模的经营项目。因为独资企业的生存与发展在很大程度上依赖于业主个人，所以独资企业不像其他形式的企业，对贷款人有那么强的吸引力。③独资企业可能无法享受政府对法人组织给予的税收等优惠政策和法人制度带来的其他好处。

个人独资企业比较适合于零星分散的小规模经营，在个体农业、手工业、零售商业以及服务行业和自由职业中所占比例较大。

（二） 合伙企业

合伙企业是指两个或两个以上合资经营的企业，合伙人对企业的全部债务共同承担无限责任。

合伙企业里，由于所有的合伙人都负无限责任，而且他们对债务负连带责任，在大多数正式的约定或合伙契约中都载明了下列内容：各个合伙人的权利、合伙企业利润的分配方法、每个合伙人的投资额、吸收新合伙人的程序、在某个合伙人死亡或退出时合伙企业重组的程序等。

合伙企业的财务优势在于：①合伙企业财务主体所有权主体与经营权主体的合二为一，每个合伙人既是合伙企业的所有者，又是合伙企业的经营者，这样可以发挥每个合伙人的专长，提高合伙企业的管理水平和决策水平。②与独资企业相比，合伙企业的一个潜在优势是可以筹集更多的资金。在合伙企业里，不仅有不止一个的所有者提供资金，而且贷款人也更愿意把资金贷给合伙企业，因为合伙企业的自有资金相对较多。③合伙人对企业的全部债务共同承担无限责任，有助于增强合伙人的责任心。

合伙企业的财务劣势在于：①由于合伙人的意见难免存在分歧，容易延误决策。②合伙企业财务不稳定性大，如果出现合伙人之一死亡或退出等情况，那么合伙企业就可能面临不稳定的局面。③财力仍然有限，而且每一合伙人退出或死亡而接纳新的合伙人时，必须重新建立合伙协议，从而限制了企业的发展。

合伙制企业一般适用于规模较小的企业，特别适用于那些业主的个人信誉和个人责任具有较大重要性的企业，如律师事务所、会计师事务所和资产评估事务所等。

（三） 股份有限公司

公司是指依照《中华人民共和国公司法》设立的以盈利为目的的企业法人。在我国，公司制企业具体分为两种类型，即股份有限公司和有限责任公司。所以，我们也可以说，独资企业和合伙企业都是非公司制企业。

股份有限公司，简称股份公司，是指全部资本为等额股份，股东以其所持股份为限对公司承担责任，公司以其全部资产为限对公司的债务承担责任的企业法人。

股份有限公司的基本特征是：

（1）公司的资本总额平分为金额相等的股份。

（2）股东以其认购的股份对公司承担有限责任，公司以其全部资产对公司债务承担责任。

（3）经批准，公司可以向社会公开发行股票，股票可以交易或转让。

（4）股东数不得少于规定的数目，但没有上限。

（5）每一股有一表决权，股东以其持有的股份享受权利，承担义务。

股份有限公司的财务优势在于：①股东所负责任有限。股份有限公司独立于所有者而依法存在。公司所有者的责任仅以其投资额为限，而无须对这些债务承担无限责任。因此，所有者的私人资产不会被强制用以偿还股份有限公司的债务。有限责任是股份有限公司比独资企业和合伙企业的优越之处。②股份有限公司可以以自己的名义筹集资金，股份有限公司的所有权是用股份作为证明的。股东的股份占股份有限公司流通在外的总股份的比例代表了股东对股份有限公司所有权拥有的比例。这些股份可以很容易地进行转让，这也是股份有限公司的另一个重要优点。③可集合大量资本，控制更多的社会资本，经营大规模的企业，增强企业在市场上的竞争地位。

股份有限公司的财务劣势在于：①股东数量多，流动性大，不易掌控，大量小股东对公司缺乏责任感，在财务业绩欠佳时，会转让、出售手中持有的股份。②财务信息透明度高，上市公司要求详细披露公司的重大经营信息，会对企业管理层经营带来压力。

（四） 有限责任公司

有限责任公司，简称有限公司，是指两个以上股东共同出资组建，股东以其出资额为限对公司承担责任，公司以其全部资产对公司的债务承担责任的企业法人。

有限责任公司的基本特征是：

（1）公司的全部资产不分为等额股份。

（2）公司向股东签发的是出资证明书（即股单），不发行股票。

（3）公司股份的转让有严格限制。

（4）股东人数受限制，不得超过一定限额。

（5）股东以其出资比例，享受权利，承担义务。

有限责任公司的财务优势在于：①财务结构比较稳定。执行业务的投资者，如果没有得到全体投资者的同意，不能将其出资额转让给他人；不执行业务的投资者，如果没有得到全体投资者半数同意，也不能将其出资转让给他人。②投资风险较小。各投资者对公司所负的责任，仅以其出资额为限，倘若公司破产或在民事诉讼案中败诉，股东损失至多为其投资额。这就是所谓的有限责任。

有限责任公司的财务劣势在于：与股份有限公司相比，虽然较非公司制企业来说可集合大量资本，经营大规模企业，但不能通过发行股票控制更多的社会资本，不利于增强企业在市场上的竞争地位。

本书以规范化的现代企业组织的基本形式——公司为背景来讲述财务管理的基本原理。当然，这些基本原理不仅适用于公司，同样也适用于业主制和合伙制企业，甚至个人理财。

二、财务管理的机构设置

从理论上讲，财务管理必须有组织保证，为了完成企业财务管理目标，必须通过一定的组织机构，把财务活动的各要素、各环节和各方面，从上下左右关系上，科学合理地组成一个整体，以充分发挥它们的作用。因此，财务管理的组织机构是企业财务管理的一个重要前提条件。财务管理机构的设置决定于企业组织形式及其组织结构。

在西方国家的企业中，一般设置财务副总经理来主管企业的财务会计工作，在其下面设置两位主要管理人员：一位是财务长或财务主任；另一位是主计长或总会计师。我国现代企业的财务管理组织机构，应结合我国国情，吸收西方企业二元化结构，实行财会机构分设。

这种结构的基本框架可用图1.3来表示。

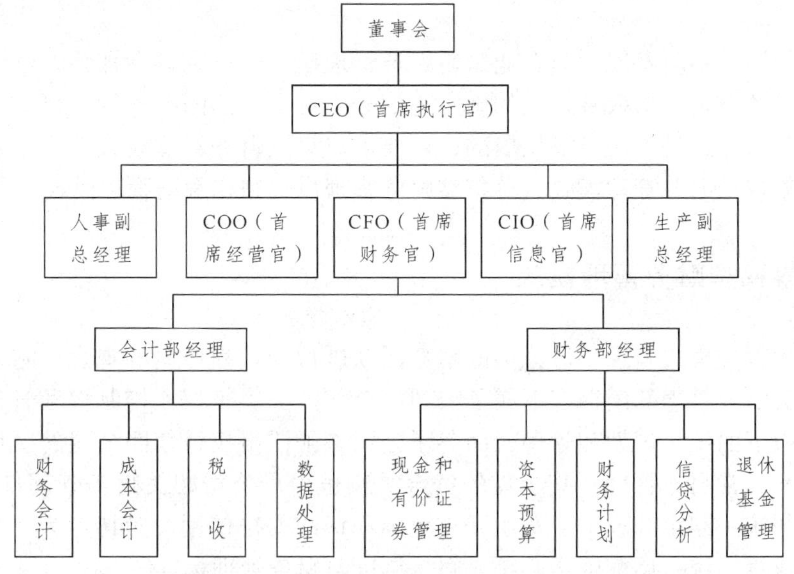

图1.3　我国现代企业财务机构组织结构

由于财务管理在决策中的核心作用，CFO在企业组织层中具有较高的位置。该图描述了具有代表性的股份制企业的组织结构。董事会是由股东大会选出的董事组成，是公司的常设机构，也是公司管理、决策的最高业务执行机构，对内是组织管理的领导机构，对外是经营活动的全权代表。总经理由董事会委任或招聘，对董事会负责。总经理既要代表公司从事日常业务活动，又要对业务活动的效率及结果负全责。总经理提请聘任或解聘公司副总经理，在这些主要副总经理中有一个CFO，他负责制定企业的主要财务政策，与其他副总经理沟通，提出在其他领域里主要决策中的财务问题，确定应向他报告的财务负责人的职责，并对会计经理和财务经理进行直接领导。

财务总监的财务权限主要包括：①贯彻国家有关财务政策；②审核重要财务事项；③协调各职能部门、基层单位和财务部门之间的关系；④组织制定财务预算并负责预算方案的实施检查；⑤负责组织财务核算、审核财务决算；⑥分析预测企业日常经营过程中的资金需求量，科学地调度资金；⑦在一定数量范围内，有直接筹资、用资的权利，向总经理提出有关筹资和投资的政策、策略、建议，为经理的财务决策提供信息。

各级财务部门在财务管理上的权限和责任：在财务总监的领导下，负责公司财务预算的编制、执行、检查、分析；制定公司内部财务管理方法；监督公司财务开支；开展大量的调查、分析，对企业日常资金需求量进行具体的计划、预测，及时提供信息；从理财角度参与公司日常的资产管理、成本管理工作。为了明确公司财务部门在财务管理上的权限和责任，必须在机构上把财务与会计分开。同时，财务部门内部必须按财务管理的职能或内容分为几个分部。如按职能可划分为规划部、经营部、财务分析与评价部；按内容划分为筹资部、投资部、利润分配部、信用部等。各部门的工作相互配合、相互衔接，共同履行财务部门的理财职责。

三、财务管理模式

随着市场经济的不断发展，对企业微观财务管理模式的研究逐渐加强，学者现主要研究企业内外各方面的财责、财权及财利的确定与划分。对企业集团财务管理模式的研究在近几年也不断发展起来，这是中国经济发展的客观要求。集团财务管理模式按决策管理权的下放程度可分为：集权型财务管理模式、分权型财务管理模式和相融型管理模式。

（一） 集权型财务管理模式

集权型财务管理模式体现了母公司的财务活动进行全过程控制的观念，它是指企业集团中的母公司相关财务管理部门拥有下属子公司的全部财务决策权、控制权和管理权，对子公司进行高度集权下的统一规划和管理；而各子公司必须严格执行集团公司的决议，仅仅进行短期财务规划和日常财务管理，其所需的资金数额也由母公司相关财务管理部门统一核定，并且按照母公司统一制定的成本、费用开支范围和标准安排使用。其特点为：集中管理，规范一致，统一核算，统一调配资金，统一财务制度与财务管理标准。

在这种体制下，母公司财务部门成为集团公司财务的“总管”，不但参与决策和执行决策，在特定情况下还直接参与子公司的执行过程，子公司在财务上被设定为母公司的二级法人。

1. 集权型财务管理模式的优势

集权型财务管理模式财务决策权的高度集中，决定了其具有以下优势：

（1）易于实现资源共享，集团公司较容易调动内部财务资源，实现资源的合理配置。

（2）易于实现优势互补，通过集团产品结构、组织结构的整体优化，有利于降低成本，取得规模效益。

（3）易于降低财务费用，提高公司信贷的信用等级，扩大信用。财务集中管理使集团内部可以融通资金、盘活资金、提高资金使用率，对银行的资金需求量减少同时降低财务费用；集团内各子公司通过集中管理后不再单独与银行发生信贷关系，而是以企业集团的名义进行信贷活动，从而扩大了企业集团的对外信用。

（4）易于提高财务管理效率，集团总部能全方位地控制子公司的财务行为。

（5）易于获取经济效益最大化。特别是对于那些生产型的跨国集团公司，采用集权型财务管理模式，有利于实行集团内部调拨价格，有利于集团内部采取避税措施及防范汇率风险。

2. 集权型财务管理模式的弊端

但正由于财务决策权的高度集中，决定了其具有以下弊端：

（1）决策信息不灵，造成低效率。最高决策层远离经营现场，信息掌握不全易造成决策低效率，一旦重大决策失误，会给集团公司造成极大损失。

（2）灵活性较差，难以应付复杂多变的环境。由于决策集中、效率降低，应对市场变化的能力大大降低，子公司往往“一统就死”，不能根据市场环境的变化迅速做出反应，容易贻误经营机遇。

（3）制约了子公司理财的积极性和经营自主性、创造性，导致集团缺乏生机和活力。由于对子公司高度的集权，有可能部分剥夺子公司的经营自主权，甚至有可能侵犯其独立法人的地位。

（4）不利于母公司进行战略管理。母公司财务管理的重点在于战略上，事无巨细地对子公司的日常经营活动与财务活动进行管理，从而影响集团整体的长远规划和发展。

作为一种极端的财务管理体制，集权型财务管理模式主要适应于以下几个方面的企业集团：①企业集团的规模不大，且处于组建初期，因此需要通过集权来规范子公司的财务行为。②子公司在整体集团中的重要性使母公司不能对其进行分权，如子公司是母公司的原料供应或采购公司或是母公司产品的销售公司。③子公司的管理能力较差，需要母公司加大管理力度。④生产业务比较单一。即使有多元化的经营，也是主业的延伸或者直接服务部门。⑤生产型的跨国集团公司。

（二）分权型财务管理模式

在分权型财务管理模式下，母公司只保留对子公司重大财务决策事项的决策权或审批权，而将日常财务决策权与管理权完全下放到子公司，子公司只需将一些决策结果报请母公司备案即可，因此子公司相对独立，母公司不干预子公司的生产经营与财务活动，其对子公司的管理强调的是结果控制，即对子公司完成受托责任的情况进行考核与评价。这种财务管理模式运用的关键是：母公司如何通过合理的考核与评价来对子公司进行激励与约束，使子公司能够按照母公司所确定的战略发展方向开展经营活动。

分权并不意味着母公司对子公司的所有权利都下放，母公司为了发挥企业集团的协同效益，应该按重要性原则对集团控股公司与子公司的财务控制、管理、决策权进行适当划分。对于战术性问题，如成本管理、费用控制、营运资金管理等日常事务及小型投资、筹资项目，由各成员企业自行运作管理，集团控股公司给予宏观指导。对于方向性、战略性的问题，母公司必须集中精力搞好市场调研，制订集团规划，把握集团发展方向，拥有对子公司的重大财务事项决策权。

在财务机构的设置方面，母子公司均能设立独立的财务部门。母公司财务部门负责集团整体的财务战略与预算管理，负责对各子公司的业绩评价与考核。子公司设立独立财务机构，接受母公司财务部门的业务指导，它不是母公司的派出机构，不受母公司的直接领导，只就所在公司的经营业绩进行定期报告。

1. 分权型财务管理模式的优势

分权型财务管理模式的特点决定了其具有以下优点：

（1）有利于调动各子公司的积极性和创造性。由于财务分权本身就是一种激励，各子公司在拥有一定的财务自主权后，其各方面的积极性和创造性必然较高。

（2）财务决策周期短，决策针对性强，应付市场变化的能力强。各子公司在授权范围内可以直接做出决策，不需要事事进行“上”与“下”之间的信息沟通，从而减少决策程序，提高效率。

（3）通过分权，母公司的经营风险和财务风险得以分散，母公司的管理者也将有时间和精力进行集团发展的战略管理。

（4）由于子公司负责人有权对影响经营成果的因素进行控制，加之身在基层，了解情况，有利于针对企业问题及时做出有效决策，因地制宜地搞好各项业务。同时，也有利于培养子公司的资金成本意识和风险意识，使之更谨慎地分配和使用资金。

（5）分权管理实质上是把决策权恰当地下放到比较接近信息源的各个子公司层次，避免了信息传递和传递过程中的控制问题。

2. 分权型财务管理模式的弊端

分权型财务管理模式的特点决定了其具有以下弊端：

（1）子公司有较大的经营自主权，使集团公司财务权利的行使受到一定影响，对不同子公司之间的资源调动将受到各子公司财务自主权的制约，不利于资源共享和资源的优化配置。

（2）过度分权增加了整个集团生产经营过程中的矛盾与不协调性，影响规模经济效益的发挥，导致内部资源配置上的重复浪费，造成集团整体实力及市场竞争力的下降。

（3）容易造成“本位主义”。各子公司大多从本位利益出发安排财务活动，缺乏全局观念和整体意识，从而导致资金管理分散、资金成本增大、费用失控、利润分配无序。

（三） 相融型财务管理模式

相融型财务管理模式是一种集权与分权相结合的模式，这种模式强调结果的重要性，对可能出现的财务控制点倾注力度，实行关键点控制。这些关键的财务控制点包括借款额度管理、资产变卖管理以及重大的资金调度管理等。这种模式不同于集权模式，它不是过程管理，而是关键点控制。同时，它又强调结果管理控制，吸取了分权模式的优点。

根据母公司权力集中程度的不同，相融型财务管理模式又可分为权力相对集中型与权力相对分散型两种形式。相对集权型模式一般适用于发展初期的企业集团，而相对分权型的模式则是发展相对成熟，并且规模较大的企业集团。

1. 以集权为主、分权为辅的财务管理体制

权力相对集中型的模式主要体现了集权制的优点，同时还能避免由于权力过度集中而造成的下属企业缺乏积极性和活力的现象。这有利于母公司对各子公司实施有效的控制，尤其适用于处于发展初期的企业集团。而权力相对分散型的模式则是发展相对成熟，并且规模较大的企业集团的选择。这种模式不但体现了分权制的优点，而且防止了集团内部“诸侯割据”现象的发生。集权为主、分权为辅的财务管理体制实行母子公司统一的财务会计核算制度，分设两级财会机构进行管理。集团公司对所属成员企业在重大问题上实行严格的集权，具体包括：掌握投资决策权、严格控制资金筹放权、利润分配权等；成员企业拥有一定程度的资金使用权、部分利润支配权等。集团公司（母公司）是投资中心，成员企业（子公司）是利润中心。这种管

理体制克服了高度集权财务体制决策质量低、适应性差的弊端。但由于分权度低，使财务体制的激励作用得不到充分发挥，较高的集权度也使财务体制难以应变，容易僵化。

2. 以分权为主、集权为辅的财务管理体制

分权为主、集权为辅的财务管理体制实行企业集团母子公司分设财务机构、分级核算，集团公司（母公司）对所属成员企业实行较大程度的放权，母公司只对涉及企业集团全局和方向的重大投资决策如企业集团重组、购并，对涉及企业集团整体利益分配如制定内部价格、调剂利润率等进行统筹安排、集中管理，所属成员企业则充分拥有经营自主权、很大程度上拥有资金调配权，并在小范围内拥有投资决策权等。这种财务管理体制能充分调动各成员企业的积极性，适应性较强，但财务控制力较弱，企业集团的发展容易失去方向。

第十一节　财务管理的理论体系

财务管理是随着经济的发展而发展并逐渐成熟的。财务管理实务已有悠久的历史，但财务管理理论的出现则较晚。根据现有资料可知，社会主义制度下的财务管理学，是 20 世纪 40 年代苏联科学院院士费·吉亚琴科教授倡导与创建的。在西方，直到 20 世纪 50 年代，才形成比较规范的财务管理理论。中国的财务管理理论研究，是从 20 世纪 60 年代才开始的。理论来源于实践，同时，理论又指导实践和预测实践，理论与实践在发展中相互影响。

研究财务管理理论结构一个十分重要的问题就是从何处入手，以什么作为逻辑推理的出发点。

一、财务管理理论研究起点的观点

财务管理研究的逻辑起点是财务理论体系能否得以构建的关键所在。从逻辑学的角度来看，任何理论的研究起点都应是其原本点（即原始出发点），并且原本点应当是具体的。理论上，作为应用理论经济学科，财务管理研究的原始出发点就是对“什么是财务、什么是财务管理”的认知。实践中，对财务管理本原的认知必定影响财务管理主体的行为，并使主体在不同时间和空间下，不断对财务管理研究对象做出反应。

财务管理理论研究的起点，长期以来就是一个有争议的问题，学者们从财务管理理论研究起点的内生性、与理论环境适应性等角度加以设定，并形成了多种观点。最具代表性的观点为“假设起点论”“目标起点论”“本金起点论”“本质起点论”“环境起点论”。

（一）财务本质起点论

长期以来，我国财务管理的理论研究以“财务的本质”为起点，从这一起点出发，逐次阐述财务的概念、财务管理的对象、财务管理的原则、财务管理的任务、财务管理的方法等

一系列理论问题。我国著名财务学家郭复初教授认为，这种观点形成于20世纪80年代，当时对财务的存废问题存在很大争议，财务管理理论工作者在形成财务独立论的过程中，从财务的本质研究出发，奠定了财务理论的基石（郭复初等，1997）。

进入20世纪90年代，我国有些学者对其进行了系统论证，指出“财务本质的规定性决定了财务的独立性、财务的种种独特性态，乃是奠定财务独立存在的客观基础”（湖南财经学院课题组，1991）。从建立和完善财务管理学科体系来看，对财务的本质进行科学的定义是必要的，认为将财务本质作为财务管理理论研究的逻辑起点是必要的，主要原因如下：

（1）在把抽象上升到具体的认识过程中，必须从反映事物最基本、最抽象、最简单的规定性出发，才能把事物各个方面的规定性统一起来，达到多样性的统一认识。财务管理本质作为关于财务管理实践的一般规定性的范畴，是财务管理理论研究所揭示的最终结果，是财务管理理论要素中最一般、最抽象、最简单的一个，所以从此出发，并沿着从一般到个别、从抽象到具体、从简单到复杂的再现抽象过程的路径，才能把其他财务管理理论要素再现出来，达到有机的统一，形成理论体系。相比之下，其他每个财务管理理论要素包括财务管理假设、财务管理目标、财务管理对象、财务管理环境等在内，都是关于财务管理实践某个要素的具有多样性、规定性的具体范畴，所以均不能成为财务管理理论体系的逻辑起点。

（2）本质是事物的内在联系，是由事物内部的矛盾构成的，是一事物区别于其他事物的根本性标志。科学研究的区分，就是根据科学对象所具有的特殊的矛盾。任何运动形式，其内部都包括本身特殊的矛盾。这种特殊的矛盾，就构成了一事物区别于他事物的特殊的本质。因此，财务管理本质是财务管理活动区别于其他管理活动、区别于其他学科的根本标志。从这个意义上讲，财务管理学之所以能够成为一门科学，其关键就在于它把揭示财务管理本质作为其研究的根本任务；否则，就不能成为科学。财务管理假设、财务管理目标、财务管理对象、财务管理环境等要素虽然也都是财务管理活动区别于其他管理活动、区别于其他学科的标志，但是由于它们均是财务管理实践某个要素的规定性，并从某特定方面来表现财务管理本质，因而并非是根本性标志。

（3）本质从总体上规定了事物的性能和发展方向，复杂的现象从不同方面表现了事物的本质。只有抓住了事物的本质，才能正确认识和把握事物发展的规律。可见，本质在科学认识活动中占有重要地位，有着重要作用。因此，正确地认识和把握财务管理的本质，对于其他财务管理理论要素的建立和发展乃至整个财务管理理论体系的构建，均有着非常重要的作用。正如美国审计学家尚德尔所说：“定义是柱石，是人们研究每一门学科及其理论的基础。一旦建立了恰当的定义，知识的本体就能够得以定。”明确了财务管理本质，才能演绎推论出财务管理的目标、设立财务管理的假设、确立财务管理原则。

但以财务的本质作为理论研究的起点，只能解决什么是财务、什么是财务管理这些纯理论的问题，不能解决为什么进行财务管理这一与财务管理实践密切相关的问题，也不可能有效地指导财务管理实践。因此，以财务的本质作为财务管理理论的起点，会阻碍财务管理应用理论的发展，不利于财务管理理论体系的完善。

（二） 假设起点论

这种观点是近年来人们在借鉴会计理论研究方法的基础上形成的。持这种观点的人认为：

"任何一门独立学科的形成和发展，都是以假设为逻辑起点的，然而在财务学中却忽略了这一点。"（陆建桥，1995）财务管理假设是财务管理理论结构中一个非常重要的问题。财务研究史上以假设为起点的研究不乏例证：1961 年莫迪格莱尼和米勒教授提出 MM 股利无关论，该理论是在完善的资本市场、"理性行为"和"充分确定性"等严密的假设下，论证了股利政策和企业价值不相关。MM 股利理论研究的贡献不仅在于提出了一种崭新的理论，更重要的还在于为理论成立的假设条件进行了全面系统的分析。但是 MM 理论所依赖的假设与现实世界有一定的差距，这使财务学家们可以通过对假设条件的放宽的实证研究来检验各种假说，主要做法有放宽有效市场假设、放宽信息完备假设、放宽交易成本为零假设和理性行为假设。

有效市场假说是一个关于理财行为的环境假设。肯德尔（Kendall，1953）、萨缪尔森（samuelson，1965）、法玛（Fama，1965）等学者对有效市场假设进行认真分析后，得出决策所对应的信息的类型不同，资本市场的有效性可分为三种形式：强式有效、中强式有效和弱式有效市场。在随后进行实证研究时，人们只对弱式有效性和半强式有效性进行验证。

对于没有税赋和交易成本为零的假设，学者们在考虑税赋因素之后，可以检查现实世界中股利政策对企业价值的影响。信息经济学和博弈论的新成果打破了财务理论中的信息对称、信息完全等假设，把信息不对称理论（包括委托—代理理论、逆向选择理论、道德风险理论和信号理论等）应用到有效市场理论（crossman，stiglitz，1980）、新资本结构理论（Ross，1977；Bhattacharya，1980；williamson，1981）、最优财务决策理论（Talmor，1981）、股利理论（John，Williams，1982；Miller，Rock，1985）的研究中，使财务理论与实践更贴切。

行为学中的人非理性观念（Thaler，1993）打破了财务理论中的理性经济人假设，将人的行为纳入财务理论研究之中，产生了独特的行为财务学派，提出了"人制造了差异"的口号，近年来经理管理防御下的财务政策问题研究也渐渐涌现。总之，以假设作为理论研究的起点多在于站在巨人肩膀上，放宽假设条件，对财务活动进行的深入研究。虽然许多学者取得了骄人的成果，但这也值得商榷，因为财务管理假设不是凭空捏造的，也不是天生就有的，而是根据财务管理环境和财务管理的内在规律概括出来的，并且假设条件的设置是为了更好地揭示财务活动规律。显然，环境决定假设，财务活动规律是主导因素。

但以财务管理假设作为财务管理理论研究的起点还存在一些问题。这是因为：①财务管理假设不是凭空捏造的，也不是天生就有的，而是根据财务管理环境和财务管理的内在规律概括出来的，显然，环境决定假设，而不是假设决定环境。②即使是过去一直以假设为理论起点的会计学，进入 20 世纪 70 年代，也逐渐放弃了这种观点，改用其他范畴作为会计理论研究的起点（谢德仁，1995）。可见，并不是任何学科、任何时候都以假设作为理论研究的起点。

（三） 本金起点论

这是我国著名财务管理学家郭复初教授近年提出的一种观点。郭复初教授早在 20 世纪 90 年代初即已形成此观点，并于 90 年代后期明确提出了这一观点。他认为，财务活动包括筹资、投资、耗费、收入和分配，经济组织进行的本金筹集、投资、耗费（成本）三项可概括为本金的投入；收入与分配两项可概括为本金的收益，整个财务活动由本金的投入和收益两大方面构成。另外，本金、基金分流理论为界定财务的内涵与外延提供了理论支持。本金是各类经济组织或个人为进行生产经营活动而垫支的资金，基金是国家行政组织与非企业单位为实现其职能而筹集和运用的资金。本金和基金是国民经济中既相区别又相联系的两类资金。从物质性看，本金的物质内容是各种生产要素，在生产经营活动中以各种经营性资产的形态表现出来，基金的物质内容是各种社会消费品。从运动性看，本金运动是循环周转式的运动，基金是一收一支式的运动。

从社会性看，在本金运动中所形成的经济关系主要是本金所有者、企业、经营者之间的产权关系与收益分配关系；在基金运动中形成的经济关系主要是国家、社会与行政事业单位之间以及行政事业单位与各经济组织、个人之间的分配关系。财务是企业或个人再生产过程中本金的投入与收益活动，并形成特定的经济关系。

本金作为财务资金的代名词已成为财务理论的核心概念，财务资金运动已成为财务理论的核心。以本金作为基本细胞并从此开始研究，有利于从小到大、层层展开，从而构成完整的财务管理理论体系。加强对本金的管理与研究，对于保证本金的合理流动和保值增值也有着十分重要的作用。

尽管如此，把本金作为构建财务管理理论体系的逻辑起点也存在一些问题。首先，以本金作为财务管理理论研究的出发点，实际上还是探讨财务的本质问题，同本质起点论类似；其次，如果根据郭教授对本金的定义，认为本金的筹集、投资、耗费（成本）是本金的投入，那么本金和资金、资本的含义并没有根本上的差别；最后，财务管理的对象与财务管理理论研究的对象显然是两个不同层次上的问题，正如森林不是造林学的研究对象一样。本金属于前者，而这里所研究的逻辑起点则属于后者。可见，把本金作为逻辑起点就违背了科学的思维方法。但是，以本金作为财务理论研究的出发点，实质上还是探讨财务的本质问题，与本质起点论并无实质性差异，仍然没有完全跳出理论范畴，没有最优地解决理论与实践的接口问题，不能有效地指导财务管理实践，不利于财务理论体系的完善。

（四） 目标起点论

进入20世纪90年代以后，我国有些学者提出了以财务管理目标为财务管理理论研究起点的看法。这种观点认为，任何管理都是有目的的行为，财务管理也不例外。只有确立合理的目标，才能实现高效的管理。适应市场经济发展要求的财务管理理论结构应该以财务管理目标为出发点（王化成，1994）。同时认为，财务管理目标是在考虑风险和报酬两个重要因素的基础上实现企业价值的最大化（王化成，1994）。但现在看来，这种观点也存在一些问题。这是因为：①从逻辑学的角度来看，任何理论的研究起点都应是其原本点（即原始出发点），显然财务管理目标并不具备这一特点，因为财务管理目标受财务管理环境的影响，不同的理财环境会产生不同的财务管理目标。②从财务管理理论体系本身来看，如果以财务管理目标为起点，则很难安排财务管理假设在财务管理理论结构中的地位，因为假设是根据环境概括出来的，而不是根据目标概括出来的。

（五） 环境起点论

这是我国王化成教授近年来提出的一种观点。他认为财务管理环境是对财务管理有影响的一切因素的综合。财务管理环境既包括宏观的理财环境，也包括微观的理财环境。宏观的理财环境包括政治、经济、法律、社会文化环境等。微观的理财环境包括企业经营组织形式、生产经营状况、内部管理水平等。从财务管理的发展历程来看，理财环境对财务管理假设、财务管理目标、财务管理方法、财务管理内容具有决定作用，是财务管理理论的起点。

从中外财务管理研究的历史和现状概括来看，财务管理经历了以下四个发展阶段：

1. 以筹资为重心的管理阶段

20世纪初，市场竞争不是十分激烈，各国经济迅速发展，资本市场不成熟，金融机构也不很发达，只要能筹集到足够的资金一般就可以取得良好的经济效益。如何筹集资金成为财务管理最主要的问题。

（1）财务管理以筹集资本为重心，以资本成本最小化为目标；

（2）注重筹资方式的比较选择，而对资本结构的安排缺乏应有的关注；

（3）财务管理的重点在于如何筹集资本，对内部控制和资本运用问题涉及较少。

2. 以内部控制为重心的管理阶段

第二次世界大战以后，科技发展，竞争日益激烈，财务管理的问题不仅仅是筹集到资金，更在于实行有效的内部控制，管好用好资金。现金、应收款、存货、固定资产等受到高度重视，内部财务决策被认为是财务管理最主要的问题，各种计量模型开始运用，财务分析、财务计划、财务控制得到广泛发展。

（1）财务管理不仅要筹措资本，而且要进行有效的内部控制，管好用好资本；

（2）强调企业财务活动是与供应、生产和销售相并列的一种必要的管理活动；

（3）财务计划、财务控制和财务分析的基本理论和方法逐渐形成，各种计量模型在存货、应收账款、固定资产管理实践中得到了普遍应用；

（4）如何根据政府的法律法规来制定公司的财务政策，成为公司财务管理的重要方面。

3. 以投资为重心的管理阶段

（1）资产负债表中的资产项目，如现金、应收账款、存货和固定资产等引起了财务人员的重视；

（2）财务管理强调决策程序的科学化，实践中建立了“投资项目提出－投资项目评价－投资项目决策－投资项目实施－投资项目再评价”的投资决策程序；

（3）投资分析评价的指标从传统的投资回收期、投资报酬率向考虑货币时间价值的贴现、现金流量指标体系转变，净现值法、现值指数法、内部报酬率法得到了广泛应用；

（4）建立了系统的风险投资理论和方法，为正确进行风险投资决策提供了科学依据。

4. 以资本运作为重心的综合管理阶段

20世纪60年代中期以后，企业经营不断发展变化，资金运用日益复杂，市场竞争更加激烈，投资风险加大，投资管理受到空前重视。投资决策程序、投资决策指标、投资决策方法、投资组合理论和资本资产定价理论等不断发展完善。

（1）财务管理被视为企业管理的中心，资本运作被视为财务管理的中心；

（2）财务管理广泛关注以资本运作为重心的资本筹集、资本运用和资本收益分配，追求资本收益的最大化；

（3）新的财务管理领域不断出现，如通货膨胀财务问题、跨国经营的国际财务问题、企业并购财务问题、网络财务问题等；

（4）计算模型在财务管理中的运用变得越来越普遍；

（5）电子计算机的应用，极大地提高了财务管理的效率。

从以上发展过程可以看出，财务管理的目标、内容和方法的变化，都是理财环境综合作用的结果。不同的财务管理环境会产生不同的财务管理理论和实践，所以以客观环境作为出发点和立足点是合理的。

二、财务管理理论结构的构建

（一） 我国关于财务管理理论体系的观点

财务管理理论体系的构成要素可以概括为以下几个方面：财务管理对象、财务管理职能、财务管理主体、财务管理环境；财务管理目标、财务管理原则、财务管理体制；财务管理环节、财务管理方法。王庆成（1991）指出，对象、职能、主体、环境，主要是从财务的本质出发展开的；目标、原则、体制主要是从资金运动规律性出发展开的；而环节和方法，则主要是从资金运动规律的运用来展开的。财务管理的基本理论是指财务管理内容、财务管理原则、财务管理方法构成的概念体系。

（1）财务管理内容历来就是一个有争议的问题，中外学术界的看法均存在一些分歧。能够基本认同的是：财务管理的基本内容是企业财务活动，而财务活动又分为企业筹资引起的财务活动、企业投资引起的财务活动和企业分配引起的财务活动。因此，财务管理的内容包括企业筹资管理、企业投资管理和企业分配管理三个方面。

（2）财务管理的原则是财务管理工作必须遵循的基本准则，是从财务管理实践中概括出来的、体现财务活动规律性的行为规范。财务管理原则在财务管理理论结构中也居于承上启下的地位，它是根据财务管理环境、财务管理目标、财务管理内容的要求建立起来的，但它又对财务管理方法体系的建立起指导作用。在对财务管理原则各种观点进行分析的基础上，提出了由系统原则、比例原则、优化原则、弹性原则、平衡原则、动力原则和时效原则等构成的原则体系（王化成，1994）。

（3）财务管理方法是财务管理人员为了实现财务管理目标、完成财务管理任务，在进行理财活动时所采取的各种技术和手段。财务管理方法是财务管理理论结构的落脚点，没有这一基点，财务管理理论结构就变得虚无缥缈，以致无法有效地指导财务管理实践。财务管理的方法有：财务预测、财务决策、财务计划、财务控制、财务分析、财务检查。这些方法互相配合，紧密联系，构成了完整的财务管理工作体系。

（4）财务管理目标问题，争议一直较大，根据现有资料，对财务管理目标的表述主要有以下几种：①利润最大化（陈毓圭，1992；何清波、邢建平，1998；祁怀锦，1999）；②净现值最大化（陈毓圭，1992）；③股东财富最大化（陈毓圭，1992）；④经济效益最大化（王化成，1991）；⑤投资者、经营者和社会利益最大化（朱海芳，1996）；⑥超利润目标

（潘经民，1996）；⑦根本目标是资本增值、直接目标是利润、核心目标是经济效益（张先治，1997）；⑧综合现金净流量最大化（向显湖，1996）；⑨所有者财富最大化（郭复初等，1997）⑩企业价值最大化（荆新、王化成、刘俊彦，1998）。此外还有：资金运动合理化（汪孝德、杨丹，1994）；长期资本增值（陆正飞，1996）；EVA 最大化（艾志群，2002）；持续发展能力最大化（李端生、李占国，1998）；以企业价值最大化为主要目标，由社会责任、增值额、效用最佳等一系列辅助目标组成（张涛，1999）；在履行社会责任的前提下，追求有效增值最大化和相关利益协调化（张卓、程凯、邓明然，2002）等。亚当·斯密、大卫·李嘉图等经济学家，都认为企业的目标是利润最大化。20 世纪 50 年代以前，西方财务管理理论界也认为，利润最大化是财务管理的最优目标。目前，我国也有一部分财务管理学家认为，以利润最大化为目标，股东财富达到最大。所以，股东财富最大化，又演变为股票价格最大化。正如阿兰 C. 夏皮罗教授所说，在运行良好的资本市场里，投资者可以自由地以最低的交易成本购买和销售金融证券，股东财富最大化目标可以理解为最大限度地提高现在的股票价格。本顿 E. 盖普教授也指出，股东财富最大化是用公司股票的市场价格来计量的（Benton E. Gup，1987）。罗斯教授等也曾明确指出，财务管理的目标就是要使每股股票的目前价值极大化。（Ross Westerfield Jordan，1994）。

财务管理理论体系由基本理论和应用理论两大部分构成。其中基本理论又包括以下几个方面：经济效益理论、资金时间价值理论、资金保值理论、财务控制理论、财务分析理论、财务公共关系理论、资金运动规律、资金成本理论、财务系统理论、财务信息理论、财务机制理论。应用理论又分为按环节的应用理论和按对象的应用理论，按环节分主要包括：财务预测理论、财务决策理论、财务计划理论、财务调控理论、财务分析诊断理论；按对象分主要包括：资金筹措理论、资金投资理论、资金日常管理理论和资金分配理论（刘恩禄、汤谷良，1990）。

（二） 财务管理的应用理论

1. 财务管理的通用业务理论

财务管理的通用业务是指各类企业都有的财务管理业务。从财务管理的基本理论中我们知道，财务管理的基本内容包括企业筹资管理、企业投资管理、营运资金管理和企业分配管理。但企业营运资金管理更多的是操作方法问题，理论方面的内容不多，故在财务管理的通用业务理论中，可以只研究企业筹资管理理论、企业投资管理理论和企业分配理论。这三个方面的理论，都受到财务管理环境的影响，都以财务管理的基本假设为前提，都以财务管理的目标为导向。

企业筹资管理理论主要应研究企业资金结构问题。传统的资金结构理论只研究权益资金与负债资金的比例关系问题。传统的资金结构理论为现代财务管理理论的发展做出了重要贡献，但也存在着许多问题，应加以改进和完善。为此，提出了包括权益资金内部结构和负债资金内部结构的广义资金结构的概念，并构建了研究广义资金结构的基本框架（周首华，2000）。

企业投资管理理论应主要研究资金的投放和运用问题。传统的投资理论主要研究固定资产投资和证券投资问题，随着市场经济的发展，无形资产和人力资产在企业发展中将起到越来越重要的作用，因此，在企业投资管理理论中，必须包括这两方面的内容（周首华，2000）。

企业分配理论主要研究企业一定的生产成果的分配问题。从财务管理来看，传统的分配理论只研究税后利润或利润总额的分配问题。为了实现企业价值最大化这一财务管理目标，财务上的分配理论既要研究与企业资金提供者的分配问题，也要研究与企业劳动提供者的分配问题。从财务管理实践来看，这两种分配均属于财务管理的重要内容。

2．财务管理的特殊业务理论

该理论是受企业内外环境变化的影响而产生的。财务管理的特殊业务是指只有在特定企业或某一企业的特定时期才有的财务管理业务。这些业务有很多，如企业破产清算的财务管理、企业并购的财务管理、企业集团的财务管理、小企业财务管理、国际企业财务管理等都属于企业财务管理中的特殊业务。这些业务往往都是在特定情况下或特定的企业中发生的，它往往会对原有的财务管理假设产生冲击。财务人员在处理这些业务时，通常要提出新的假设，有时甚至要提出新的财务管理目标。如企业破产的财务管理、企业并购的财务管理就对持续经营假设提出挑战，研究此类问题时，就不能遵循持续经营假设，而应当提出非持续经营假设；企业集团财务管理、国际企业财务管理等会对理财主体假设提出挑战，因为出现了理财主体的多元化问题；小企业财务管理会对理性理财假设和有效市场假设提出挑战，因为小企业财务管理人员的素质相对较差，极有可能出现非理性理财行为，而即使存在一个有效市场，由于受规模限制，小企业也无法充分利用；非营利组织财务管理则会对资金增值假设提出挑战，因为此类单位的资金并不要求增值。

第十二节　财务管理与相关学科

一、财务管理学与经济学

从学科的产生与发展来看，财务管理学是从经济学中逐渐分离出来而成为一门独立的科学的。

从财务的起源与发展过程来看，财务是社会生产发展到一定历史阶段的产物。商品生产和交换是财务产生的基础，没有商品，就不可能出现储蓄和投资活动。而货币则是财务活动的润滑剂，没有货币作为前提媒介，要完成商品交换活动则要浪费大量人力、物力、财力，巨额的交易成本会阻碍财务活动的产生，而财务自身独立的运行规律又对商品货币产生巨大反响。显然，财务属于与商品货币经济相联系的经济范畴。

经济学是研究“如何有效地分配使用各种经济资源以达到财富增长”的科学，它致力于解决人类资源的稀缺性问题，以市场中各经济主体的行为及其相互关系为对象，以实现资源的优化配置和财富增长为目标。企业财务管理是以企业内部拥有或支配的资源优化配备为对象，以价值增值和财富增长为目标，以资本市场为依托，从资本筹集到资本投入运用和价值增值分配上进行全方位的管理和控制。这一资本运动过程，无论是运动形式，还是运动本身都体现了经济学的基础属性，即以资本资源的优化配置、增进社会财富的提高为目标。

企业财务管理学的研究以经济学的基本假定为基础，如有效资本市场的假设。市场有效性假设是基于理财环境的价格因素提出的。财务管理所依据的资金市场是健全的和有效的，只有在有效的市场上，财务管理才能正常进行，财务管理理论体系才能建立。

企业财务管理学科的发展又是建立在经济学的理论发展基础上的，或者说它本身就是应用经济学，更确切地说是金融学的一个组成部分。金融经济学由货币及资本市场理论、投资理论与公司理财学等构成。财务管理学中的证券组合理论、资本资产定价模型等为金融经济学的基本概念和方法。

经济学的研究观念和研究方法也直接被财务管理学借鉴或引申，如市场均衡、利率确定所体现出的均衡观念，已成为财务管理学的内涵观念被用于投资规模的确定、筹资边界的确定。

由此可知，财务管理学科从其本源和发展过程，研究对象、目标及环境，研究的基础假定、基础理论，观念和方法来看，都与经济学一脉相承。从科学研究的范畴来看，财务管理学则主要就这些稀缺资源的配置如何达到最优化进行研究，进行成本与效益的比较选择，所以它是经济学在经济领域中的具体应用。从学科的功能和用途来看，经济学理论依靠一套基本概念、假设及公理化的推理体系对于所观察到的经济现象进行解释，进而进行预测。从学科的研究方法上看，经济学研究经济问题有实证经济学和规范经济学之分，在具体方法上有实证分析与规范分析之别。两者所不同的只是研究主题和研究内容有差异。

二、财务管理学与管理学

财务管理学从属于管理学，是从管理学中分离出来的一门学科；管理学是研究如何促使组织内的个人协调工作，以使组织结构内的所有人员达到最佳状态，发挥管理人员和其他人员作用的一门学科，管理学涵盖了财务管理学。

从管理学职能定位与管理循环来看，它包括预测、决策、计划、组织、控制、领导等一系列职能作用过程。财务管理学的体系可以有多种体系结构安排，如以资金运动序列为主线，以财务要素管理作为主线，以企业生命周期作为主线，以企业财务管理方法为主线，或者以某一主线为主其他主线为辅的安排，但在每一安排下又都遵循着财务预测、财务决策、财务计划、财务组织、财务控制内在的逻辑安排，这也与管理学职能作用相一致。

三、财务管理学与会计学

财务管理学和会计学之间有着天然的渊源关系，两者的研究对象相同，历史同源，两者具有相当密切的联系和互补关系。

在我国理论界，有两种观点，一种是“大会计观”，认为会计包括财务管理，财务管理是会计的一项职能，这种看法是不妥的。另一种是“大财务观”，认为财务管理包括会计，会计是财务管理的一项职能，这种看法也是不妥的。会计包含不了财务，财务同样也包含不了会计。财务管理与会计工作作为两项重要的经济管理活动，既有相同点，又有不同点。

1. 两者的相同点

（1）管理对象相同，财务管理是资金运动的管理，会计虽然直接处理的是资金运动的信息，而非资金运动本身，但追根溯源，仍然可以说它是以资金运动为对象的。

（2）管理目标一致，财务管理的目标可具体概括为财务成果的最大和财务状况的最优，会计工作的直接目标是为财务管理提供信息，但由于会计服务目标的指向首先是财务管理，主要为财务管理服务，因而会计的根本目标也与财务管理的根本目标一致，即以提高财务成果和优化财务状况为目标。

（3）从历史起源来看，会计与财务是同源同步的。在我国会计理论界，一直有这样一种观点，认为会计先于财务诞生。其实不然，会计与财务应当是同源同步的。剩余产品的出现，人类产生了最早的财务分配活动，同时也产生了人类原始的会计行为“结绳记事”“刻木记事”。在货币关系产生后，会计和财务都进入货币时代。现代会计创立，现代财务也随之诞生。会计与财务都是一个永恒的经济范畴，只要有经济活动，就有财务和会计。

2. 两者的不同点

（1）学科的具体目标不同。

财务管理学的根本目标在于协调相关利益者的利益冲突和实现股东权益的最大化，它是管理者目标的综合体现；而会计的目标在于如何定期、完整和准确地提供投资者、企业管理者及其他利益相关主体所需要的会计报表，并对外提供报表和对内提供内部决策报表。

（2）学科的假设前提不同。

一门学科的假设前提是具有一定事实依据的假定或设想，是进一步研究这门学科理论和实践问题的基本前提。会计学的基本假设包括会计主体假设、持续经营假设、会计分期假设与货币计量假设等。而财务管理学的基本假设包括理财主体假设、持续经营假设、有效市场假设、资金增值假设和理性理财假设等。

（3）学科的内容和管理方法不同。

会计学主要把会计作为信息系统，以会计要素的确认、计量和报告作为主要内容，侧重于对事后经济事项进行反映和监督；以设置会计科目和账户、复式记账、填制凭证、登记账簿、成本核算和编制报表为主要方法。财务管理以现金流为管理对象，侧重于事前的预测、决策、预算和事中的财务控制与监督。财务预算、财务控制和财务分析是其主要方法。

（4）两者的行为意识不同。

会计强调以会计准则和统一会计制度为行为依据，注重于会计数据处理与会计报告。财务管理在法律背景下本着经济求利原则开展财务活动，注重于资金筹集、运用管理和企业收益的协调。

（5）工作机构不同。

会计机构不因企业的大小而变动，只要是企业都应当设置会计部门，以加强企业的会计核算。而作为管理部门的财务管理机构，则因企业规模大小不同而决定机构存在的必要性和规模。例如，小型企业可以不单独设置财务管理组织，而大型企业一般都要设置专门的财务机构来负责企业财务与会计工作。

作为价值管理的两种主要形式，财务管理与会计密不可分，会计核算是财务管理的基础，如果没有会计核算所提供的正式可靠的资料和数据，财务管理也就无从谈起。而财务管理制度是会计核算的基本依据，没有财务管理制度，会计核算也就失去了可靠性的前提。

第十三节　财务管理的发展动态

一、财务管理学的发展动态

从中外财务管理的发展史中可以总结出一条基本规律，即财务管理发展与创新的动力来自财务管理环境的变迁。

从财务管理的内容来看，它是随着人类社会发展而发展的，通过21世纪财务管理发展趋势可以看出财务管理环境对财务管理的影响巨大，它不仅影响着财务管理的方向，更影响着财务管理的目标。

从宏观环境来看，经济全球化浪潮势不可挡；知识经济方兴未艾；信息技术、通信技术与电子商务的蓬勃发展，等等。从微观环境来看，公司内部的机构重组；公司之间的购并与重组；虚拟公司的兴起，等等。以上每一方面环境的变化都将对财务管理理论和实务工作带来新的挑战。

（一）经济全球化浪潮

在21世纪可以预见的时期内，经济全球化将呈现出新特征：一是网络经济将带动电信、银行、保险和运输等全球服务市场继续扩张，已经形成了时间上相连、价格上联动的国际金融交易网，随着交易手段和方式的不断创新，其交易量将迅猛增加。二是跨国公司已突破反垄断法约束，全球并购将涉及更多领域，规模将不断扩大，跨国公司规模和市场份额的不断扩大又将使生产、营销、消费日益全球化。在经济全球化浪潮中，对财务管理有着直接影响的是金融全球化。而金融全球化对企业来说是一把双刃剑。它使企业筹资、投资有更多的选择机会，但同时在金融全球化的背后又蕴藏着极大的风险。因此，如何寻求机遇、规避风险，是财务管理当前和今后一段时间所面临的重要课题。三是WTO等多边组织、国际政策协调集团、非政府组织的国际网络和区域性经济组织，通过全球范围或区域内贸易和投资自由化安排，在推动经济全球化进程中将发挥越来越重要的作用。

（二）知识经济的兴起

知识经济的发展方向主要体现在两个方面：一是知识对传统产业的高度渗透，全面提高传统产业的技术含量，促进产业不断升级；二是高新技术产业的迅速发展。对高新技术产业，美国又称为“新经济”，认为美国近十多年经济持续稳步的发展主要归功于“新经济”，而“新经济”的发展又带动了传统产业的升级换代，从而建立了一种良性循环的经济发展格局。

随着知识经济时代的到来，企业财务管理的目标呈多元化趋势，无形资产将成为企业投资决策的重点，成为财务管理的重要内容之一。知识资本在企业资本结构中所占主导地位的形成，必然导致企业资产结构的变化。在新的资产结构中，以知识为基础的专利权、商标权、商誉、计算机软件、人才素质、产品创新等无形资产所占的比重将大大提高，无形资产将成为企业最主要的投资对象。人力资本所有者将成为企业税后利润分配的主要参与者。在知识经济时代，人力资本是决定企业乃至整个社会和经济发展的最重要资源。人力资本的所有者将和物质资本的所有者一样分担企业的风险，同时也分享企业的税后利润。

对企业财务管理来说，知识经济改变了企业资源的配置结构，使传统的以厂房、机器、资本为主要内容的资源配置结构改变为以知识为基础的知识资本为主的资源配置结构。那么，对于知识资本如何进行确认、计量和管理又成为一个重要课题。

（三） 企业的重新构建

从外在形式和历史演进来看，企业的重新构建可分为三种形式，同时也是三个阶段：①20世纪80年代的公司内部重构。②20世纪90年代开始的公司之间的购并与重组。③20世纪末、21世纪初出现的虚拟企业。有人认为虚拟企业就是网络公司，其实这是一种误解，网络公司仅仅是虚拟企业的一种。所谓虚拟企业，按照德国斯图加特大学 H. J. Bulliger 教授的解释：“虚拟企业是这样一种网络组织：由于信息技术和通信技术高度发达，企业之间的合作关系已突破传统的长期固定的合作关系，如合资企业、跨国公司等。而通过网络，应用信息技术和通信技术进行分散的互利的合作，一旦合作的目的达到，这种合作关系便宣告解除。”因此，这是一种暂时的、空间跨度很大的合作形式。

企业重构的外部因素是来自全球企业间激烈竞争的压力以及技术的进步，特别是信息技术和通信技术突飞猛进的发展，而内部原因则是为了增强其竞争优势而必需的战略调整。企业重构对企业本身，甚至对社会都产生了巨大的冲击，也对财务管理提出了严峻的挑战。如公司内部重构时如何进行资产剥离；公司之间的购并如何进行资本运作；跨国购并时如何进行国际财务管理；而虚拟企业的财务管理更是无章可循，目前仍处于摸索阶段。

（四） 网络时代的到来

当今世界，通信技术、信息技术飞速发展，Internet 在全球迅速普及，经济竞争日趋全球化。在这一新趋势下，任何一个商业组织都必须及时改变自己的组织结构和运行方式来适应这种全球性的发展变化。网络时代的到来改变了社会生活方式，也改变了人们的思维方式，为企业提供机遇的同时也带来了巨大的挑战。

高度发达的信息技术改变了企业理财活动的外部环境，使企业资金周转速度大大加快。企业利用网络快捷、便利的通信手段，在更广阔的时空里实现商品流通信息的咨询、交换以及直接开展网上贸易。电子商务模式的出现，取代了商品流通中大量的中间行为，如商品代理制、分销商制度、层层叠叠的批发制度等，从而提高交易效率，使资金周转率大大提高。

同时，高度发达的信息技术改变了企业内部财务管理模式。成倍增长的信息、急剧更新的技术、瞬时可变的市场，引发了企业运行机制和管理结构的新一轮变革。企业财务管理体制作为企业管理的一个组成部分，同样也发生了相应的变革。信息技术的发展，外部竞争的加剧，企业为了适应这种变化的环境，管理体制逐渐从工业经济时代的“宝塔型”向“扁平型”发展。借助 Internet，企业销售、生产等环节产生的财务数据，可以直接传输到企业财务部门的计算机系统中，及时进行信息处理，一方面可以避免信息因多次转抄而出错，另一方面可以及时发现企业生产经营中存在的问题。并且，自动化的财务信息处理系统，一方面，可以大大减少财务部门的人员数量，如利用自动化的信息传输、处理技术，就可以取消以前在班、组、车间等基层单位的财务核算人员职位，削薄财务管理层次。另一方面，将财务人员从繁琐的数据收集、转抄、记账、算账等日常事务中解放出来，使他们有时间、有精力去思考对企业发展、企业理财活动有重大影响的关键问题，从而可以让企业的财务活动能更健康、高效的发展。

二、财务管理学理论与方法的创新

为了更好地满足未来财务管理发展的需要，财务管理理论与方法要以环境变迁为契机，不断进行创新。这个创新主要体现在以下几个方面：

（一） 理论基础要建立在工业经济和知识经济并重的基础上，既要重视有形的物质资本管理， 又要重视无形的知识资本管理

传统工业经济时代，经济增长的因素主要依赖厂房、机器、资金等有形资产。在工业经济时代，决定企业生存与发展的主导因素是企业拥有的物质资本，企业的物质资本越雄厚，其发展就越有优势，所以在企业里，物质资本的所有者就占据统治地位，其利益高于其他要素所有者的利益，并掌握着企业的剩余控制权。但随着知识经济时代的到来，扩展了资本的范围，改变了资本的结构。在企业新的资本结构中，物质资本的地位将相对下降，而知识资本的地位将相对上升。企业资产结构中，以知识为基础的专利权、商标权、商誉、计算机软件、人才素质、产品创新等无形资产所占比重将会大大提高。而现今财务管理的理论与内容对有形资产的管理论述较为详尽完善，对无形资产涉及较少。在现实财务管理活动中，许多企业往往低估无形资产价值，习惯通过扩大厂房、增加设备等方法进行资产营运，而不善于利用无形资产进行资本运营。因此，传统的工业经济时代的财务管理理论与内容已不再适应知识经济时代投资决策的需要。

知识资本是最重要的企业无形资产，企业要把知识资本作为对未来发展起决定性作用的战略资本来培育，主要研究知识资本的构成，知识资本的培育、筹措、分配、运营及效率评价指标体系等问题。一方面，企业应把培育知识资本作为财务管理的内生性要求来看待；另一方面，财务在运作资金时要有利于知识资本的培育，并将其作为最重要的财务管理战略。财务所筹措的资本，应当既有财务资本，又有知识资本，应尽可能多地吸收外部知识资本来改善企业资本结构，同时还要重视对知识资本的所有者进行企业剩余分配。

（二） 公司理财手段和方法要以网络财务为主，并将网络财务融入到企业资源规划 （ERP） 系统中

网络财务是以互联网 Internet、内部网 Intranat 以及电子商务为背景的在线理财活动。网络财务对传统的财务管理手段与方法的冲击主要表现在以下几个方面：

（1）在网络财务环境下，从空间来看，企业的财务可以进行远程处理，便于整合整个企业的财务资源，全面提高企业的竞争力；从时间来看，企业的财务活动可以实时报告，便于企业进行在线管理，从而显著提高企业的工作效率。

（2）在网络财务环境下，对于拥有许多下属机构，而这些下属机构又呈复杂结构且行业多种多样的集团型企业来说，可以实现财务与业务的协同，包括与企业内部部门的协同，与供应链的协同和与社会部门的协同，从而使企业资源配置最优化，最大限度地节约和使用资源。

（3）在网络财务环境下，电子单据和电子货币将得到普遍应用。电子单据可以节省许多中间环节，从而促进财务流程速度和效率的提高。而电子货币是电子商务的重要条件，也是网络财务的重要基础。货币的电子化以及在此基础上的网上支付、网上结算，不仅极大地提高了结算效率，而且加快了资金周转速度，降低了企业资金成本。

（三） 要做到财务风险管理与财务安全管理并重，风险投资管理将成为财务管理的重要内容， 规避风险将得到前所未有的重视

随着企业所面临的金融全球化、知识经济和电子商务等财务环境的变化，企业承受的财务风险进一步加大。金融全球化和电子商务所产生的“网上银行”及“电子货币”将使国际间的资本流动更快捷，资本决策可在瞬间完成，这使货币的形式本质发生了变化，从有形形态演化成无形形态，从直接价值演化成间接价值。知识经济将使信息传播、处理、反馈以及更新的速度大大加快。这些新变化给企业带来机遇同时也加剧了企业的财务风险。值得注意的是，企业在加强财务风险管理的同时，往往忽视财务安全管理，无意中为经济犯罪行为打开了方便之门。电子商务业务的拓展特别是金融性业务的拓展，往往容易出现一种严重的脱节现象，使业务发展与有效监督机制不能同步进行，业务和技术有新的发展，而有效的监督跟不上，从而严重威胁企业的财务安全。

（四） 要重视企业重组中的财务整合

企业重组是一把“双刃剑”，如果整合得好，可以给企业注入活力，使其起死回生；相反，如果整合得不好，也将会给重组企业带来沉重的包袱。事实上，企业完成重组工作，只能实现真正意义上重组的第一步，在此之后，还要对被重组企业进行全方位的整合，而且整合效果的好坏将更直接影响企业重组的效益和重组后的整体经营状况。

企业整合应当是一个全方位的系统工程，其中财务整合是整个整合过程中的核心，企业重组后财务整合的重点应放在资产整合上，因为无论是企业战略的实施，还是协同效应的增

强或是竞争力的提高，都是以资产创造出更多的收益为基本前提的。重组后整合的最终落脚点必须放在重组后企业的资产上面，否则一切都是空谈。同时，由于企业其他方面的整合相对比较容易，这也便于重组企业把主要精力放在资产整合问题上。在这个过程中，企业尤其要切实提高资源的聚合效应和使用效率，对重组来的不良资产或效率较低的资产及时予以处理，避免对重组效益产生影响。

【案例分析 1.1】[①]

资本市场

资本市场经过十几年的改革和发展，市场规模不断壮大，交易品种不断丰富，市场运行的机制、制度不断完善，资源配置功能不断增强，优化了社会融资结构，推动了国有企业和金融改革，在我国经济社会发展中的作用日益增强，在国际金融市场中的地位不断提升。

2005 年启动的股权分置改革基本完成，我国股票市场实现了全流通，为资本市场优化资源配置奠定了基础，使我国资本市场在市场基础制度层面与国际市场接轨。截至 2014 年年末，沪、深两个证券交易所共有上市公司 2 550 家，股票总市值达 4. 448 万亿元，位列全球资本市场第二，新兴市场第一；日均交易量 1 920 亿元，是全球最为活跃的市场之一。2014 年年末，债券市场中债券托管总额达 35 万亿元。资本市场的发展，不仅扩大了直接融资规模，优化了融资结构和资源配置，也拓宽了居民投资渠道，丰富了居民投资品种，为居民提供了股票、债券、证券投资基金、权证、期货等多种理财工具。

外汇市场

随着我国外汇管理体制改革和汇率形成机制的完善，外汇市场初步形成了外汇零售和银行间批发市场相结合，竞价和询价交易方式相互补充，覆盖即期、远期和掉期等类型外汇交易工具的市场体系，为稳定人民币汇率起到基础性作用。

2014 年，银行间外汇市场总成交 361. 5 万亿元，市场交易创历史新高。本币市场成员共 7 369 家，较 2013 年增加 1 007 家，外汇市场成员 465 家，较 2013 年增加 60 家。由于 2005 年 7 月我国汇率形成机制由单一盯住美元改为参考一篮子货币，有管理的浮动汇率制度。过去八年多来，人民币汇率弹性不断增加，人民币对美元汇率日间波幅逐步扩大，结售汇市场非美元货币对人民币的挂牌汇率浮动区间管理已被取消，银行间外汇市场基础设施不断完善，交易总体稳步增加，同时交易品种不断丰富。

黄金市场

黄金市场是国内发展较完善、与国际金融市场紧密联动的金融市场。

我国黄金市场主要包括现货市场（上海黄金交易所）和期货市场（上海期货交易所），以及商业银行柜台市场，有现货及纸黄金、延期交割、期货、期权等衍生产品。金融机构及其产金用金企业可以利用黄金延期交割、黄金期货、黄金期权套期保值，规避价格波动带来的风险。个人投资者可以在各大商业银行进行纸黄金、黄金期货、黄金期权投资。2014 年，

① 张金恒：中国金融界网，2015－01－05。

上海黄金交易所累计成交黄金 12 077t。因黄金市场的全球化和交易产品的同质性，我国黄金市场成为国内金融市场与国际金融市场接轨的“急先锋”。国内黄金市场价格与国际黄金市场价格紧密联动，行情走势基本一致，国内外价差不断缩小。

期货市场

期货市场是资本市场的重要组成部分，它的创新与发展增加了我国金融市场的广度与深度，为我国经济金融的稳定发展提供了避险机制。

我国有三大商品期货交易所：上海期货交易所、大连商品期货交易所和郑州期货交易所，交易品种涵盖了农产品、金属、能源、化工四大领域。交易市场的交易规模不断扩大，现有交易品种的价格发现和套期保值功能得到有效发挥。2014 年，三大期货交易市场成交 2 919 867亿元，创下中国期货市场历史最高纪录。上海期货交易所橡胶期货和铜期货的交易量分别位居世界第一位和第二位，大连商品期货交易所玉米期货和大豆期货成交量均居世界第二位，郑州期货交易所白糖期货交易量位居世界第二位。2006 年 9 月 8 日，中国期货交易所在上海成立，标志着我国金融衍生品市场诞生，是中国金融市场发展过程中的又一个里程碑。

思考：

根据本文对我国金融市场发展现状的阶段性成果进行总结，并结合实际，分析我国金融市场存在的问题，尝试提出可行的解决措施。

【案例分析 1.2】

什么阻碍了中国富豪盖茨式裸捐[①]

前世界首富、微软创始人比尔·盖茨退休时把自己的580 亿美元财产全数捐给名下慈善基金“比尔及梅琳达盖茨基金会”，一分一毫也不留给自己子女。盖茨称，之所以这样做，是因为“我和妻子希望以最能够产生正面影响的方法回馈社会”。

盖茨的裸捐行为在万里之外的中国引发热议。人们很自然地联想到中国富豪们的慈善行为。因之前雪灾、地震捐款而饱受争议的中国富豪的慈善心再次受到拷问，他们被推到风口浪尖。

“看看人家比尔·盖茨，中国的富豪们应该感到羞愧和脸红。”“相比盖茨，中国富豪们需要学习的太多了。”“他应该成为中国企业家的典范，他应该成为我们心目中的英雄!”网友们纷纷表达对盖茨的赞叹和对中国富豪们的不满。

中国为什么出现不了“比尔·盖茨”式的慈善家？难道中国的富豪们真的是缺乏善心？还有没有其他更深层次原因？片面地指责他们“为富不仁”是否公平？

中国青年报社会调查中心通过新浪网对 5 546 名网民就这些相关问题进行了调查。调查结果显示，有高达 85. 93% 的网民支持比尔·盖茨的捐赠行为。

“比尔·盖茨的做法，他的人生观、价值观，尤其是他对待财富、对该给子女留些什么这些方面的观念，很值得我们思考”，一位新浪网友如是说。持类似意见的网友占了大多数。

---

① 中青在线 - 中国青年报，2008 - 07 - 14。

不过，仍有少数网友对比尔·盖茨的捐赠行为提出了质疑，认为“很傻很天真”“老把戏，逃避税收而已”。调查中，5%的网友反对比尔·盖茨的捐赠行为。

与对盖茨的捐赠行为形成鲜明对比的是，接受调查的网民对中国富豪对慈善事业的投入，普遍表达了不满意的态度，这个比例达到了83.31%，只有6.26%的网民对中国富豪的慈善表现满意，另有10.43%的网民选择了“不好说”。

“中国富豪就是缺乏社会责任，比如5·12大地震。不要求你全捐，可你不能太寒碜”，一位网友说。该网友的观点代表了很多网民的心声。可见，中国富豪的慈善付出在网民们看来是不及格的，在表达善心和社会责任方面，中国的富豪们还有很长的路要走。国内富豪在抗震救灾中为到底该捐多少而斤斤计较，甚至有些少数富豪的捐赠款没有全部到位。与盖茨相比，这些富豪要学习的实在太多太多。

盖茨的捐赠行为同样在企业界也引起了很大的反响。

前微软全球副总裁、现Google中国区总裁李开复谈到盖茨这次捐赠时说：“人的价值不在于他拥有多少，而在于他留下多少。他这么成功还能够做到如此谦虚，有这样的胸怀，这是我最佩服他的地方。”

值得注意的是，在“你认为阻碍中国‘盖茨’出现的主要因素是什么的”问题中，“国情与文化”得票最多，占到了八成以上，达到了81.89%；其次才是“富豪缺乏同情心”，比例为40.94%。这说明，民众虽然对中国富豪在捐款方面的表现深表失望，认为和国外富豪相比，中国富豪确实需要付出更大的善心和责任，但也并没有单方面片面指责中国富豪们“为富不仁”，而是看到了形成这种现象背后的不同的社会体制和价值观念、文化传统等因素。

中国不能出现比尔·盖茨式的慈善家，与上述因素有密切关系。

全国人大代表、广东茂名市工商联会长倪乐关于捐款还要交税提出质疑。倪乐认为，在我国当前的慈善制度下，捐款还要交税，这严重挫伤了善心人的积极性，不利于形成全社会热心慈善事业的氛围；与欧美发达国家相比，我国的慈善文化还很不成熟，亟待完善。

农工党上海市委副主委、上海交通大学姚俭建教授在提到盖茨慈善之举的中国启示时说，制度建设是根本，在欧美一些慈善事业比较发达的国家，法律和税收政策成为约束富人从事慈善事业的主要力量。例如，完善的社会保障、税收激励制度、对慈善机构的有效监管、对富人奢侈行为的税收制约、高额的遗产税，这些制度使富豪对捐赠表现得非常积极。

在“你认为如何才能推动中国富豪的公益责任意识”的多项选题中，72.68%的网友认为最需要的是社会的引导，其他依次是政策支持（57.4%），富豪自省（50.29%），政府监管（26.77%）。这说明，要在中国打造出“比尔·盖茨”式的慈善家，是一个系统工程，有许多方面的工作要做，无论是社会，还是有关政府部门，还是富豪阶层，都需要拿出足够的努力和诚意。

当然，中国慈善事业也在不断健全和完善中，慈善事业的发展需要一个渐进的过程和阶段，不能盲目冒进，有关部门要根据实际情况，制定出具有中国特色的行之有效的制度，促进中国慈善事业的发展，不能生搬硬套美国的相关制度和政策。

思考：

（1）如何理解企业财务目标？

(2) 财务目标与社会责任之间的关系如何处理？社会责任的承担是否影响财务目标实现？

(3) 根据上述资料，综述自己的观点，并对此进行分析评价。

【本章小结】

财务是企业再生产过程中资金运动以及在资金运动中所形成的企业同各方面的经济关系。财务管理是基于企业再生产过程中客观存在的财务活动和财务关系产生的，是企业组织财务活动、处理与各方面财务关系的一项经济管理工作。

财务管理学研究的对象是经济活动中的资金运动，是对资金的管理，是一种价值形态的管理。核心是对资金及其运动有效管理，通过对资金运动的管理促使企业价值的最大化。财务管理的内容包括资金的筹集、使用、收回及分配等一系列财务行为。

财务管理目标是指企业组织财务活动，处理财务关系所要达到的根本目的。它是企业目标的具体化，是企业财务管理的出发点和归宿。财务管理的目标取决于企业的总目标，并且受财务管理自身特点的制约。目前最具代表性的财务管理目标主要有以下几种观点：企业利润最大化、股东财富最大化、企业价值最大化、相关者利益最大化等。

财务管理的基本环节是指财务管理工作的各个阶段与一般程序。财务管理的基本环节包括财务预测、财务决策、财务计划、财务控制和财务分析。它们相互紧密配合，紧密联系，形成周而复始的财务管理循环，构成完整的财务管理工作体系。

财务管理环境又称理财环境，是指对企业财务活动和财务管理产生影响作用的企业内外各种条件或因素的统称。它是企业财务管理赖以生存的土壤，企业只有在理财环境的各种因素作用下实现财务活动的协调平衡，才能得以生存和发展，并最终获利。研究理财环境，有助于正确地制定理财策略。理财环境按其存在的空间不同可分为外部理财环境和内部理财环境。

财务管理假设是人们利用自己的知识，根据财务活动的内在规律和理财环境的要求所提出的、具有一定事实依据的假定或设想，是进一步研究财务管理理论和实践问题的前提。它主要包括理财主体假设、持续经营假设、有效市场假设、资金增值假设、理性理财假设。

财务管理原则是企业组织财务活动、处理财务关系的准则，它是从企业财务管理的实践经验中概括出来的、体现理财活动规律性的行为规范，是财务管理的基本要求。它是联系理论与实务的纽带，具体包括：资金合理配置原则、收支积极平衡原则、成本效益原则、收益风险均衡原则、分级分权管理原则、利益关系协调原则、弹性原则等。

【思考与讨论】

1. 什么是财务活动？财务活动包括哪些内容？
2. 什么是财务管理？简述财务管理的内容。
3. 股东财富最大化和相关者利益最大化有哪些优点？
4. 财务管理有哪些基本环节？
5. 理财环境对企业财务管理有着怎样的影响？
6. 企业在财务管理活动中应当正确处理哪些财务关系？

【课外作业】

一、单项选择题

1. 企业财务活动是以（　　）为主的企业资金收支活动的总称。

A. 货物收发　B. 产品生产经营　C. 资金收支　D. 现金收支

2. 属于企业投资引起的财务活动的是（　　）。

A. 购买固定资产　B. 支付工资　C. 发行股票　D. 弥补亏损

3. 企业财务关系是指企业在组织财务活动过程中与各有关方面发生的（　　）。

A. 社会关系　B. 政治关系　C. 法律关系　D. 经济关系

4. 企业与其所有者之间的财务关系，反映着（　　）的关系。

A. 债权与债务　B. 所有权和经营权　C. 内部利益　D. 权利与义务

5. 财务管理主要是通过（　　）形式对生产经营活动进行管理的。

A. 实物　B. 价值　C. 价格　D. 成本

二、多项选择题

1. 企业财务活动可分为（　　）。

A. 筹资活动　B. 投资活动　C. 经营活动　D. 分配活动

2. 企业财务管理的基本内容为（　　）。

A. 筹资管理　B. 存货管理　C. 营运资金管理　D. 负债管理

3. 企业财务关系可以概括为（　　）之间的财务关系。

A. 企业与所有者　B. 企业与债权人　C. 企业内部单位　D. 企业与职工

4. 考虑了风险因素的财务管理目标有（　　）。

A. 总产值最大化　B. 利润最大化　C. 股东财富最大化　D. 企业价值最大化

5. 合理使用资金，加速资金周转，不断提高资金利用效果是不属于（　　）的内容。

A. 企业筹资管理的目标　B. 企业投资管理的目标

C. 企业营运资金管理的目标　D. 企业利润管理的目标

三、判断题

1. 以产值最大化为财务管理目标是符合财务活动规律的。（　　）

2. 以企业价值最大化比以股东财富最大化作为财务管理目标更科学。（　　）

3. 定量预测主要是利用直观材料，依靠个人经验的主观判断和综合分析能力，对事物未来的状况和趋势做出预测的一种方法。（　　）

4. 通过对实际财务系统运行的监视，运用科学方法预测可能出现的偏差，采取一定措施，使差异得以消除的一种控制方法是防护性控制。（　　）

第二章　财务管理价值、收益与风险理论

【学习目标】　本章的核心是理解资金时间价值的本质、风险与收益的关系、最优投资组合的决策；掌握资金时间价值的计算方法，风险的类别和衡量方法，风险报酬的计算方法，证券的估价；理解资本资产定价模型。

【引入案例】

资金的时间价值

对于今天的10 000美元和5年后的10 000美元，你将选择哪一个呢？

你现在20岁，某保险公司许诺只要你现在每月存100元，等你60岁时每月给你1 000元，直到你去世时为止。你是否会买该养老保险？

要做出以上决策，就要考虑到资金的时间价值。资金的时间价值并不是一个新理论。200年前，本杰明·富兰克林就对资金的时间价值有着深刻的认识。他曾给费城和波士顿各捐献了1 000英镑，两个城市将这笔钱年复一年地进行放贷收息增值活动。100年后这笔增值的一部分用在城市建设和福利事业上，另一部分继续进行再投资。200年后人们用富兰克林在波士顿的那笔增值的资金组建了富兰克林基金，以极其优惠的贷款方式帮助了无数医科学生，还盈余了300多万美元。富兰克林给费城的1 000英镑同样获得了丰厚的投资增值。这一切很大程度上都来自那最初的2 000英镑和它们的时间价值。

点　评　随着人们对经济认识的加深，在现实生活中，资金的持有者不会将暂时不用的资金闲置，而总是设法将这部分闲置资金以他认为最合适、最稳妥的方式利用起来，如存入银行，或购买国债，或购买股票，或投资某企业等，以获得利息、利润等投资收益。

第一节　资金的时间价值

一、资金时间价值的概念

（一）资金时间价值的定义

资金的时间价值是经济学上一个很重要的概念，它是指一定量资金在不同时点上的价值

量的差额，即资金经过一定时间的投资和再投资所增加的价值，也称为货币的时间价值。

对于这个概念，通俗的理解就是今天的 1 块钱要比明天的 1 块钱更值钱。由于在不同时点上单位货币的价值不相等，所以，在不同时点上的货币收支不宜直接比较，必须将它们换算到相同的时点上，才能进行大小的比较和有关的计算。例如，今天将 100 元存入银行，在银行存款年利率为 3% 的情况下，一年后就是 103 元，多出的 3 元就是 100 元资金经过一年时间发生的增值，也就是所谓的资金时间价值。

（二） 资金时间价值的实质

资金在使用过程中随时间的推移而发生的价值增值是在生产经营过程中产生的，来源于劳动者在生产过程中创造的新价值，即剩余价值。

资金在周转过程中之所以会产生时间价值，是因为任何资金使用者把资金投入生产经营后，劳动者借以生产新产品，创造新价值，都会带来利润，实现增值。一般周转使用的时间越长，所获得的利润就越多，实现的增值额就越大。资金的时间价值，本质上是劳动者劳动所创造的剩余价值，是作为生产资料的资金同劳动力相结合的结果。

（1）资本的价值来源于资本的未来报酬，时间价值是一种资本增值。

（2）时间价值是一种投资的未来报酬，货币只有作为资本进行投资后才能产生时间价值。如果把钱闲置在家中，显然不能带来增值。也就是说，任何资金，只有投入再生产活动时才有可能产生时间价值。

（3）时间价值是无风险和无通货膨胀下的社会平均报酬水平。

（4）时间价值的价值增量与时间长短成正比，一个投资项目所经历的时间越长，其时间价值就越大。

（三） 资金时间价值的表现形式

资金的时间价值既可以用绝对数表示，也可以用相对数来表示，但通常用相对数来表示。①相对数，即时间价值率。一般用扣除风险报酬和通货膨胀贴水后的投资报酬率来反映，通常用银行利率或国库券利率来表示。②绝对数，即时间价值额，是投资额与时间价值率的乘积。

通常情况下，资金时间价值相当于无风险、无通货膨胀下的社会平均资金利润率。由于资金时间价值的计算方法与有关利息的计算方法相同，因而时间价值与利率容易混为一谈。事实上，银行存款利率、贷款利率、各种债券利率等各种报酬率与时间价值率是有区别的。因为在市场经济条件下，由于存在投资风险和通货膨胀，利率不仅包括时间价值，还包括风险价值和通货膨胀因素。只有在没有风险、没有通货膨胀的情况下，时间价值率才与上述各种报酬率相等。

（四） 资金时间价值的作用

资金的时间价值在财务活动中有着非常重要的作用，主要表现在以下几个方面：

1. 资金的时间价值是评价投资、筹资、收益分配决策方案的基本依据

由于资金时间价值是除去风险报酬因素和通货膨胀因素后的社会平均资金利润率，所以作为一项可行的投资方案至少应该达到社会平均资金利润率，否则该方案是不可行的。因此，资金的时间价值就成为衡量投资方案是否可行的一个尺度。例如，有一投资项目投资额为100万元，投资后在五年中共获利25万元，假定不考虑资金时间价值，则该项目是可行的。如果考虑资金的时间价值，平均每年的存款利息率为5%，五年的复利利息就有27.63万元，相比该投资项目是不可行的，与其投资还不如存放在银行里。

2. 资金时间价值是衡量企业经济效益，考核经营成果的重要依据

企业是营利性组织，其经营活动的目的是获取利润。企业经营者必须充分调动和利用各种经济资源去实现预期的收益，而评判企业效益的好坏则是用社会平均资金利润率去衡量的。例如，一个企业投资100万元开展经营活动，年末收入扣除各种成本后可获利10万元，假定银行存款利息率5%，100万元存入银行仅有利息5万元，那么该企业每年经济收益是比较好的。

二、资金时间价值的计算

由于资金时间价值的存在，使不同时点上相同数量的资金，其价值并不相同。因此，在企业财务管理中，要进行正确的决策，就必须弄清不同时点上收支资金价值之间的关系。

计算资金的时间价值首先要明确终值和现值的概念。

终值（future value）：又称未来值，是指现在的一定量现金在未来某一时点上的价值，俗称本利和。

现值（present value）：又称本金，是指未来时点上的一定量现金折合到现在的价值。

终值和现值的计算涉及利息计算方式的选择。目前有以下两种计算方式：

（一）单利计息法

只对本金计算利息。单利方式计算利息的原则是本金按年数计算利息，而以前年度本金产生的利息不再计算利息。只就本金计算利息，每期的本金保持不变。

1. 单利终值的计算

单利终值（F）是指一定量的本金（P）按单利利息法计算的若干期后的本利和，计算公式为：

$$F = P(1 + i \times n)$$

除非特别指明，在计算利息时，给出的利率均为年利率。

【例2.1】 某人存入银行10万，若银行存款利率为5%，5年后的本利和为多少？

$F = 10 \times (1 + 5\% \times 5) = 12.5$（万元）

2. 单利现值的计算

单利现值是指今后某一特定时间收到或付出的一笔款项，按一定的利率计算的现在价值，计算公式为：

$$P=\frac{F}{1+i\times n}$$

【例 2.2】 某人希望 5 年后得到本利和 10 万，若银行存款利率为 5%，他现在应存入银行多少钱?

解析： $P=10/（1+5\%\times5）=8$（万元）

由于单利计息法没有考虑利息在周转使用过程中的资金时间价值，所以现代财务管理中一般采用复利计息法来计算资金的时间价值。

（二） 复利计息法

复利计息法既对本金计算利息，也对前期的利息计算利息，每期利息收入在下期转化为本金，产生新的利息收入。复利计息法下，资金的时间价值不仅包括本金的利息，还包括利息所生的利息。

1. 复利终值的计算

复利终值是指一定量的本金按复利计算若干期后的本利和。

假如将一笔资金 P 存入银行，年利率为 i，每年计息一次，则：

一年后的终值：$F_1=P\times(1+i)$

两年后的终值：$F_2=P\times(1+i)\times(1+i)=P\times(1+i)^2$

三年后的终值：$F_3=P\times(1+i)\times(1+i)\times(1+i)=P\times(1+i)^3$

………………

n 年后的终值：$F_n=P\times(1+i)^n$

式中：$(1+i)^n$ 通常称作“复利终值系数”，用符号（F/P，i，n）表示。如（F/P，10%，5）表示年利率为 10% 的 5 年期复利终值系数。

为简化计算，可以直接查阅 1 元的复利终值系数表。例如，按照（F/P，5%，5）的条件查表可知：（F/P，5%，5）=1.276 3，即在货币时间价值率为5% 的情况下，现在的 1 元和 5 年后的 1.276 3 元在经济上是等效的。根据这个系数可以把现值换算为终值。

上述例 2 如用复利计息法：

$$F=10\times(1+5\%)^5=10\times1.2763=12.763\text{（万元）}$$

2. 复利现值的计算

复利现值是指今后某一特定时间收到或付出的一笔款项，按一定的贴现率所计算的现在价值。复利现值是复利终值的逆运算，它是指未来一定量的货币按一定利率折算的现在价值。计算公式如下：

$$P=\frac{F}{(1+i)^n}=F\times(1+i)^{-n}$$

式中：$(1+i)^{-n}$通常称作“复利现值系数”，用符号（P/F，i，n）表示。在实际计算时，可以查阅复利现值系数表。

【例2.3】　某人拟购房，开发商提出两种付款方案。方案1：现在一次性付80万元；方案2：5年后付100万元。若银行贷款利率为7%，应如何付款？

方案2的现值：

$P=100\times(1+7\%)^{-5}=100\times0.713=71.3$（万元）

71.3（万元）<80（万元）

按现值比较，方案2较好。

（三）年金的计算

年金是指一定时期每次等额收付的系列款项。年金形式多样，如保险费、折旧费、等额分期付款和收款、零存整取、整存零取等。年金通常记作A。

年金具有以下三个特点：

（1）相等的金额。

（2）必须固定间隔期（年/半年/季度/月……）。

（3）系列款项。

年金按发生的时点不同，可分为普通年金、预付年金、递延年金、永续年金等。

1. 普通年金的计算

普通年金又称后付年金，是指每期期末收付的年金，在经济生活中最为常见。

（1）普通年金终值的计算。

犹如零存整取的本利和，它是一定时期内每期期末等额收付款项的复利终值之和。如果年金相当于零存整取储蓄存款的零存数，那么，年金终值就是零存整取的整取数。

公式推导思路：算每笔资金复利终值，再加总。

假若每年存款100元，年利率为10%，经过5年，年金终值如图2.1所示。

由此推导普通年金终值的计算公式：

$$F_A=A+A(1+i)+A(1+i)^2+\cdots\cdots\cdots A(1+i)^{n-1}$$

等式两边同乘以$(1+i)$：

$$(1+i)F_A=A(1+i)+A(1+i)^2+A(1+i)^3+\cdots\cdots\cdots A(1+i)^n$$

上述两式相减：

$$(1+i)F_A-F_A=A(1+i)^n-A$$

$$F_A=\frac{A[(1+i)^n-1]}{i}$$

式中：$\frac{(1+i)^n-1}{i}$称作“年金终值复利系数”，用符号（F/A，i，n）表示。实际计算时，其数值可查年金终值系数（见附录）。例如：（F/A，6%，3）=3.1836 其经济含义是：在年利率为6%，复利计息条件下，第一年年末的1元、第二年年末的1元、第三年年末的1元总共相当于第三年末的3.183 6元。

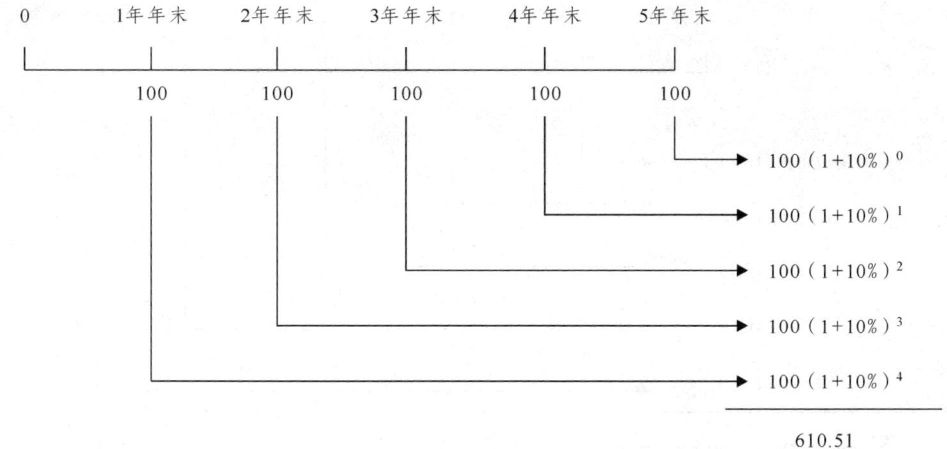

图2.1　5年期的普通年金终值示意图

【例2.4】　某人拟购房，开发商提出两种付款方案。方案1：5年后付120万元；方案2：现在起每年年末付20万元，连续5年。若银行存款利率为7%，应如何付款?

方案2的终值：

$$F = 20 \times (F/A, 7\%, 5)$$
$$= 20 \times 5.7507$$
$$= 115.014 \text{（万元）}$$

115.014万元<120万元

按终值比较，方案2较好。

（2）普通年金现值的计算。

普通年金现值是指一定时期内每期期末等额的系列收付款项的现值之和，即指为在未来每期期末取得相等的款项，现在需要一次投入的金额。

公式推导思路：算每笔资金复利现值，再加总。

假若每年年末取得收益100元，年利率为10%，为期5年，其年金现值如图2.2所示。

由此推导普通年金现值的计算公式：

$$P = A(1+i)^{-1} + A(1+i)^{-2} + A(1+i)^{-3} + \cdots\cdots A(1+i)^{-n}$$

等式两边同乘以$(1+i)$，整理上式，可得到：

$$(1+i)P = A + A(1+i)^{-1} + A(1+i)^{-2} + \cdots\cdots A(1+i)^{-(n-1)}$$

上述两式相减：

$$(1+i)P - P = A - A(1+i)^{-n}$$

$$P = \frac{A \times [1-(1+i)^{-n}]}{i}$$

式中：$\frac{1-(1+i)^{-n}}{i}$称作“年金现值系数”，用符号$(P/A, i, n)$表示，可以通过直接查阅“1元年金现值系数表”求得有关数值。例如：$(P/A, 6\%, 3) = 2.673$。其经济含义是：

在年利率为6%，复利计息条件下，第一年年末的1元、第二年年末的1元、第三年年末的1元总共相当于第一年年初的2.673元。

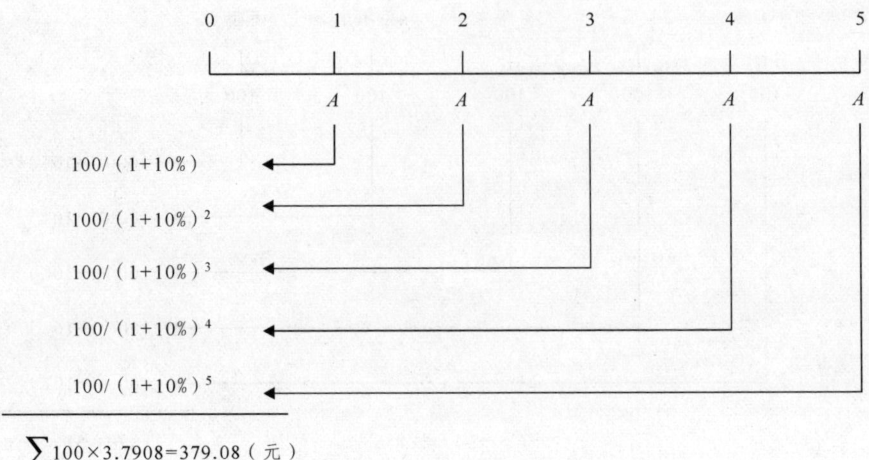

图2.2　5年期的普通年金现值示意图

【例2.5】　某人拟购房，开发商提出两种付款方案。方案1：现在一次性付80万元；方案2：现在起每年末付20万元，连续支付5年。若银行贷款利率为7%，应如何付款？

方案2的现值：

$$P=20\times(P/A,7\%,5)$$

$$=20\times4.1002$$

$$=82（万元）$$

82（万元）>80万元

按现值比较，方案1较好。

(3) 年偿债基金的计算（已知年金终值F，求年金A）。

偿债基金是指为使年金终值达到既定金额每年应支付的年金数，即已知年金终值，求年金，是为了在约定的未来时点清偿某笔债务或积蓄一定数量的资金而必须分次等额形成的存款准备金。由于每次提取的等额准备金类似年金存款，因而同样可以获得按复利计算的利息，所以清偿的债务实际上等于年金终值。计算公式为：

$$A=F\times\frac{i}{(1+i)^n-1}$$

式中：由年金终值倒求年金所用系数即$\frac{i}{(1+i)^n-1}$称为偿债基金系数，用$(A/F, i, n)$表示。可见，年金终值系数与偿债基金系数互为倒数。

偿债基金系数是年金终值系数的倒数，可以通过查“一元年金终值表”求倒数直接获得。

【例2.6】　某人拟在5年后还清10 000元债务，从现在起每年等额存入银行一笔款项。假设银行存款利率为10%，每年需要存入多少钱？

$$A=10\,000\div(F/A,10\%,5)=10\,000/6.105\approx1\,638（元）$$

(4) 年资本回收额的计算（已知年金现值P，求年金A）。

资本回收额是指在给定的年限内等额回收或清偿所欠债务（或初始投入资本）的金额。年资本回收额的计算是年金现值的逆运算。其计算公式为：

$$A=P\times\frac{i}{1-(1+i)^{-n}}$$

式中：$\frac{i}{1-(1+i)^{-n}}$部分的数值称作“资本回收系数”，用（A/P，i，n）表示。资本回收系数是年金现值系数的倒数，可以通过查阅“一元年金现值系数表”，利用年金现值系数的倒数求得。

【例 2.7】 某企业现在借得 1 000 万元的贷款，在 10 年内以年利率 12% 等额偿还，则每年应付的金额是多少？

$$A=1\ 000\div(P/A,\ 12\%,\ 10)$$
$$=1\ 000\div5.6502$$
$$\approx177\text{（万元）}$$

系数间的关系：偿债基金系数与年金终值系数互为倒数关系；资本回收系数与年金现值系数互为倒数关系。

2. 预付年金的计算

预付年金是指一定时期内每期期初等额收付的系列款项，又称即付年金、先付年金。预付年金与普通年金的区别仅在于付款时间的不同。与后付年金相比，期数相同，时间差 1 期。

（1）预付年金终值的计算。

预付年金终值是指一定时期内每期期初等额收付款项的复利终值之和。预付年金与普通年金的付款期数相同，两者的区别仅在于收付款时间不同。预付年金终值与普通年金终值关系如图 2.3 所示。

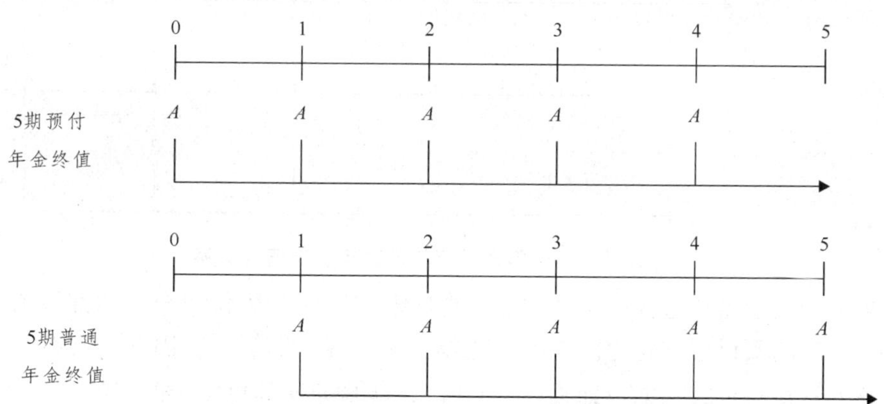

图 2.3 预付年金终值与普通年金终值的关系

从图 2.3 可以看出，与普通年金相比，在期数相同时，预付年金各期都提前一期，在计算终值时，每期的预付年金均比同期的普通年金多计算一期利息。因此，可在 n 期普通年金终值的基础上乘以（$1+i$），就是 n 期预付年金的终值。

计算公式 1：

$$\text{预付年金的终值}=\text{普通年金终值}\times(1+i)=A\times(F/A,\ i,\ n)\times(1+i)$$

此外，在期数相同时，由于预付年金的计息期数比普通年金多一期，因此，我们可以将 n 期预付年金终值与 $n+1$ 期普通年金终值进行比较，这样，两者的计息期数相同，但 n 期预付年金比 $n+1$ 期普通年金少收付一次款项。因此，只要将 $n+1$ 期普通年金的终值减去一期收付款项，即可求得 n 期预付年金终值。

计算公式 2：

$$\text{预付年金终值} = A \times (F/A, i, n+1) - A = A \times [(F/A, i, n+1) - 1]$$

【例 2.8】 某人拟购房，开发商提出两种付款方案。方案 1：5 年后一次性付 120 万元；方案 2：现在起每年年初付 20 万元，连续 5 年。若银行存款利率为 7%，应如何付款？

方案 2 的终值：

$$P = 20 \times (F/A, 7\%, 5) \times (1+7\%)$$

$$= 20 \times 5.7507 \times 1.07 = 123.065 \text{（万元）}$$

或：$$P = 20 \times [(F/A, 7\%, 6) - 1] = 123.065 \text{（万元）}$$

123.065 万元 > 120 万元

按终值比较，方案 1 较好。

（2）预付年金现值的计算。

预付年金现值是指一定时期内每期期初等额收付的系列款项的复利现值之和。预付年金现值与普通年金现值关系如图 2.4 所示。

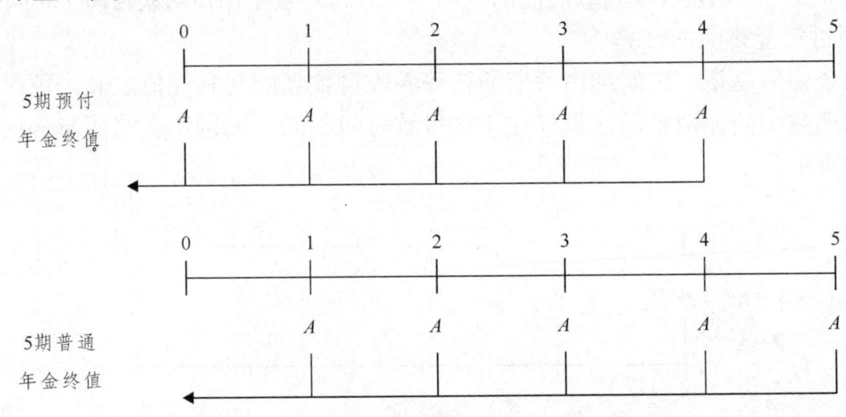

图 2.4 预付年金现值与普通年金现值的关系

从图 2.4 可以看出，与普通年金相比，在期数相同时，预付年金各期都提前一期，在计算现值时，每期的预付年金均比同期的普通年金多贴现一期利息。因此，可在 n 期普通年金现值的基础上再往后折算一期，即乘以 $(1+i)$，就是 n 期预付年金的现值。

计算公式 1：

$$\text{预付年金现值} = \text{普通年金现值} \times (1+i) = A \times (P/A, i, n,) \times (1+i)$$

此外，在期数相同时，由于预付年金的贴现期数比普通年金少一期，因此，我们可以将 n 期预付年金现值与 $n-1$ 期普通年金现值进行比较，这样，两者的贴现期数相同，但 n 期预付年金比 $n-1$ 期普通年金多一期不需贴现的收付款项。因此，只要将 $n-1$ 期普通年金的现值加上一期不需贴现的收付款项，即可求得 n 期预付年金现值。

计算公式 2：

$$预付年金现值 = A\times(P/A, i, n-1) + A = A\times[(P/A, i, n-1)+1]$$

【例 2.9】 某人拟购房，开发商提出两种付款方案。方案 1：现在一次性付 80 万元；方案 2：现在起每年年初付 20 万元，连续 5 年。若银行贷款利率为 7%，应如何付款？

方案 2 的现值：

$$P = 20\times(P/A, 7\%, 5)(1+7\%) = 87.744（万元）$$

或：

$$P = 20\times[(P/A, 7\%, 4)+1] = 87.744（万元）$$

87.744 万元 >80 万元

按终值比较，方案 1 较好。

预付年金与普通年金系数间的变动关系：预付年金终值系数与普通年金终值系数相比，期数 +1，系数 -1；预付年金现值系数与普通年金现值系数相比，期数 -1，系数 +1。

3. 递延年金

递延年金是指第一次收付款发生时间与第一期无关，而是隔若干期（假设为 m 期，$m\geq1$）后才开始发生的系列等额收付款项。它是普通年金的特殊形式，凡不是从第一期开始的普通年金就是递延年金。递延年金示意图如图 2.5 所示。

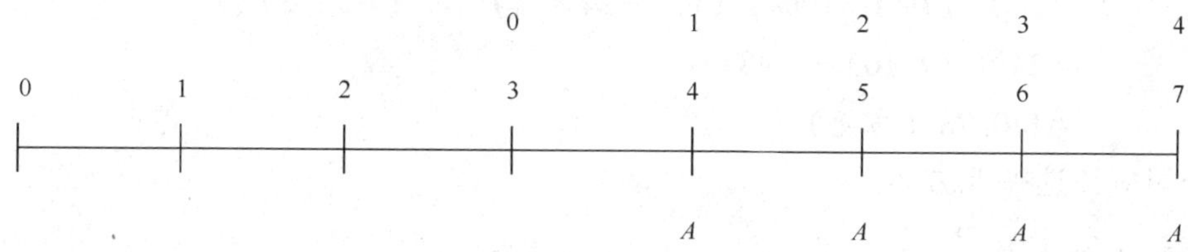

图 2.5 递延年金示意图

（1）递延年金终值计算。

递延年金终值的计算方法和普通年金终值类似，由于 m 表示递延期，n 表示递延年金实际发生的期数，则递延年金终值的计算公式：

$$F = A\times(F/A, i, n)$$

（2）递延年金现值计算。

设递延期为 m，连续收支期为 n：

①假设递延期也有年金收支，先求出 $(m+n)$ 期的年金现值，再减去递延期 m 的年金现值。

$$P = A\times[(P/A, i, m+n) - (P/A, i, m)]$$

②先把递延年金视为普通年金，求出其至递延期末的现值，再将此现值换算成第一期期初的现值。前者按照普通年金现值 n 期计算，后者按照复利现值 m 期计算。

$$P = A\times(P/A, i, n)\times(P/F, i, m)$$

③先把递延年金视为普通年金，求出其终值，再将终值换算成第一期期初的现值。前者按照普通年金终值 n 期计算，后者按照复利现值 $m+n$ 期计算。

$$P = A\times(F/A, i, n)\times(P/F, i, m+n)$$

【例 2.10】 某公司拟购置一处房产，房主提出三种付款方案：

A：从现在起，每年年初支付 20 万，连续支付 10 次，共 200 万元；

B：从第 5 年开始，每年年末支付 25 万元，连续支付 10 次，共 250 万元；

C：从第 5 年开始，每年年初支付 24 万元，连续支付 10 次，共 240 万元。

假设该公司的资金成本率（即最低报酬率）为 10%，你认为该公司应选择哪个方案？

方案 A：　$P=20\times(P/A, 10\%, 10)(1+10\%)=135.18$（万元）

方案 B：

方法 1：$P=25\times(P/A, 10\%, 14-P/A, 10\%, 4)$

$=25\times(7.3667-3.1699)$

$=104.91$（万元）

方法 2：$P=25\times(P/A, 10\%, 10)(P/F, 10\%, 4)$

$=25\times6.1446\times0.683$

$=104.91$（万元）

方法 3：$P=25\times(F/A, 10\%, 10)(P/F, 10\%, 14)$

$=25\times15.9374\times0.2633$

$=104.91$（万元）

方案 C：$P=24\times(P/A, 10\%, 13)-24\times(P/A, 10\%, 3)$

$=24\times(7.103-2.487)$

$=110.78$（万元）

该公司应该选择 B 方案。

4. 永续年金

永续年金是指无限期连续等额收付的特种年金，可视为普通年金的特殊形式，即期限趋于无穷的普通年金。永续年金因为没有终止期，所以只有现值没有终值。

永续年金现值公式为：

$$P=\lim_{n\to\infty}A\times\frac{1-(1+i)^{-n}}{i}$$

$$=\frac{A}{i}$$

【例 2.11】　某项永久性奖学金，每年计划领发 50 000 元奖金。若年复利率为 8%，该奖学金的本金应为多少？

$P=50\,000/8\%=625\,000$（元）

要注意是无限期的普通年金，若是其他形式，则要变形。

（四）不等额系列收付款现值的计算

前面讲的年金每次收入和付出的款项都是相等的。但在实际经济活动中，往往会发生每次收入或付出的金额不相等的款项，并经常需要计算这些不等额收付款项的终值之和或现值之和。

各年收付不相等的混合现金流，应分段计算，然后加总。

【例 2.12】 某人准备第一年存 1 万，第二年存 3 万，第三年至第 5 年存 4 万，存款利率 5%，问 5 年存款的现值合计（每期存款于每年年末存入）？

$P=1\times(P/F, 5\%, 1)+3\times(P/F, 5\%, 2)+4\times[(P/A, 5\%, 5-P/A, 5\%, 2)]$

$=1\times0.9524+3\times0.9070+4\times(4.3295-1.8594)$

$=0.9524+2.721+9.8804$

$=13.55$（万元）

三、资金时间价值计算中的特殊问题

（一） 名义利率与实际利率

以上的计算中，我们一般都假定利率是年利率，以一年为计息周期，每年复利一次。但在实际生活中通常可以遇见计息期限不是按年计息的，如半年、季度、月付息（计息）一次，因此就会出现名义利率和实际利率之间的换算。当利息一年内要复利几次时，给出的年利率叫名义利率。根据名义利率和每年计息次数调整得出的利率才是实际利率。

1. 利用公式换算

实际利率与名义利率的换算公式为：

$$k=\left(1+\frac{i}{m}\right)^{m}-1$$

式中：i 为名义利率，k 为实际利率，m 为年内计息次数。

【例 2.13】 一项 500 万元的借款，借款期 5 年，年利率为 8%，若每半年复利一次，年实际利率会高出名义利率多少？

$k=(1+8\%/2)^{2}-1=8.16\%$

年实际利率高出名义利率 0.16%。

2. 计算终值或现值

计算终值或现值时，只要将年利率 i 调整为期利率 r，将年数 n 调整为期数 t，

不计算利率，直接调整有关指标，即利率为 $r=i/m$，期数为 $t=mn$，其中 m 为每年的计息期数。

（二） 关于内插法的应用

【例 2.14】 现在向银行存入 20 000 元，问年利率 i 为多少时，才能保证在以后 9 年中每年可以取出 4 000 元？

$20\,000=4\,000\times(P/A, i, 9)$

则：$(P/A, i, 9)=5$

查年金现值系数表，在 $n=9$ 的行中无法找到系数为 5 的数值，但可以查找到大于和小于 5 的两个临界系数值，即当 $i=12\%$ 时，$(P/A, i, 9)=5.3282$，当 $i=14\%$ 时，$(P/A, i, 9)=4.9464$。利率应在 12% 与 14% 之间，可采用内插法计算。

内插法应用的前提是：将系数与利率或期限之间的变动看成是线性变动。

利率	年金现值系数
12%	5.328 2
i	5
14%	4.916 4

$$(i-12\%)/(14\%-12\%)=(5-5.3282)/(4.9164-5.3282)$$

所以 $i=13.59\%$。

第二节　风险分析

前面我们讨论的资金时间价值是在无风险和无通货膨胀条件下的投资报酬率，而企业的经济活动大多是在风险和不确定的情况下进行的，离开了风险因素就无法正确评价企业收益的高低，因此现代财务管理对风险因素越来越重视。投资的风险报酬原理，揭示了风险同报酬之间的关系，它同资金时间价值原理一样，是财务决策的基本依据。

一、风险概述

（一） 风险概念的研究

“风险”一词源于以捕鱼为生的渔民。渔民出海捕鱼的安全性主要取决于海上风浪的大小，风浪越大，危险性就越大。久而久之，人们就用“风险”来表示未来遭受损失的可能性。但实际上，“风险”不仅包括未来遭受损失的可能性，也包括未来获得额外收益的可能性。

西方经济学一直重视对风险的研究，早在 1901 年，美国学者威利特就对风险的本质做了分析，他认为风险是指不愿发生的事件，发生的不确定性的客观体现。1921 年，美国经济学家奈特在其名著《风险、不确定性和利润》中，对风险做了进一步的探讨，他认为风险是“可测定的不确定性”。20 世纪 80 年代，日本学者武并勋在其名著《风险理论》一书中总结各派观点，提出了风险三要素：①风险与不确定性有所差异；②风险是客观存在的；③风险是可以被预测的。

（二） 风险的概念

一般来说，风险是指在一定条件下和一定时期内可能发生的各种结果的变动程度（某一行动的结果具有多样性)。从财务管理的角度看，风险就是企业在各项财务活动过程中，由于各种难以预料或无法控制的因素的作用，使企业的实际收益与预期收益发生背离，从而有发生经济损失的可能性。例如，有一名经理准备投资100万元，有两个方案可供其选择。第一个方案是他可以购买国库券，年利率为4%，到年末，投资可收回104万元。这一投资的唯一风险是政府可能无力偿还本息，但这是不大可能的。因此，这一投资方案基本上没有风险（即只有一个结果)。但事实上，在现实的经济生活中绝对肯定的、没有风险的经营和投资决策是不存在的，实际上由于受资本市场上利率升降的影响，国库券的价格也处于经常变动之中，进行这项投资也是有风险的，但是相对于企业其他的投资决策来讲，风险要小得多。一般认为，在企业的投资决策中，投资于国库券的风险最小，因为其本金和利息是固定且有保障的，如果不考虑资本市场上利率变动的影响，一般可视之为无风险决策，人们常把国库券投资称为无风险投资。第二个方案是在未探明储量的地区打油井。如果出油，这口井马上就值5 000万元；如果没有油，这口井就一文不值。假设已知出油的概率为60%，不出油的概率为40%，这就是一个风险决策问题，因为可能的结果变动的范围很大（0 ~ 5 000万元)。一般来讲，结果的变动性大，风险也就大。风险就是指结果的变动性。

在风险存在的情况下，人们只能事先估计到采取某种行动可能导致的结果，以及每种结果出现的可能性，然而行动的真正结果究竟会怎样，是不能事先确定的。

人们在谈到风险时强调的是事件发生结果的不确定性，因而很容易将风险与不确定性混为一谈。而事实上，严格来说，风险和不确定性是有区别的。风险是指事前可以知道所有可能的后果，以及每种后果的概率。例如，掷硬币的游戏，我们事先知道硬币落地时有正面朝上和反面朝上两种结果，而且知道每种结果出现的可能性是一半。不确定性指事前不知道所有可能的结果，或虽知道可能结果但不知它们出现的概率。例如，地质探矿，事前知道只有找到和找不到两种结果，但不知道两种结果的可能性各占多少，属“不确定”问题而非风险问题。但是，在面对实际问题时，两者很难区分。风险问题的概率往往不能准确知道，不确定性问题也可以估计一个概率，因此实务领域对风险和不确定性不做区分，都视为“风险”问题对待。

（三） 风险的特点

（1）风险具有客观性，即不管你愿不愿意，风险都存在，而且一旦做出决策，就必须承担相应的风险。

（2）风险具有时间性，即风险的大小随时间的变化而变化。随着时间的延续，事件的不确定性在缩小，事件完成，其结果也就完全肯定了，风险也就消失了。

（3）风险具有相对性，一般认为，风险产生的主要原因是由于信息的不充分。不同的人掌握不同程度的信息，因此对甲来说风险很大的行动，对乙来说风险可能会很小。风险还具有收益性，高风险通常具有高收益，否则就不会有人去冒险。风险所对应的收益由时间价值和风险价值决定。

（4）风险不仅能带来超出预期的损失，而且还可能带来超出预期的收益。

（四）风险的类别

1. 从个别投资主体的角度看，风险分为市场风险和公司特有风险两类

市场风险又称为不可分散风险或系统性风险，它是指那些对所有的公司产生影响的因素引起的风险，如战争、自然灾害、经济衰退、通货膨胀、利率的变化、国家财税政策的变化和世界能源状况的改变等。这类风险涉及所有的投资对象，不能通过多元化投资来分散。例如，一个人投资于股票，不论买哪一种股票，他都要承担市场风险。经济衰退时，各种股票的价格都要不同程度的下跌，但这种风险对不同企业的影响程度不同。

公司特有风险又称为可分散风险或非系统性风险，它是指个别企业的特有事件造成的风险。如一家公司的工人罢工、新产品开发失败、没有争取到的重要销售合同、诉讼失败等。这类事件是随机发生的，因而可以通过多元化投资来分散，即发生于一家公司的不利事件可以被其他公司的有利事件所抵消。一个充分的投资组合几乎没有非系统性风险。例如，一个人投资股票时，买几种不同的股票，比只买一种股票的风险小。

2. 从公司本身来看，风险还可划分为经营风险和财务风险两类

经营风险是指生产经营的不确定性带来的风险，它是任何商业活动都有的。经营风险主要来自以下几个方面：①市场销售。市场需求、市场价格、企业可能生产的数量等不确定，尤其是竞争使供产销不稳定，加大了风险。②生产成本。原料的供应和价格、工人和机器的生产率，工人的工资和奖金等变化，产生风险。③生产技术。设备事故、产品发生质量问题、新技术的出现等，企业不好预见，产生风险。④其他。外部的环境变化，如天灾、经济不景气、通货膨胀、有协作关系的企业没有履行合同等，企业自己不能左右，产生风险。

财务风险是指因借款而引起的企业盈余变动的风险，是筹资决策带来的风险，也叫筹资风险。企业举债经营，全部资金中除自有资金外，还有一部分借入资金，这会对企业的盈利能力造成影响。当企业的投资报酬率高于借入资金利息率时，使用借入资金获得的利润除了补偿利息外还有剩余，从而给企业带来额外的税后净利，这就是负债经营的好处。但是，当企业的投资报酬率低于借入资金利息率时，使用借入资金获得的利润还不够支付借款利息，需要动用自有资金产生的部分利润来支付利息，这就会使企业的税后净利受到额外的损失，这就是负债经营的风险，也就是所谓的财务风险。若企业亏损严重，财务状况恶化，一旦无力偿还到期债务，企业便会陷入财务困境，严重的甚至可能导致企业破产。

二、风险价值概述

一般而言，投资者都讨厌风险，并力求回避风险。那么，为什么还有人要进行风险投资呢？因为风险投资可获得额外报酬——风险报酬。

风险价值就是投资者因冒风险而从事投资活动所获得的超过时间价值以上的额外报酬，一般用风险报酬额和风险报酬率来表示。风险报酬额指投资者因冒风险进行投资而获得的超

过时间价值的那部分额外报酬。风险报酬率指投资者因冒风险进行投资而获得的超过时间价值率的那部分额外报酬率，即风险报酬额与原投资额的比率。

风险和报酬的基本关系是：投资风险越大，投资者要求的风险报酬率越高。因此，投资者期望得到的报酬率与其风险相适应。

一般来讲，投资者进行一项投资所获得的报酬，由三部分组成：时间价值、通货膨胀补偿、风险报酬。即：

投资报酬率＝时间价值＋通货膨胀补偿率＋风险报酬率

如果不考虑通货膨胀因素，风险投资所要求或期望的投资报酬率包括两个部分：一部分是资金时间价值，是指投资者在没有风险状态下的投资报酬率，即无风险报酬率，通常为政府债券利率或存款利率；另一部分是风险报酬率。它们之间的关系如下：

投资报酬率＝无风险报酬率十风险报酬率

因此，时间价值和风险报酬便成为财务管理中的两项基本原理。如果不考虑通货膨胀因素，投资报酬率就是时间价值率和风险报酬率之和。

三、风险衡量

风险客观存在，广泛地影响着企业的财务和经营活动，因此正视风险，将风险程度予以量化是财务管理的一项重要工作。

风险的大小就是指未来活动结果不确定性的大小，而不确定性的大小可以用概率分布的离散程度来表示。表示概率分布离散程度的指标主要是标准差或标准差系数，因此单项资产风险的测定过程就是标准差（标准离差）的计算过程。

（一） 确定报酬的概率分布

一个事件的概率是指这一事件可能发生的机会。概率是用百分数或小数来表示随机事件发生可能性及出现结果可能性大小的数值。

若 x_i 表示随机事件的第 i 种结果，P 表示出现该种结果的相应概率。概率必须符合下列两个要求：

（1）所有的概率都必须在 0 和 1 之间，即 $0 \leqslant P_i \leqslant 1$。

（2）所有可能结果的概率之和等于 1，即 $\sum_{i=1}^{n} P_i = 1$。

（3）必然事件的概率等于 1，不可能事件的概率等于 0。

所有可能事件或结果列示在一起，便构成了概率分布。

在预期报酬相同的情况下，投资的风险程度同报酬的概率分布有密切的联系。概率分布越集中，实际可能的结果就会越接近预期报酬，实际报酬率低于预期报酬率的可能性就越小，投资的风险程度也就越小；反之，概率分布越分散，投资的风险程度也就越大。

【例 2.15】 某企业有 A、B 两个投资项目，计划投资额均为 1 000 万元，其报酬（净现值）的概率分布如表 2.1 所示。

表 2.1　某企业报酬（净现值）的概率分布

市场状况	概率	A 项目净现值	B 项目净现值
好	0.2	200	300
一般	0.6	100	100
差	0.2	50	-50

在这里，概率表示每一种经济情况出现的可能性，同时也就是各种不同预期报酬出现的可能性。例如，未来市场状况好的可能性有 0.2，假如这种情况真的出现，A 项目可获得 200 万元净现值，B 项目可获得 300 万元净现值。当然，预期报酬作为一种随机变量，受多种因素的影响。为了简化，假设其他因素都相同，只有市场状况一个因素影响预期报酬。

概率分布有两种类型，一种是离散型分布，也称不连续的概率分布。前面所举例子就属于离散型分布，它有三个值。其特点是：随机变量只取有限个值，并且对应于这些值有确定的概率。另一种是连续型分布。在现实生活中，出现的情况有无数种，如果对每种情况都赋予一个概率，并分别测定其预期报酬，则可用连续型分布描述。概率分布类型如图 2.6 所示。

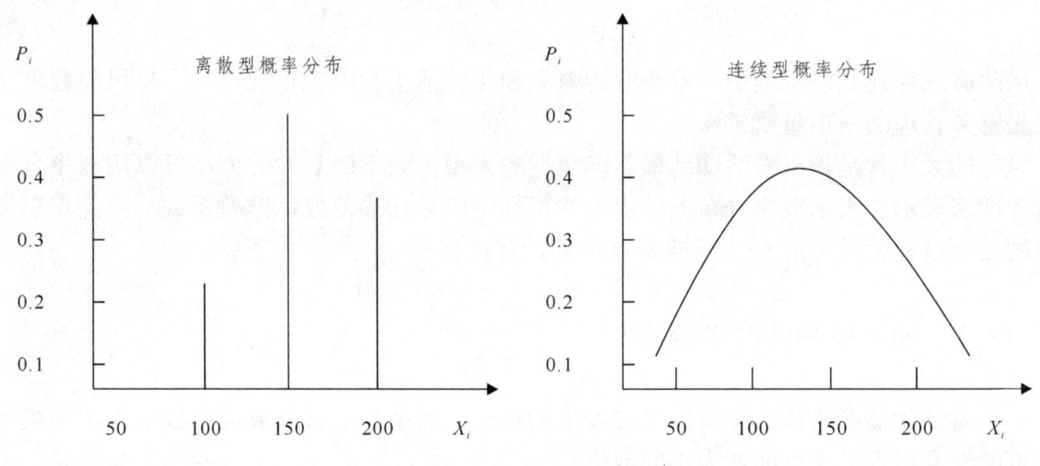

图 2.6　概率分布类型

（二）计算期望值

期望值是一个概率分布中的所有可能结果，以各自相对应的概率为权数计算的加权平均值。它表示在一定风险条件下，期望得到的平均报酬率。

其计算公式为：

$$E = \sum_{i=1}^{n} X_i P_i$$

分别计算例 2.15 中 A、B 两个项目净现值的期望值：

A 项目：$200 \times 0.2 + 100 \times 0.6 + 50 \times 0.2 = 110$（万元）

B 项目：$300 \times 0.2 + 100 \times 0.6 + (-50) \times 0.2 = 110$（万元）

（三）计算标准离差

标准离差反映各种可能的报酬率偏离期望报酬率的综合差异，是反映离散程度的一种量度。

表示随机变量离散程度的指标主要有方差、标准离差和标准离差率等。

其计算公式为：

$$\sigma = \sqrt{\sum_{i=1}^{n} (X_i - \bar{E})^2 - P_i}$$

在期望值相同的情况下，标准离差越大，风险越大；相反，标准离差越小，风险越小。它是衡量风险的一个绝对量，而不是相对量，只能用来比较期望报酬率相同的各项投资的风险程度，而不能用来比较期望报酬率不同的各项投资的风险程度。

分别计算例 2.15 中 A、B 两个项目期望值的标准离差：

A 项目：$\sqrt{(200-110)^2 \times 0.2 + (100-110)^2 \times 0.6 + (50-110)^2 \times 0.2} = 48.99$

B 项目：$\sqrt{(300-110)^2 \times 0.2 + (100-110)^2 \times 0.6 + (-50-110)^2 \times 0.2} = 111.36$

（四）标准离差率

标准离差作为绝对数，只适用于期望值相同的决策方案风险程度的比较，期望值相同的情况下，标准离差越大，风险越大。对于期望值不同的决策方案，评价和比较其各自的风险程度，要剔除期望值的差异影响，只能借助于标准离差率这一相对数值。标准离差率是标准离差同期望值之比，通常用符号 V 表示，用以比较期望报酬率不同的各项投资的风险程度。

其计算公式为：

$$V = \frac{\sigma}{E}$$

在期望值不同的情况下，标准离差率越大，风险越大；反之，标准离差率越小，风险越小。

在进行财务决策时，要遵循以下原则：

对于单一方案决策：标准离差（或标准离差率）要低于预定最高限。

对于多方案决策：如果两个投资方案的预期报酬率基本相同，应当选择标准离差率较低的投资方案；如果两个投资方案的标准离差率基本相同，应当选择报酬率较高的方案；如果甲方案预期报酬率高于乙方案，而其标准离差率也高于乙方案，此时不能一概而论，取决于投资者对风险的态度。有的投资者愿意冒较大的风险，以追求高报酬，可能选择甲方案。有的投资者则不愿意冒较大风险，宁肯接受较低的报酬率，可能选择乙方案。

（五）风险报酬率

标准离差率虽然能正确评价投资风险程度的大小，但无法将风险与报酬结合起来进行分析。假如我们面临的决策不是评价与比较两个投资项目的风险水平，而是决定是否对某一投资项目进行投资，此时我们就需要计算出该项目的风险报酬率。因此，我们还需要一个指标将对风险的评价转化为报酬率指标，这便是风险报酬系数。

风险报酬系数是指某项投资的风险报酬率相对于其标准离差率的比率，即承担单位风险要求获得的风险报酬。风险报酬率、风险报酬系数和标准离差率之间的关系可用公式表示为：

$$R_r = b \times V$$

式中：R_r 为风险报酬率；b 为风险报酬系数；V 为标准离差率。

在实际工作中，确定单项投资的风险报酬系数，可采取以下三种方法：

1. 根据以往同类项目加以确定

【例 2.16】 某企业进行某项投资，其同类项目的投资报酬率为 10%，无风险报酬率为 6%，标准离差率为 50%。根据公式计算如下：

风险报酬系数 = （10% −6%）/50% =8%

2. 由企业领导或企业组织有关专家确定

如果现在进行的投资项目缺乏同类项目的历史资料，不能采用上述方法计算，则可以根据主观的经验加以确定，也可以由企业领导或者组织有关专家研究确定。这时，风险报酬系数的确定在很大程度上取决于企业对风险的态度。敢于冒险的企业，往往把风险报酬系数估计的低些；而比较稳健的企业，则往往把风险报酬系数定的高些。

3. 由国家有关部门组织专家确定

国家财政、银行、证券等管理部门可以组织有关方面的专家，根据各行业的条件和有关因素，确定各行业的风险报酬系数。这种风险报酬系数的国家参数由有关部门定期颁布，供投资者参考。

若例 2.16 中风险报酬系数为 8%，分别计算 A、B 两个项目的风险报酬率：

A 项目的标准离差率 =48.99/110 =44.54%

B 项目的标准离差率 =111.36/110 =101.24%

A 项目的风险报酬率 =8% ×44.54% =3.56%

B 项目的风险报酬率 =8% ×101.24% =8.10%

（六） 投资必要报酬率

在计算出风险报酬系数以后，结合其他几个已经确定的参数，就可以算出投资风险报酬率 R_f，并进一步计算投资方案的投资总报酬率 R。R 是投资者在现有项目风险程度下要求的投资必要报酬率。投资额的总报酬率 R 为：

$$R = R_f + R_r = R_f + b \times V$$

式中：R_f 为无风险报酬率，R_r 为风险报酬率。

无风险报酬率可用加上通货膨胀溢价的时间价值来确定，在财务管理实务中一般把短期政府债券（如短期国债）的报酬率作为无风险报酬率。

承例2.16，若当前短期国债的利息率为3%，分别计算A、B两个项目的投资必要报酬率。

A项目的投资必要报酬率 = 3% + 3.56% = 6.56%

B项目的投资必要报酬率 = 3% + 8.10% = 11.10%

由于A、B两个项目投资额相同，期望报酬率（净现值）亦相同，而A项目风险相对较小（其标准离差小于B项目），从这一点考虑，A项目优于B项目。同时从本例可以看出，高风险会得到高收益，B项目较A项目风险相对较大，但收益也高，因此，甘愿冒风险的投资者可能会投资B项目。

四、证券投资组合的风险报酬

在独立风险衡量这部分内容中，我们孤立地看待投资风险，但是实际上，投资者手里往往不止拥有一项资产，而是一个投资组合。投资组合就是一个投资主体拥有的证券及资产的组合。例如，你同时购买了武钢股份公司、中国石化公司和中国电信公司的股票，就拥有了一个有三种股票的投资组合。

通常，作为证券组合的一部分而持有的一项投资，无论股票、债券或其他的资产，都将比持有单独某项投资风险小得多。在实际操作中，大部分金融资产都不是单独持有的，相反，它们都是证券组合中的一部分。法律要求银行、退休基金、保险公司、共同基金或其他金融机构必须持有多样化的证券组合。即使是个人投资者通常也持有证券组合，而不是单一一家公司的股票。从投资者的立场出发，特定股票价格的上涨或下跌并不是最重要的，重要的是投资者持有的证券组合的收益以及整个组合相关的风险。

（一） 证券投资组合的风险

证券投资组合是指将所有资金有选择的投向一组证券，这样做可以帮助投资者全面捕捉获利机会，降低投资风险。证券投资组合的风险可以分为两种性质完全不同的风险，即非系统性风险和系统性风险。

1. 非系统性风险

非系统风险亦称可分散风险或公司特别风险，是指某些因素对单个证券造成经济损失的可能性，如某公司债务重组、工人罢工、年报亏损等，这些因素只对该公司股价产生影响。这种风险通过适当的证券投资组合方式可以规避。例如，证券投资者可以通过持有股票的多样化来避免持有一种股票的特有风险，形成证券投资组合的加权平均收益率。如果在证券投资组合中持有彼此负相关的股票，还可以在取得投资组合的加权平均收益率的同时，降低风险（即降低取得加权平均收益率的不确定性程度）。因为当持有彼此负相关的多种股票时，就会出现某些股票价格下跌、股息减少，而另一些股票的价格和股息可能上升的情况，这样此落彼涨就可能使风险相互抵消。

2．系统性风险

系统性风险又称不可分散风险或市场风险，指的是由于某些因素给市场上所有的证券都带来经济损失的可能性。如宏观经济状况的变化、国家税法的变化、国家财政政策和货币政策变化、世界能源状况的改变都会使股票收益发生变动。这些风险影响到所有的证券，因此，不能通过证券组合分散掉。对投资者来说，这种风险是无法消除的，故称不可分散风险。但这种风险对不同的企业也有不同影响。如有些投资项目易受整个经济环境所扰，如一些耐用消费品生产厂家的股票价格就较易受到经济变动的影响。当整个经济不景气时，消费者首先减掉的是昂贵的耐用消费品购买计划，进而影响厂家的生产和利润，使这些企业的股价也随之变动；而日常基本消费品生产的企业，无论经济是否景气，它们的收益均较为稳定，股价变动也要小一些。

因为非系统风险通过适当的证券投资组合方式可以规避，证券组合投资要求补偿的风险只是不可分散风险，所以要对不可分散风险进行度量。

不可分散风险的度量，通常用β系数来计量。β系数有多种计算方法，实际计算过程十分复杂。一些投资服务机构会定期计算并公布β系数，一般不需投资者自己计算。作为整体的证券市场的β系数为1。如果某种股票的风险情况与整个证券市场的风险情况一致，则这种股票的β系数等于1；如果某种股票的β系数大于1，说明其风险大于整个市场的风险；如果某种股票的β系数小于1，说明其风险小于整个市场的风险。

一些标准的β系数如下：

$\beta=0.5$，说明该股票的风险只有整个市场股票风险的一半；

$\beta=1.0$，说明该股票的风险等于整个市场股票风险；

$\beta=2.0$，说明该股票的风险是整个市场股票风险的两倍。

β系数对于投资选择具有一定的指导意义。当有很大把握预测到一个大牛市或大盘某个上涨阶段的到来时，应该选择那些高β系数的证券，它将成倍地放大市场报酬率，为投资者带来高额的收益；相反在一个熊市到来或大盘某个下跌阶段的到来时，应该调整投资结构以抵御市场风险，避免损失，选择那些低β系数的证券。

证券组合的β系数计算：

证券组合的β系数是构成该组合的单只股票的β系数的加权平均。

$$\beta_P = \sum_{j=1}^{n} W_j \beta_j$$

式中：β_P代表组合的β系数；W_j为证券组合中第j种股票所占比重，代表投资于第j种股票的比例；β_j代表第j种股票的β系数。

【例2.17】　投资者持有价值100 000元的证券组合，该组合包含3只股票，3只股票投资额各占比30%、30%、40%，相应的β系数为0.7、1.0、0.5，则该证券组合的β系数为：

$$\beta_P = 30\% \times 0.7 + 30\% \times 1.0 + 40\% \times 0.5 = 0.71$$

（二） 证券投资组合的风险报酬

证券组合投资要求补偿的风险只是不可分散风险，因此，证券组合的风险报酬是投资者因承担不可分散风险而要求的超过时间价值的那一部分额外报酬。可用下列公式计算：

$$R_p = \beta_p \times (K_m - R_f)$$

式中：R_p 为证券组合的风险报酬率；β_p 是证券组合的 β 系数；K_m 是所有股票的平均报酬率，即市场上所有股票组成的证券组合的报酬率，简称市场报酬率；R_f 是无风险报酬率，一般用政府公债的利息率来衡量。

（三） 风险和报酬率的关系

在西方金融学和财务管理学中，有许多模型论述风险和报酬率的关系，其中一个最重要的模型即资本资产定价模型（*CAPM*）。资本资产定价模型是用于确定资产的必要报酬率的模型。它认为，任何资产的报酬率必须等于无风险报酬率加上反映资产不可分散风险的风险补偿。模型为：

$$K_i = R_f + \beta_i (K_m - R_f)$$

式中：K_i 是第 i 种股票或第 i 种证券组合的必要报酬率；R_f 是无风险报酬率；β_i 是第 i 种股票或第 i 种证券组合的 β 系数；K_m 是所有股票或所有债券的平均报酬率。

资本资产定价模型的重要贡献是：它提供了一种与证券组合理论一致的有关个别证券风险的度量。这种模型使我们能够估计单项证券投资的不可分散风险，并把它与充分证券投资组合的不可分散风险相比较。在资本资产定价模型中，个别证券的风险与报酬率之间的关系可以表示为证券市场线（*security market line*，*SML*）。证券市场线是资产定价模型的函数曲线，其函数曲线如图 2.7 所示。

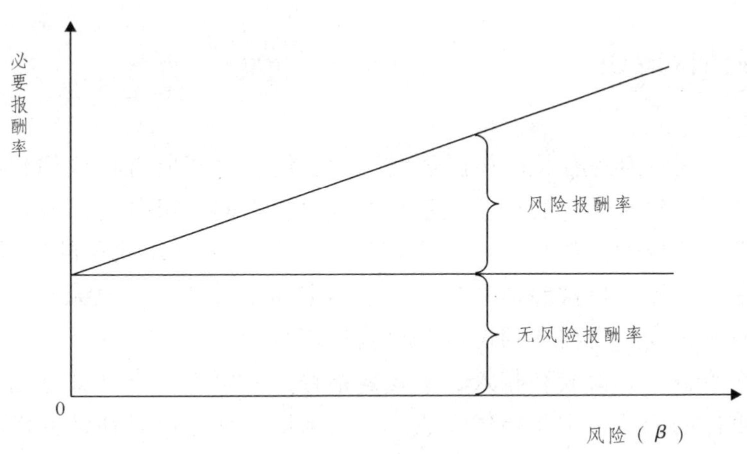

图 2.7 证券市场线（SML）

图 2.7 中体现出来的风险与报酬之间的关系并非一成不变，它会受到诸多因素的影响：

（1）通货膨胀的影响：表现为无风险报酬率 R_f 的变化，使证券市场线水平上下移动。

这样的结果就是对所有的资产的报酬率会发生同样的增加。

（2）风险回避程度的变化：表现为（$K_m - R_f$）的变化。证券市场线反映了投资者回避风险的程度——直线的倾斜越陡，投资者越回避风险。当风险回避增加时，市场风险报酬率（$K_m - R_f$）也增加，证券市场线倾斜越陡。证券市场线的斜率还表示投资者对风险的厌恶程度：直线越是陡峭，投资者风险厌恶程度越高。如果投资者认为风险无关紧要，则所有有风险的资产都将提供无风险资产报酬率。

（3）股票β系数的变化：随着时间推移，不仅证券市场线在变化，β系数也在不断变化，β系数可能会因一个企业资产组合、负债结构等因素的变化而改变。

【例2.18】 国库券的利息率为8%，证券市场股票的平均报酬率为15%。

（1）如果某一投资计划的β系数为1.2，其短期投资的报酬率为16%，问是否应该短期投资？

（2）如果某证券的必要报酬率是16%，则其β系数是多少？

必要报酬率 $=8\%+1.2\times(15\%-8\%)=16.4\%>16\%$

所以不应投资。

$16\%=8\%+\beta\times(15\%-8\%)$

$\beta=1.14$

投资期望报酬变动性越大，投资风险就越大。一项投资的期望报酬与投资风险正相关，项目投资风险越大，其期望报酬越高。但是，从投资组合的角度来说，投资者主要关注证券组合的风险，而不是组合中单个证券的风险。

第三节　财务估价

一、证券估价概述

证券是根据一国政府的有关法律法规发行的，代表财产所有权或债权的一种信用凭证或金融工具。按照证券所体现的权益关系和经济内容不同，可分为债权性证券、权益性证券和混合性证券。债权性证券是一种必须定期支付利息、按期偿还的证券，如公司债券、政府债券和金融债券等。权益性证券是一种既不定期支付利息，也无偿还期的证券，它表示投资者在被投资企业所占权益的份额。在被投资企业盈利的情况下，投资者可按其权益比例分享企业净收益，获得股利收入，主要是指普通股票。混合性证券是兼有股票的特点和债券特点两重性的证券，主要指优先股。一般来讲，证券可以在证券市场上有偿转让。

证券投资是指企业通过购买证券的形式进行的投资，它是企业对外投资的重要组成部分。它具有投资方便、变现能力强等特点。科学地进行证券投资，可以充分地利用企业的闲置资金，增加企业的收益，减少风险，有利于实现企业的财务目标。

投资者选择投资某种证券，就要对所投资的证券进行估价，即估计证券的内在价值。

（一） 内在价值的含义

证券的内在价值不完全等同于其市场价值。市场价值是指一项资产在交易市场上的价格，它是市场上买卖双方进行竞价后产生的双方均能接受的价格。内在价值又称为经济价值，是指用适当的收益率贴现资产预期能产生的未来现金流所得到的现值。这是在给定未来预期现金流的水平、持续的时间和风险等条件下，投资者认为可以接受的合理价值。

如果证券市场是有效率的，那么它的内在价值与市场价值就应该是相等的。当一项资产的内在价值与市场价值不相等时，投资者的套利行为将促使其市场价值向内在价值回归。由于现实中信息不对称以及流动交易者的存在，使证券的市场价值常常偏离于其内在价值。因此，投资者估算出一种证券的内在价值后，可以把它与证券的市场价值进行比较。如果该证券的内在价值高于其市场价值，则该证券的市场价值就被低估了，那么，进行投资对投资者而言就是有利可图的；反之，投资者则不应进行投资。

（二） 证券估价

证券估价的方法有多种，如贴现现金流量法、相对估价法以及期权定价法等。在这些方法中，贴现现金流量方法是最基础的方法，其他的估价方法都是辅助性质的，任何估价方法的根源都是贴现现金流量法。

从贴现现金流量方法的角度看，任何融资证券现在的价值，都是预期它所能够带来的现金流量经过适当的贴现率贴现后的现值之和，也就是股票的内在价值等于其未来期望现金流量的现值之和。因此，证券价值受以下三个因素影响：

（1）未来预期现金流的大小与持续时间；

（2）所有这些现金流的风险；

（3）投资者进行该项投资所要求的回报率或报酬率。

证券估价的基本模型可用如下数学公式表示：

$$V = \sum_{t=1}^{n} \frac{C_t}{(1+k)^t} \qquad (t=1, 2, \cdots, n)$$

式中：V代表证券现值，即内在价值；C_t代表第t期的预期现金流量；K代表贴现率；n代表投资收益期间。

这种方法是资产估价的基本方法。本节所讲的债券估价和股票估价都遵循这一原理和方法，或是在此方法基础上的变形、扩展。

二、债券的估价

债券是发行者为筹集资金，向债权人发行的，在约定时间支付一定比例的利息，并到期偿还本金的一种有价证券。

债券估价具有重要的实际意义，企业运用债券形式从资本市场上筹资，必须要知道它如何定价。对于已经发行在外的上市交易的债券，估价仍然有重要意义，债券的价值代表了债券投资人要求的报酬率。对于经理人员来说，不知道债券如何定价就不知道投资人的要求，也就无法使他们满意。因此，必须要对债券进行分析评价。

债券的价值或债券的内在价值是指债券未来现金流入量的现值，即债券各期利息收入的现值加上债券到期偿还本金的现值之和。只有债券的内在价值大于购买价格时，才值得购买。债券价值是债券投资决策时使用的主要指标之一。现在介绍几个最常见的债券估价模型。

（一）一般情况下的债券估价模型

典型的债券是固定利率、每年计算并支付利息、到期归还本金。在此情况下，按复利方式计算的债券价值的基本模型为：

$$V=F\times i\times (P/A,\ k,\ n)+F\times (P/F,\ k,\ n)$$

式中：V代表债券价值；i代表债券的票面利率；F代表到期的本金；K代表贴现率，一般采用当时的市场利率或投资人要求的最低报酬率；n代表债券到期前的年数。

【例2.19】　某公司拟2010年2月1日购买一张面额为1 000元的债券，其票面利率为8%，每年2月1日计算并支付一次利息，并于5年后的1月31日到期。当时的市场利率为10%，债券的市价是920元，应否购买该债券?

$$V=1\,000\times 8\%\times (P/A,\ 10\%,\ 5)+1\,000\times (P/F,\ 10\%,\ 5)$$
$$=80\times 3.791+1\,000\times 0.621$$
$$=303.28+621$$
$$=924.28\text{（元）}$$

924.28元>920元

由于债券的价值大于市价，如不考虑风险问题，购买此债券是合算的。它可获得大于10%的收益。

（二）一次还本付息且不计算复利的债券估价模型

我国很多债券属于一次还本付息且不计算复利的债券，其估价计算公式为：

$$V=(F+F\times i\times n)\times (P/F,\ k,\ n)$$

【例2.20】　有一5年期国库券，面值1 000元，票面利率12%，单利计息，到期时一次还本付息。假设必要报酬率为10%，其价值为：

$$V=(1\,000\times 12\%\times 5+1\,000)\times (P/F,\ 10\%,\ 5)=993.48\text{（元）}$$

（三）折价发行时债券的估价模型

有些债券以折价方式发行，没有票面利率，到期按面值偿还。其估价模型为：

$$V=F\times (P/F,\ k,\ n)$$

【例 2.21】 某债券面值为 1 000，期限为 5 年，以折现方式发行，期内不计利息，到期按面值偿还，当时市场利率为 8%，其价格为多少时，企业才能购买？

$V = 1\,000 \times (P/F, 8\%, 5) = 1\,000 \times 0.681 = 681$（元）

即债券价格必须低于 681 元时，企业才能购买。

三、股票的估价

股票是一种有价证券，是公司发给股东作为投资入股的凭证和据以取得股息的证明，它代表股东对公司拥有的所有权。购买股票是企业投资的一种重要方式。股票投资的目的主要有两种：一是获利，即作为一般的证券投资，获取股利收入及股票买卖差价；二是控股，即利用购买某一企业的大量股票达到控制该企业的目的。相对于债券投资，股票投资的风险更大。

股票本身并没有价值，它仅是一种凭证。它之所以有价格，可以买卖，是因为它能给持有人带来一定的收益。股票价格由供求关系决定。此外，股票价格还受整个经济环境变化和投资者心理、公司的经营状况等复杂因素的影响。股票的价格可以从证券市场上直接得到。在股票交易过程中，股票价格有开盘价、收盘价、最高价、最低价等概念。投资者进行投资评价时，常以收盘价作为评估标准。一般来说，公司第一次发行股票时，要规定发行总额和每股金额，一旦股票发行后上市买卖，股票价格就与原来的面值分离。这时的价值主要由预期股利和当时的市场利率决定，即股利的资本化价值决定了股票价格。

股票估价的主要方法是计算其内在价值，然后与股票市价比较，视其低于、高于或等于市价，决定买入、卖出或继续持有。股票的内在价值就是股票带给持有者的未来现金流入的现值，即由一系列的未来股利的现值和将来出售股票时售价的现值之和构成。

现介绍几种最常见的股票估价模型。

（一） 股票估价的基本模型

由上述股票估价原理可知：股票的内在价值就是股票持有者所获得的每年预期股利的现值和未来出售股票时售价的现值之和。如果投资者短期持有股票，未来准备出售时，其未来现金流入就是几次股利和出售时的股价。

$$V = \frac{D_1}{(1+R_s)} + \frac{D_2}{(1+R_s)^2} + \cdots + \frac{D_n}{(1+R_s)^n}$$

$$= \sum_{t=1}^{\infty} \frac{D_t}{(1+R_s)^t}$$

式中：V 代表股票的价值；D_t 代表 t 年的股利；R_s 代表贴现率，即必要的报酬率；t 代表年份。

（二） 长期持有零成长股票的估价模型

在未来每年股利稳定不变、投资者持有期间很长的情况下，投资者未来所获得的现金流入是一个永续年金，则股票的估价模型为：

$$V=\frac{D}{R_s}$$

式中：D 为未来每年固定的股利；R_s 为贴现率。

【例 2.22】　每年分配每股股利为 3 元，最低报酬率为 15%，求股票的价值。

$V=3\div15\%=20$（元）

（三）长期持有固定成长股票的估价模型

企业的股利不应当是固定不变的，投资者购入一种股票，至少希望股利支付额应是不断增长的。在无限期持有股票的条件下，如果发行公司预期每年每股股利以一个固定比例增长，这种股票被称为固定成长股票。各公司的成长率不同，但就整个平均来说应等于国民生产总值的成长率，或者说是真实的国民生产总值增长率加通货膨胀率。

假设某公司今年的股利为 D_0，g 为固定股利增长率，则 t 年的股利应为：

$$D_t=D_0\times(1+g)^t$$

将 $D_t=D_0\times(1+g)^t$ 代入股票估价基本模型，可得：

$$V=\sum_{t=1}^{\infty}\frac{D_0(1+g)^t}{(1+R_s)^t}$$

当 g 为常数，并且 $R_s>g$ 时，对上述公式的右边求极限，上式可以简化为：

$$V=\frac{D_0(1+g)}{(R_s-g)}=\frac{D_1}{R_s-g}$$

【例 2.23】　某公司准备投资购买 A 股票，该股票上年每股股利为 3 元，预计以后每年增长率为 5%，该公司要求的报酬率为 15%，求该股票的内在价值。

$$V=\frac{3\times(1+5\%)}{(15\%-5\%)}=31.5\text{（元）}$$

（四）非固定成长股票的价值

在现实生活中，有的公司股利是不固定的。例如，在一段时间里高速成长，在另一段时间里正常固定成长或固定不变。在这种情况下，就要分段计算，才能确定股票的价值。

【例 2.24】　一个投资人持有甲公司的股票，他要求的最低投资报酬率为 15%。预计甲公司未来 3 年股利将高速增长，成长率为 20%。在此以后转为正常增长，增长率为 10%。公司最近支付的每股股利是 3 元。现计算该公司股票的内在价值：

首先，计算非正常增长期（1～3 年）的股利现值：

已知 $D_1=3\times(1+20\%)=3.6$（元）

$D_2=3.6\times1.2=4.32$（元）

$D_3=4.32\times1.2=5.184$（元）

V（1～3 年）$=3.6\times0.870+4.32\times0.756+5.184\times0.658$

$=3.132+3.266+3.411=9.81$（元）

其次，计算正常增长期（从第 3 年以后）到第三年年末的股利现值：

已知，D_3 =5.184（元）为正常增长期的基期 D_0，g =10%。

V正常期 =5.184×（1+10%）/（15%−10%）$(1+15\%)^3$ =75.05（元）

最后，计算股票目前的内在价值：

V =9.81+75.05=84.86（元）

值得注意的是：我们在这里讨论的预期股票价值和报酬率，往往和后来的实际发展有很大差别。因为我们使用的数据都是预计的，预计不可能十分准确。而且影响股市价格的某些因素，如未来的利率变化、整个股市兴衰等，在计算时都被忽略了。但是，并不能因此而否定预测和分析的必要性和有用性。我们是根据股票价值的差别来决策的，预测的误差影响绝对值，往往不影响其优先次序。被忽略的不可预见因素通常影响所有股票，而不是个别股票，对选择决策的正确性往往影响较小。

股票估价模型在实际应用时，面临的主要问题是如何预计未来每年的股利，以及如何确定折现率。股利的多少，取决于每股利润和股利支付率两个因素。对其估计的方法是历史资料的统计分析，如回归分析、时间序列的趋势分析等。股票估价的基本模型要求无限期地预计历年的股利（D_t），实际上不可能做到。因此应用的模型都是各种简化办法，如每年股利相同或固定比率增长等。而贴现率的主要作用则是把所有未来不同时间的现金流入折算为现在的价值。折算现值的比率应当是多少呢？一种方法是根据股票历史上长期的平均收益率来确定。有人计算过，美国普通股票在历史上长期的收益率为 8%~9%。

这种方法的缺陷是：过去的情况未必符合将来的发展；历史上不同时期的收益率高低不同，不好判断哪一个更适用。

另一种方法是参照债券的收益率，加上一定的风险报酬率来确定。还有一种更常见的方法是直接使用市场利率。因为投资者要求的收益率一般不低于市场利率，市场利率是投资于股票的机会成本，所以市场利率可以作为折现率。

【案例分析】

瑞士田纳西镇巨额账单①

如果你突然收到一张事先不知道的 1 260 亿美元的账单。你一定会大吃一惊。而这样的事件却发生在瑞士的田纳西镇的居民身上。纽约布鲁克林法院判决田纳西镇应向美国投资者支付这笔钱。最初，田纳西镇的居民以为这是一件小事，但当他们收到账单时被这巨额的账单惊呆了。他们的律师指出，若高级法院支持这一判决，为偿还债务，所有田纳西镇的居民在其余生中不得不靠吃麦当劳等廉价快餐度日。

田纳西镇的问题源于 1986 年的一笔存款。斯兰黑不动产公司在内部交换银行（田纳西镇的一个银行）存入一笔 6 亿美元的存款。存款协议要求银行按每周 1% 的利率（复利）付息（难怪该银行第 2 年破产）。1994 年，纽约布鲁克林法院作出判决：从存款日到田纳西镇对该银行进行清算的约 7 年中，这笔存款应按每周 1% 的复利计息，而在银行清算后的 21 年中，每年按 8.54% 的复利计息。

① 王化成：《财务管理教学案例》，中国人民大学出版社 2001 年版。

思考:

(1) 请用你学的知识说明1 260亿美元是如何计算出来的?

(2) 如利率为每周1%,按复利计算,6亿美元增加到12亿美元需多长时间?增加到1 000美元需多长时间?

(3) 本案例对你有何启示?

【本章小结】

资金时间价值是指一定量货币在不同时点上的价值量的差额,即货币经过一定时间的投资和再投资所增加的价值。资金时间价值的实质上是在生产经营过程中产生的,来源于劳动者在生产过程中创造的新价值。资金的时间价值既可以用绝对数表示,也可以用相对数表示,但通常用相对数表示。

资金时间价值在财务活动中有着非常重要的作用。它是评价投资、筹资、收益分配决策方案的基本依据;是衡量企业经济效益,考核经营成果的重要依据。

资金时间价值的计算方法包括单利终值、单利现值、复利终值、复利现值的计算,以及四类年金的现值和终值的计算。

风险是指在一定条件下和一定时期内可能发生的各种结果的变动程度。风险具有客观性、时间性、相对性。风险不仅能带来超出预期的损失,而且还可能带来超出预期的收益。

从个别投资主体的角度看,风险分为市场风险和公司特有风险两类。

风险价值就是投资者因冒风险而从事投资活动所获得的超过时间价值以上的额外报酬,一般用风险报酬额和风险报酬率来表示。

论述风险和报酬率的关系最重要的模型即资本资产定价模型(CAPM)。资本资产定价模型是用于确定资产的必要报酬率的模型。它认为,任何资产的报酬率必须等于无风险报酬率加上反映资产不可分散风险的风险补偿。

债券是发行者为筹集资金,向债权人发行的,在约定时间支付一定比例的利息,并到期偿还本金的一种有价证券。

债券的价值或债券的内在价值是指债券未来现金流入量的现值,即债券各期利息收入的现值加上债券到期偿还本金的现值之和。

股票是一种有价证券,是公司发给股东作为投资入股的凭证和据以取得股息的证明,它代表股东对公司拥有的所有权。股票的内在价值就是股票带给持有者的未来现金流入的现值,即由一系列的未来股利的现值和将来出售股票时售价的现值之和构成。

【思考与讨论】

1. 如何理解资金时间价值的本质?
2. 资金时间价值的计算在现实经济决策中有何作用?
3. 如何理解风险与报酬的关系?
4. 风险衡量的一般方法有哪些?
5. 如何计算风险报酬?
6. 企业在财务管理活动中应当正确处理哪些财务关系?

7. 如何估计债券、股票的内在价值？

【课外作业】

一、单项选择题

1. 资金时间价值是在（　　）产生的。

A. 等待消费中　B. 生产经营中　C. 储存中　D. 交易中

2. 资金时间价值取决于（　　）。

A. 存贷款利率　B. 债券利率　C. 社会平均资金利润率　D. 股息率

3. 每年年底存款10 000元，求第五年年末的价值总额，应用（　　）。

A. 复利终值系数　B. 复利现值系数　C. 年金终值系数　D. 年金现值系数

4. A方案在5年中每年年初付款100元，B方案在5年中每年年末付款100元，若利率为10%，两者在第5年年末时的终值相差（　　）。

5. 能够比较期望报酬率不相同的各项投资的风险程度的指标为（　　）。

A. 标准离差　B. 标准离差率　C. 风险报酬系数　D. 期望报酬率

6. 投资组合（　　）。

A. 能分散所有风险　B. 能分散系统性风险

C. 能分散非系统性风险　D. 不能分散风险

7. 一般而言，下列证券的风险程度由小到大的程序是（　　）。

A. 政府债券、公司债券、金融债券　B. 金融债券、政府债券、公司债券

C. 公司债券、政府债券、金融债券　D. 政府债券、金融债券、公司债券

8. 现行国库券收益率为7%，A公司股票的β系数为2，固定成长率为5%，去年支付1.8元现金股利，经测算该股票的价值为18.9元，则平均风险股票的必要报酬率为（　　）。

A. 12.525%　B. 11%　C. 10.76%

9. 当投资期望收益率等于无风险投资收益时，β系数应为（　　）。

A. 大于1　B. 小于1　C. 等于1　D. 0

10. 一张面值为100元的普通股股票，今年分得股利5元，已知该股票的投资报酬率为12%，股利的年成长率为8%。则该股票的市价应为（　　）。

A. 135元　B. 125元　C. 100元　D. 115元

二、多项选择题

1. 对于资金的时间价值来说，下列表述正确的是（　　）。

A. 资金的时间价值不可能由时间创造，而只能由劳动创造

B. 只有把货币作为资金投入生产经营中才能产生时间价值，即时间价值是在生产经营中产生的

C. 时间价值的相对数是扣除风险报酬和通货膨胀贴水后的平均资金利润率或平均报酬率

D. 时间价值的绝对数是资金在生产经营过程中带来的真实增值额

2. 通过查时间价值表可以直接得到的价值系数有（　　）。

A. 复利终值系数　B. 普通年金现值系数　C. 预付年金现值系数

D. 后付年金终值系数　E. 延期年金现值系数

3. 设利率为 i，计息期数为 n，则复利终值的计算公式为（　　）。

A. $F=P\ (1+i)^n$

B. $F=P\times\frac{1}{(1+i)^n}$

C. $F=P\times\ (F/A\cdot i\cdot n)$

D. $F=F\times\ (P/A\cdot i\cdot n)$

4. 设年金为A，利息率为i，计息期为n，则预付年金终值的计算公式为（　　）。

A. $F=A\cdot\ (F/A,\ i,\ n+1)\ -A$

B. $F=A\cdot\ (F/A,\ i,\ n)\ -A$

C. $F=A\cdot\ (F/A,\ i,\ n)\ \cdot\ (1+i)^n$

D. $F=A\cdot\ (P/A,\ i,\ n)\ \cdot\ (1+i)$

5. 关于风险报酬，下列表述中正确的有（　　）。

A. 风险报酬有风险报酬额和风险报酬率两种表示方法

B. 风险越大，获得的风险报酬应该越高

C. 风险报酬额是指投资者因冒风险进行投资所获得的超过时间价值的那部分额外报酬

D. 风险报酬率是风险报酬与原投资额的比率

E. 在财务管理中，风险报酬通常用相对数即风险报酬率来加以计量

6. 关于个别股票的或股票组合的 β 系数，下列说法正确的是（　　）。

A. 个别股票的 β 系数反映个别股票相对于平均风险股票的变异程度

B. 股票组合的 β 系数反映股票投资组合相对于平均风险股票的变异程度

C. 股票组合的 β 系数是构成组合的个别股票贝他系数的加权平均数

D. 个别股票的 β 系数衡量个别股票的系统风险

7. 按照资本资产定价模型，影响特定股票预期收益率的因素有（　　）。

A. 无风险报酬率

B. 平均风险股票的必要报酬率

C. 特定股票的 β 系数

D. 经营杠杆系数

E. 财务杠杆系数

8. 由影响所有公司的因素引起的风险，可以称为（　　）。

A. 可分散风险　　B. 市场风险　　C. 不可分散风险　　D. 系统风险

9. β 系数是衡量风险大小的指标，下列表述正确的有（　　）。

A. β 系数越大，表明风险越大

B. 如果某股票的 $\beta=0$，说明此股票市场风险为零

C. 如果某股票的 $\beta>1$，说明其风险大于市场平均风险

D. 如果某股票的 $\beta=1$，说明其风险等于市场平均风险

10. 一般而言，进行证券投资组合的目的是（　　）。

A. 降低投资风险

B. 获得超额收益

C. 在保持特定收益水平的条件下把总风险减少到最低限度

D. 将风险限制在愿意承担的特定水平下并尽可能使收益最大化

三、判断题

1. 时间价值原理不能揭示不同时点上资金之间的换算关系，因此不能作为财务决策的基本依据。（　　）

2. 货币的时间价值是由时间创造的，因此，所有的货币都有时间价值。（　　）

3. 银行存款利率、贷款利率、各种债券利率、股票的股利率都可以看作时间价值率，但它们与时间价值又是有所区别的。 (　　)

4. 标准离差是反映随机变量离散程度的一个指标，是一个相对值，它可以用来比较期望报酬率不相同的各项投资的风险程度。 (　　)

5. 无风险报酬率就是加上通货膨胀贴水以后的货币时间价值，西方企业一般把投资于国库券的报酬率视为无风险报酬率。 (　　)

四、计算题

1. 某人将现金50 000元一次存入银行，存期5年，年利率为8%，按复利计算。

要求：计算5年后的本利和。

2. 某人3年后需用现金50 000元，在银行存款利率为10%的情况下，要求：运用复利法求出此人现在应一次存入多少现金?

3. 某公司于2005年购买了一张面额1 000元的债券，其票面利率为8%，每年5月1日付息，5年后的4月31日到期。试计算在市场利率6%、8%、10%三种情况下债券的价值。若当前该债券的发行价格为1 050元，计算该债券的到期收益率。(近似公式)

4. ABC公司去年支付的股利每股2元，一位投资者预计公司股利将按5%的固定比率成长。该股票的风险系数为1.5，市场无风险利率为8%，平均报酬率为14%。

要求：(1) 计算投资者投资于该股票的必要报酬率。

(2) 股票的市场价格为多少时该投资者才会购买?

第三章 融资管理

【学习目标】 本章的核心是了解融资管理的基本原理；理解融资渠道和融资方式，融资管理灵活性的基本内涵；掌握资金预测的基本方法。

【引入案例】

美国老太太和中国老太太①

有一位美国老太太和一位中国老太太，她们年轻的时候都希望自己有朝一日可以拥有一套房子。

为了买房子，美国老太太在自己大学一毕业时，就迫不及待地向银行贷款。虽然是贷款买的房子，但总算实现了她的梦想。

在以后的日子里，美国老太太要逐月用一部分薪水偿还银行贷款。但因为拥有了房子，生活也没有太大压力，日子也过得优哉游哉。到她 60 岁的那一天，她还清了贷款，同时也享受了生活。

而这位中国老太太，日子就不好过了。为了实现她的梦想，她压力特别大。她努力工作，打算赚够了买房子的钱再去买。她把工资的一部分存入银行，剩下的一点钱仅仅可以维持生计。

自力更生，艰苦奋斗，中国老太太终于实现了她的梦想，买上了一套房子。但是她没能好好地享受生活，因为她是在60 岁的那一天，才赚够了买房子的钱。

点 评 美国老太太年轻时就实现了拥有房子的目标，而中国老太太没有贷款消费的意识，直到晚年才实现目标。对企业来说，扩大经营规模，依靠自身的慢慢积累，时间过长，也许等到攒够钱的那一天，商机已不在了。此时，如果适度利用贷款，可以迅速扩大生产规模，抓住机会，实现企业价值的最大化。所以，在生产经营中，企业适度、合理的负债经营是明智选择。

第一节 融资管理概述

融资是指企业根据其生产经营、对外投资和调整资金结构等需要，通过融资渠道和金融

① 中世：《让狗吐出骨头——一分钟财务管理故事》，西苑出版社 2005 年版。

市场，采取适当的融资方式，获取所需资金的一种行为。任何企业要进行生产经营活动，都必须首先筹集到一定数量的资金，才能开始营运。即使在生产经营过程中，由于季节性和临时性等原因，以及扩大再生产的需要，也同样需要融资。融资是企业资本运动的起点，一个企业能否筹集和融通资金，并使资金的使用具有稳定性，直接影响该企业的生存和发展。融资活动是企业的一项基本财务活动，融资管理是企业财务管理的主要内容之一。

一、融资管理的主要内容

（一） 明确具体的财务目标

以实现企业价值最大化为最终目标，企业在具体经营管理过程中必须确定具体的财务目标，这样才能对有效实施财务的融资管理职能具有直接指导作用。融资及其管理过程要服从财务管理的总目标，即提高企业的市场价值。在筹资过程中所体现的财务目标，就是以较低的筹资成本和较小筹资风险获取较多的资金。

（二） 科学预测企业的资金需求量

企业再生产过程的实现是以资金的正常周转为前提的。如果资金不足，则会影响生产经营活动正常、有序地进行；如果资金过剩，则会影响资金的使用效果，造成资金的浪费。为此，筹集资金必须保证企业正常周转的资金需要。

在企业进行资金预测过程中，必须掌握正确的预测数据，采用正确的预测方法，如果预测失误，则可能加大财务风险，进而导致企业经营和投资失败。

（三） 选择合适的融资渠道和方式

企业融资渠道有多种，具体取得资金的方式有很多，但不论通过什么渠道，采用什么方式筹资，都要付出一定的代价，我们称其为资金成本。企业从不同渠道、采取不同方式获取的资金，其成本是不同的，如果资金成本太高，不仅会影响融资和投资效益，甚至还会使企业出现亏损。因此，在筹集资金时必须对各个渠道、各种筹资方式进行选择比较，选出最佳的资金来源结构，以降低资金成本。

（四） 确保资金结构的合理性

融资结构是指各种资金来源占全部资金来源的比重以及各类资金来源之间的比例关系，如债务资本和权益资本的比例，长期资金来源与短期资金来源的比例等。融资风险是指融资中各种不确定因素给企业带来损失的可能性，表现为利率变动风险、无力偿付债务风险等。但是，在市场经济条件下，企业从不同来源、用不同方式筹集的资金的使用时间、筹资条件、筹资成本各不相同，给企业带来的风险大小并不相同，企业在将不同的融资渠道和方式进行组合时，必须充分考虑企业实际的经营和市场竞争力，适度负债，追求最佳的资本结构。

二、资金的筹集原则、融资渠道与融资方式

（一） 资金的筹集原则

融资的宗旨是满足企业对资金的需求，最终保证企业价值最大化目标的实现。因此，企业融资时应遵循以下基本原则：

1. 合理确定资金的需用量，控制资金投放时间

合理确定资金的需求量是企业融资活动的依据和前提。资金不足会影响企业的正常生产经营和发展，但资金过剩也会影响资金的使用效益。在审核资金需求量时，不仅要注意产品的生产规模，而且还要注意产品的市场需求情况，防止盲目生产，造成资金积压。同时，要掌握全年资金的总投入量，并测定不同月份的资金投入量，以便合理安排资金的投放和回收，使筹资与用资在时间上尽量相衔接，减少资金占用，加速资金周转。

2. 认真选择资金来源和融资方式，降低资金成本

企业融资的渠道和方式均有不同的形式。在资金的所有权与使用权相分离的条件下，无论采用何种渠道和方式筹资都要付出一定的代价，即资金成本。不同的资金来源和筹资方式，资金成本各不相同，而且取得资金的难易程度也不一样。在其他条件基本相同的前提下，资金成本的高低是选择融资方式和各种融资组合方案的主要标准。企业必须综合考察影响资金成本的各种因素，综合研究各种资金的构成，求得资金的最优组合，降低资金成本。

3. 合理安排资金结构，努力控制财务风险

企业应当适度负债经营，负债经营必须注意以下问题：①要保证投资利润率高于资金成本。②负债规模要与企业偿债能力相适应。负债过多会发生较大的财务风险，甚至丧失偿债能力而面临破产。③要尽量保持资金结构的稳定合理，保持对企业的控制权。企业不但要利用负债经营提高收益水平，还要维护企业的信誉，减少财务风险。

上述基本原则相互联系又相互制约，在企业进行融资时要综合考虑各原则，并予以平衡，力求找出适合企业的最佳融资方案。

（二） 融资渠道与融资方式

融资渠道是指筹集资金的来源和通道，体现着所筹集资金的源泉和性质。融资方式是指企业取得资金的具体形式。两者既有联系又有区别。同一来源的资金往往可以采用不同的融资方式取得，而同一融资方式又可以从不同的融资渠道获得资金。因此，要合理确定资金来源的结构就必须分析两者的特点，并合理地加以应用。企业资金周转畅通，企业才能充满活

力。资金是企业生产经营的必备条件，所以融资在企业财务管理中显得尤为重要。企业融资有多种渠道和方法，融资时应根据企业实际情况，结合企业实际需求来有效地筹措资金。

1．融资渠道

企业的融资渠道一般有以下七种：

（1）国家财政资金。

国家财政资金历来是我国国有企业资金来源的主要渠道。这一融资渠道适用于国有企业，并且具有较强的政策性。国有企业通过国家财政资金筹集资本，必须符合国家的有关经济政策，并纳入财政预算中。政府以财政资金对国有企业进行投资，主要形成国有企业的股权资本，这对提高国有企业的资信度和生产经营能力具有重要的意义。随着我国经济体制改革的深入，除了国家重点扶持的一些大中型国有企业和重点项目投资外，国家财政资金在企业自有资金中的比例逐步减少。

（2）银行信贷资金。

银行信贷资金目前是我国企业负债资金的主要来源，银行资本力量雄厚，其贷款方式灵活多样，限制相对较少，是企业生产经营和发展所需长、短期资金的主要融资渠道。银行一般分为商业性银行和政策性银行。商业性银行可以为企业提供各种商业性贷款。政策性行主要为特定的企业提供政策性贷款。政策性贷款的利率要比商业性贷款的利率低。

（3）非银行金融机构资金。

非银行金融机构是指除了银行以外的各种金融机构以及金融中介机构。在我国，非银行金融机构主要有信托投资公司、保险公司、租赁公司、证券公司、各种基金公司、企业所属的财务公司。非银行金融机构所提供的金融服务比银行更为广泛，既包括信贷资金的投放，也包括物资的融通，还可以为企业提供承销证券等金融服务。目前，非银行金融机构的资本力量虽然比银行要小，但它们涉及的领域比较广泛，具有广阔的发展前景。

（4）其他法人资金。

其他法人资金是指除了银行、非银行金融机构以外的企业法人、事业法人或团体法人的资本。这些法人组织在从事各自的业务活动中，可能会形成部分闲置资本，这些闲置资金在企业间可相互融通。在商品交易中可形成由于延期付款、预收货款或延期交货而形成一种借贷关系，是企业之间的一种直接信用行为，是企业短期资金的重要来源之一。

（5）民间资金。

民间资金是指企业职工和城乡居民的节余货币未转化为银行储蓄的社会“游离”资金。随着我国社会经济的发展，广大城乡居民的收入日益提高，这就形成了数额庞大的民间资金。金融市场的发展给这些民间资金提供了更多的投资机会，同时也为企业融资开辟了新的融资渠道，为企业融资提供了更大的选择空间。

（6）企业内部积累资金。

企业内部积累资金是指企业通过提取盈余公积金和保留未分配利润而形成的资金。根据国家有关法律法规的规定，企业必须从利润中提取一定比例的公积金，这就形成了企业的盈余公积金，它主要用于企业扩大生产经营规模。此外，在企业存在良好的投资机会的情况下，经过股东大会的审议批准，还可以保留一定比例的未分配利润，用于扩大投资规模。这是企业能保持持续增长能力的一种良好资金来源，一些发达国家的企业使用内部积累资金的比例相当高，形成了良好的资金周转循环。内部积累资金的大小取决于企业盈利能力和企业利润分配政策。

（7）境外资金。

境外资金主要是指外国投资者以及我国港、澳、台投资者投入的资金。我国改革开放后，通过贷款，发行股票、债券，租赁，合资、合作经营，出口信贷等方式的综合利用，企业从国外及港澳台金融机构、企业及社会公众那里获得大量资金，融资渠道日益扩大。

2. 融资方式

企业要从资本来源渠道取得资本，必须通过一定的融资方式。企业的融资方式主要有以下九种：

（1）吸收直接投资。

吸收直接投资是指企业以协议等形式吸收政府、法人、自然人等直接投入的资本，它是形成企业自有资本的一种筹资方式。吸收直接投资既可以吸收现金投资，也可以吸收非现金投资。投入资本筹资方式不以股票为媒介，适用于非股份制企业，是非股份制企业取得权益资本的基本方式。

（2）发行股票。

发行股票是股份公司取得自有资本的基本方式。通过发行股票筹集的资本，与吸收直接投资一样，也属企业自有资本。发行股票融资要以股票为媒介，仅适用于股份公司，是股份公司取得权益资本的基本方式。

（3）发行债券。

债券是债务人为筹集借入资金而发行的，约定在一定期限内向债权人还本付息的有价证券。发行债券是指企业按照债券发行协议通过发售债券直接融资，形成企业债务资金的一种筹资方式。在我国，并非所有企业都可发行债券。股份有限公司、国有独资公司等可以依法发行公司债券，获得大额债务资金。

（4）金融机构借款。

金融机构是企业负债融资的主要来源，是企业根据借款合同向银行以及其他金融机构借入的款项，是适用范围相当广泛的筹资方式。

（5）商业信用。

商业信用是指商品交易中以延期付款或预收货款进行购销活动而形成的借贷关系。它形成于商品交易过程，是企业的一种“自然性”融资。商业信用是企业间的直接信用行为，必须以商品交易为基础。作为企业筹资方式的商业信用的主要形式有：应付账款、应付票据和预收账款。

（6）发行短期融资券。

在西方，短期融资券又称为商业本票，是企业筹集短期资金而发行的短期期票，发行短期融资券是企业筹集短期借入资金的一种方式。

（7）租赁。

租赁是出租人以收取租金为条件，在契约或合同规定的期限内，将资产出让给承租人使用的一种经济行为。租赁按其性质分为经营租赁和融资租赁。其中，融资租赁是企业筹集长期资本的一种有效方式，因其限制较少而成为各类企业，特别是中小型企业筹资的重要方式。

（8）联营。

联营是指企业之间根据平等互利的原则，通过协商一致，共同采取某种经营方式的联合经营。企业间通过联营，可以集中多方面的资金，发挥多方面的优势，增加企业竞争力。联营也是企业为扩大生产经营而筹集资金的一种重要方式。

（9）企业内部积累。

企业内部积累利用企业积累的留存收益，包括公积金和未分配利润转为企业的经营资金，它是企业取得内部自有资金来源的重要方式。通过这种方式筹集资金，不仅有利于满足扩大生产经营规模的资金需求，还能减少财务风险。

第二节　企业资金需求量预测

任何一个企业，为了保证生产经营的正常进行，必须具有一定数量的资金。这些资金一部分来源于企业内部留存收益，另一部分通过外部融资取得。无论是内部融资还是外部融资，企业都必须知道自己在什么时间需要多少资金，以提前安排融资计划。企业在筹资之前，应当采用一定的方法预测资金需求数量，只有这样才能使筹集来的资金既能保证满足生产经营的需要，又不会有太多的闲置。常用的资金需求量预测方法有定性预测法、销售百分比法和资金习性预测法。

一、定性预测法

定性预测法是一种较为传统的预测方法，广泛应用于企业管理的各个方面的决策。具体是指利用直观的资料，依靠个人的经验和主观分析、判断能力，预测未来资金需求量的方法。

其预测过程是：首先由熟悉财务情况和生产经营情况的专家，根据过去所积累的经验进行分析判断，提出预测的初步意见。然后通过召开座谈会或发出各种表格等形式，对上述预测的初步意见进行修正补充。这样经过一次或几次修正补充以后，得出预测的最终结果。

这种方法一般是在企业缺乏完备、准确的历史资料的情况下采用的，预测时间短，费用比较低，简便可行，实用性较强。但缺乏详细的分析和严格的计算，缺乏客观依据，准确性受到预测者个人能力的影响，并且不能揭示资金需求量与有关因素之间的数量变动关系，因此，预测的准确性较差。

相比而言，定量预测法应用更广，同时也是企业预测资金需求量分析的一种重要的方法。定量预测法是根据企业资金需求量与各有关因素之间的依存关系来预测企业未来一定时期的资金需求量总额，企业在掌握一定历史资料的前提下方可采用这种方法。

二、销售百分比法

销售百分比法是根据销售收入与资产负债表和利润表项目之间的比例关系预测资金需求量的方法。

一般来说，销售增加时，资产类项目总额会相应增加，如流动资产会增加，因为较多的销售要占用较多的存货、发生较多的应收账款。例如，某企业为每年销售 100 元货物，需有 20 元存货，即存货与销售额的百分比是 20%。若销售增至 200 元，那么该企业需有 40 元存货。如果销售增加过多，超过企业设计的生产能力，还需要增加固定资产。

同时应付账款和应付费用等负债类也会随着销售的增加而自动增加，这样可以弥补一部分因资产增加而引起的资金需求。如果公司有净利润且不全部分配，留存收益可以满足或部分满足企业资金的需要，这部分资金的多少，取决于企业净利润的多少和股利支付率的高低。如果自动增加的负债与留存收益不能满足资金需要，则应向企业外部融资。

运用此方法，一般需借助于预计利润表和预计资产负债表，通过预计利润表预测企业留用利润这种内部资金来源的增加额；通过预计资产负债表预测企业资金需求量总额和外部筹资的增加额。

应用销售百分比法预测资金需求量是建立在以下假定基础之上的：企业的部分资产和负债与销售额同比例变化；企业各项资产、负债和所有者权益结构已达到最优。

下面以 A 公司预测 2015 年资金需求量为例，具体说明销售百分比法的应用。

【例 3.1】 A 公司 2014 年的销售收入为 5 亿元，公司的固定资产得到了充分的利用，资本结构已达到最优，销售利润率 4%，股利分配率 40%。若 A 公司预计 2015 年的销售收入增加到 7．5 亿元，预测该公司需要追加的外部资金额。

2014 年 12 月 31 日的资产负债表和利润表如表 3.1 所示。

表 3.1　A 公司资产负债表和利润表

2014 年 12 月 30 日　　　　单位：万元

资产负债表			
现金	1 000	应收账款	4 000
应收账款	8 500	应付票据	1 000
存货	10 000	应付费用	2 500
流动资产总额	19 500	流动负债总额	7 500
固定资产净值	15 000	长期负债	7 200
		普通股股本	15 000
		保留盈余	4 800
资产总计	34 500	负债与权益总计	34 500
利润表概要			
销售收入	50 000		
税后净收益	2 000		
红利	800		

1. 计算资产负债表中敏感项目分别占销售收入的百分比

敏感项目是指随产品销售收入变动而变动的项目。其中敏感资产一般包括：现金、应收账款、存货和固定资产净值；敏感负债一般包括：应付账款和应付费用。长期负债、短期借款、股权资本均不属于敏感项目。

$$敏感项目百分比=\frac{基期敏感性资产或负债}{基期销售收入}$$

A 公司销售百分比见表 3.2。

表 3.2 A 公司销售百分比

单位：%

资产	销售百分比	负债与所有者权益	销售百分比
现金	2.0	应收账款	8.0
应收账款	17.0	应付费用	5.0
存货	20.0		
总流动资产	39.0		
固定资产净值	30.0		
合计	69.0	合计	13.0
应筹集资金占销售收入的百分比 =69% −13% =56%			

2. 计算敏感项目的增量

敏感资产项目增量 = 销售收入增加额 × 基期敏感资产项目占基期销售收入百分比

=2.5 ×69% =1.725（亿元）

敏感负债项目增量 = 销售收入增加额 × 基期敏感负债项目占基期销售收入百分比

=2.5 ×13% =0.325（亿元）

3. 确定资金需求总量

资金需求总量 = 敏感资产项目增量 − 敏感负债项目增量

=1.725 −0.325

=1.4（亿元）

4. 确定外部融资的需要量

内部留存收益 = 预计销售收入 × 销售净利率 ×（1 − 股利分配率）

外部融资数量 = 资金需求总量 − 内部留存收益

=1.4 −7.5 ×4% ×（1 −40%）

=1.4 −0.18

=1.22（亿元）

销售百分比法的优点：是能为企业提供短期预计的财务报表，以适应进行外部融资的需要。但是它是以预测年度敏感项目与销售收入的比例及非敏感项目与基年保持不变为前提的，如果有关比例发生了变化，那么据以进行预测就会对企业产生不利的影响。

三、资金习性预测法

资金习性预测法是指根据资金习性预测未来资金需求量的方法。所谓资金习性，是指资金的变动与产销量变动之间的依存关系。按照资金与产销量之间的依存关系，可以把资金区分为不变资金、变动资金和半变动资金。

不变资金是指在一定的产销量范围内，不受产销量变动的影响而保持固定不变的那部分资金。也就是说，产销量在一定范围内变动，这部分资金保持不变。这部分资金包括：为维持营业而占用的最低数额的现金，原材料的保险储备，必要的成品储备，以及厂房、机器设备等固定资产占用的资金。

变动资金是指随产销量的变动而同比例变动的那部分资金。它一般包括直接构成产品实体的原材料、外购件等占用的资金。另外，在最低储备以外的现金、存货、应收账款等也具有变动资金的性质。

半变动资金是指虽然受产销量变化的影响，但不成同比例变动的资金，如一些辅助材料所占用的资金。半变动资金可采用一定的方法划分为不变资金和变动资金两部分。

资金习性预测法是在进行资金习性分析的基础上，将企业的总资金划分为变动资金和不变资金两部分。根据资金与产销量的数量关系来建立数学模型，再根据历史资料预测资金需求量。资金习性预测法通常有两种形式：一种是采用先分项后汇总的方式预测资金需求量，叫高低点法；另一种是根据资金占用总额同产销量的关系来预测资金需求量，如线性回归分析法。

预测的基本模型为：

$$y = a + bx$$

式中：y 代表资金需求量；α 代表不变资金；b 代表单位产销量所需要的变动资金；x 代表产销量。

1. 回归分析法

回归分析法是用回归直线方程确定模型参数并据以计算计划期资金需求量的预测方法。该方法根据企业的历史资料，运用最小二乘法求出直线方程的系数 a 和 b，其公式如下：

$$\begin{cases} \sum y = na + b\sum x \\ \sum xy = a\sum x + b\sum x^2 \end{cases}$$

然后，根据预计销售量和直线方程预测计划期所需的资金。

【例 3.2】　某企业产销量和资金变化情况如表 3.3 所示。

表 3.3　历史销售量和历史资金需求量情况

年度	销售量（x）（万件）	资金需求量（y）（万元）
2011	6	500
2012	5.5	475

续表 3.3

年度	销售量（x）（万件）	资金需求量（y）（万元）
2013	5	450
2014	6.5	520
2015	7	550

若2016年预计销售量为7.8万件，试预测2016年的资金需求量。

先利用销售量（x）与资金需要量（y）的历史资料，求得 $\sum x$、$\sum y$、$\sum xy$、$\sum x^2$。用回归直线方程确定的相关参数如表3.4所示。

表3.4　用回归直线方程确定的相关参数

年度	销售量（x）（万件）	资金需求量（y）（万元）	xy	x^2
2011	6	500	3 000	36
2012	5.5	475	2 612.5	30.25
2013	5	450	2 250	25
2014	6.5	520	3 380	42.25
2015	7	550	3 850	49
$n=5$	$\sum x = 30$	$\sum y = 2495$	$\sum xy = 15092.5$	$\sum x^2 = 182.5$

将表3.4中的相关数据代入方程：

$$\begin{cases} 2\ 495 = 5a + 30b \\ 15\ 092.5 = 30a + 182.5b \end{cases}$$

求得：

$$\begin{cases} a = 2\ 050\ 000 \\ b = 49 \end{cases}$$

将 $a = 2\ 050\ 000$、$b = 49$ 代入 $y = a + bx$，得：

$$y = 205\ 000 + 49x$$

2016年度预计的7.8万件销售量代入上式，得：

2016年度预计的融资额 $y = 205\ 000 + 49 \times 78\ 000 = 587.2$（万元）

用线性回归分析法预测融资量时，须注意：

（1）融资量与销售量之间的线性关系应符合实际情况，否则会对融资成本、销售、投资效益和资产价值等产生不利影响。

（2）历史数据要可靠。

（3）应考虑价格变化等因素对销售量、资金需求量的影响。因为，如果不考虑这些变化因素，理论上的融资量、资金需求量则会脱离实际上的融资量和资金需求量。

2. 高低点法

高低点法是指根据企业一定期间资金占用的历史资料，按照资金习性原理和 $y = a + bx$

直线模型，选用最高收入期和最低收入期的资金占用量之差，同这两个收入期的销售收入之差进行对比，先求出 b 的值，然后再代入原直线方程，求出 a 值，从而估计推测资金发展趋势的一种方法。其计算公式如下：

b=（最高收入期资金占用量－最低收入期资金占用量）/（最高销售收入－最低销售收入）

a=最高收入期资金占用量－b×最高销售收入

【例3.3】　某企业过去5个月的现金占用量及销售额的历史数据如表3.5所示。

表3.5　现金占用与销售额变化情况　　单位：万元

月　份	销售量（x）	现金占用额（y）
1	400	22
2	480	26
3	520	28
4	560	30
5	600	32

根据以上资料计算如下：

b=（32－22）/（600－400）=0.05（万元）

a=32－0.05×600=2（万元）

其他资金占用和来源项目也可根据历史资料做类似的划分然后进行汇总。现假设汇总后的预测模型为：

$y=60+0.3x$

如果6月份的预计销售额为700万元，则：

6月份的资金需要量=60+0.3×700=270（万元）

这种方法简便易行，在企业资金变动趋势比较稳定的情况下，较为适宜。

【案例分析】

韩国浦项制铁公司的融资战略①

成立于1968年4月的韩国浦项制铁公司，在其30多年的奋斗过程中，凭借其资金的统筹兼顾与灵活运营，发展成为世界第二大钢铁生产企业。

浦项制铁公司1994年在纽约证券交易所上市，接着又于次年在伦敦证券交易所上市，现在外资股东达60%以上，被认为是韩国最具代表性的绩优公司。

浦项制铁公司2001年条钢产量达2 680万吨，超过2000年位居世界首位的日本新日本钢铁公司而跃居世界第一位。尽管遭遇了被世界钢铁业界称为“死亡之谷”的价格暴跌的艰难，净利润仍达8 190亿韩元（1美元约合1 300韩元），创造了世界钢铁史上最好的经营业绩。

浦项制铁公司刚组建时，160万股未偿还的普通股中政府占90万股，政府控制的韩国钨矿公司占70万股，没有私人股。1972年，政府股有一部分转到工业银行，公司核定的资本

① 丁志可：《公司财务管理》，经济管理出版社2004年版。

中有 7 500 万股普通股份。其中，发行并售出的有 4 480 万股。1973 年以后政府又多次把股份转给汉城银行等几家商业银行。到 1988 年，政府控制的 62.3% 股份中的 27.3% 出售给了公众，政府股仅保留 35%，韩国四家商业银行和韩国钨矿有股份 27.2%，其余为浦项公司员工股。采取股份的形式对政府而言并未获得控制权，同时也使企业获得了相应的经营管理权，使国家、企业、股东、公众共同关心企业的发展。

浦项以股份公司的形式进行经营，使工程建设的资金来源得到了保证。通过股权筹资的形式既可吸引外资，又能起到优化投资环境的作用，使资金快速到位，在预定期限内滚动生值。韩国由于其股票市场不允许外国投资者直接进入，因此建立了“国家基金”，并以这种基金的形式在发达国家的证券市场发行并上市，所筹资金投资于本国的证券市场。这样，既成功利用了外资，又在外国不能直接进入本国证券市场的前提下发展了证券市场。

大型钢铁企业需要大量的资金投入，而浦项公司在建设初期却遇到了资金严重不足的问题。后来，虽然启用了部分日本战争赔款，但大部分建设资金还得依靠国外银行的商业贷款，才使购置国外先进设备和引进发达国家先进技术的设想成为现实。浦项公司在购买日、德、奥等国设备的同时，争取从这些提供设备的国家获得优惠贷款。由于设备供应商所提供的资助大多通过政府渠道，这就使购买设备的贷款利率一般控制在 6.95% 以下。

浦项公司吸收了不少于 18 家外国公司和银行的商业贷款，长期贷款最高年利率为 8.5%，最低为 5.87%。

充分利用外国贷款，对浦项公司日后实现自我滚动积累起了重要作用。到 1984 年，浦项制铁公司的资产负债比（国外长期贷款与股本之比）尽管高达 69.6%，但这些借款为浦项在投产后能以较快的速度发展并获得高收益创造了有利条件。

浦项制铁公司不怕负债，积极筹资，使企业资源得到了有效配置，公司获得了超常规发展。国际企业为了应对越来越激烈的市场竞争，通过各种渠道筹集资金来获取发展的血脉，进行企业扩张，实现企业利润最大化。

思考：

根据资料，分析浦项制铁公司融资政策有何优势？

【本章小结】

融资是指企业根据其生产经营、对外投资和调整资金结构等需要，通过融资渠道和金融市场，采取适当的融资方式，获取所需资金的一种行为。融资是企业资本运动的起点，一个企业能否筹集和融通资金，并使资金的使用具有稳定性，直接影响该企业的生存和发展。融资活动是企业的一项基本财务活动，融资管理是企业财务管理的主要内容之一。

无论是内部融资还是外部融资，企业都必须知道自己在什么时间、需要多少资金，以便提前安排融资计划。企业在筹资之前，应当采用一定的方法预测资金需求数量。只有这样，才能使筹集来的资金既能保证满足生产经营的需要，又不会有太多的闲置。常用的资金需求量预测方法有定性预测法、销售百分比法和资金习性预测法。

【思考与讨论】

1. 为什么要进行融资管理？

2. 融资的一般原则是什么？

3. 什么是筹资渠道？我国目前主要有哪几种筹资渠道？

4. 什么是筹资方式？其主要筹资方式有哪几种？

5. 资金需求量预测有哪几种方法，他们有什么区别？

【课外作业】

一、单项选择题

1. 下列各项中，能引起企业自有资金增加的是（　　）。

A. 吸收直接投资　B. 发行公司债券　C. 利用商业信用　D. 留存收益转增资本

2. 下列各项中，属于变动收益证券的是（　　）。

A. 国库券　B. 无息债券　C. 普通股股票　D. 优先股股票

3. 以下属于商业信用筹资方式的是（　　）。

A. 预收账款　B. 应付工资　C. 应交税金　D. 应收账款

4. 公司拟筹集能够长期使用、筹集风险相对较小且较容易取得的资金，以下融资方式较合适的是（　　）。

A. 发行普通股　B. 发行长期债券　C. 短期借款融资　D. 长期借款融资

5. 企业筹集的资金，按性质不同可分为（　　）。

A. 直接筹资和间接筹资　B. 内源筹资和外源筹资

C. 权益筹资和负债筹资　D. 短期筹资和长期筹资

二、多项选择题

1. 企业的筹资方式有（　　）。

A. 发行股票　B. 发行债券　C. 长期借款

D. 国家资金　E. 民间资金

2. 企业筹资的动机有（　　）。

A. 创业　B. 维持经营　C. 扩张

D. 偿债　E. 调整

3. 下列属于权益资金筹资方式的是（　　）。

A. 吸收直接投资　B. 发行公司债券　C. 利用商业信用

D. 利用留存收益　E. 发行股票

4. 企业利用普通股筹资的优点是（　　）。

A. 比债务筹资资金成本低　B. 不需要偿还本金

C. 筹资额大　D. 会稀释股东权益

三、判断题

1. 一定的筹资方式只能适用于某一特定的筹资渠道。（　　）

2. 留存收益是企业经营中的内部积累，这种资金不是向外界筹措的。（　　）

3. 公司进行股票上市，主要是为了筹集更多的资金。（　　）

4. 吸收直接投资资金成本的计算与留存收益一样均不需要考虑筹资费用。（　　）

5. 筹资渠道解决的是资金来源问题，筹资方式解决的是通过何种方式取得资金的问题，它们之间不存在对应关系。（　　）

四、计算题

1. 某公司2009年至2014年的产销量和资本需要数量如表3.6所示，假定2015年预计产销数量为37万件。试预测2015年该公司资本需求量。

表3.6　产销量与资本需求量

年度	产销量（x）（万件）	资本需要量（y）（万件）
2009	25	176
2010	26	183
2011	28	197
2012	30	212
2013	31	217
2014	34	238

2. A公司2014年实际销售收入为900万元，A公司资产负债表如表3.7所示，2015年A公司预计销售收入为1 100万元，预计净利润为50.64万元，利润留用比例50%，试编制2015年A公司预计资产负债表并预测外部筹资额。

表3.7　A公司2014年实际资产负债表

项目	金额	占销售额百分比（%）
	资产	
现金	4.5	
应收账款	152.1	
存货	165.6	
预付费用	0.6	
资产总额	322.8	
	所有者权益及负债	
应付票据	30	
应付账款	158.4	
应付费用	6.3	
长期负债	3.3	
负债合计	198	
实收资本	15	
留存利润	109.8	
所有者权益合计	124.8	
负债及所有者权益总额	322.8	

第四章　资金成本理论

【学习目标】 本章的核心是了解资金成本的概念、作用；理解决定资金成本的主要因素；掌握个别资金成本、加权平均资金成本和边际资金成本的计算方法；能够应用资金成本进行投资和筹资决策。

【引入案例】

"债转股"与"免费午餐"

为了达到重建商业银行信用、实现国有大中型企业三年解困的双重目标，1999 年 4 月，经国务院批准，中国第一家专业化经营商业银行不良资产的公司——中国信达资产管理公司宣布成立，标志着包括债转股在内的银企重组工作的启动。紧跟着又成立了三家资产管理公司，财政拨款多达 400 亿人民币。

"债转股"，即银行将对企业的债权转为股权。对企业来说，即是将债务资本转化为权益资本。从表面来看，企业不再在限定时间内还本付息。债转股政策出台后，很多企业在地方政府的帮助下，到国家有关部门积极争取"免费午餐"。

读者不妨带着这几个问题阅读本章：企业权益资本存在资金成本吗？权益资金成本与债务资金成本孰大孰小？债权转股权这顿"免费午餐"是否会好吃却难消化呢？

第一节　资金成本概述

一、资金成本的概念与作用

（一）资金成本的含义

企业从各种来源筹集的资金不能无偿使用，而要付出代价。资金成本就是企业取得和使用资金而应付的各种费用。资金成本有广义和狭义之分。广义地讲，企业筹集和使用任何资金，不论短期还是长期的，都要付出代价；狭义地讲，资金成本仅指筹集和使用长期资金（包括自有资本和长期负债）的成本，由于长期资金也被称为资本，所以，长期资金的成本也称资本成本。

资金成本包括用资费用和筹资费用两部分内容。

1. 用资费用

用资费用是指企业在生产经营、投资过程中使用资金而付出的费用，这是资金成本的主要内容。如股票的股息、银行借款和债券的利息等。

2. 筹资费用

筹资费用是指企业在筹措资金过程中为获取资金而付出的花费，如向银行支付的借款手续费，因发行股票、债券而支付的发行费用等。筹资费用通常在筹集资金时一次性发生，因此，筹资费用可以在计算资本成本时作为融资额的一项扣除。

资金成本可以用绝对数来表示，也可以用相对数来表示，但通常都用相对数表示。后者为用资费用与筹得的资金之间的比率。

$$资金成本 = \frac{每年的用资费用}{筹资数额 - 筹资费用}$$

（二） 资金成本的性质

资金成本是一个重要的经济范畴。资金成本是在商品经济条件下，由资金所有权和资金使用权分离而形成的一种财务概念。它的性质可以概括如下：

1. 资金成本是资金所有权与使用权相分离的产物

资金作为一种特殊的商品，能与其他生产要素结合，保证生产经营活动的顺利进行，因此是有使用价值。融资企业作为资金使用者，必然要向资金所有者支付一定费用以换取在一定时期内使用资金的权利，资金成本是其取得和占有资金使用权的代价。对债权人和股东来说，资金成本表现为让渡资金使用权所要求的借款利息或投资报酬。

2. 资金成本是成本但有别于一般的产品成本

资金成本也是企业的一种支出，具有一般产品成本的基本属性。但一般产品成本是在材料、机器、人工等生产要素上耗费，其补偿是对实际发生耗费的补偿，直接从销售收入中收回。而资金成本是在资金要素上的耗费，其补偿的本质属于利润分配的范畴。

3. 资金成本与货币时间价值既有联系又有区别

资金时间价值是指在没有风险、没有通货膨胀的条件下，随时间的推移而发生的增值。资金时间价值是资金成本的下限。资金成本以资金时间价值为基础，但还包括投资风险价值和通货膨胀率等。

（三） 资金成本的作用

资金成本是企业财务管理的一个重要概念，国际上将其称为是一项“财务标准”。资金成本对于企业筹资管理、投资管理乃至整个经营管理都有重要意义。

1. 资金成本是选择筹资方式、进行资本结构决策的依据

资金成本是选择筹资方式、进行资本结构决策的依据。不同的资金来源，具有不同的成本，为了以较少的支出取得企业所需资金，就必须分清各种资金成本的高低，并加以合理配置。资金成本对筹资决策的影响主要体现在以下几个方面：

首先，个别资金成本是比较各种筹资方式的依据。随着我国金融市场的逐步完善，企业的筹资方式日益多元化。在评价、比较各种方式时，资金成本的高低是一个极为重要的因素。

其次，综合资金成本是衡量资本结构合理性的依据。衡量资本结构是否最佳的标准主要是综合资金成本最低和企业价值最大。西方财务理论认为，综合资金成本最低时的资本结构才是最佳的，这时企业价值达到最大。

最后，边际资金成本是选择追加筹资方案的依据。有时为了扩大生产规模，企业需要增加资金。当筹资数额增加时，资金成本也会不断变化，这时需要计算资金的边际成本，从而决定是否追加筹资。

2. 资金成本对企业分析投资项目的可行性、选择投资方案也有重要作用

资金成本是评价投资项目可行性，选择方案时的主要经济标准。一般而言，只有当投资项目的预期收益率高于资金成本时，经济上才是合理的，投资项目才可行；反之如果投资项目的预期收益率低于资金成本时，投资项目就不可行。国际上通常将资金成本视为投资项目的“最低收益率”，或项目应否采纳的“取舍率”。在计算投资评价指标净现值指标时，通常以资金成本作为贴现率。只有当项目的净现值为正时，才说明项目是有利可图的，在经济上是可行的；反之，如果净现值为负，则该项目是无利可图的，在经济上是不可行的。因此，采用净现值指标评价投资项目时离不开资金成本。

3. 资金成本可作为衡量企业经营业绩的尺度

资金成本是企业使用资金应获得收益的最低界限。一定时期，资金成本的高低不仅可以反映财务经理的管理水平，还可以衡量企业整体的经营业绩，即经营利润率应高于资金成本；否则，表明业绩欠佳。此外，资金成本还可以促进企业增强和转变观念，充分挖掘资金的潜力，节约资金占用，提高资金的使用效益。

二、决定资金成本高低的因素

在市场经济环境下，多方面因素的综合作用决定着企业资金成本的高低，其中主要因素有总体经济环境、证券市场条件、企业内部的经营和融资状况、项目融资规模、所得税率等。

1. 总体经济环境决定整个经济资本的供给和需求，以及预期通货膨胀的水平

如果货币需求增加，而供给没有相应增加，则投资人会要求提高其投资收益率，企业的

资本成本会上升；反之，则会降低其要求的投资收益率，企业的资金成本则会下降。物价上涨会影响利率水平从而增加资金所有者对报酬的期望，结果直接影响资金成本的高低。一般情况下，通货膨胀率越高，资金成本就越高。

2. 证券市场条件影响证券投资的风险

证券市场条件包括证券的市场流动难易程度和价格波动程度。如果某种证券的市场流动性不好，则投资者想买进或卖出证券相对困难，变现风险加大，要求的收益率就会提高；或者虽然存在对某证券的需求，但其价格波动较大，投资风险大，要求的收益率也会提高。

同时，如果在市场经济不发达，证券市场发育不成熟时，信息的不完全和不对称性会导致信息成本和交易成本上升，从而资金成本会较高；相反，如果市场经济特别是金融市场信息传递相当发达时，资金成本会有所下降。

3. 企业经营风险和财务风险的大小会影响资金成本

经营风险是指企业因经营上的原因而导致利润波动的风险；而财务风险是指企业与融资有关的风险。如果企业的经营风险和财务风险大，投资者便会有较高的收益率要求。

4. 融资规模也是影响企业资本成本的一个因素

通常，企业的融资规模越大，资本成本就越高。

5. 所得税率的高低直接影响运用负债筹资的企业的资金成本大小

由于债务的利息可以在税前列支，因而如果所得税率高，企业负担的资金成本就低；反之，如果所得税率较低，则企业实际负担的资金成本就高。

第二节　个别资金成本的计算原理

个别资金成本（individual cost capital），是指各种长期资金的成本。个别资金成本相应地有长期借款成本、债券成本、优先股成本、普通股成本、留用利润成本等，前两者统称债务成本，后三者统称权益成本。

一、债务成本

债务成本（cost of debt）主要有长期借款成本和债券成本。

（一）长期借款成本

借款利息可在税前列支，具有抵税的作用。企业长期借款的成本可按下列公式计算：

$$K_d=\frac{I\times(1-T)}{L\times(1-f_d)}$$

式中：K_d 代表长期借款成本；I 代表长期借款年利息；T 代表所得税率；L 代表长期借款筹资额（借款本金）；f_d 代表长期借款筹资费用率。

【例4.1】 某企业从银行取得长期借款100万元，年利率为10%，期限为2年，每年付息一次，到期还本付息。假定筹资费用率为1%，企业所得税率为33%，则其借款成本为多少？

$$K_d=100\times10\%\times(1-33\%)/100\times(1-1\%)=6.77\%$$

当长期借款的筹资费（主要是借款的手续费）很小时，也可以忽略不计。若企业出现亏损，无力支付所得税时，因实际所得税率为0，则此时的税后长期借款成本等于税前长期借款成本，其他债务成本也是如此。

需要注意的是，在有补偿性余额条款、贴现法付利息等情况下，必须将名义利息率转化为实际利息率才能正确计算出长期借款的资本成本率。

（二） 债券成本

债券成本中的利息亦在所得税前列支，但发行债券的筹资费用一般较高，应予全面考虑。债券的筹资费用即债券发行费用，包括申请发行债券的手续费、债券注册费、印刷费、上市费以及推销费用等。

债券的发行价格有等价、溢价、折价三种。债券利息按面额（即本金）和票面利率确定，但债券筹资额应按发行价格计算。债券成本的计算公式为：

$$K_b=\frac{I_b\times(1-T)}{B\times(1-f_b)}$$

式中：K_b 代表债券资本成本；I_b 代表债券年利息；T 代表所得税率；B 代表债券筹资额；f_b 代表债券筹资费用率。

【例4.2】 某公司拟发行债券，债券面值为1 000元，10年期，票面利率为10%，每年付息一次，到期还本，企业按溢价发行，发行价1 200元。若债券发行费用为发行额的0.5%，该公司适用的所得税率为30%，则该债券的资金成本为多少？

$$K_b=1\,000\times10\%\times(1-30\%)/1\,200\times(1-0.5\%)=5.86\%$$

二、权益成本

权益成本（cost of equity），主要有吸收直接投资的成本、优先股成本、普通股成本、留用利润成本等。各种权益资金的红利是以所得税后净利润支付的，不会减少企业应缴的所得税。

（一） 优先股成本

优先股是介于普通股和债券之间的一种资本。其特点是：一方面因股利稳定而类似于债券；另一方面因参与股利及剩余财产分配而类似于普通股。在本质上，优先股是企业的一种股本，不像债券那样存在“到期还本”问题，但企业必须从税后利润中定期支付持股者较为固定的股息。

公司发行优先股筹资需支付发行费用，优先股股利通常是固定的。优先股筹资额应按优先股的发行价格确定。优先股成本可按下列公式计算：

$$K_p = \frac{D_p}{P_p \times (1 - F_p)} \times 100\%$$

式中：K_p 代表优先股成本资本成本；D_p 代表优先股年股利；p_p 代表优先股的发行价；F_p 代表优先股发行费用率。

【例 4.3】 某公司拟发行某优先股，面值总额为 100 万元，固定股利率为 15%，筹资费率预计为 5%，该股票溢价发行，其筹资总额为 150 万元，则优先股的成本为多少？

$$K_P = 100 \times 15\% / [150\ (1-5\%)] = 10.53\%$$

（二） 普通股成本

普通股成本的确定方法，与优先股成本的确定方法基本相同。但是，普通股的股利一般不是固定的，而是逐年增长的。

普通股的资金成本率就是普通股投资的必要收益率，其测算方法一般有三种：股利折现模型、资本资产定价模型和无风险利率加风险溢价法。

1. 股利折现模型

股利折现模型的基本形式为：

$$P_0 = \sum_{t=1}^{n} \frac{D_t}{(1+K_C)^t}$$

式中：P_o 代表普通股筹资净额，即发行价格扣除发行费用；D_t 代表普通股第 t 年的股利；K_C 代表普通股投资必要收益率，即普通股资金成本率。

运用上面的模型测算普通股资金成本率，因具体的股利政策而有所不同。如果公司采用固定股利政策，即每年分派固定现金股利，则资金成本率可按下式测算：

$$K_C = \frac{D}{P_0} \times 100\%$$

【例 4.4】 DF 公司拟发行一批普通股，发行价格 12 元，每股筹资费用 2 元，预定每年分派现金股利每股 1.2 元。其资金成本率为：

$$K_C = \frac{1.2}{(12-2)} \times 100\% = 12\%$$

如果公司采用固定股利增长率的政策，股利固定增长率为 g，则资金成本率需按下式计算：

$$K_C = \frac{D_1}{P_0} + g$$

【例4.5】 某公司发行面值为1元的普通股500万股，筹资总额为1 500万元，筹资费率为4%，已知第一年每股股利为0.25元，以后各年按5%的比率增长，则其成本应为多少？

$$K_C = \frac{(500 \times 0.25)}{[1\,500 \times (1-4\%)]} + 5\% = 13.68\%$$

2. 资本资产定价模型

$$K_C = R_f + \beta \times (R_m - R_f)$$

式中：K_C 代表普通股成本；R_m 代表市场投资组合的期望收益率；R_f 代表无风险利率；β 代表系统风险系数。

【例4.6】 假定A股份公司普通股股票的β值为1.2，无风险利率为5%，市场投资组合的期望收益率为10%，则按资本资产定价模型计算该公司的普通股股票的资金成本为：

$$K_C = 5\% + 1.2 \times (10\% - 5\%) = 11\%$$

3. 无风险利率加风险溢价法

该方法认为，由于普通股的索赔权不仅在债权之后，而且还次于优先股，因此持有普通股股票的风险要大于持有债权的风险。这样，股票持有人就必然要求获得一定的风险补偿。一般来看，通过一段时间的统计数据，可以测算出某公司普通股股票期望收益率超出无风险利率的大小，即风险溢价 R_p。无风险利率 R_f 一般用同期国库券收益率表示，这是证券市场最基础的数据。因此，用无风险利率加风险溢价法计算普通股股票筹资的资金成本公式为：

$$K_C = R_f + R_p$$

（三） 留用利润成本

公司的留用利润是由公司税后净利形成的，它属于普通股股东。从表面上看，公司使用留用利润似乎不花费什么成本，实际上，股东将其留用于公司而不作为股利取出投资于别处，总是要求得到与普通股等价的报回。因此，留用利润也有成本，不过是一种机会成本。

留存收益成本的计算与普通股基本相同，但不用考虑筹资费用。

第三节 综合资金成本的计算原理

一、综合资金成本的概念

由于受各种条件的限制，公司不可能只采用某一单一的筹资方式，公司往往需要通过各种筹资渠道、以多种方式才能满足企业资金的需要。为进行筹资决策，就要计算公司的综合资金成本。

综合资金成本是指企业全部长期资金的总成本，通常是以各种资金占全部资金的比重为权数，对个别资金成本进行加权平均确定的，故亦称加权平均资金成本（WACC）。

二、综合资金成本的计算

综合资金成本是由个别资金成本和加权平均权数两个因素决定的，计算公式为：

$$K_W = \sum_{j=1}^{n} K_j W_j$$

式中：K_W 为加权平均资金成本；K_j 为第 j 种个别资金成本；W_j 为第 j 种资金占全部资金的比重（权数）。

【例 4.7】 某公司现有长期资本 500 万元（按账面价值计算），其中长期借款 100 万元，长期应付债券 50 万元，普通股 250 万元，留存利润 100 万元。其成本分别是 6.7%、9.17%、11.26%、11%。该公司的加权平均资本成本计算如下：

第一步，计算各种长期资本的比重：

长期借款资本比重：100/500 = 20%

应付债券资本比重：50/500 = 10%

普通股资本比重：250/500 = 50%

留存利润资本比重：100/500 = 20%

第二步，计算综合资本成本：

$$K_W = 6.7\% \times 20\% + 9.17\% \times 10\% + 11.26\% \times 50\% + 11\% \times 20\% = 10.09\%$$

综上所述，决定综合资金成本高低的因素主要包括资金比重和个别资金成本的高低。因此，降低资金成本的途径主要是通过提高个别资金成本低的资金所占的比重。

上例中，资金比重的计算以账面价值为基础，资料取得比较容易。但当资金账面价值与市场价值差别较大时，如股票、债券的市场价格较大变动时，计算结果会与实际有较大的差异，甚至影响最终的决策，给企业带来重大损失。

为了克服这一缺陷，个别资金占全部资金的比重可以按照市场价值或目标价值确定，分别称为市场价值权数、目标价值权数。

市场价值权数是指债券、股票以市场价格确定权数。这样计算的加权平均资金成本能反映目前的实际情况。同时，为弥补证券市场价格频繁变动的不便，也可以采用平均价格。

目标价值权数是指债券、股票以未来预计的目标市场价值确定权数。这种权数能体现期望的资金结构，而不是像账面价值权数和市场价值权数那样只反映过去和现在的资金结构，所以按目标价值权数计算的加权平均资金成本更适用于企业筹措新资金。但债券、股票的目标价值很难客观合理确定，使这种计算方法不易于推广。

第四节 边际资金成本的计算原理

一、边际资金成本率的测算原理

边际资金成本率是指企业追加筹资的资金成本率，即企业新增1元资金所需负担的成本。在现实中，可能会出现这样一种情况：当企业以某种筹资方式筹资超过一定限度时，边际资金成本率会提高。此时，即使企业保持原有的资金结构，也仍有可能导致加权平均资金成本率的上升。因此，边际资金成本率亦称随筹资额增加而提高的加权平均资金成本率。

企业追加筹资有时可能只采取某一种筹资方式。在筹资数额较大，或在目标资金结构既定的情况下，往往需要通过多种筹资方式的组合来实现。这时，边际资金成本率应该按加权平均法测算，而且其资金比例必须以市场价值确定。

二、边际资金成本率的计算

边际资金成本的计算分为两种情况：

（1）如果各项新增资金的成本与原有同类资金的成本相同且在任何筹资范围内都能保持不变，则：当新增资金的结构与原有资金结构相同时，加权平均边际资金成本都会等于原资金成本。当新增资金的结构与原有资金结构不同时，加权平均边际资金成本不等于原资金成本，可根据各项新增资金的成本及其在新增资金总额中的比重计算。

（2）如果各项新增资金的成本将随着筹资规模的扩大而上升，则加权平均边际资金成本按以下步骤计算：

①分析资金市场的资金供需状况，以确定各种筹资方式的资金成本分界点。所谓成本分界点指使资金成本发生变动的筹资额。

②确定新筹资金的资金结构。

③根据已确定的资金结构及各种筹资方式的成本分界点列出与之对应的筹资范围。

④计算资金的边际成本。

下面用一个实例来说明边际资金成本的计算和应用：

【例4.8】 公司拟筹措资金进行项目投资，公司确定新筹资金的资金结构为债务资金25%，优先股10%，普通股65%。筹资边际资金成本计算过程如下：

第一步：通过分析资金市场状况的有关条件，得到各种筹资方式的筹资规模与资金成本的资料如表4.1所示。

第二步：确定公司最优资金结构。

假设该公司财务人员经过认真分析，认为目前的资金结构即为最优资金结构，因此，在今后筹资时，继续保持债务资金25%，优先股占10%，普通股占65%的资金结构。

表 4.1 筹资规模与资金成本的资料

筹资方式	筹资规模（万元）	资金成本（%）
发行债券	0～20 20～40 超过 40	7 9 12
发行优先股	0～10 10～25 超过 25	11 13 15
发行普通股	0～52 52～78 超过 78	16 18 20

第三步：计算筹资突破点。

花费一定数量的资金成本只能筹措到一定限度的资金，超过这一限度多筹集资金就要多花费资金成本，于是就把在保持某资金成本的条件下可以筹措到的资金总限度称为现有资金结构下的筹资突破点（筹资总额分界点）。在筹资总额分界点范围内筹资，原来的资金成本不会改变；一旦筹资额超过了筹资突破点，即使维持现有的资金结构，其资金成本也会增加。筹资突破点的计算公式为：

$$筹资突破点=\frac{可用某一特定成本筹集到的某种资金额}{该种资金在目标资金结构中所占的比重}$$

上例中以发行债券为例，当资金成本为7%时，可筹集债券资金的限额为 20 万元，因债券筹资在资金结构中占25%，则可筹集的资金总额，即筹资突破点为：

筹资突破点 =20/25% =80（万元）

当资金成本为9%时，可筹集债券资金的限额 40 万元，其筹资突破点为；

筹资突破点 =40/25% =160（万元）

根据以上资料，筹资突破点如表 4.2 所示。

在表 4.1 中，花费 7%资本成本时，可筹集债券资金的限额为 20 万元，因债券筹资在资金结构中占25%，则可筹集的资金总额，即筹资突破点为 20/25% =80（万元）；花费 9%资本成本时，可筹集债券资金的限额为 40 万元，因债券筹资在资金结构中占 25%，则可筹集的资金总额，即筹资突破点为 20/25% =160（万元）。

按此方法，资料中各种情况下的筹资总额分界点计算结果如表 4.2 所示。

表 4.2 筹资突破点计算表

筹资方式	资金成本率（%）	筹资方案分界点（万元）	筹资突破点（万元）	筹资总额范围（万元）
发行债券	7 9 12	20 40 超过 40	20/0.25 =80 40/0.25 =160	0～80 80～160 超过 160
发行优先股	11 13 15	10 25 超过 25	10/0.1 =100 25/0.1 =250	0～100 100～250 超过 250
发行普通股	16 18 20	52 78 超过 78	52/0.65 =80 78/0.65 =120	0～80 80～120 超过 120

根据以上计算得出的筹资突破点，可得到五组筹资范围：①0～80 万元；②80 万～160 万元；③100 万～120 万元；④120 万～160 万元；⑤超过 160 万元。对这五组筹资范围分别计算加权平均成本，即得到筹资范围的边际资金成本。计算结果如表 4.3 所示。

表 4.3　筹资金边际成本

筹资范围（万元）	筹资方式	资金结构（W_i）	资金成本率（%）	边际资金成本率（%）
0～80	发行债券	0.25	7	1.75
	发行优先股	0.1	11	1.10
	发行普通股	0.65	16	10.4
		加权平均边际	资金成本	13.25
80～100	发行债券	0.25	9	2.25
	发行优先股	0.1	11	1.30
	发行普通股	0.65	18	11.70
		加权平均边际	资金成本	15.05
100～120	发行债券	0.25	9	2.25
	发行优先股	0.1	13	1.30
	发行普通股	0.65	18	11.70
		加权平均边际	资金成本	15.25
120～160	发行债券	0.25	9	2.25
	发行优先股	0.1	13	1.30
	发行普通股	0.65	20	13.00
		加权平均边际	资金成本	16.55
160～250	发行债券	0.25	12	3.00
	发行优先股	0.1	13	1.30
	发行普通股	0.65	20	13.00
		加权平均边际	资金成本	17.30
超过 250	发行债券	0.25	12	3.00
	发行优先股	0.1	15	1.50
	发行普通股	0.65	20	13.00
		加权平均边际	资金成本	17.50

对以上五个筹资范围分别计算加权平均资金成本，便可得到各种筹资范围的边际资金成本。边际资金成本是企业追加筹资的成本。企业在追加筹资和追加投资的决策中必须考虑边际资金成本。

前述企业的个别资金成本和综合资金成本，是企业过去筹集的或目前使用的资金的成本。然而，随着时间的推移或筹资条件的变化，个别资金成本会随之变化，综合资金成本也会发生变动。

因此，企业在未来追加筹资时，不能仅考虑目前所使用的资金成本，还要考虑新筹资金的成本，即边际资金成本。

【案例分析】

BW 饭店有限公司的融资计划

2015 年 1 月，BW 饭店有限公司的总裁帕克女士刚同公司的其他董事们开完一个会议。这次会议讨论了三项可为 BW 公司筹集 1 560 000 美元的融资计划。

第一个方案：帕克有意通过公司的第一桩地产抵押贷款来解决，此贷款额为 156 万美元，l0 年期，年利率 12%。每年的本息支出为 27.6 万美元，到 BW 会计年度期末时付款。但帕克担心采用固定利率在目前是一个巨大风险，何况公司未来收益前景未卜。

第二个方案：将普通股以 1 万股为 1 单元，按每股 5 美元的价格出售，这样每单元总价值为 5 万美元，发行的法律费用预计需 5 万美元。为了促销，设立了 15% 的销售佣金。出售的股份数量限在 38 个单元以内，以避免安大略证券委员会对发行新股的众多要求。帕克反对这项建议，因为这样她的利润份额就会大大降低。

第三种方案：把利率为 8% 的 7.6 万股优先股，以 2 000 股为 1 单元，按每股 25 美元的价格出售。优先股可以每股 26 美元的价格赎回，股息可以进行累积。若连续 2 年未分配股息，优先股股东对董事会大部分董事均有选举权。发行的法定成本估计为 5 万美元，为了促销，也设立了 15% 的销售佣金。另外，购买者还有权在每购 1 股优先股时，以每股 5 美元的价格认购 1 股普通股。

在研究了最后一个建议后，讨论搁浅。董事们表示，最后的主意还得由帕克来拿。

思考：

（1）分析三种方案对 BW 公司的财务状况及对投资者回报的影响。

（2）帮助帕克女士做出融资决策。

【本章小结】

资金成本是指企业为筹集和使用资金而发生的代价，包括用资费用和筹资费用两部分。

资金成本是选择筹资方式、进行资本结构决策的依据；资金成本是评价投资项目可行性，选择方案时的主要经济标准；资金成本可作为衡量企业经营业绩的尺度。

在市场经济环境下，多方面因素的综合作用决定着企业资本成本的高低，其中主要因素有总体经济环境、证券市场条件、企业内部的经营和融资状况、项目融资规模、所得税率等。

个别资金成本是指各种筹资方式的成本，包括债券成本、银行借款成本、优先股成本、普通股成本和留存收益成本，前两者可统称为负债资金成本，后三者统称为权益资金成本。

综合资金成本是指企业全部长期资金的总成本，通常是以各种资金占全部资金的比重为权数，对个别资金成本进行加权平均确定的，故亦称加权平均资金成本。边际资金成本率是指企业追加筹资的资本成本率，即企业新增 1 元资本所需负担的成本。

【思考与讨论】

1. 什么是资金成本？资金成本包括哪些内容？
2. 资金成本在现代财务管理中有何重要作用？
3. 负债筹资方式的资金成本构成？权益筹资方式的资金成本构成？
4. 为什么要考虑留存收益的资金成本？
5. 什么是综合资金成本？综合资金成本有何作用？

【课外作业】

一、单项选择题

1. 下列各项中，与资金成本成反比关系的有（　　）。

A. 筹资总额　B. 筹资费用　C. 所得税率　D. 市场利率

2. 在不考虑筹款限制的前提下，下列筹资方式中个别资金成本最高的通常是（　）。

A. 发行普通股　B. 留存收益筹资　C. 长期借款筹资　D. 发行公司债券

3. 以下筹资方式中，资金成本最低的是（　）。

A. 普通股筹资　B. 短期借款筹资　C. 长期借款筹资　D. 债券筹资

4. 要进行企业的追加筹资决策，应使用（　）。

A. 权益资金成本　B. 债务资金成本　C. 边际资金成本　D. 加权平均资金成本

5. 不需要考虑发行成本的是（　）。

A. 发行债券　B. 发行普通股　C. 发行优先股　D. 留存收益

二、多项选择题

1. 在计算个别资金成本时，需要考虑所得税抵减作用的筹资方式有（　）。

A. 银行借款　B. 长期债券　C. 优先股　D. 普通股

2. 资本成本很高而财务风险很低的筹资方式有（　）。

A. 吸收投资　B. 发行股票　C. 发行债券　D. 长期借款　E. 融资租赁

3. 下列项目中，属于资金成本中筹资费用内容的是（　）。

A. 借款手续费　B. 债券发行费　C. 优先股股利　D. 债券利息

三、判断题

1. 在长期资金的各种来源中，普通股的成本是最高的。（　）

2. 留存收益是企业经营中的内部积累，这种资金不是向外界筹措的，因而它不存在资本成本。（　）

四、计算题

1. 某公司计划发行债券，面值500万元，年利息10%，期限5年，每年付息一次，到期还本。预计发行价格为600万元，所得税税率25%，则该债券的税后资金成本是多少？

2. 某公司普通股当前市价每股25元，拟按市价增发新股100万股，预计每股筹资费用率为5%，增发第一年年末预计每股股利为2.5元，以后每年股利增长率6%，则该公司本次增发普通股资金成本为多少？

第五章　杠杆原理

【学习目标】　本章的核心是了解经营风险、财务风险和总风险；理解经营杠杆、财务杠杆和复合杠杆原理；掌握利用经营杠杆、财务杠杆和复合杠杆对利润的作用进行分析，应用经营杠杆、财务杠杆和复合杠杆对企业风险进行分析和控制的技能。

【引入案例】

销售额与利润的关系

某电子企业 2015 年的销售额比 2014 年增长了 5%，而同期净利润却增长了 15%，净利润增长的幅度明显大于销售额的增长幅度。而另一家电子企业 2015 年的销售额比 2014 年下降了 2%，而同期净利润却下降了 10%，净利润下降的幅度明显大于销售额的下降的幅度。

读者不妨带着下面几个问题阅读本章：为什么会出现销售额的变动导致净利润以更大幅度变动的现象？

第一节　经营风险与财务风险

一、经营风险

经营风险是指公司因经营上的原因而导致营业利润或息税前利润变动的风险。它的存在会加大公司的融资风险，因此它是决定公司资本结构的一个重要因素。

影响经营风险的因素有很多，主要有以下两种：

（一）　市场环境的变化

市场经济条件下，市场需求表现为多层次、全方位、多频率的变动，市场需求的不确定性导致了企业的经营风险。在其他条件不变的情况下，市场对产品需求越稳定，经营风险就越小；反之则越大。

由于企业产品结构不同，其消费对象不一致，所以产品价格波动幅度也不同。一般而言，生产生活必需品的企业，其产品价格相对稳定，经营风险较小；生产高档、奢侈品的企业，其产品价格变化较大，经营风险也较大。

在产品市场价格不变或基本稳定的前提下，产品成本不稳定，会导致利润不稳定，使企业面临着较大的经营风险。另外，投入成本变动时，企业调节产品市场价格的能力也影响企业的经营风险。若其他条件不变，相对投入成本的变化调节产品价格的能力越强，其经营风险越小；反之，经营风险越大。

（二） 企业内部条件

如果一个企业固定成本比重较大，当市场需求发生波动时，企业适应市场变化的能力相对放慢，从而导致经营风险增加。固定成本在企业全部成本中所占的比重大，经营风险就大；反之，经营风险就小。

企业所处的行业不同，经营风险也不同。一般来说，传统型制造业企业的市场比较成熟，经营比较稳定，其经营风险就较低。高科技技术开发型企业，因市场不稳定，产品不成熟，其经营风险也较大。

企业管理水平、技术水平、生产设备状况等内部条件等均会影响企业的收入与成本，从而影响企业的利润水平，进而影响企业的经营风险。企业管理水平高，技术水平先进、生产设备状况良好，则经营风险就小；企业财务管理水平不高，技术水平落后、生产设备状况差，则经营风险就大。

二、财务风险

财务风险又称筹资风险或融资风险，是指企业为取得财务杠杆利益而利用负债资金所带来的，可能丧失偿债能力和每股收益大幅度变动的风险。它有两方面的含义：一方面是指偿债能力的不确定性，借入资金必须按期还本付息，这使企业负担增加，潜伏着资不抵债的危险；另一方面是指利用负债资金所带来的自有资金收益的不确定性。本章主要指后一方面。

在经营风险一定的前提下，利用负债资金的比例越大，给自有资金收益带来的不确定性即普通股每股收益的风险就越大。当其他条件相同，债务的比例较大时，对股东而言风险的水平较高。这是因为债务增加时，固定利率成本增加，股东的收入减少，从而加大了股东收入的波动性并增加了财务危机的成本。例如，假设某公司全部以普通股筹集资本，则持有普通股的股东就会平均分摊公司的全部经营风险。但如果公司有30%的资本来自负债，则此时持有70%普通股的股东就会承担公司的全部经营风险。在这种情况下，普通股股东所承担的风险就会增大30%。这就是由负债筹资而使普通股股东承担的额外风险。财务风险实际上就是普通股股东从债权人那里“转移”过来的风险，那么，普通股股东因承担财务风险而获得的财务杠杆收益也是从债权人那里“转移”过来的。

财务风险是决定企业资本结构的一个重要因素。形成财务风险的原因很多，主要包括以下三方面：

（1）企业获利能力的变化；

(2) 负债资金成本率的变动;

(3) 资金结构的变化。资金结构的变化对财务风险的影响最为直接，负债比率越高，财务风险就越高；反之，负债比率越低，财务风险越小。

财务杠杆对财务风险的影响最为综合。企业所有者欲获取财务杠杆利益，就要承担由此引起的财务风险，必须在财务杠杆利益与财务风险之间做出合理的权衡。

第二节 杠杆原理

一、杠杆效应的含义

物理学中的杆杆效应，是指利用杠杆可以用较小的力量移动较重的物体的现象。财务管理中也存在着类似的杠杆效应，它表现为：由于某些固定成本费用的存在而导致的，当某一财务变量以较小幅度变动时，另一相关变量会以较大幅度变动。了解杠杆原理，有助于企业合理规避风险，提高财务管理水平。

财务管理中的杠杆效应有三种形式，即经营杠杆、财务杠杆和复合杠杆。要说明杠杆原理，首先需要了解成本习性、边际贡献和息税前利润等相关术语的含义。

二、成本习性、边际贡献和息税前利润

(一) 成本习性

成本习性是指成本总额与业务量之间在数量上的依存关系。按成本习性，可将全部成本划分为固定成本、变动成本和混合成本三类。

固定成本是指其总额在一定时期和一定业务量范围内不随业务量发生任何变动的那部分成本。属于固定成本的主要有折旧费、保险费、管理人员工资、办公费等，这些费用每年的支出总额在一定范围内基本保持不变。由于固定成本总额不变，那么随着产销业务量的增加，分摊到单位产品的固定成本将逐渐降低。

应当指出的是，固定成本总额只是在一定时期和业务量范围内保持不变，超过相关范围，固定成本也会发生变动。因此，固定成本必须和一定时期、一定业务量联系起来进行分析。

变动成本是指其总额随着业务量成正比例变动的那部分成本。如直接材料、直接人工等都属于变动成本。从产品的单位成本来看，则与固定成本恰好相反，单位产品变动成本是保持不变的。

当然，变动成本也要研究“相关范围”的问题，也就是说，只有在一定范围内，产销量才能和变动成本完全成同比例变化，即完全的线性关系，超过了一定范围，这种关系就不存

在了。例如，当一种新产品还是小批量生产时，由于生产还处于不熟练阶段，单位产品的直接材料和直接人工耗费可能较多，随着产量的增加，工人对生产过程逐渐熟练，可使单位产品的材料和人工费用降低。然而，当产量达到一定程度后，再大幅度增产可能又会出现一些新的制约因素，从而使单位变动成本升高。

混合成本是指其总额虽然也随业务量的变动而变动，但不成同比例变动，不能简单地归入变动成本或固定成本的那部分成本。这类成本最终可以按一定方法分解成固定成本和变动成本。

（二） 边际贡献和息税前利润

边际贡献是指销售收入减去变动成本后的金额。

边际贡献＝销售收入－变动成本

＝销售单价×产销量－单位变动成本×产销量

＝（销售单价－单位变动成本）×产销量

＝单位边际贡献×产销量

息税前利润是指企业支付利息和交纳所得税之前的利润。

息税前利润＝销售收入－变动成本－固定成本

＝（销售单价－单位变动成本）×产销量－固定成本

＝边际贡献－固定成本

三、经营杠杆

（一） 经营杠杆的概念和效应

由于固定成本的存在，而导致息税前利润的变动率，大于产销量的变动率的杠杆效应，称为经营杠杆。由于经营杠杆对经营风险的影响较为综合，因此常被用来衡量经营风险的大小。

根据成本习性原理可知，产销量在一定范围内，固定成本总额一般不会改变。固定成本所占比重较大时，单位产品分摊的固定成本额就多，若产品量发生变动，单位产品分摊的固定成本会随之变动，最后导致利润更大幅度地变动，经营风险就大；反之，经营风险就小。经营杠杆效应分析如表 5.1 所示。

表 5.1 揭示，息税前利润变动幅度超过销售额变动幅度的根本原因是利用了固定成本的不变性原理，换句话说，如果企业不存在固定成本，就不会产生经营杠杆效应。因此，经营杠杆效应既能够给企业带来“超常”利益，还可能给企业带来“超常”损失。当企业能够保证存在边际贡献的先决条件得到满足之后（即销售额大于变动成本），决定经营杠杆效应正负作用的是销售额的变化方向。增长的销售额将使经营杠杆发挥良性作用；而减少的销售额将使经营杠杆发挥恶性作用，经营杠杆的“双刃剑”作用本身，就体现出企业经营风险。

表 5.1　经营杠杆效应分析表　　单位：万元

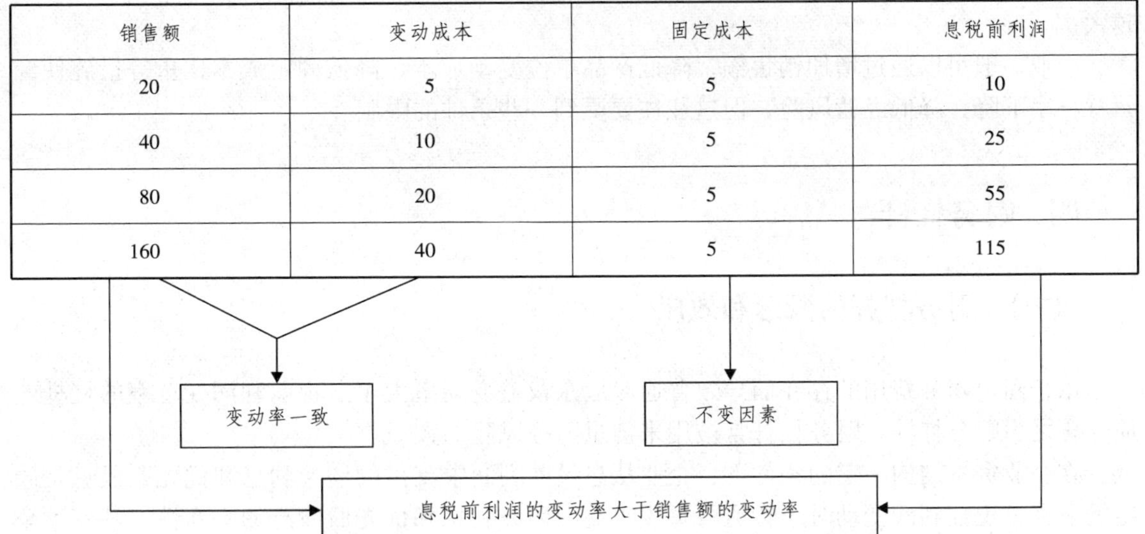

销售额	变动成本	固定成本	息税前利润
20	5	5	10
40	10	5	25
80	20	5	55
160	40	5	115

（二）经营杠杆的计量

对经营杠杆效应大小进行计量，常用经营杠杆系数。经营杠杆系数是息税前利润的变动率相当于产销量的变动率的倍数，其计算公式为：

经营杠杆系数＝息税前利润变动率/产销量变动率

即：　　$DOL = (\triangle EBIT/EBIT) / (\triangle x/x)$

式中：DOL 为经营杠杆系数；△EBIT 为息税前利润变动额；EBIT 为变动前息税前利润；$\triangle x$ 为销售变动量；x 为变动前销售量。

经营杠杆系数的计算公式可简化为：

$DOL = M/(M-a) = M/EBIT$

式中：M 为基期边际贡献，EBIT 为基期息税前利润，a 为固定成本。

【例 5.1】　某企业生产 A 产品，固定成本为 60 万元，变动成本率为 40%，当企业的销售额分别为 400 万元、200 万元、100 万元时，经营杠杆系数分别是

$DOL(1) = (400-400\times40\%) / (400-400\times40\%-60) = 1.33$

$DOL(2) = (200-200\times40\%) / (200-200\times40\%-60) = 2$

$DOL(3) = (100-100\times40\%) / (100-100\times40\%-60) = \infty$

经营杠杆系数 DOL 将随固定成本的变化呈同方向变化，即在其他因素一定的情况下，固定成本越高，DOL 就越大，企业经营风险就越大；当固定成本为零时，DOL 等于 1，此时不存在经营杠杆效应；当企业的息税前利润为零时，DOL 为无穷大。此时，企业经营只能保本，若销售额稍有增加便可出现盈利，若销售额稍有减少便发生亏损。

经营杠杆系数说明了销售量的变动对息税前利润变动的影响程度。

息税前利润变动率＝产销量变动率×经营杠杆系数

由于市场需求和成本等因素的不确定性，当产销量增加或减少时，息税前利润将以 DOL

倍数的幅度增加或减少。因此，经营杠杆系数越大，利润变动越激烈，企业的经营风险就越大。

企业一般可以通过增加销售额、降低产品单位变动成本、降低固定成本比重等措施使经营杠杆率下降，降低经营风险，但这往往要受到一些条件的限制。

四、财务杠杆

（一） 财务杠杆的概念和效应

由于固定财务费用的存在而导致普通股股东权益变动率大于息税前利润变动率的杠杆效应，称之为财务杠杆。财务杠杆常被用来衡量财务风险的大小。

在企业资本结构一定的条件下，企业从息税前利润中支付的债务利息和优先股股息是固定的。当息税前利润变动时，普通股每股收益因债务利息和优先股股息的不变性，其变动率要大于息税前利润变动率，因此形成对普通股股东权益的财务杠杆效应。财务杠杆效应分析表如表 5. 2 所示。

在资本结构一定的条件下，企业从息税前利润支付的固定资本成本（债务利息和优先股股利）发挥着对普通股每股收益的杠杆作用。当息税前利润增加时，每股收益的增加幅度更大；当息税前利润减少时，每股收益的减少幅度更大。财务杠杆的“双刃剑”作用本身，就体现出负债融资（也包括优先股融资）的财务风险。这种风险是针对企业普通股股东权益的，体现着企业的财务风险。

表 5. 2　财务杠杆效应分析表

息税前利息（万元）	利息支出（万元）	所得税率（%）	税后利润（万元）	优先股股息（万元）	普通股每股收益（万元）
10	5	40	3	2	(3 - 2) /10 = 0. 1
25	5	40	12	2	(12 - 2) /10 = 1
55	5	40	30	2	(30 - 2) /10 = 2. 8
115	5	40	66	2	(66 - 2) /10 = 6. 4

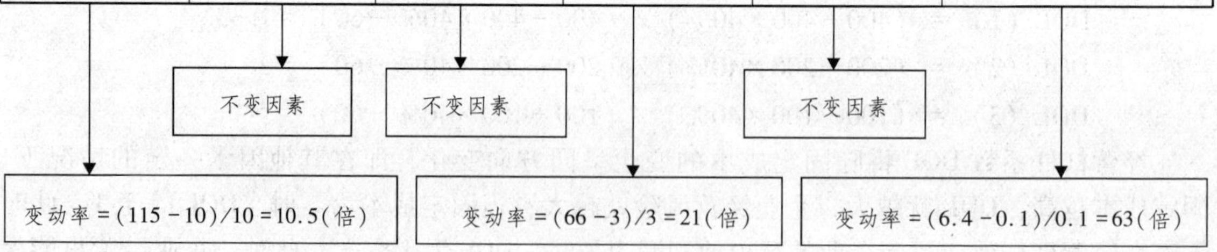

利息支出：不变因素；所得税率：不变因素；优先股股息：不变因素

息税前利息：变动率 = (115 - 10)/10 = 10.5(倍)

税后利润：变动率 = (66 - 3)/3 = 21(倍)

普通股每股收益：变动率 = (6.4 - 0.1)/0.1 = 63(倍)

（二） 财务杠杆的计量

财务杠杆作用的大小通常用财务杠杆系数来表示。财务杠杆系数是普通股每股利润的变动率相当于息税前利润变动率的倍数。其计算公式为：

财务杠杆系数＝普通股每股利润的变动率/息税前利润变动率

即：　　DFL＝（△EPS/EPS）/（△EBIT/EBIT）

式中：DFL为财务杠杆系数；△EPS为普通股每股利润的变动额；EPS为变动前普通股每股利润；△EBIT为息税前利润变动额；EBIT为变动前息税前利润；

财务杠杆系数的计算公式可简化为：

$$DFL = \frac{EBIT}{\left[EBIT - I - \frac{D}{(1-T)}\right]}$$

式中：I为债务利息费用；D为优先股股息；T为所得税税率。

若企业只存在负债：

则：

财务杠杆系数＝息税前利润/（息税前利润－利息）

即：

DFL＝EBIT/（EBIT－I）

必须说明的是，上式中的EBIT，I，D和T均为基期值（变动前的值）。

在其他因素不变的情况下，利息变大或优先股利变大，财务杠杆系数会变大，财务风险也会变大；如果EBIT变大，那么财务杠杆系数就会变小，财务风险也会变小。值得注意的是：存在财务杠杆的放大作用的前提是必须要有固定的利息负担或优先股息。显然，当企业既没有发行优先股，也没有向银行借款时，则财务杠杆系数为1，不存在财务杠杆效应。

财务杠杆系数表明息税前利润变动对每股收益变动的影响。

每股收益变动率＝息税前利润变动率×财务杠杆系数

财务风险指企业为了取得财务杠杆利益而利用负债资金时，增加了破产机会或普通股利润大幅度变化的机会所带来的风险。在资本总额、息税前盈余相同的情况下，负债比率越高，财务杠杆系数越高，财务风险越大，但预期每股盈余（投资者收益）也越高。企业可以通过合理安排资金结构、适度负债，使财务杠杆利益抵消风险增大所带来的不利影响。

五、复合杠杆（总杠杆/联合杠杆）

（一）　总杠杆的概念和效应

从前面的分析中我们知道，由于存在固定的生产经营成本，产生经营杠杆效应，使息税前利润的变动率大于销售量（额）的变动率；同样，由于存在固定财务费用，产生财务杠杆效应，使企业每股收益的变动率大于息税前利润的变动率。如果两种杠杆共同起作用，那么销售量（额）稍有变动就会使普通股每股收益产生更大的变动。这种由于固定生产经营成本和固定财务费用的共同存在而导致的每股收益变动率大于销售业务量变动率的杠杆效应，称为总杠杆。它是经营杠杆与财务杠杆共同作用的结果。

（二） 复合杠杆的计量

由于不同的企业复合杠杆作用的程度不同，对复合杠杆进行计量的常用指标，一般用复合杠杆系数来表示。复合杠杆系数是每股利润变动率相当于业务量变动率的倍数，其计算公式为：

复合杠杆系数＝每股利润变动率/产销业务量变动率

即：

$$DCL = (\triangle EPS/EPS)/(\triangle x/x)$$
$$= M/[EBIT - I - L - D(1 - T)]$$
$$= DOL \times DFL$$

式中：DCL 为复合杠杆系数。

总杠杆能够表明销售额变动对每股收益造成的影响。

普通股每股收益变动率＝产销量变动率×总杠杆系数

在总杠杆的作用下，当企业经济效益好时，每股收益会大幅度上升；企业经济效益差时，每股收益会大幅度下降。企业总杠杆系数越大，每股收益的波动幅度越大。这种由于总杠杆作用使每股收益大幅度波动而造成的风险，称为企业风险。在其他因素不变的情况下，总杠杆系数越大，企业风险越大；总杠杆系数越小，企业风险越小。

为了达到某一总杠杆系数，经营杠杆和财务杠杆可以有很多不同的组合。

【例 5.2】 某公司长期资本总额为 500 万元，其中长期负债为 200 万元，利率 10%，公司实现销售额 100 万元，固定成本总额为 10 万元，变动成本为 60 万元，则复合杠杆系数为：

$EBIT = 100 - 60 - 10 = 30$（万元）

$I = 200 \times 10\% = 20$（万元）

$DCL = (100 - 60)/(30 - 20) = 4$

或者先分别计算经营杠杆系数和财务杠杆系数。

$DOL = (100 - 60)/(100 - 60 - 10) = 1.333$

$DFL = 30/(30 - 20) = 3$

$DCL = 1.333 \times 3 = 4$

【案例分析】

TY 公司筹资方式的选择

TY 公司是一家经营机电设备的国有企业，由于该企业重视开拓新市场和保持良好的资本结构，在同行业中保持了较强的竞争力。在制度创新方面，企业已改制为股份有限责任公司。为了进一步开拓国际市场，公司需要在国外建立一全资子公司。公司目前的资本来源包括面值为 1 元的普通股 1 000 万股和平均利率为 10% 的 3 200 万元的负债。预计企业当年能实现利税前利润 1 600 万元，该公司所得税税率为 30%。开办这个全资子公司就是为了培养新的利润增长点，该全资子公司需要投资4 000万元。预计该全资子公司建成投产后会为公司增加销售收入2 000万元，其中变动成本为1 100万元，固定成本为500万元。该项资金来源有三种筹资方式：一是以11%的利润发行债券；二是按面值发行股利率为12%的优先股；三是按每股20元的价格发行普通股。

思考：

（1）不考虑财务风险的情况下，该公司应选择哪种筹资方式？

（2）如果公司息税前利润不确定性较大，应选择哪种筹资方式？

【本章小结】

经营风险是指公司因经营上的原因而导致营业利润或息税前利润变动的风险。它的存在会加大公司的融资风险，因此它是决定公司资本结构的一个重要因素。影响经营风险的因素有很多，主要有市场环境的变化和企业内部条件。

财务风险又称筹资风险或融资风险，是指企业为取得财务杠杆利益而利用负债资金所带来的，可能丧失偿债能力和每股收益大幅度变动的风险。在经营风险一定的前提下，利用负债资金的比例越大，给自有资金收益带来的不确定性即普通股每股收益的风险就越大。财务风险是决定企业资本结构的一个重要因素。

财务管理中的杠杆效应有三种形式，即经营杠杆、财务杠杆和复合杠杆。由于固定成本的存在，而导致息税前利润的变动率大于产销量的变动率的杠杆效应，称为经营杠杆。由于经营杠杆对经营风险的影响较为综合，因此常被用来衡量经营风险的大小。

由于固定财务费用的存在而导致普通股股东权益变动率大于息税前利润变动率的杠杆效应，称之为财务杠杆。财务杠杆常被用来衡量财务风险的大小。

这种由于固定生产经营成本和固定财务费用的共同存在而导致的每股收益变动率大于销售业务量变动率的杠杆效应，称为总杠杆。它是经营杠杆与财务杠杆共同作用的结果。

【思考与讨论】

1. 什么是经营杠杆？什么是经营杠杆系数？经营杠杆系数的大小说明什么问题？
2. 什么是经营风险？经营风险是怎样引起的？
3. 什么是财务杠杆？什么是财务杠杆系数？财务杠杆系数的大小说明什么问题？
4. 什么是财务风险？财务风险是怎样引起的？
5. 什么是复合杠杆？复合杠杆有何财务意义？

【课外作业】

一、单项选择题

1. 经营杠杆给企业带来的风险是（　　）。

A. 成本上升的风险

B. 利润下降的风险

C. 业务量的变化导致息税前利润更大变动的风险

D. 业务量的变化导致息税前利润同比变动的风险

2. 财务杠杆说明（　　）。

A. 增加息税前利润对每股盈余的影响

B. 销售收入的增加对每股利润的影响

C. 可通过扩大销售影响息税前利润

D. 企业的融资能力

3. 如果企业一定期间固定生产成本和固定财务费用均不为零，则由上述因素共同作用而导致的杠杆效应属于（　　）。

A. 经营杠杆效应　　B. 财务杠杆效应

C. 总杠杆效应　　D. 风险杠杆效应

4. 在企业全部资本中，如果权益资本与债务资本各占50%，则企业（　　）。

A. 只存在经营风险

B. 经营风险和财务风险一样大

C. 经营风险和财务风险可相互抵消

D. 同时存在经营风险和财务风险

二、多项选择题

1. 企业降低经营风险的途径一般有（　　）。

A. 增加销售量　　B. 增加自由资金　　C. 降低变动成本

D. 增加固定成本比例　　E. 提高产品售价

2. 计算财务杠杆系数用到的数据包括（　　）。

A. 所得税率　　B. 基期息税前利润

C. 基期利息　　D. 净利润

3. 关于经营杠杆系数，下列说法正确的有（　　）。

A. 其他因素不变，固定成本越大，经营杠杆系数越大

B. 当固定成本趋于0时，经营杠杆系数趋于1

C. 在其他因素一定的条件下，产销量越大，经营杠杆系数越大

D. 经营杠杆系数同固定成本成反比

三、判断题

1. 当企业的经营杠杆系数等于1时，则企业的固定成本为零，此时企业没有经营风险。（　　）

2. 如果企业负债筹资为零，则财务杠杆系数为零。（　　）

3. 无论是经营杠杆系数变大，还是财务杠杆系数变大，都可能导致企业复合杠杆系数变大。（　　）

四、计算题

1. XD公司资本总额为250万元，负债比率为45%，债务利息率为14%。该公司年销售额为320万元，息税前利润为80万元。固定成本为48万元，变动成本率为60%。试计算该公司的经营杠杆系数、财务杠杆系数和总杠杆系数。

2. 某企业资金总额2 000万元，借入资金与权益资金的比例为1:1，负债利率10%，普通股股数50万股，所得税率为25%，2014年企业息税前利润额为300万元。试计算财务杠杆系数和普通股每股收益。

3. 某企业只生产和销售 A 产品，固定成本 10 000，单位变动成本 3。假定该企业 2014 年度 A 产品销售量为 10 000 件，每件售价为 5 元，按市场预测 2015 年 A 产品的销售数量将增长 10%。

要求：(1) 计算 2014 年该企业的边际贡献总额；

(2) 计算 2014 年该企业的息税前利润；

(3) 计算 2015 年的经营杠杆系数；

(4) 计算 2015 年的息税前利润增长率；

(5) 假定企业 2014 年发生负债利息 5 000 元，且无融资租赁租金，计算 2015 年的复合杠杆系数。

第六章　资金结构理论

【学习目标】 本章的核心是了解资金结构理论；掌握资金结构的概念，如何确定最优资金结构。

【引入案例】

CFO 的难题[①]

上市企业 AA 公司 CFO 对公司的资金结构做了一定的分析，欲根据本企业实际情况合理安排和调整资本结构，追求企业权益资金收益率最高、企业价值最大而综合资金成本最低的资金结构，保持企业良好的财务状况。他打算选择一种最优的资金结构，使公司价值最大化，但面临以下几个问题：

（1）如何利用举债节约所得税的好处？

（2）如何权衡破产成本和代理成本？

（3）如何考虑宏观因素的影响？

（4）如何在维护股东利益的同时考虑权衡其他利益关系人的利益？

众所周知，资金结构的优化是一项复杂的财务活动，它涉及面很广，要寻求一套适应企业的具体优化方法和策略，可以说是一项困难而复杂的课题。

第一节　资金结构理论概述

一、资金结构的含义

资金结构是指企业各种资金来源的构成和比例关系。最基本的资金结构是借入资金和自有资金的比例，以债务股权比率或资产负债率表示。

由于企业的资金结构影响企业的市场价值进而影响宏观经济的增长与稳定，因此，企业如何通过融资方式的选择来实现其市场价值最大化，即如何确定最优资金结构，一直是财务

① 傅元略：《中级财务管理》，复旦大学出版社 2005 年版。

理论和实践中人们普遍关注的问题。在这个领域的探索和研究中已初步形成了比较完整的理论体系，即资金结构理论。进入20世纪50年代以后，西方财务学界开始将经济学中的一些分析方法和技术引入到资金结构的研究当中，取得了一系列惊人的成果，构成了现代资金结构理论。

二、资金结构理论

（一） MM理论

MM理论是由美国著名财务学家弗兰克·莫迪格莱尼教授和莫顿·米勒教授（后人称之为MM）共同提出的。

1958年，莫迪格莱尼和米勒共同在《美国经济评论》上发表了一篇一直以来被视为最具影响力的财务与金融方面的著名论文《资本成本、公司财务和投资理论》，创建了现代企业融资理论的开端。该论文提出了未考虑公司所得税的资金结构理论，即资金结构无关论。这一理论是在对早期净营业收益理论做了进一步发展的基础上提出的，通过严格的数学推导，证明了在市场完善、投资者以及管理者都是理性的条件下，企业的价值与所采取的融资方式无关的理论。其基本要点是：以一系列严格的假设为基础，在完美的市场体系下，通过套利机制的作用，两种性质相同的资产，不可能因其购置所使用的资金来源不同而具有不同的价格；同样，公司不可能因资金结构的不同而改变其价值或综合资本成本，即风险相同而只有资金结构不同的企业，他们的价值相等。换言之，公司的价值与综合资金成本不会受资金结构变动的影响。

从某种意义上讲，这一结论很像厂商在完全竞争市场上追求最大利润的那个简单模型。尽管这个模型不完全真实，但它为分析研究融资结构问题提供了一个有用的起点和框架。

（二） 权衡理论

MM资金结构理论只考虑了负债带来的减税利益，却忽视了负债带来的风险和额外费用。1963年，莫迪格莱尼和米勒共同在《美国经济评论》合作发表了另外一篇论文《公司所得税与资本成本：一项修订》。该文取消了原来MM理论公司所得税的假设，提出修正后的新MM理论，即：税负利益－破产成本的权衡理论。

权衡理论通过放宽MM定理的部分假定，考虑在税收、财务困境成本、代理成本分别或共同存在的条件下，资金结构如何影响企业市场价值。负债对企业市场价值的影响是双向的。负债会提高企业的市场价值，这是因为如下两方面的原因：

（1）税减作用。利息支出作为成本在税前列支，而股息则必须在税后支付。因而提高负债比例能为企业带来节税效应，提高企业价值。

（2）权益代理成本的减少。负债有利于减少企业的自由现金流量，从而减少了企业进行低效或非营利项目的投资。负债也会降低企业的市场价值，这是因为财务困境成本，包括破产威胁的直接成本、间接成本和权益的代理成本，这些会提高融资成本，从而降低企业的市场价值。综合而言，随着债务的增加，负债带来的收益会提高企业的市场价值，但其边际收益递减；负债带来的成本会降低企业的市场价值，且其边际成本递增。因此，它认为企业的最优资金结构就是对负债的成本和收益进行权衡比较的结果，即当债务资本的边际成本和边际收益相等时的比例。这个比例即是一个转折点，在这点之前负债带来的税收利益超出破产成本；在这点之后负债带来的破产成本超出税收利益，此点就是企业最优资金结构之所在。该理论既考虑负债带来的减税利益，也考虑由负债带来的各种成本，并对它们进行适当平衡以确定资金结构。权衡理论是对 MM 资本结构理论的发展，但是因其考虑了更多的现实因素而更符合实际情况。

（三） 代理成本理论

詹森和麦克林（1976）运用代理成本理论对资金结构进行分析，他们认为资金结构是由代理成本所决定的，即源自股东和高级管理人员以及股东和债权人之间的矛盾。偿还债务的需要可以减少管理者为自己谋利的机会（如津贴等），债务合约迫使经理在未来支付现金，减少经理可以支配的自由现金流量，从而减少自由现金流量的代理成本。但是，在有限责任的保护下，债务合约使股东具有将资金投向高风险项目的次优选择的动机。资金结构决策是为了以最佳的方式将债务的正反两方面的效应相互抵减而做出的，当公司的负债率为零时，公司经理对资产的自由支配权最小，经理的积极性最低，所以权益资本的代理费用最高；而当引入负债时，会降低权益资本的代理费用，虽然债务资本的代理费用也会随之上升，但是适度的负债率会使降低权益资本的代理费用超出上升的债务资本的代理费用，进而使总代理费用降低。他们认为，以下三方面的原因会导致债务代理成本产生：

（1）债券持有人对企业投资决策产生影响，导致机会财富损失。

（2）债券持有人或债权人通过一些限制性条款，增加企业的运行成本。

（3）因债务的存在而产生的破产和重组成本。如果经理拥有公司的股权，在公司投资总额与经理的投资额不变的条件下，增加债务比例将增加经理拥有的股权比例，从而降低股权代理成本。

（四） 信号模型理论

资金结构的信号模型理论认为，在非对称信息条件下，不同的资金结构会向资本市场传递有关企业真实价值的不同信号。企业管理者（内部人）应选择合适的资金结构，以传递正面的信号。给定投资水平，债务水平可以充当内部人有关企业收益分布的私人信息的一个信号，这一观点由罗斯（1977）首创，让信息内容理论与资金结构、企业价值联系起来。罗斯认为，负债比率是一个信号工具，它向市场传送着企业经营者对企业未来收益有较高期望的积极信号，企业市场价值随之提高是正常的，但是，如果股东与经营者存在着信息不对称，情况就有所不同。在他的模型中，企业管理者了解其企业收益的真实分布，而外部投资者则不知道。由于破产的概率与企业的质量负相关而同负债水平正相关，在这种情况下，高质量的企业破产的可能性较低，管理者可以选择较高水平的负债水平，而低质量企业破产的可能性较高，管理者无法模仿高质量的企业选择较高水平的负债水平，所以外部投资者把较高的负债水平视为企业高质量的一个信号。他还认为，比起其他财务信号工具如公告等，负债作为信号至少有如下主要优越性，即将管理者的报酬方案与对企业收益或更准确来源依附在企业股票和债券上的衍生证券的财务请求权联合起来，使管理者的报酬方案直接取决于企业财务请求权的市场价值和一组市场请求权的等价物，因而更容易得到监督和强化。债务水平越高，同时企业内部人持股比例越高，企业的质量也越高。

（五）控制权理论

资金结构的控制权理论认为，资金结构的选择也就是企业控制权在不同证券所有人之间分配的选择。由于未来是不确定的，契约也就不可能完备，剩余控制权的分配由此就变得很重要。当契约不完备时，谁拥有剩余控制权对企业效率有重要影响。在不完全契约条件下，企业的控制权配置应该是状态依存的。在一定的时期内，当出现不利的、公开观测得到的收益信息时，将控制权转移给债权人是最优的；在企业经营前景较好的情形下，控制权保留在股东手上。因此，最优的资金结构就是在一定的负债水平导致企业破产时将控制权从股东转移给债权人是最优的。

西方资金结构理论从多方面对资金结构本质及影响因素做了深刻的揭示，为我们研究资金结构的优化问题提供了理论依据，但西方资金结构理论并没有提供一个简单而明确的答案。当然，西方资金结构理论也存在一定的局限性。如假设条件过于严格且脱离现实，一些参数如代理成本、企业价值等难以准确计量，使西方资金结构理论在实际应用中受到一定的限制。另外，西方的资金结构理论是建立在西方有效的资本市场基础之上，西方国家有着完善的资本市场，有较充分的金融工具供选择，企业可以充分自主地选择市场上的各种资金来源，市场上各投资主体也可充分选择自己的投资对象。而我国的资本市场尚处于发育阶段，股票和债券融资均受到严格管制，企业难以自由选择西方企业所具有的种种融资渠道，我国的企业资金结构和融资方式更多地受到金融体制的制约和影响。因此，我国企业资金结构的特征与西方情况有一定的差异。但如果我们撇开一些难以使用的因素，用西方资金结构理论的研究方法和思想来分析我国上市公司资金结构情况，辩证地看待西方资金结构理论，其中的许多论述对我国上市公司优化资金结构还是具有重要的启示意义。

20 世纪 90 年代之后，随着公司制企业的增多，我国学者结合西方理论和我国国情对我国的资金结构进行了研究。张春霖（1995，1997）提出要重新构造融资体制，重视债权人在公司治理中作用，以更好地监控公司的内部人。在我国的融资体制中，应以金融机构制代替行政机构制，要有民间融资，培育多种形式的金融机构，形成竞争性的金融市场。解决国有企业问题的根本出路在于以市场经济的融资体制代替计划经济的融资体制，同时要尽早处理国家融资体制遗留的历史欠账问题。张维迎（1995，1996）认为，企业资金结构不仅影响企业的融资成本，而且影响企业的治理结构和总体经济的增长与稳定。资金结构是公司治理结构最重要的一个方面，公司治理结构的有效性在很大程度上取决于资金结构。在实证领域，孙永祥和黄祖辉（1999）对不同的股权结构以及代理权变更进行了实证分析；陈晓和江东（2000）系统考察了股权结构对公司业绩的影响；于东智（2001）、冯根福和韩冰（2002）等学者对我国上市公司的资金结构和经营业绩的相关性进行了大量的实证研究。但总的说来，我国学者还是停留在借鉴西方资金结构理论和一般经验性的实证阶段。

资金结构理论为企业筹资决策提供了有价值的参考，可以指导决策行为。但是也应注意，由于筹资活动本身和外部环境的复杂性，目前仍难以准确地揭示出存在财务杠杆、每股收益、资金成本以及企业价值之间的关系，所以筹资决策在一定程度上还是靠专业人员的经验和主观判断。

第二节　资金结构决策

筹资决策的目标，就是要确定最佳的资金结构，以使股权权益最大化（即普通股每股收益最多或自有资金利润率最高）或资金成本最小化。

一、最佳资金结构的含义

所谓最佳资金结构指的是在一定条件下使企业加权平均成本最低，企业价值最大的资金结构。

从理论上讲，最优资金结构是存在的，但由于企业内部和外部环境和条件的变化，寻找最优资金结构是很困难的。从资金结构理论研究分析可看出，利用负债资金有双重作用，适当利用负债可以降低企业资金成本，但企业负债比率过高时，会带来很大的财务风险。为此，企业必须权衡财务风险和资金成本的关系，确定最佳资金结构。

二、最佳资金结构的决策方法

最佳资金结构的决策方法包括：每股收益分析法、比较公司价值法、比较资金成本法等。

（一）每股收益分析法（每股收益无差别点法）

每股收益分析法是对不同资金结构的盈利能力与每股利润进行分析，利用每股收益无差别点来进行资金结构决策，进而确定合理资金结构的方法。无差别点是指在两种不同筹资方式下，普通股每股收益相等时的息税前利润点（或销售收入点），这一点是两种资金结构优劣的分界点。所以无差别点分析法也可称为息税前利润－每股收益分析法，简写为 EBIT－EPS 分析法。

$$\mathrm{EPS}=\frac{(\mathrm{EBIT}-I)(1-T)-D}{N}$$

式中：EPS 为每股收益；I 为利息；D 为优先股股利；T 为所得税税率；N 为发行在外的普通股股数。

设方案 1 的 EPS 为 EPS_1，设方案 2 的 EPS 为 EPS_2，令 $EPS_1 = EPS_2$，则无差别点（EBIT）的计算公式如下：

$$\frac{(\text{EBIT}-I_1)(1-T)-D_1}{N_1}=\frac{(\text{EBIT}-I_2)(1-T)-D_2}{N_2}$$

式中：除 EBIT 是未知项，其他均为已知项，可计算出两个方案 EPS 相同情况下的无差别点（息税前利润点）。

决策方法：

当预计息税前利润等于 EBIT 时，两种方案的筹资方式均可；

当预计息税前利润大于 EBIT 时，则追加负债筹资的方案更有利；

当预计息税前利润小于 EBIT 时，则增加主权资金筹资的方案更有利。

【例 6.1】 某公司目前资金来源包括每股面值 1 元的普通股 800 万股，平均利率 10% 的 3 000 万债务，公司准备投产一个新产品，项目需要投资 4 000 万元，预计投产后每年增加营业利润（息税前利润）400 万元。有两个备选方案：（1）按 11% 的利率发行债券；（2）按20 元/股的价格增发普通股。

该公司目前的息税前利润是 1 600 万元；公司适用的所得税率为 40%；证券发行费可忽略不计。

（1）计算按不同方案筹资后的普通股每股收益。

	方案 1	方案 2
EBIT	1 600 + 400 = 2 000	1 600 + 400 = 2 000
目前利息	3 000 × 10% = 300	3 000 × 10% = 300
新增利息	4 000 × 11% = 440	
税前利润	1 260	1 700
税后利润	1 260 × 60% = 756	1 700 × 60% = 1 020
优先股利		
普通股数	800	800 + 4 000/20 = 1 000

每股收益：

方案 1：756/800 = 0.945（元/股）

方案 2：1 020/1 000 = 1.02（元/股）

（2）计算增发普通股和债券筹资的每股（指普通股，下同）收益无差别点（用息税前利润表示，下同）。

增发普通股和债券筹资的每股收益无差别点：

(EBIT − 300) × (1 − 40%) /1 000 = (EBIT − 740) × (1 − 40%) /800

EBIT = 2 500

从图 6.1 可以看出，当预计公司的息税前利润小于 2 500 万元时，应采用方案 2 筹资，这时股东的每股收益最大；当预计公司的息税前利润大于 2 500 万元时，应采用方案 1 筹资。可见，息税前收益越大，负债比率高的筹资方案对每股收益的提高越有利。

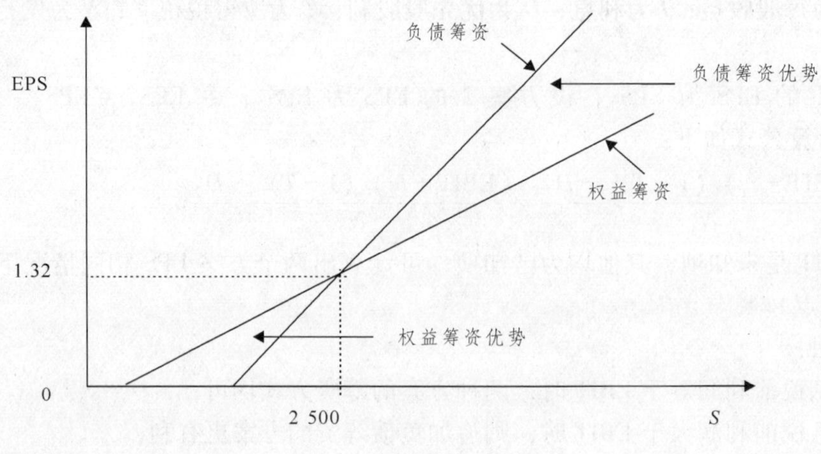

图 6.1

评价：每股利润分析法测算原理比较容易理解，测算过程比较简单。此法的局限性在于，只考虑了资金结构对每股收益的影响，并假定每股收益最大，股票价格也就最高。但把资金结构对风险的影响置于事外是不全面的。因为随着负债的增加，投资者的风险加大，股票价格和企业价值也会有下降的趋势，所以，单纯地用 EBIT－EPS 分析法有时会做出错误的决策，可用于资金规模不大，资金结构不太复杂的股份有限公司。

（二） 比较公司价值法

以上我们以每股利润的高低作为衡量标准对筹资方式进行了选择，这种方法的缺陷在于没有考虑风险因素。从根本上讲，财务管理的目标在于追求公司价值的最大化或股价最大化。

然而，只有在风险不变的情况下，每股收益的增长会直接导致股价的上升。实际上，经常是随着每股收益的增长，风险也在加大。如果每股收益的增长不足以补偿风险增加所需的报酬，股价仍然会下降。因此，公司的最佳资金结构应当是公司的总价值最大，而不一定是每股收益最大的资金结构。同时，在公司总价值最大的资金结构下，公司的资金成本也是最低的。

这种方法的基本步骤为：

1. 计算公司股票成本

在比较公司价值法下，一般采用资本资产定价模型来计算公司股票成本。其计算公式为：

$$K_S = R_f + \beta\ (R_m - R_f)$$

式中：K_S 为权益资金成本或股票成本；R_f 为无风险报酬率；R_m 为股票市场的平均报酬率；β 为股票的 β 系数。

2. 计算公司的市场价值

第一，债务价值。在此方法下，被假定债务的价值是其面值。

第二，股票价值。在此方法下，股票的价值用下列公式计算：

$$S=\frac{(\mathrm{EBIT}-I)(1-T)}{K_C}$$

第三，公司的市场价值。公司的市场价值按下列公式计算：

$$V=S+B$$

式中：V 为公司的市场价值；S 为股票的价值；B 为负债的价值。

3. 计算综合资本成本

在此种方法下，假定公司的全部资金由债务和普通股两方面构成，所有筹集资金方式的筹集费用忽略不计。公司的加权平均资金成本的计算公式如下：

$$K_W=K_b\frac{B}{V}(1-T)+K_C\frac{S}{V}$$

式中：K_b 为税前的债务资金成本；B/V 为债务资金成本占全部资金的比重；S/V 为权益资金成本占全部资金的比重。

（三） 比较资金成本法

比较资金成本法也叫比较优选法，是指企业在做出筹资决策之前，先拟定若干个备选方案，分别计算各方案加权平均资金成本，并根据加权平均资金成本的高低来确定资金结构的方法。资金来源渠道如表 6.1 所示。

表 6.1 资金来源渠道

资金来源	待定资金来源比例（%）				已定资金成本（%）
	A	B	C	D	
银行贷款	40	30	30	25	6
发行债券	20	30	20	35	8
发行股票	40	40	50	40	9

计算四个方案的综合资金成本：

方案 A：40% ×6% +20% ×8% +40% ×9% =8.4%

方案 B：30% ×6% +30% ×8% +40% ×9% =7.8%

方案 C：30% ×6% +20% ×8% +50% ×9% =7.9%

方案 D：25% ×6% +35% ×8% +40% ×9% =7.9%

B 方案的综合资金成本最低，因此在这四种可选方案中，最优资金结构为 B 方案。

评价：比较资金成本法的测算原理容易理解，测算过程简单，但仅以资金成本率最低作为决策标准，没有具体测算财务风险的因素，可能会放弃可行投资方案，从而不能达到使所有者收益最大的目标。例如，企业追加投资的边际资金成本有可能大于追加投资前的资金成本，使追加后企业的综合资金成本上升，按资金成本最低的标准是不可取的。但只要追加投资的边际投资报酬率高于边际资金成本，该投资则能提高所有者收益，因此，资金成本最低标准存在不足之处。其决策目标实质上是利润最大化而不是企业价值最大化，一般适用于资金规模较小、资金结构较为简单的非股份制企业。

【案例分析 6.1】

"大宇做饼"，神话破灭①

无债不一定轻松，但有债一定不会舒服，甚至有时候会让你感觉到痛苦和威胁！

韩国大宇集团起家于纺织商社。20 世纪 70 年代以后，大宇集团逐渐收买了机械、化学、造船和汽车等重工业。80 年代中期成为拥有商社、保险和证券公司的韩国五大财阀之一。大宇集团自成立以来，借助政府的政策支持、银行的信贷支持和在海内外的大力并购，经过 30 年的摸爬滚打，直逼韩国最大企业——XD 集团的庞大商业帝国，成为韩国第二大企业集团；1998 年年底，总资产高达 640 亿美元，营业额占韩国 GDP 的 5%；业务涉及贸易、汽车、电子、通用设备、重型机械、化纤、造船等众多行业；国内所属企业曾多达 41 家，海外公司数量创下过 600 家的记录，鼎盛时期，海外雇员多达几十万，大宇成为国际知名品牌。让韩国人为大宇着迷的是：在韩国陷入金融危机的 1997 年，大宇不仅没有被危机难倒，反而在国内的集团排名由第四位上升到第二位，金宇中本人也被美国《幸福》杂志评为亚洲风云人物。

但是，这种光环并没有环绕大宇太久。在大宇集团极度扩张年的第二年，也就是 1999 年 11 月 1 日，大宇集团向新闻界正式宣布，该公司董事长金宇中以及 14 名下属公司的总经理决定辞职，以表示"对大宇的债务危机负责，并为推行结构调整创造条件"。韩国媒体认为，这意味着"大宇集团解体进程已经完成""大宇集团已经消失"。

大宇集团为何在似乎没有任何征兆的情况下迅速覆灭？在其轰然坍塌的背后，我们能了解到什么？

1997 年年底韩国发生金融危机后，其他企业集团都开始收缩，大宇仍然我行我素，结果债务越背越重。尤其是 1998 年年初，韩国政府提出"五大企业集团进行自律结构调整"的方针后，其他集团把结构调整的重点放在改进财务结构方面，努力减轻债务负担。大宇却认为，只要提高开工率，增加销售额和出口就能躲过这场危机。因此，它继续大量发行债券，进行"借贷式经营"。至 1999 年度其负债高达 86 万亿韩元，而资产总额竟然还不足 25 万亿元，资产负债率居高不下，大宇最终不得不走向前述的那一幕。

思考：

根据资料，分析大宇公司资金结构存在的问题。

【案例分析 6.2】

资本结构：一个低负债的公司②

马绍尔工业公司（Marshall Industries）是美国第四大电子和工业零部件经销商，半导体占其销售的大多数。公司的供应商包括德克萨斯仪器公司（Texas Instruments）、日立公司和富士公司公司是在 1954 年由戈登 S. 马绍尔（Gordon S. Marshall）创立的。马绍尔先生仍

① 李剑锋，王珺之：《财务管理十大误区》，中国经济出版社 2004 年版。

② （美）斯蒂芬 A. 罗斯等：《公司理财》，机械工业出版社 2000 年版。

是董事会主席，但他目前拥有不到2%的公司股份。直到最近，当公司宣布其购买电子经销商斯特林电子公司（Sterling Electronics）的意向时，马绍尔工业公司采用了极少量的长期债务。在1997年8月，公司的资本结构见表6.2。

表6.2

长期债务	55 000 000 美元	8.5%
股票市场价值	593 000 000 美元	91.5%
合计	648 000 000 美元	100%

为什么马绍尔工业公司开不看重长期债务呢？创始人及董事会主席戈登 S. 马绍尔（简称GSH）回答了这个以及其他问题。

采访者：从财务的角度看待马绍尔工业公司，有一件事情较突出，即公司几乎没有长期债务，为什么呢？

GSM：公司没有任何理由采用财务杠杆。我们能从留存收益中筹得发展资金。我们不需要债务。

采访者：马绍尔工业公司正处于竞争激烈的行业中。这是否是马绍尔工业公司资本结构的影响因素？

GSM：一个重要的因素是我的谨慎个性。正如你知道的，这是一个激烈的行业。我已经历过一些财务上的恶劣时期，我不想把自己置于这样一种处境——任何时候都不得不到一家银行说："你们能贷一些款给我吗？"

采访者：马绍尔工业公司经销亚洲（主要是日本）的电子零部件。近来的亚洲衰退对马绍尔工业公司有影响吗？

GSM：生产力过剩是一个大问题。在亚洲，所有生产力过剩的结果是价格和利润持续下降。所以我们的策略是必须扩大规模，使公司更有效率和更富有竞争力。这就是为什么我们最近收购斯特林电子公司的原因。斯特林电子公司是一家拥有4亿美元的公司，而且现在我们有了财务杠杆。我们目前有3亿美元的债务。

采访者：到最近为止，马绍尔工业公司几乎没有债务，获利甚丰而且未支付股利。贵公司曾经是敌意收购抑或其他收购行为的目标公司吗？

GSM：在历史上，公司大多依赖我（直至任命目前的首席执行官 Robert Rodin）和我长期以来所建立起来的关系。因此，敌意的收购是不可能的。

马绍尔工业公司的一些教训是什么呢？首先，它是一家拥有重大无形资产的公司。马绍尔工业公司在历史上的成功依靠戈登S. 马绍尔的领导能力——他的信誉和建立并保持关系的能力。无形资产和低负债比率趋于相关，因为无形资产带来高的财务困境成本，尤其是当其与公司的成功有了密切的联系时。电子零部件的经销是竞争激烈的行业，有足够的成长机会，但也有经营不好的时期。在经营好的时候，马绍尔工业公司采用非常少的债务。未使用的负债能力提供高融资能力（financial slack）和进入金融市场的准备。马绍尔工业公司把对自己有利的高融资能力用于与斯特林电子公司的合并。

当然，戈登 S. 马绍尔已经是马绍尔工业公司股票的一个重要持有人。所有者控制的公司在财务上趋于保守，因为财务困境成本对它们的损害高于对所有权分散的公司的损害。马绍尔工业公司的一份财务报告如表6.3所示。

表 6.3

项目	1997 年
收入（百万美元）	1 184
净收入（百万美元）	40
长期债务（百万美元）	55
股票的市场价值（百万美元）	593
股利支付比率（%）	0
五年期平均权益收益率（%）	13.3
市值－面值比	1.6
债务占总资本比（%）	8.5
五年综合收入年增长率（%）	16
机构投资者的持股比例（%）	87

思考：

（1）如何看待马绍尔工业公司资本结构问题？

（2）马绍尔工业公司资本结构有何特点？它对公司价值产生什么影响？

【本章小结】

资金结构是指企业各种资金来源的构成和比例关系。最基本的资金结构是借入资金和自有资金的比例，以债务股权比率或资产负债率表示。

资金结构理论包括 MM 理论、权衡理论、代理成本理论、信号模型理论、控制权理论等。资金结构理论为企业筹资决策提供了有价值的参考，可以指导决策行为。

筹资决策的目标，就是要确定最佳资金结构，以求得股权权益最大化（即普通股每股收益最多或自有资金利润率最高），或资金成本最小化。

所谓最佳资金结构指的是在一定条件下使企业加权平均成本最低，企业价值最大的资金结构。

从理论上讲，最佳资金结构是存在的，但由于企业内部和外部环境和条件的变化，寻找最佳资金结构是很困难的。从资金结构理论研究分析可看出，利用负债资金有双重作用，适当利用负债可以降低企业资金成本，但企业负债比率过高时，会带来很大的财务风险。为此，企业必须权衡财务风险和资金成本的关系，确定最佳资金结构。

最佳资金结构的决策方法包括：每股收益分析法、比较公司价值法、比较资金成本法等。

【思考与讨论】

1. MM 理论的基本内容是什么？试简要说明 MM 理论的重要价值。
2. 什么是资金结构？研究资金结构有何意义？
3. 什么是最佳资金结构？确定最佳资金结构的方法有哪些？

4. 什么是每股盈余分析法？概述每股盈余分析法进行资金结构决策的基本步骤。

5. 如何运用比较资金成本法确定最佳资金结构？

【课外作业】

一、单项选择题

1. 每股收益无差别点是指两种筹资方式下，普通股每股收益相等时的（　　）。

A. 成本总额　　B. 筹资总额　　C. 息税前利润　　D. 销售收益

2. 如果一个企业预计的息税前利润大于每股收益无差异点时，则较为有利的筹资方式是（　　）。

A. 权益　　B. 负债　　C. 负债或权益均可　D. 无法确定

3. 下列关于资金结构的表述中，不正确的是（　　）。

A. 如果产销业务稳定，企业可以较多的使用负债

B. 企业收缩阶段，产品市场占有率下降，应提高负债的比率以抢占市场

C. 拥有较多流动资产的企业更多地以流动负债融通资金

D. 如果所有者害怕股权分散，则可采用债务筹资

二、多项选择题

1. 如果企业资金结构发生变化，下列可能随之发生变化的是（　　）。

A. 经营杠杆系数　B. 财务杠杆系数　C. 总杠杆系数　　D. 复合杠杆系数

2. 确定企业资金结构时，下列说法正确的是（　　）。

A. 如果企业的销售不稳定，则要更多地筹措权益资金

B. 为了保证原有股东的绝对控制权，一般应当尽量避免普通股筹资

C. 若预期市场利率会上升，企业应尽量利用短期负债

D. 所得税率越高，举债负债利益越明显

3. 企业债务比重过高时，可以采用（　　）调整资金结构。

A. 利用留存收益归还债务

B. 将可转换债券转换成普通股

C. 以公积金转增资本

D. 增发普通股

三、计算题

1. 某公司拟筹集资金1 000万元，现有甲、乙两个备选方案。有关资料如下：

(1) 甲方案：按面值发行长期债券500万元，票面利率10%，筹资费用率1%；发行普通股500万元，筹资费用率5%，预计第一年股利率为10%，以后每年按4%递增。

(2) 乙方案：发行普通股400万元，筹资费用率4%，预计第一年股利率12%，以后每年按5%递增；利用公司留存收益筹资600万元。该公司适用的所得税税率25%。

要求：按平均资金比较确定该公司的最佳筹资方案。

2. 某公司目前的资本来源包括每股面值1元的普通股800万股和平均利率为10%的3 000万元债务。该公司现在拟投产一个新产品，该项目需要投资4 000万元，预期投产后每年可增加息税前利润400万元。该项目备选的筹资方案有三个：

(1) 按11%的利率发行债券；

(2) 按面值发行股利率为12%的优先股;

(3) 按20元/股的价格增发普通股。

该公司目前的息税前利润为1 600万元,公司适用的所得税税率为40%,债券发行费可忽略不计。

要求:

(1) 计算按不同方案筹资后的普通股每股收益。

(2) 计算增发债券和普通股筹资的每股收益无差别点,以及增发普通股和优先股筹资的每股收益无差别点。

(3) 计算筹资前的财务杠杆和按三个方案筹资后的财务杠杆。

(4) 根据以上计算结果分析,该公司应当选择哪一种筹资方式?理由是什么?

第七章 营运资金管理理论

【学习目标】 本章的核心是了解营运资金的概念和特点，现金管理的目的、政策，存货管理的目的、政策；理解营运资金需求的概念和资本匹配战略；掌握现金余额模型和现金收支管理，经济订货批量模型，信用政策和收账政策的决策方法。

【引入案例】

存货管理的新方向——供应链管理

分析沃尔玛公司的财务会计报表可以发现：沃尔玛公司的总资产周转率是同行业企业的数倍，而其经营费用与销售额的比率几乎是同行业企业的一半。可见，在商业界的激烈竞争中，沃尔玛公司仍然找到了获利制胜的新法宝，使其立于不败之地。沃尔玛公司运用供应链管理来获得较低的成本费用和达到良好的营运资产管理，从而保证了利润的实现。

营运资金是指在企业生产经营活动中占用流动资产上的资金。营运资金有广义和狭义之分，广义的营运资金又称毛营运资金，是指一个企业流动资产的总额；狭义的营运资金又称净营运资金，是指流动资产减流动负债后的余额。

会计上侧重于净营运资金的概念，财务管理则应着眼于总营运资金，既要关注流动资产的管理，又要重视流动负债的管理。

营运资金管理的重要性体现在：①流动资产占用适度与否，将影响企业经营的收益性与风险性，进而关系到企业财务目标——价值最大化能否实现。②流动负债作为企业资金融通的一个重要来源，其规模是否合理，时间分布是否均衡将影响企业的资金成本、支付能力和偿债风险。③流动资产与流动负债的匹配是资产负债管理和财务结构控制的重要组成内容。

第一节 营运资金管理政策

营运资金管理政策主要关心两个问题：一是流动资产总体和流动资产的各个子项目的适度水平是多少？二是如何为流动资产筹集资金？

一、流动资产与流动负债

（一） 流动资产

1. 流动资产的组成

一般来说，企业的流动资产占到总资产的25% ~80%，企业中很大一部分资金是被流动资产所占，企业对这部分资产的管理对企业的经营业绩有很大的影响。

流动资产是指在一年内或者大于一年的一个营业周期内变现的资产，主要有以下四种：

（1）现金。现金是企业内流动性最强的资产。它可以在购买物品时直接实现支付功能，用来支付费用、偿还债务等。它包括库存现金和银行存款，有时也将即期或到期的票据看作现金。

企业极少数以货币形式持有现金，极大部分以银行存款形式存在。拥有大量现金的公司固然具有较强的偿债能力和承担风险能力，但持有的现金没有投入到企业真实的再生产领域，所以它不能给企业带来报酬或者仅是很低的利息报酬。在高通货膨胀的情况下，它的实际收益率可能为负报酬率。所以，在财务管理中应注意平衡资金的流动性与收益性之间的关系，不能过多的保留现金。

（2）短期投资。短期投资主要指一些有价证券，它们能够在不超过一年时间内或者随时可以变现。它既能给企业带来较好的投资收益，又能增强企业资产的流动性，降低企业的财务风险，因此适当持有有价证券是一种较好的财务策略。企业一般将资金投资于安全性和流动性强的证券，因此有价证券也视为现金等价物。

（3）应收款项。应收款项主要指企业在生产经营过程中形成的应收而未收到的款项以及预先支付的款项，包括应收票据、应收账款、预付账款、其他应收款等。应收款项是市场经济下竞争和信用制度的必要产物。为了加强市场竞争能力，企业拥有一定数量的应收及预付款项是不可避免的，企业应力求加速账款的回收，减少坏账损失。

（4）存货。存货是指企业在生产经营过程中为了满足耗用或销售而存储的各种资产。存货主要由原材料、半成品和产成品组成。公司在存货上的投资占流动资产的比率最大，因此造成投资的机会成本也最大。存货的机会成本指存货占用的资金不能再投资于其他项目而引起的最大损失。此外，存货还有储藏费用、保险费、损耗和过期变质等风险。合理安排存货的持有量和订购次数，加强存货管理和控制，能有效地节约营运资金。

2. 流动资产的特点

相对固定资产而言，流动资产投入生产经营过程后不再保持其原来的实体形态，其价值一次全部转移到生产经营上，并一次全部得到补偿，它具有如下特点：

（1）过程的流动性。在再生产过程中，流动资产不断地循环。流动资产的循环是流动资产占用形态的统一。企业流动资产需同时分别占用现金、原材料、在产品、库存商品及现金等形态上。这种循环往复川流不息，使流动资产的占用形态不断变化，并且从某一瞬间看，各种形态的流动资产是同时并存的，这是流动资产的基本特点。例如，货币购买的原材料、辅助材料、包装物等经过不同阶段的加工，大部分流动资产将随生产经营的活动顺序运动，最后实现销售，以货币的形式得到补偿，并产生新价值。流动资产的流动性越好则其补偿越快，产生的新价值越多，这部分资产的效益就越好。作为公司的财务管理部门，应用各种方法加速公司流动资产的流动，以收到更好的经济效益。

(2) 形态的变动性。企业的各项流动资产，如现金、原材料、在产品、产成品、应收款项等，即为流动资金的多种占用形态。其每一种占用形态不是长久不变的，而是经常迅速转变的，会从一种形态（如现金）很容易地转换为另一种形态（如原材料）。各种流动资产占用形态在时间上顺次继起，在空间上同时并存。这就是流动资产占有形态的变动性。因此，公司的财务管理部门必须在各种占用形态之间合理配置流动资产数额，并适时调整，以促使流动资产循环和周转的顺利进行，保持较强的流动性和变现性。

(3) 数量的波动性。流动资产占用量不是一个固定的常数，大多数企业的生产经营均会不同程度地受销售淡旺季节、市场需求的起伏、竞争的激烈程度以及物价的波动和国家宏观政策的调整等诸多因素的影响而呈现出波动性。流动资产占用量的高低起伏，不断波动是正常的。

（二） 流动负债

1. 流动负债的组成

企业一年内或一个营业周期内必须偿还的债务为流动负债，具有成本低、偿还期限短的特点。公司的流动负债包括应付账款、应付工资、应交税金、应付股利、短期借款等。通常我们将由于法定结算程序的原因使一部分应付款项的支付时间晚于形成时间的这部分款项称为自然性流动负债，如应付账款、应付工资等；由财务人员根据企业对短期资金的需求情况，通过人为安排所形成的负债称为人为性流动负债，如短期借款。公司流动负债的管理主要是如何有效安排上述项目。

应付账款即主要是由于购买材料等引起的必须向其他公司偿付的款项，是流动负债管理的重点。企业可以对供货方推迟支付货款来占用对方的资金，但是不应该超过供应商提供的信用期，否则会损害企业信誉。

应付工资、应交税金、应付股利是一种自发性负债，是伴随着业务的发生自然产生的负债，不是有意识地利用信用去筹资。

例如，企业对应付工资的有效管理。应付工资是企业欠职工的钱，公司不可能每天都发工资，在某种程度上它是企业的一种短期负债。因为企业占用这笔资金，而且该笔资金随时间线性增长，直至支付日，并不需要支付任何利息。企业占用一个月，每月支付一次，企业也可占用半月，半月支付一次。其实企业就是无形中占用了别人的资金。

2. 流动负债的特点

(1) 成本低。与银行长期贷款和短期融资的其他来源相比，在正常情况下，流动负债筹资的利息低于长期负债筹资的利息支出。

(2) 弹性大。短期贷款契约中的限制条件较少，如没有补偿性存款的要求，对资金的用途没有特别的规定等。

（3）风险大。流动负债对借方而言风险较大，这主要是表现在两个方面：一是短期债务的利率随市场利率变化而变化，时高时低，使企业难以适应；二是短期债务期限短，如过多地筹集短期债务，不能还本付息的风险加大。如果借款金额较大，到期无法偿还，则增加了企业破产的风险。

（4）偿还期限短。

二、营运资金来源与运用的匹配政策

营运资金来源与运用的匹配政策主要指如何安排临时性流动性资产、永久性流动资产的资金来源。临时性流动性资产指为了保证合理的日常开支和经营所需而持有的资金。永久性流动资产指在流动资产中有一部分最低储备产品，如原材料储备，它们经常占用流动资金，形成了相对稳定的长期占用资产，它与固定资产不同，是永久性流动资产，在量上形成一个相对稳定的定额；而固定资产则是不变的，不存在流动性。

根据企业资金来源的构成，一般将企业融资政策分为三种类别：正常型筹资组合、冒险型筹资组合和保守型筹资组合。

（一） 正常型筹资组合

财务中有一个“期限匹配理论”也称“免疫假设”，即企业的资产使用期限与其筹措资金的期限保持一致。正常型筹资政策正是要求企业短期融资要严密地与企业临时性资金流动安排一致，对于临时性流动资产，运用临时性负债筹集资金满足其资金需要；对于稳定性资产（包括永久性流动资产和长期资产），运用长期稳定的资金来源（包括长期负债、自发性负债和权益资本）满足其对资金的需要。这样既可以满足需求，又只需承担较低的资金成本。稳定性强的资金需求由长期筹资来解决，其资本供应量在长期内不会发生突然的变化，具有稳定性的特点，可保证企业规模的稳定，促进企业稳定发展。

正常型筹资结构如图 7.1 所示。

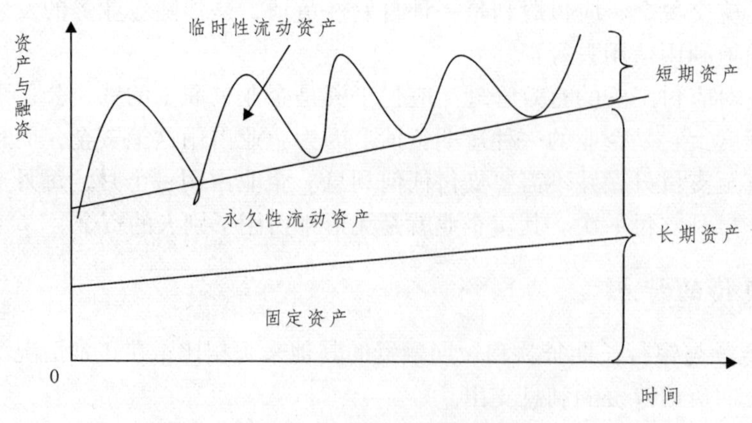

图7.1 正常型筹资结构

这种融资政策思想是将资产与负债期间相配合，以降低企业不能到期偿还债务的风险，并尽可能地降低债务和资金成本。这是一种财务风险最小化的融资策略，它要求资产与债务到期日准确地匹配起来，使现金流动与预期安排相一致。它是一种理想型的政策，现实运用中很少有企业能完全满足这个条件。

（二） 冒险型筹资组合

采用冒险型筹资组合的企业除了短期或季节性的临时资金需求由短期融资来融通，长期流动资产中一部分也可以由短期融资来融通。如图 7.2 所示，虚线向上移动，表示需要用临时性融资来支持永久性资产的资金需求越少，财务风险也就越小；反之，如果虚线越是向下移动，甚至低于固定资产线，表示需要用临时性融资来支持永久性资产的资金需求越多，临时性融资偿还本息的短期性与永久性资产周转的长期性之间的矛盾就越大，财务风险就越大。

这种政策是将公司利润和承担的风险相互交换。一方面，短期融资的资金成本常低于长期融资成本，较多地利用短期融资会增加公司利润；另一方面，短期融资成本的波动性较大，短期资本出现大幅上扬时，或者短期融资在不能展期的情况下，正常的现金流入额难以满足高额的现金流出时，即使现在满足了现金的流出需求，但还是破坏了公司以后期间的经营，公司面临的财务风险是很明显的。

这是一种极不稳健的融资策略，这种策略的特点是财务风险大，资金成本较低（但短期借款的利率相当不稳定，会给企业带来意外风险），筹资速度快、弹性好。采用这种战略时，企业所生产的商品必须有广阔的市场前景，主营业务收入有保障，资金周转速度快，客户信誉好、实力强，信用政策苛刻。喜欢冒险的财务人员比较欣赏这种筹资组合。

冒险型筹资结构如图 7.2 所示。

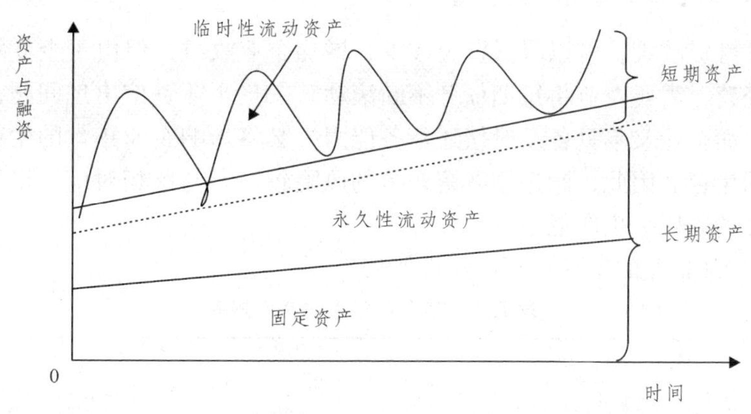

图 7.2　冒险型筹资结构

（三） 保守型筹资组合

保守型筹资组合与冒险型筹资组合正好相反，企业的波动性流动资产的资金需求全部或部分由短期筹资来解决，剩余的资金需求由长期筹资来满足。企业的流动资产中随季节性和资本周围循环而波动的部分称为波动性流动资产。采用此战略，资本来源有比较高的稳定性，不会发生资本短缺现象，企业筹资风险较小。在日常生产经营中和经营淡季时，企业有较多的闲置资本来支付利息或投资于短期证券。但这种筹资战略的资金成本较高，会使企业利润减少，但是风险小，是风险规避型财务人员的首选。

保守型筹资结构如图 7.3 所示。

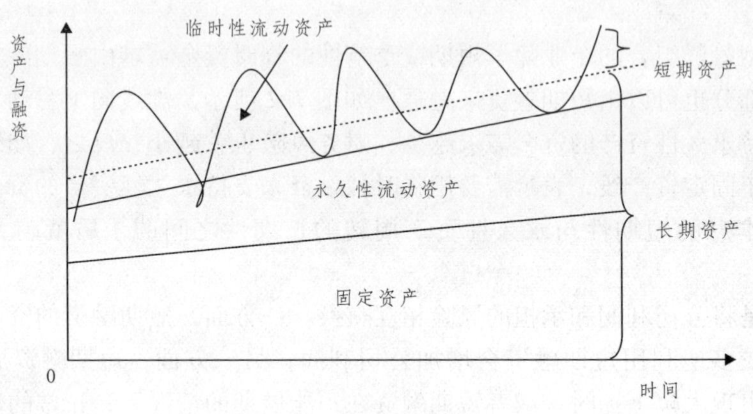

图 7.3 保守型筹资结构

（四）融资组合政策的选择

上述三种融资组合各有利弊，并无绝对的优劣之分，企业可以根据自身的实际情况进行选择。在进行融资组合选择时，应遵循以下原则：

1. 收益与风险的均衡原则

采用激进型融资政策，可以降低资金成本，增加企业收益，但由于企业将短期来源资金用于长期资产经营，需要企业将短期债务不断滚动。一旦企业资信出现问题，不能延续某些短期债务合同，而企业又不具备及时偿还债务能力，必将影响企业正常的生产经营活动，甚至会危及企业的生存。因此，激进型融资政策的风险较高。与此相对应，稳健型融资政策风险较低，但资金的利用率也较低。

【例 7.1】 某企业的年平均资产规模如表 7.1 所示。

表 7.1 某企业年平均资产规模 单位：万元

项　目	金　额
流动资产（临时性）	2 000
流动资产（永久性）	4 000
长期资产	4 000
合　计	10 000

已知该企业息税前利润为 1 200 万元，短期负债利息率为 4%，假设自发性负债利率与临时性负债利率相同，长期负债利息率为 6%，企业所得税率为 40%，若企业在资产状况不

变，息税前利润不变的情况下，采取不同的融资组合，则企业股东的收益与风险状况如表7.2所示。

表7.2　不同融资政策对企业股东风险和收益的影响　　单位：万元

项　目	稳健型政策	配合型政策	激进型政策
筹资组合			
流动负债（临时性）	1 000	2 000	3 000
流动负债（自发性）	1 000	1 000	1 000
长期负债	3 000	2 000	1 000
股东权益	5 000	5 000	5 000
资金总额	10 000	10 000	10 000
息税前利润	1 200	1 200	1 200
减：临时性负债利息	40	80	120
自发性负债利息	40	40	40
长期负债利息	180	120	60
税前利润	940	960	980
减：所得税	376	384	392
税后利润	564	576	588
股东权益收益率（%）	11.28	11.52	11.76
流动比率	3	2	1.5

由表7.2的结果不难看出，稳健型政策、配合型政策、激进型政策三种不同的融资组合股东收益依次上升，流动比率依次下降，说明短期偿债能力下降，企业财务风险增大。因此，企业需要根据自身的风险承受能力和经营效率以及股东的要求，平衡风险和收益，选择合适的融资政策。

2. 保留适当的融资能力

企业在选择自身的融资政策时，一般不应将所有的融资潜力全部耗尽，而应保留一定的机动融资能力，以便在有意外资金需求时可以使用。由于短期资金的筹集灵活性高，机动性强，因此，即使企业采用激进型筹资政策，也应适当保留一定的短期融资能力。

第二节　现金管理政策

一、现金持有目的与成本

（一）现金的概念

现金也称货币资金，是指在生产过程中暂时停留在货币形态的资金。狭义上的现金仅指企业的库存现金，但财务上讲的现金还包括银行存款和其他货币资金。有价证券由于其具有随时可以变现的特点，所以需被视为一种准现金。

现金的特点主要体现在以下几个方面：①现金具有普遍可接受性，是社会公认的价值变现形式。所以，它具有最直接的购买和支付能力，因而也最容易被挪用和偷盗，必须进行严格管理。②现金是企业最特殊的资产形式，它一方面具有货币所特有的流通和储备功能；另一方面又具有资金的职能，在企业整个经营的各个阶段和资金活动的全过程中，发挥着其他资产无法替代的作用。③现金是企业生产经营活动过程中暂时间歇的资产。企业经营不可能没有现金，但持有过量现金却会降低其盈利能力。④企业一定时期现金的持有量是其偿付能力的重要标志，也是衡量其财务风险的重要依据。

（二） 企业持有现金的目的

1. 交易性需要

交易性需要是企业必须持有一定现金满足其日常业务的现金支付需要。例如，用于购买固定资产和原材料、支付工资、缴纳税金等。由于企业的现金流入与现金流出在时间上与数量上通常有一定的差异，因此，必须保持一定的现金余额以应付频繁的支出需要。企业的生产经营规模、企业的经营性质、特点、周期以及经营的稳定性等因素是影响交易性现金余额大小的主要因素。例如，公用事业企业的交易，大部分通过银行转账来实现，现金回收预测比较准确，现金需要量相对较少；相反，零售商业企业的交易均需通过现金来实现，所以现金需要量相对较多。

较多的现金储备可以提高企业资产的流动性和偿债能力，从而维持企业较高的偿债信誉；同时使企业充分利用交易中的现金折扣，从而降低购货成本或财务费用。

2. 预防性需要

预防性需要是指企业保持一定的现金余额以应付意外的现金需求。企业生产经营活动中正常的现金需要可通过资金预测和计划来估算，但许多意外事件的发生将会影响和改变企业的正常现金需要量。例如，自然灾害，生产事故，客户款项不能如期支付以及国家政策的某些突然变化等，这些都会打破企业原先预计的现金收支平衡，造成生产经营过程中的现金流入和现金流出很不确定。因此，企业需要保持一定的额外现金余额来应付可能发生的意外情况。企业生产经营的稳定性、现金流量的可预测性和企业的举债能力是影响预防性现金余额的重要因素。

3. 投机性需要

投机性需要是指企业持有一定现金以备满足某种投机行为（如买卖活跃的有价证券来获取投机收益）的需要。企业为投机目的而持有的现金余额称为投机性现金余额。企业不应维持过多的投机性现金余额，其原因在于：①保持投机性现金余额不符合理性理财假设。②人们往往很难预计未来发生投机行为的可能性，也难以预计投机性现金余额的数额。

企业持有的现金总额，应小于上述三种需要的总和。对一般企业来讲，最重要的是交易性需要的现金持有，而对于预防性需要和投机性需要，除了一部分金融和投资公司外，专门持有的企业很少。企业只有保持良好的财务状况和融资能力，才能通过临时的融资来满足偶发性的资金需求。

（三）现金管理目标与内容

企业现金管理中最重要的问题之一，就是保证企业良好的支付能力。如果不能如期支付到期的款项，将极大地损害企业的商业信誉，造成企业的信用损失，甚至使企业陷入难以摆脱的财务危机。显然，保持一定的现金余额将有助于防止上述现象发生。但由于现金不能为企业带来投资收益，过多的持有现金将降低企业的资金使用效益，从而降低企业的市场价值。因此，现金管理的目的是在保证企业生产经营活动现金需求的基础上，尽量节约资金使用，降低资金成本，提高资金使用效益，在流动性与营利性之间做出最佳选择。

现金管理的内容主要包括以下三个方面：

1. 编制现金预算

现金预算是企业现金管理的重要方式，它不仅有利于加强货币资金的管理，而且有利于对整个财务活动进行有效的组织。财务人员根据现金预算就可以预计企业何时需要补充资金来源，何时可能会产生剩余资金，以从容地筹措短期资金和安排投资机会。因此，企业应当在合理预计现金流量的基础上，编制现金预算，提高现金的利用效率。

2. 确定最佳现金余额

企业为了充分利用现金，降低现金的成本，应当衡量收益和风险，确定一个最佳现金持有量。

3. 现金的日常管理

在日常的经营活动中，企业要尽可能快地收回应收款项，增加现金流入量；同时，在合理的情况下，尽可能地使用各种信用工具，拖延现金流出，减少现金的持有量。

（四）企业持有现金的成本

1. 持有成本

现金的持有成本是指企业因持有一定数量的现金余额所付出的代价，即保留一定现金余额而增加的管理费用及丧失的再投资收益（机会成本）。管理费用是指公司因持有现金，对现金进行管理所发生的成本，包括管理人员工资及必要的安全措施费（如安全装备的购买、维护使用成本等）。一般来说，管理成本在一定范围内与现金持有量的多少关系不大。机会成本实际上是放弃有更高报酬率的投资机会成本。持有机会成本在数额上等于现金持有量与企业资产报酬率或资金成本率或证券投资收益率的乘积。持有机会成本与现金持有量成正比，现金持有量越大，持有机会成本就越高；反之，持有机会成本就越低。为了生产经营，公司需要持有一定数额的现金，付出相应的机会成本代价是必要的。但若持有量过多，机会成本大幅度上升，就不合算了。

2．转换成本

转换成本是指企业用现金购入有价证券以及转让有价证券换取现金时付出的交易费用，即现金同有价证券之间相互转换的成本。如委托买卖佣金、委托手续费、证券过户费、实物交割手续费等。转换成本并不都是固定费用，有的具有变动成本的性质，如委托买卖佣金或手续费，这些费用通常是按照委托成交金额计算的。因此，依据委托成交金额计算的转换成本与证券转换次数关系不大，属于决策的无关成本，在此不予考虑。这样，与证券转换次数密切相关的转换成本只包括其中的固定性交易费用。这时转换成本与证券转换次数呈线性关系。在现金需要量既定的前提下，现金持有量越少、进行证券变现的次数就越多，相应的转换成本就越大；反之，现金持有量越多，进行证券变现的次数就越少，需要的转换成本就越小。因此，现金持有量的高低是通过证券变现次数对转换成本产生影响的。

转换成本总额＝证券变现次数×每次的转换成本

3．短缺成本

现金短缺成本是指在现金持有量不足而又无法及时通过有价证券变现加以补充而给企业造成的损失。它主要包括三个方面的成本：①丧失购买能力的成本。例如，由于现金短缺而无法购进急需的原材料使生产经营及投资中断的损失。②信用损失和失去折扣优惠的成本。例如，由于现金短缺而不能按期归还货款给企业信用和企业形象造成损害。③丧失偿债能力的成本。例如，由于现金短缺而不能按期归还贷款导致企业可能面临的破产风险。现金的短缺成本随现金持有量的增加而下降，随现金持有量的减少而上升，即与现金持有量负相关。

明确与现金持有量相关的成本及各自的特性，有助于从成本最低的角度出发，确定现金最佳持有量。

二、现金管理政策

（一）现金预算

现金收支预算是对企业某个时期的现金收入与支出所做的安排与平衡。通过该预算能使企业预计未来一定时期的现金收支状况，确定收支差额，并做出相应的安排，防止现金结余或不足给企业带来的不利影响。现金收支预算主要包括以下四个部分：

1．现金收入

现金收入包括营业现金收入和其他现金收入两部分。营业现金收入主要包括现销的销售收入和赊销的应收账款的收回。其他现金收入包括租金收入、股利收入、营业外收入等。

2．现金支出

现金支出包括营业现金支出和其他现金支出。营业现金支出主要有材料采购支出、工资支出以及付现性的管理费用、销售费用、财务费用等。其他现金支出主要有固定资产投资支出、有价证券购买支出、税费支出、偿还债务本息支出、股利支出等。

3. 期末现金余额

期末现金余额是指预算期内现金收入与现金支出之间的差额加上期初现金余额，其计算公式为：

期末现金余额 = 期初现金余额 + 现金收入 - 现金支出

4. 现金余缺

现金余缺是指预算期期末现金余额与最佳现金余额相比后的差额。如果期末现金余额大于最佳现金余额，则说明现金有多余，应设法进行投资或归还债务；如果期末现金余额小于最佳现金余额，则说明现金短缺，应进行筹资予以补足。期末现金余缺额的计算公式为：

现金余缺额 = 期末现金余额 - 最佳现金余额
= （期初现金余额 + 现金收入 - 现金支出） - 最佳现金余额

（二） 最佳现金持有量

大多数企业都要保持一定数量的现金余额。为此，企业应该确定最佳现金持有量。从理论上讲，最佳现金持有量是既能使企业在现金存量上花费的代价最低，又能相对地保证现金需求的持有量，即既能将企业的流动性风险控制在较低水平，又能避免过多现金占用的现金余额。

最佳现金持有量只是相对而言的，从不同角度测算，其结果是有差别的。最佳现金持有量的确定方法主要有现金周转模式、成本分析模式、存货模式和随机模式两种。

1. 现金周转模式

现金周转模式是通过预计年现金需求总量和确定现金周转的目标次数来确定企业最佳现金持有量的方法。其计算公式为：

$$\text{最佳现金持有量} = \frac{\text{预计现金年总需求量}}{\text{现金周转次数}}$$

$$\text{现金周转次数} = \frac{360}{\text{现金周转天数}}$$

现金周转天数是指企业由于购置存货、偿付欠款等原因支付货币资金到存货出售，并收回现金所需要的天数。它具体是指从现金投入生产经营开始，到最终转化为现金的过程。它大致包括如下三个方面：①存货周转期，是指将原材料转化成产成品并出售所需要的时间。②应收账款周转期，是指将应收账款转换为现金所需要的时间，即从产品销售到收回现金的期间。③应付账款周转期，是指从收到尚未付款的材料开始到现金支出之间所用的时间。其计算公式如下：

现金周转天数 = 存货周转期 + 应收账款周转期 - 应付账款周转期

【例 7.2】 某公司计划年度预计存货周转期为 90 天，应收账款周转期为 40 天，应付账款周转期为 30 天，每年现金需求额为 720 万元，则最佳现金持有量可计算如下：

现金周转期 = 90 + 40 - 30 = 100（天）

现金周转率 = 360/100 = 3.6（次）

最佳现金持有量 = 720/3.6 = 200（万元）

2. 成本分析模式

成本分析模式是在不考虑现金转换成本的情况下，通过对持有成本和短缺成本进行分析而找出最佳现金持有量的一种方法。由于持有成本分为机会成本和管理费用，所以成本分析模式是找出机会成本、管理费用和短缺成本所组成的总成本曲线中最低的点所对应的现金持有量作为最佳现金持有量。成本分析模式如图 7.4 所示。

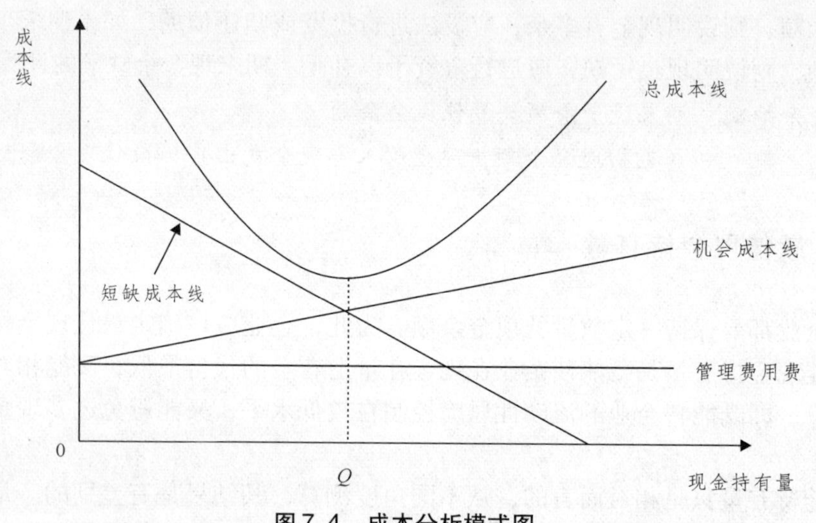

图 7.4　成本分析模式图

（1）机会成本。现金的机会成本为现金持有量与有价证券收益率之积，它与现金持有量成正比，即现金持有量越大，机会成本也就越高。

（2）管理成本。管理成本是一种固定成本，与现金持有量之间无明显的数量关系。

（3）短缺成本。现金短缺成本与现金持有量呈反比例变化。现金的短缺成本随现金持有量的增加而下降，随现金持有量的减少而上升。

3. 存货模式

存货模式又称鲍莫模式，由美国经济学家威廉·鲍莫首先提出。其出发点是：企业现金持有量在许多方面与存货相似，存货经济订货批量模型可用于确定目标现金持有量。

存货模式的着眼点也是现金相关总成本最低。管理费用因其相对稳定，同现金持有量的大小关系不大，因此在存货模式中将其视为与决策无关的成本而不予考虑。由于短缺成本存在很大的不确定性和无法计量性，因而，利用存货模式计算现金最佳持有量时，对短缺成本也不予考虑，要考虑的只是机会成本和固定性转换成本。

持有现金的机会成本与现金持有量成正比。现金的余额越大，持有现金的机会成本就越高，但短期有价证券的转换次数就越少，其转换成本也就越小。现金的余额越小，持有现金的机会成本就越少，但短期有价证券的转换次数就越多，其转换成本也就越大。机会成本和固定性转换成本随着现金持有量的变动而呈现相反的变动趋势，这就要求企业必须对现金与有价证券的分割比例进行合理安排，从而使机会成本与固定性转换成本保持最佳组合。换言之，能够使现金管理的机会成本与固定性转换成本之和保持最低的现金持有量，就是最佳现金持有量。

持有现金的机会成本和短期有价证券与现金之间的转换成本之和可用如下公式表示：

$$T=\frac{Q}{2}C+\frac{S}{Q}D$$

式中：Q 为最佳现金持有量（每次证券变现的数量）；C 为有价证券收益率（机会成本）；S 为一定期间现金需求量；D 为单位转换成本（每次转换有价证券发生的固定成本）。

对其求导：

$$\frac{\mathrm{d}T}{\mathrm{d}Q}=\frac{\mathrm{d}}{\mathrm{d}Q}\left(\frac{Q}{2}+\frac{S}{Q}D\right)=0$$

得：$Q=\sqrt{\frac{2SD}{C}}$

最低现金管理相关总成本：

$$TC=\sqrt{2SDC}$$

【例 7.3】 A 公司每月现金需要量为 25 万元，企业目前现金与有价证券的每次转换金额和成本分别为 5 万元和 40 元。

（1）计算目前每月现金的转换成本。

（2）有价证券的月利率为 1%，若企业现金管理总成本的控制目标为 400 元，公司每月现金需要量仍为 25 万元，则有价证券每次转换成本限额为多少？若能满足此限额，则企业最佳现金持有额为多少？

（1）月转换次数 = 25/5 = 5（次）

每月现金转换成本 = 5 × 40 = 200（元）

（2）$400=\sqrt{2\times 250\,000\times D\times 1\%}$

$D=32$（元）

$Q=\sqrt{2\times 250\,000\times 32\times 1\%}=4\,000$（元）

4. 随机模式

随机模式是在现金流量呈无规则变动的情况下确定最佳现金持有量的一种方法。

这种方法的基本原则是制定一个现金控制区域，定出上限和下限。上限代表现金持有量的最高点，下限代表现金持有量的最低点。

当现金余额达到上限时则将现金转换成短期有价证券；当现金余额降到下限时则将短期有价证券转换成现金，从而使现金余额经常性地处在上限和下限之间。

（三） 现金的日常管理

现金收支的日常管理就是对现金收支的流程所做的策略管理。企业在确定了最佳现金持有量后，还应加强现金的日常管理，提高现金的使用效率。现金日常管理的内容主要包括以下几个方面：

1. 加速现金回收

加速回收现金的重点是加速应收账款的收回。一般来说，企业账款的收回需要经过四个时点，即客户开出付款票据、企业收到票据、票据交存银行和企业收到现金。企业账款收回的时间包括票据邮寄时间、票据在企业停留时间及票据结算时间。

企业加速收款的任务不仅是要尽量使顾客早付款，而且要尽快使这些付款转化为可用现金。为此，必须要做到：①减少顾客付款的邮寄时间。②减少企业收到顾客支票与支票兑现之间的时间。③加速资金存入自己往来银行的过程。为达到以上要求，可采用以下措施。

（1）集中银行。

集中银行是指通过设立多个收款中心来加速现金收回，其目的是缩短从顾客寄出账款到现金收入企业账户这一过程的时间。在这种方法下，企业指定一个主要开户行（通常是总部所在地）为集中银行，并在收款额较集中的地区设立收款中心，企业预先通知该地区客户将货款直接寄往该中心，中心在收到票据后立即存入当地银行，当地银行通过票据交换后，将款项转给企业总部所在地的集中银行。这种方法可以缩短客户邮寄票据所需要时间和票据托收所需时间，也即缩短了现金从客户到企业的周转时间。

设立集中银行主要有以下优点：①账单和货款邮寄时间可大大缩短。账单由收款中心寄发该地区顾客，与由总部寄发相比，顾客能较早收到。顾客付款时，货款邮寄到最近的收款中心，通常也较直接邮往总公司所需时间短。②支票兑现的时间可缩短。收款中心收到顾客汇来的支票存入该地区的地方银行，而支票的付款银行通常也在该地区内，因而支票兑现较方便。

但集中银行也有如下缺点：①每个收款中心的地方银行都要求有一定的补偿余额，而补偿余额是一种闲置的不能使用的资金，开设的中心越多，补偿余额也越多，闲置的资金也越多。②设立收款中心需要一定的人力和物力，花费较多。所以，财务主管在决定采用集中银行时，一定不可忽略这两个缺陷。

因此，企业应在权衡利弊得失的基础上，做出是否采用银行业务集中法的决策，这需要计算分散收账收益净额。

分散收账收益净额 =（分散收账前应收账款投资额 - 分散收账后应收账款投资额）×
企业综合资金成本率 - 因增设收账中心每年增加费用额

【例7.4】 某企业现在应收账款平均占用额1 000 万元，企业准备采用集中银行方法收账。经测算，企业增加收款中心预计每年多增加支出8 万元，但可使应收账款平均占用额下降100 万元。企业加权平均的资本成本为9%，问是否应采用集中银行制度？

采用集中银行制度获得的收益 $=100\times 9\%-8=1$（万元）

所以可以采用集中银行制度。

（2）邮政信箱法。

邮政信箱法又称锁箱法。其具体做法是：企业在各主要城市租用邮局的加锁信箱，并要求客户在收到发票后即开具结算的票据，同时将票据送到企业指定的加锁信箱中。企业授权当地银行每日开启信箱取出票据，然后将货款存入企业在该银行的账户中，由银行将收款情况通知企业，并将这些资金划转入企业主要开户银行。锁箱法可以缩短票据邮寄时间以及在企业停留的时间。但采用这种方法成本较高，因为被授权开启邮政信箱的当地银行要收取一定的费用，导致现金管理成本增加。因此，是否采用邮政信箱法，需视提前回笼现金产生的收益与增加的成本的大小而定。

除上述方法外，还可以采取电汇、大额款项专人处理、企业内部往来多边结算、集中轧抵、减少不必要的银行账户等方法加快现金回收。

2. 延迟现金支付

延迟现金支付是指在不影响企业信用等因素的前提下，采取延缓现金支出以最大限度地利用现金持有余额，从而提高总体资金使用效益的一种现金管理策略。具体的措施如下：

（1）采用适当的付款方式。在有条件的情况下，尽量采用能够延缓现金实际流出时间的付款方式，如采取赊购、期票付款、商业票据付款等。

（2）充分利用对方给予的信用政策和信用条件。如有现金折扣的情况下，通常应把折扣期最后一天作为付款时间。例如，企业在采购材料时，如果付款条件是“2/10，*n*/50”，应安排在发票开出日期后的第10天付款，这样，企业可以最大限度地推迟现金支付而又不丧失现金折扣。

（3）充分利用现金浮游量。在传统票据结算的纸面付款系统下，从开出支票到收款人收到支票并解入银行，再到银行从企业账户划出款项，这段时间的现金占用量称为现金浮游量。实际就是企业账户上存款余额与银行账户上所示的存款余额之间的差额。有时，公司账簿上的现金余额已为零，而银行账簿上该公司的现金余额还有不少。这是因为有些支票公司虽已开出，但顾客还没有到银行兑现，款项并未从账户划出，故仍可动用这笔资金。例如，某企业平均每天开出支票金额为1万元，而根据企业出纳经验估算从支票签发日到支票银行账户兑现日平均需要4天时间，在这4天中银行账中的金额会比企业银行账高出4万。如果能正确预测浮游量并加以利用，可节约大量资金。企业可控制好使用时间，在防止发生银行透支的前提下利用好现金浮游量。此外，工资这一块也是企业利用“浮游量”的重点。许多企业为支付职工工资专设一个账户，这种存款的余额也会影响公司总金额。公司可以预测职工支付工资的时间金额分布，用支票支付应付工资，分次存入适当资金，而不是一次性全额存入。

3. 加强现金支出的综合控制

（1）力争现金流入与流出同步。

如果企业能尽量使它的现金流入与现金流出发生的时间趋于一致，则可以使其所持有的交易性现金余额降到较低水平，这就是所谓的现金流量同步。企业可以合理安排购货等活动以支出现金，有效地组织销售等活动以收入现金，力争使现金流入与现金流出趋于一致。这要求企业做好现金流量的预测工作，并在此基础上编制相应的现金预算。此外，还可辅之适度透支政策等办法，以促使这一目标的实现。

（2）实行现金管理内部控制制度。

在现金管理中，要实行钱账分离，即管钱的不管账，管账的不管钱，使出纳人员和会计人员互相牵制，互相监督。凡有库存现金收付，应坚持复核制度，以减少差错，堵塞漏洞。

出纳人员调换时，必须办理交接手续，做到责任清楚。

（3）及时进行现金的清理。

在现金管理中，要及时进行现金清理。库存现金的收支应做到日清月结，确保库存现金的账面余额与实际库存额相互一致；银行存款账户余额与银行存款对账单余额相互符合；现金、银行存款日记账数额分别与现金、银行存款总分类账户余额核对一致。

（4）遵守国家规定的现金管理制度。

按照现行制度，国家有关部门对企业使用现金有如下规定：

①规定了现金的使用范围。即企业用现金从事交易，只能在一定范围内进行。该范围包括：支付职工工资、津贴；支付个人劳务报酬；根据国家规定颁发给个人的科学技术、文化艺术、体育等各种奖金；支付各种劳保、福利费用以及国家规定的对个人的其他支出；向个人收购农副产品和其他物资的价款；出差人员必须随身携带的差旅费；结算起点以下的零星支出；人民银行确定需要支付现金的其他支出。

②规定了库存现金限额。企业库存现金，由其开户银行根据企业的实际需要核定限额，一般以 3 ~5 天的零星开支额为限。

③不得坐支现金。即企业不得从本单位的人民币现金收入中直接支付交易款。现金收入应于当日终了时送存开户银行。

④不得出租、出借银行账户。

⑤不得签发空头支票和远期支票。

⑥不得保存账外公款，包括不得将公款以个人名义存入。

（5）做好银行存款的管理。

企业超过库存现金限额的现金，应存入银行，由银行统一管理。企业银行存款主要有以下两种类型：①结算户存款。结算户存款是指企业为从事结算业务而存入银行的款项。结算户存款可以随时支取，具有与库存现金一样灵活的购买力，比较灵活方便。但结算户存款的利息率很低，企业获得的报酬很少。②单位定期存款。单位定期存款是企业按银行规定的存储期限存入银行的款项。企业向开户行办理定期存款，应将存款金额从结算户转入专户存储，由银行签发存单。存款到期凭存单支取，只能转入结算户，不能直接提取为库存现金。单位定期存款的利息率较高，但使用不太方便，只有闲置的、一定时期内不准备动用的现金才能用于定期存款。

加强对银行存款的管理具有重要意义，企业应做好以下几项工作：①按期对银行存款进行清查，保证银行存款安全完整。②当结算户存款结余过多，一定时期内又不准备使用时，可转入定期存款，以获取较多的利息收入。③与银行保持良好的关系，使企业的借款、还款、存款、转账结算能顺利进行。

（6）适当进行证券投资。

企业库存现金没有利息收入，银行活期存款的利息率也比较低。因此，当企业有较多闲置不用的现金时，可投资于国库券、大额定期可转让存单、企业债券、企业股票，以获取较多的利息收入，而当企业现金短缺时，再出售各种证券获取现金。这样，既能保证有较多的利息收入，又能增强企业的变现能力。因此，进行证券投资是一种有效的调节企业现金余额水平的方法。

第三节　应收账款管理政策

一、应收账款的功能与成本

应收账款是指因对外销售产品、材料、供应劳务及其他原因，应向购货单位或接受劳务的单位收取的款项，包括应收销售款、其他应收款、应收票据等。应收账款是商业信用的产物。商业信用是指在商品交易中因延期付款或延期交货而形成的一种资金借贷关系。商业信用是商品交易中钱与货在时间上的分离而产生的，是建立在购销双方信用基础上的。赊销就是卖方提供给买方的一种商业信用。企业之所以要采用赊销，是因为在市场经济条件下，企业之间存在着激烈的商业竞争，迫于竞争的压力，赊销已成为企业扩大销售的手段之一，因为赊销能使客户赢得一定的资金融通时间。

（一） 应收账款的功能

1. 促进销售的功能

企业销售产品有现销和赊销两种方式。现销是企业最期望的一种销售结算方式。然而，在激烈的市场竞争条件下，单纯地依赖现销方式往往使企业处于不利境地。而采用赊销方式，对于购买方而言具有很大吸引力。因此，赊销是一种重要的促销手段，对于企业销售产品、开拓并占领市场具有重要意义。在企业产品销售不畅、市场萎缩、竞争不力的情况下，或者在企业销售新产品、开拓新市场时，为适应市场竞争的需要，适时地采取各种有效的赊销方式，就显得尤为必要。

2. 减少存货的功能

赊销可以加速产品销售的实现，加快产成品向销售收入的转化速度，从而对降低存货中的产成品数额有着积极的影响。这有利于缩短产成品的库存时间，降低产成品存货的管理费用、仓储费用和保险费用等各方面的支出。因此，当产成品存货较多时，企业可以采用较为优惠的信用条件进行赊销，尽快地实现产成品存货向销售收入的转化，变持有产成品存货为持有应收账款，以节约各项存货支出。

（二） 应收账款的成本

企业在采取赊销方式促进销售的同时，会因持有应收账款而付出一定的代价，这种代价，即为应收账款的成本。

1. 机会成本

机会成本是指资金由于投放在应收账款上而不能用于其他投资所丧失的收益，如投资于有价证券所能获得的利息收入。应收账款机会成本的大小通常与企业维持赊销业务所需要的资金数量、资金成本率或有价证券利息率有关。其计算公式为：

应收账款机会成本＝维持赊销业务所需要的资金×资金成本率

式中的资金成本率一般可按有价证券利息率计算；维持赊销业务所需要的资金数量可按下列公式计算：

维持赊销业务所需要的资金＝应收账款平均余额×变动成本率

其中：

变动成本率＝变动成本/销售收入

应收账款平均余额＝年赊销额/360 天×平均收账天数

或＝赊销收入净额/应收账款周转率

应收账款周转率＝日历天数（360）/应收账款周转期

【例 7.5】 假设某企业预测的年度赊销额为 500 000 元，应收赃款平均收账天数为 90 天，变动成本率为 70%，资金成本率为 8%：

应收账款平均余额＝500 000/360×90＝125 000（元）

维持赊销业务所需要的资金＝125 000×70%＝87 500（元）

应收账款机会成本＝87 500×8%＝7 000（元）

上述计算表明，企业投放 87 500 元的资金可维持 500 000 元的赊销业务，相当于流动资金的 5 倍之多。这一倍数的高低在很大程度上取决于应收账款的收账速度。在正常情况下，应收账款收账天数越少，一定数量资金所维持的赊销额就越大；应收账款收账天数越多，维持相同赊销额所需要的资金数量就越大。而应收账款机会成本在很大程度上取决于企业维持赊销业务所需要资金的多少。

2. 管理成本

管理成本是指企业对应收账款进行管理而耗费的开支，是应收账款成本的重要组成部分，主要包括财务部门调查顾客信用情况的费用；收集各种信息，分析潜在客户信用状况的费用；信用部门为此自身耗费的各种办公费用；由于客户没能按时付款，公司为收账而增加的各种管理费用，如通信、法律诉讼、委托费及延期而造成的新的机会成本及其他费用等。

3. 坏账损失成本

坏账损失是指应收账款因某些原因无法收回而给应收账款持有企业带来的损失。

以上成本均与应收账款的多少有关，而应收账款的多少则取决于市场的经济状况及企业的应收账款政策，市场的经济状况企业无法控制，我们主要讨论公司应采取的应收账款的信用政策及收账政策。

二、应收账款管理政策

（一）信用政策

信用政策即应收账款的管理政策，是指企业为对应收账款投资进行规划与控制而确立的基本原则与行为规范，包括信用标准、信用条件和收账政策三部分。

1. 信用标准

信用标准是指用以衡量客户是否可以获得企业商业信用的最低条件，主要包括客户的资信程度、信用等级和最高赊销信用额度等。信用标准是企业制定信用政策，确定信用条件的前提和基础。信用标准的高低主要受三个因素的影响：市场竞争状况、企业承担违约风险的能力和客户的资信程度。

客户资信程度的高低通常用5C评价法，根据五项标准分析客户的信用品质（character）、偿付能力（capacity）、资本（capital）、抵押品（collateal）、经济状况（conditions），简称5C评价法。

信用品质：是指客户的信誉，即客户履行其偿还债务承诺的诚意。这是判断客户是否守信用的首要标准。企业应对客户以往的付款履约记录进行分析，以评价其优劣。

偿付能力：是指客户的偿债能力，包括短期偿债能力和长期偿债能力两方面。主要取决于企业资产的流动性和变现能力，可通过计算客户的流动比率、速动比率和现金流动负债比率等指标，结合对其流动资产的质量和日常运营状况的分析，做出评价。

资本：这是指客户拥有的主权资本，特别是有形资产净值，可以反映客户的经济实力和财务状况的优劣，是客户可能偿还债务的最终保证。

抵押品：即客户为了获得企业的商业信用而提供的可作为资信安全保证的资产。担保及抵押是客户履行偿债义务的保证，一旦客户不能履约偿还债务，便可用抵押品抵补或向债务担保人追索。当然，能作为信用抵押的资产必须具有较强的变现能力，能作为债务担保方的企业必须具有较强的资本及偿债能力。

经济状况：是指能对客户偿付能力产生影响的经济环境以及客户对此所具有的应变能力的强弱。这就要了解客户在以往经济困难时期的应变能力及偿还债务的情况。

为了正确评价客户的资信程度，企业应设立专门的信用管理机构或岗位，利用各种合法途径和手段，如通过资信调查机构、银行、其他企业以及客户本身等，调查搜集客户的信用资料，建立客户信用档案，评价客户的资信程度，据此评定客户信用等级，分别确定每个客户可以获得的最高信用额度，形成客户的信用标准。在确定客户信用标准的基础上，根据市场竞争状况及企业目标，再制定信用条件。

2. 信用条件

信用条件是企业要求客户支付赊销款项的条件，包括信用期限、现金折扣和折扣期限。

（1）信用期限。

信用期限是指企业允许客户从购货到支付货款的时间限定，即企业允许客户的最长付款时间。信用期限变动与应收账款投资的收益及成本的变动具有正向变动关系，即信用期限延长，应收账款投资的收益和成本也将相应增加；反之亦然。因此，企业在确立信用期限特别是在原有基础上，变更信用期限时，应权衡收益与成本，具体可采用边际收益法或净现值法等进行决策。

（2）现金折扣和折扣期限。

现金折扣是指企业为了鼓励客户提前付款而给予提前付款的客户在商品价款上的折扣优惠。

折扣期限是企业为客户规定的可享受现金折扣的最长期限。

现金折扣也称销货折扣，它包括两个方面的内容：一是折扣期，二是折扣率。

其一般表达形式如“2/10，1/20，*n*/30”。该式的含义是：企业的信用期限为30天，若客户在10天内付款，可享受2%的折扣优惠；若客户在10天以上，20天以内付款可享受1%的折扣优惠；若客户在20天以上，30天以内付款，则不能享受折扣优惠；若客户在30天后付款，表明客户违约可能会受到违约惩罚。

企业在制定现金折扣和信用期限时，要权衡收益成本。其中，收益为早日收到货款产生的利息和减少的机会成本，成本是折扣、收账费用。

信用条件备选方案的评价举例如下：

【例7.6】 某企业年度赊销收入净额为1 200万元，信用期为30天，坏账损失率为3%，收账费用为10万元，应收账款管理费用10万元，变动成本率为60%，资金成本率（或有价证券利息率）为20%。目前企业尚有剩余生产能力，拟放宽信用条件促销。有甲、乙两个备选方案，其中，甲方案信用期为60天，预计销售收入增加600万元，坏账损失率为4%，应收账款管理费用为15万元，收账费用为20万元；乙方案信用期为90天，预计销售收入增加800万元，坏账损失率为5%，应收账款管理费用25万元，收账费用40万元。（见表7.3）

表7.3 信用条件备选方案 单位：万元

项目 \ 备选方案	原方案	甲方案	乙方案
年赊售额	1 200	1 800	2 000
应收账款周转率	12	6	4
应收账款平均余额	100	300	500
维持赊销业务所需资金	60	180	300
应收账款机会成本	12	36	60
坏账损失率（%）	3	4	5
坏账损失	36	72	100
收账费用	10	20	40
应收账款管理费	10	15	25

原方案扣除信用成本后的收益＝1 200×（1－60%）－（12＋36＋10＋10）

＝412（万元）

甲方案扣除信用成本后的收益＝1 800×（1－60%）－（36＋72＋20＋15）

＝577（万元）

乙方案扣除信用成本后的收益 = 2 000 ×（1 - 60%）-（60 + 100 + 40 + 25）

= 575（万元）

在这三种方案中，甲方案的获利最大，应以甲方案为最佳。

仍按上例，如果企业选择了甲方案，但为了加速应收账款的收回，决定将赊销条件改为2/10，1/20，*n*/90（丙方案），假定销售收入不受影响，估计约有40%的客户（按赊销额计算）会利用2%的折扣；10%的客户将利用1%的折扣。坏账损失率降为2%，应收账款管理费用不变，收账费用降为10万元。根据上述资料，有关指标可计算如下：

应收账款周转期 = 40% × 10 + 10% × 20 + 50% × 90 = 51（天）

应收账款周转率 = 360/51 = 7.06（次）

应收账款平均余额 = 1800/7.06 = 254.96（万元）

维持赊销业务所需要的资金 = 254.96 × 60% = 152.98（万元）

应收账款机会成本 = 152.98 × 20% = 30.60（万元）

坏账损失 = 1 800 × 2% = 36（万元）

现金折扣 = 1 800 ×（2% × 40% + 1% × 10%）= 16.2（万元）

信用成本后收益 = 1 800 ×（1 - 60%）-（30.6 + 36 + 16.2 + 15 + 10）

= 612.2（万元）

提供现金折扣条件的丙方案，企业信用成本后收益为612.2万元，高于未提供现金折扣的乙方案的信用成本后收益577万元，因此，丙方案优于乙方案。

3. 收账政策

收账政策亦称收账方针，是指当客户违反信用条件，拖欠甚至拒付账款时，企业应该采取的收账策略与措施。企业对拖欠的应收账款，无论采用何种方式进行催收，都需要付出一定的代价，即收账费用，如收款所花的邮电通信费、派专人收款的差旅费和法律诉讼费等。企业采用积极的收账政策，可能会减少应收账款投资，减少坏账损失，但会增加收账成本；反之，采用消极的收账政策，可能会增加应收账款投资，增加坏账损失，但会减少收账费用。因此，企业在制定收账政策时，要权衡利弊，掌握好宽严程度，既要兼顾企业当前利益与长远利益，又要兼顾收账的收益与成本。

企业的收账政策主要包括：①合理使用奖惩措施。②设计完善的收账程序：信用政策及客户信用分析、信函通知、电话催收、法律行动等。③优选收账人员，讲究收账技巧。

（二）应收账款日常管理

1. 监督应收账款的回收

监督应收账款回收的一个重要策略就是编制应收账款的账龄分析表，就是通过编制应收账款的账龄分析表，来反映不同账龄的应收账款所占的比例与金额，以便对应收账款的回收情况进行有效的控制。通过账龄分析表，企业财务管理部门可以掌控如下信息：①有多少客户在折扣期限内付款。②有多少客户在信用期限内付款。③有多少客户在信用期限过后才付款。④有多少应收账款拖欠太久，可能会成为坏账。财务管理部门应当经常进行账龄分析，及时了解企业应收账款的回收情况和发展趋势。一般来说，应收账款拖欠的时间越长，收账的难度越大，发生坏账损失的可能性就越大。如果账龄分析表显示的应收账款的账龄开始延长或者过期账户所占比例逐渐增加，那么就必须及时采取措施，调整信用政策。

2. 建立坏账准备金

在市场经济中，只要企业采用销售方式，就会发生坏账损失。因此，加强坏账管理必不可少。坏账管理的主要内容是如何确认坏账损失以及建立坏账准备制度。

（1）坏账损失的确认。

坏账损失的确认有一定的标准，按照我国现行财务制度规定，确认坏账损失的标准有两条：①债务人破产或者死亡，依法清偿后，确实无法收回的应收账款，应当确认为坏账损失。②债务人逾期履行偿债义务，有明显的证据证明无法收回的应收账款，应当确认为坏账损失。企业的应收账款只要有以上的任何一个条件，均应当作为坏账损失处理，计入当期损益。

（2）建立坏账准备金制度。

坏账准备制度是指企业按照事先确定的比例估计坏账损失，计提坏账准备金，待发生坏账时再冲减坏账准备金的制度。建立坏账准备制度的关键是合理地确定计提坏账准备的比例。计提比例的确定是建立在历年经验数据的基础之上的。企业通常根据以往应收账款发生坏账的比例和目前信用政策的实际情况来估计计提坏账准备的比例。坏账不可避免，为了合理承担损失，减少企业风险，必须建立坏账准备金制度。

第四节　存货管理政策

一、存货管理的功能与成本

存货是指企业在生产经营过程中为了销售或生产耗用而储备的物资，包括材料、燃料、低值易耗品、在产品、自制半成品、产成品和外购商品等。企业持有充足的存货，一方面是维持正常生产的必要条件；另一方面也为销售提供了较大的机动性，避免因存货不足而给企业带来机会损失。但是，存货的增加也是有成本的。因此，存货管理的任务在于恰当地控制存货水平，在保证销售和耗用正常进行的情况下，尽可能地节约资金、降低存货成本。

（一）存货的功能与成本

1. 存货的功能

（1）保证生产和销售的正常进行。一般来说，企业的原材料购买、生产进度安排以及产品的销售在数量和时间上难以保持绝对的平衡。因此，持有一定的存货可使企业在生产和销售环节具有弹性，不会因物资的短缺而导致生产和销售的中断。否则的话，可能会使企业失去现在乃至将来的销售机会。所以，适当的存货储备就显得尤为重要。如果企业生产用原材料储备不足，必然会造成生产中断、停工待料等情况，这样会给企业造成一定的损失。

（2）降低进货成本。

企业持有存货还可以获得规模效益。如批量采购原材料，可以获得价格上的优惠，也可以减少管理及采购费用；批量组织生产，可以降低调整准备成本，从而降低生产成本；批量组织销售，可以及时满足客户对产品的需求，有利于销售规模的迅速提高。

2. 存货成本

（1）取得成本。

取得成本是指为取得某种存货而支出的成本，它又可分为：①订货成本。即取得订单的成本。订货成本中有一部分与订货次数无关，如常设采购机构的基本开支等，称为订货的固定成本，用 F_1 表示。另一部分与订货次数有关，如差旅费、邮资等，称为订货的变动成本，每次订货的变动成本用 K 表示，订货次数等于存货年需求量 D 与每次进货量 Q 之商。②购置成本。即存货本身的价值，经常用存货数量与单价的乘积来确定。年需要量用 D 表示，单价用 U 表示，则购置成本为 DU。订货成本加上购置成本，就等于存货的取得成本（TC_A），其公式：

$$TC_A = DU + F_1 + \frac{D}{Q}K$$

$$订货成本 = F_1 + \frac{D}{Q}K$$

（2）储存成本。

储存成本是指为保持存货而发生的成本，储存成本也分为固定成本和变动成本。固定成本与存货数量的多少无关，如仓库折旧、仓库职工的固定月工资等，常用 F_2 表示；变动成本与存货的数量有关，如存货资金的应计利息、存货的破损和变质损失、存货的保险费用等，单位变动成本用 K_C 表示。则储存成本（TC_C）为：

$$TC_C = F_2 + K_C\frac{D}{2}$$

（3）缺货成本。

短缺成本是指由于存货储备不能满足生产和销售的需要而造成的损失，如停工损失、丧失销售机会的损失、经济信誉的损失、紧急采购的额外开支等。短缺成本因其计量十分困难常常不予考虑，但如果短缺成本能够准确计量，企业又允许缺货，那就需要在存货决策中考虑短缺成本。短缺成本用 TC_S 表示。

（4）存货总成本。

存货储存的总成本表现为取得成本、储存成本、缺货成本三者之和，用 TC 表示储备存货的总成本。其计算公式为：

$$\begin{aligned} TC &= TC_A + TC_C + TC_S \\ &= F_1 + \frac{D}{Q}K + DU + F_2 + K_C\frac{Q}{2} + TC_S \end{aligned}$$

存货的增加可以为企业带来一定的效益，但同时也增加了企业持有存货的成本，因此，存货控制的目标就是要在存货的效益与成本之间进行利弊权衡，在充分发挥存货功能的同时尽量降低存货成本，增加企业的收益。

二、存货管理政策

（一） 存货经济批量模型

经济批量控制是最基本的存货定量控制方法，包括经济订货批量模型及其扩展模型两方面内容。经济订货批量模型是指在保证生产经营需要的前提下能使一定时期内存货相关总成本最低的采购批量。经济订货批量模型有许多形式，但各种形式的模型都是以基本经济订货模型为基础而发展起来的。基本经济订货模型使用了许多假设条件，有些条件与现实相差较远，但是它为经济订货批量的确定奠定了良好的理论基础，而其他模型一般是在基本模型的基础上，通过放宽某些假设条件而得到的，因此称为基本模型的扩展模型。

1. 经济订货批量确定的基本模型

基本经济订货批量模式的前提假设：

（1）企业一定时期的进货总量可以较为准确地予以预测。

（2）存货的购买价格不变，不存在商业折扣。

（3）集中到货，而不是陆续入库。存货的耗用或者销售比较均衡。

（4）仓储条件及所需现金不受限制。

（5）不允许出现缺货。

（6）所需存货市场供应充足，不会因买不到所需存货而影响其他方面。

所谓订购批量，是指每次订购货物（材料、商品等）的数量。

在某种存货全年需求量已定的情况下，降低订购批量，必然增加订货批次。一方面，使存货的储存成本随平均储存量的下降而减少；另一方面，使订货成本随订购批次的上升而增多。

存货决策的目的就是确定使这两种成本合计数最低时的订购批量，即经济订购批量。

$$\mathrm{TC} = F_1 + \frac{D}{Q}K + F_2 + K_{\mathrm{C}}\frac{Q}{2}$$

为了求出这两种成本合计数的最小值，从数学角度只要对上述公式求一阶导数即得：

$$Q^* = \sqrt{\frac{2KD}{K_{\mathrm{C}}}}$$

这就是经济订货量的基本模型，由此求出的每次订货量 Q 就是使存货成本最小的订货批量。这个基本模型还可以演变成其他形式：

经济批量下的存货总成本：

$$\mathrm{TC}（Q^*） = \sqrt{2KDK_{\mathrm{C}}}$$

最佳订货次数：

$$N^* = \frac{D}{Q^*} = \sqrt{\frac{DK_{\mathrm{C}}}{2K}}$$

最佳订货周期：

$$I^* = \frac{1\text{年}}{N^*}$$

经济批量占用的资金：

$$I^* = \frac{Q^*}{2} \times U$$

【例7.7】　某企业每年耗甲材料3 000千克，单价40元，每次订货成本为50元，单位存货的储存成本为30元，则经济订货量为多少？

经济订货量为：$Q^* = \sqrt{\frac{2KD}{K_C}} = \sqrt{\frac{2 \times 3\ 000 \times 50}{30}} = 100$（千克）

年最佳订货总次数为：$N^* = \frac{D}{Q^*} = \frac{3\ 000}{100} = 30$（次）

最佳订货周期为：$I^* = \frac{1}{N^*} = \frac{1}{30} = 0.033$（年）$=12$（天）

此时年存货总成本为：TC（Q^*）$= \sqrt{2KDK_C} = \sqrt{2 \times 50 \times 3\ 000 \times 30} = 3\ 000$（元）

经济订货量占用资金平均余额为：$I^* = \frac{Q^*}{2} \times U = \frac{100}{2} \times 40 = 2\ 000$（元）

在此基础上，还可以进一步放宽假设条件，比如考虑因订货批量不同而经常存在单位存货价格差异，考虑陆续供应、陆续耗用这些情况，以便使订货批量更加接近于实际。

2. 存货模型的扩展应用

在实际工作中，由于各种因素的影响，需要对前述基本数学模型进行扩展，以确定不同状况下的经济订购批量，降低成本。

实行商业折扣的经济订货批量模式：

供应商为了鼓励企业购买更多的货物，往往会给予一定程度的价格优惠，即商业折扣，购买的货物数量越多，价格的优惠程度就越大。在基本经济订货量模式中，由于假设存货的价格是不变的，所以在进行决策时，不需要考虑其购买成本，而在有商业折扣时，存货的购买成本与进货数量有直接的联系，在决策中必须考虑。这时与决策有关的存货总成本应为购买总成本、订货总成本和持有总成本之和。即：

存货相关总成本＝购置成本＋订货成本＋储存成本

存在商业折扣条件下经济订货批量计算的基本步骤为：

（1）计算基本经济进货批量；

（2）计算接受商业折扣与不接受商业折扣下不同批量的全年总成本；

（3）比较接受商业折扣与不接受商业折扣的所有方案的总成本，找出总成本最低的订货批量，作为有商业折扣条件下的经济订货批量。

现以有数量折扣时的经济批量决策为例，说明基本模型的扩展应用。

【例7.8】　某企业全年需用A零件1 500个，每件每年储存成本0.5元，每次订货费用81.67元。供应商规定，每次订货量达到750个时，可获2%的价格优惠，不足750个时单价为50元。

（1）计算没有数量折扣时的经济订购批量。因为按一般原则，当有可能获取数量折扣时，最低订购量可由经济订购批量 Q 的计算来确定。

$$Q^{*}=\sqrt{\frac{2KD}{K_{C}}}=\sqrt{\frac{2\times81.67\times1\ 500}{0.5}}=700\text{（个）}$$

于是，最佳订购量必然在700个或750个，没有其他订购数量比这两个数量中的一个更经济。

（2）计算不考虑数量折扣时的年成本合计。

采购成本＝1 500×50＝75 000（元）

订购成本＝（1 500/700）×81.67＝175（元）

储存成本＝（700/2）×0.5＝175（元）

年成本合计＝75 000＋175＋175＝75 350（元）

（3）计算考虑数量折扣时的年成本合计。

采购成本＝1 500×50×98%＝73 500（元）

订购成本＝（1 500/750）×81.67＝163.34（元）

储存成本＝（750/2）×0.5＝187.5（元）

年成本合计＝73 500＋163.34＋187.5＝73 850.84（元）

根据上述两种情况的分析可知，购买750吨时的存货总成本最低，所以该企业最佳订货量为750吨。

（二）存货日常管理

存货的日常控制是指在日常生产经营过程中，按照存货计划的要求，对存货的使用和周转情况进行组织、调节和监督。存货日常管理的目标是在保证企业生产经营正常进行的前提下尽量防止积压，减少存货资金占用，加快存货的流转，缩短存货的储备期，用行之有效的管理方法既加强重点存货控制，又简化日常管理。

1．存货资金占用的管理

企业持有存货必然会占用一定的资金，对存货资金占用的管理主要是正确测算企业在生产经营各个环节所需占用的存货资金，为持有存货做好资金准备。

确定存货资金占用的方法有因素分析法、比例计算法、周转期法等。

（1）因素分析法。因素分析法是在上年存货资金实际占用额的基础上，通过逐项分析本年度影响存货资金占用额的有关变动因素（如销售增长、物价变动、周转速度等）情况，加以适当调整进而确定资金占用数额的方法。其计算公式为：

存货资金需占用数额＝(上年资金实际平均占用额－上年不合理占用额)×(1±本年度各因素变动百分比)

因素分析法不需分存货种类，可将企业存货视为一个整体，对全部存货资金进行统一测算，该法主要适用于品种繁多、规格复杂和价格较低的存货资金占用额的测算。

（2）比例计算法。比例计算法是根据存货资金和有关因素（如销售收入、产品产量、产品成本总额、材料消耗总额等）之间的比例关系，测定存货资金占用额的一种方法。通常根据存货资金需要量与销售收入之间的比例关系进行测算。其计算公式：

存货资金占用额＝本年度预计销售收入总额×预计销售收入存货资金率

式中，预计销售收入存货资金率可根据上年销售收入存货资金率，结合有关变动因素进行适当调整后确定。即：

$$\text{预计销售收入存货资金率}=\frac{\text{上年存货资金占用额}-\text{不合理占用额}}{\text{上年实际销售总额}}\times(1-\text{本年度存货资金加速周转百分比})$$

本方法主要用于辅助材料、修理用备件等存货资金需要量的测算，也可以用于全部存货资金占用额的测算。

2. 存货的日常控制管理

存货控制的方法主要有如下几种：

（1）存货的归口分级控制。

所谓存货的归口分级控制，是指在厂长、经理领导下，以财务部门为核心，按照用、管、算相结合的原则，将存货的定额和计划指标，按各职能部门所涉及的业务归口，再按其对口分解，分级落实到车间、班组以至个人负责的管理制度。其一般做法是：供应部门分管原材料、燃料、辅助材料、包装物等资金定额；设备动力部门分管备品、备件资金定额；技术部门和工具部门分管工、卡、模具资金定额；劳动工资部门分管劳动保护用品资金定额；生产部门分管在产品、自制半成品资金定额；销售部门分管成品资金、外购商品资金定额等。在实施归口管理的基础上，各归口部门应将负责管理的资金进行分解，分配给所属单位和个人，实行指标分级管理。这种管理形式的主要特点是：将供、产、销活动与资金管理工作结合起来，将责、权、利结合起来，有利于调动企业内部各部门和各环节管好资金的积极性和主动性，是加强存货日常管理的一种重要方法。

（2）ABC 控制法。

在企业成千上万种存货中，有的价格昂贵，有的价值低廉；有的数量庞大，有的数量甚少。如果管理中不分主次，对每一种存货都进行周密的规划，严格的控制，就抓不住重点，也不能有效地控制存货资金。

ABC 控制法正是针对这一问题而提出来的重点管理方法，是意大利经济学家巴雷特于 19 世纪首创的，现广泛用于存货管理、成本管理和生产管理。

ABC 控制法是根据各项存货的金额大小，分成 A、B、C 三类。其中，A 类存货的品种、数量通常约占全部存货品种数量的 10%，但资金约占存货总金额的 70%。对于这类存货，应严格管理其收入和发出，并经常检查库存，应集中精力管理；C 类存货的品种、数量通常约占全部存货的 60%～70%，资金额约占存货总金额的 10%，如企业常用的螺栓、螺母等，一般可采用集中采购，适当加大安全库存量，以简化手续，节约订货费用，同时避免缺货损失，不必花大量时间和精力去规划或控制；B 类存货的品种、数量通常约占全部存货的 20%～30%，资金额约占存货总金额的 20%，对于这类存货的管理也应给予相当程度的重视，根据其在生产中的重要程度和采购的难易程度分别对待，实施有效管理。其步骤为：

①计算每一种存货在一定时间内（一般为一年）的资金占用额。

②计算每一种存货资金占用额占全部资金占用额的百分比，并按大小顺序排列，编成表格。

③根据事先测定好的标准，把最重要的存货划为A类，把一般存货划为B类，把不重要的存货划为C类，并画图表示出来。

④对A类存货进行重点规划和控制，对B类存货进行次重点管理，对C类存货只进行一般管理。

【案例分析7.1】

电子商务对现金管理的影响①

电子商务作为当今时代计算机网络信息技术应用的主流，不仅促进技术革命，更直接促进了企业各方面的管理创新，提供了新的管理思想和模式。就企业财务方面而言，电子商务深刻地促进了现金管理的变革和优化。

1）企业现金构成项目发生了变化

传统环境下，现金主要是指库存现金、银行存款、银行汇票存款、银行本票存款、信用证存款、在途货币资金等。这些现金的表现形态实际上是由以银行为主体的金融体系的技术条件所决定的。在电子商务环境下，货币电子化已成为一个潮流。这一潮流对现金构成项目带来的显著影响使货币现钞的使用将逐渐减少。此外，在途货币资金的形成与资金划转速度有关，是由银行等金融机构之间信息反映不及时、交易处理速度过慢等原因造成的。然而，电子商务带来电子资金转账等先进技术，形成了国内自动票据清算的结算系统和电汇系统，还构建起全球银行间金融传递网和全球银行间清算传递网，更准确、迅速地实现了银行等金融机构之间的信息传递和资金划转。因此，随着电子商务先进技术的广泛运用，在途货币资金在企业现金项目构成中的比重将大大降低，并逐步退出现金管理的范围。

2）企业最佳现金持有量的确定发生了变化

企业最佳现金持有量可以通过其持有成本确定。传统观点认为，企业持有现金的相关成本包括机会成本、管理成本和短缺成本。三项成本之和最小的现金持有量，就是最佳现金持有量。然而，在电子商务环境下，现金管理成本将在很大程度上受到影响，其根本原因在于电子商务带来的货币电子化趋势。货币电子化实现之后，现钞这一现金构成的重要部分将退出历史舞台，企业将无须为现钞的保管及安全保障而发生资源的耗费。因此，企业实施电子商务后，管理成本的重要性将逐步降低，企业确定最佳现金持有量时，将更多地考虑机会成本和短缺成本因素。

3）现金收支管理策略发生了变化

一般而言，企业为提高其现金使用效率会从现金的收款和付款两方面下工夫。一方面，提前收款，如通过集中银行制度及锁箱制度来加速收款；另一方面，是尽可能地推迟款项的支付，如赊购、使用支票形式而非货币进行结算以推迟付款等。传统环境下，这些方法无疑是有效的。但是，随着电子商务的广泛应用，有些方法的作用将增强，而有些方法的作用将减弱甚至完全丧失。

---

① 王莉：《现代公司财务管理实务》，东北财经大学出版社2005年版。

（1）电子付款方式将大大减少企业对现金浮游量的利用与管理。现金浮游量的存在是因为现金在付款企业与收款企业之间的划转需要一定时间，这段时间的存在是由金融机构之间以及金融机构和企业之间联系的低效率引起的。随着电子商务的应用，互联网能移完成资金划拨信息的实时、高效传输，消除了现金浮游量的适用环境和条件。此外，随着电子付款方式的日益普及，即在假设收款企业不必再迫于客观环境和条件而不得不接受票据为唯一可选择的付款方式的情况下，势必会要求采用更为直接、快捷的电子付款方式。因此，企业试图推迟支付以利用浮游的余地会变得更小，现金浮游量这一传统环境下提高现金使用效率的有效方法在电子商务环境下将失去作用。

（2）从收款的角度看，电子付款方式的普及对企业是利大于弊。例如，传统收款策略下所采取的集中银行制度一般只适用于大型企业。其具体做法是，除总部银行之外，按需要在各地设立多个收款中心，客户企业将支票直接交给各临近的各收款中心，由各收款中心再将款项汇往总部银行。集中银行制度能够加速款项的收回，但常常导致较高的现金交易费用，如收款中心设立费用、银行服务费用、补偿性余额的机会成本等。又如，锁箱系统是指企业在各地租借专用信箱，再委托当地银行代理收款的方法。锁箱系统免去了企业收取支票、内部处理及支票送存银行的手续，较之集中银行制度更加缩短了收款时间。但是，该方法同样存在费用较高的问题，并不具有普通适用性。因此，在收款领域使用电子付款方式，将避免传统现金管理方法的高额费用，大大加速现金的回流速度，提高现金使用效率。

4）电子商务对企业现金管理产生间接影响，从总体上提高现金流转效率

电子商务除了上述对现金管理的直接影响之外，对企业财务管理的其他方面也产生了重大影响，反过来又进一步促进了现金管理的提高。例如，电子商务对企业资金运营及周转有很大的促进作用，主要表现在刺激企业销售、加速账款收回、缩短采购周期并减少存货占用等。因为电子商务的实施，充分的信息沟通与交流使客户能够获得更快速可靠的服务，企业与供应商之间实现了实时交易，极大地加快了订货速度，从总体上缩短了采购或销售货款的周期，间接促使现金流转效率的提高。

思考：

通过以上资料介绍，谈谈现金管理应进行哪些变更才能适应时代的发展需要？

【案例分析 7.2】

宝洁公司：应收账款管理模式①

宝洁公司是一家具有百年历史的跨国洗化公司，自 1988 年进入中国市场以来，无论产品质量、销量以及销售额，始终在同行业中占有领先的地位。在每年 80 亿人民币的销售额下，应收账款的回款率始终保持在 95% 以上，这得益于先进的应收账款管理体系。宝洁公司应收账款管理的具体做法如下：

1）组织上有一个完善的内部控制系统

宝洁公司对应收账款的控制，是由销售会计组来完成的。销售会计组分成两大体系：一个是销售会计，另一个是分公司财务会计。前者负责应收账款等专项的总体策划、分析；后

① 王景涛：石家庄经济学院的河北省高等学校精品课程“财务管理”案例。

者负责对部分区域具体财务事项的运作，以及为前者提供准确、详细、及时的有关信息和数据。宝洁公司不仅对这一组织的每一环节都明确了其主要负责的工作任务，使之各有分工，还对每一工作环节设定了衡量其工作好坏的标准，以便每月对其进行严格考核。如销售会计组在应收账款专项管理中所负责的工作主要有：赊销信用额的建立和修改；全国客户每星期赊销状况报告；客户应收账款的记账；计算和发送客户的付款优惠额；计算应收账款的回收期；分析超期应收账款和跟踪处理坏账等。而对销售会计组的工作衡量标准包括：地区应收账款的回收期；超期应收账款的百分比；客户付款按要求的百分比；应收账款与客户账目一致性百分比；其他。落实到具体环节中的组织成员也是如此，如分公司下的财务客户主管，他所负责的工作就是应收账款的记账；跟踪收账及付款情况；计算客户的付款优惠额等。另外，为更及时有效地控制应收账款，宝洁公司还在总部专门设定了应收账款控制员，他是应收账款系统及运作流程的统一协调人，负责应收账款系统控制、应收账款会计分析报告、提出建议并负责执行、应用以及有效地提高应收账款的运作系统等工作。

2）重视应收账款回款期的管理

应收账款回款期是用来衡量应收账款系统管理水平高低的重要工具。宝洁公司为缩短回款期，从账龄分析与制定付款优惠政策两方面入手，具体的管理措施如下：

（1）设定账龄目标。

规定每一个客户归还应收款项的日期，这是宝洁公司期望的最长付款期。宝洁公司一方面考虑客户的实际回款能力，另一方面还结合客户目前的平均实际回款期，为每一地区信用客户设定了还款期限。如30天、60天、90天，用这三个时间将账龄分割成四个时间段进行考核和管理。

（2）分析账龄，了解客户的回款状况。

宝洁公司要求分期了解每一客户的实际还款状况，这就需要进行账龄的统计及分析。宝洁公司通过电脑来完成应收账款分期报告。从应收账款分期报告中，公司可获得客户应收账款的额度是多少、客户的实际还款期限有多长等数据。在此基础上，公司将实际回款期限与原定目标期限进行比较，发现实际是否存在问题，有无超目标期限的应收账款，从而针对问题分析原因，采取措施。

（3）制定付款优惠政策。

为达到设定的回款期限，宝洁公司为此制定了一项“回款的分期优惠政策”，即3/7，15/20，$n/40$。其目的在于鼓励客户提前还款，以便缩短回款期。

3）限制赊销额

（1）赊销额的建立。

①赊销不适用于第一次订货的新客户。

②要求个别类型客户必须先付款后订货。如私有企业或是注册资金低于30万元人民币的单位等。

③新客户只有在实现了第一次订单以后，方可通过填写赊销额申请表申请一份客户的临时赊销额。客户的临时赊销额是根据客户七天的销售预测来计算的；另外，还规定赊销额不能超过客户的注册资金。临时赊销额将维持三个月。也就是说，在随后的三个月里，客户必须在收货后七天内付款才能继续与宝洁签约，享受更高的优惠。

④在三个月的临时赊销额期满后，客户便可根据正式赊销额的计算标准享受赊销额度。

赊销额的测算公式如下：

赊销额＝过往期间的销售额/期间相应天数×回款期×销售增长系数

式中的销售增长系数是由宝洁公司销售预测组提供的地区销售增长系数，它通常根据上月销售与预测期前三个月平均销售的比值。例如，某地区平均月销售500万元，回款期为20天，上月销售是过去三个月平均销售的1.2倍，则该地区的信用额为：500/30×20×1.2＝400（万元）。

信用额是宝洁公司所能给予该地区客户的最大赊销额，当超过这一额度时，其购货都必须现款支付。

（2）赊销额的修订。

①修订时考虑的因素。

a. 常规性因素。除参照客户的销售及回款期之外，还要考虑客户的信用状况。宝洁公司要求客户定期提供一份财务报表，并通过有关的评估机构或银行等其他部门，了解客户的财务状况，以此作为修订不可缺少的因素之一。

b. 偶发性因素。如季节因素、促销手段及客户的回款情况等。

（2）一般的修订方法。

宝洁公司按季修订赊销额，上个季度的赊销额是下一季度赊销额的90%。也就是说，每一个季度，给予客户的赊销额便会自动增长10%，这也是宝洁公司对严格遵守信用额管理制度客户的进一步优惠政策；并且合作的时间越长，信用越好，所取得的最大赊销额也越多。

4）控制超期应收账款

对于出现的超期应收账款，宝洁公司采取了以下几项措施：

（1）停止供货。

当某一客户的一笔应收账款在超出40天后仍未付款时，必须马上通知应收账款控制员，停止该客户的信用额，并马上停止对其供货，直到款项付清，而其原有的信用额将取消并重新开始按新客户对待。

（2）实施收款计划。

如果在停止供货后客户仍拒付货款，公司将指定销售代表在财务部的协助下，与该客户磋商以求达成收款协议，协议将要求客户在三个月内付清全部款项。如果一次无法负担，公司允许最多可分三期付清所欠货款。如果客户选择了分期付款，那么，第一期付款金额不可小于拖欠总额的35%。对于无力偿付的客户，公司鼓励用有创意的方法来解决问题，如采取先帮助客户渡过难关的方式等，以期在日后可以收回更多的应收账款。宝洁公司认为，这种做法比诉之于法律更为可取。

（3）采取法律行动。

如果在实施了上述措施后仍无效果，将诉诸法律，以期在客户破产清算时得到债权的补偿。首先，公司请有关人员填写一份法律申请表，连同客户的执照及有关订货合同一起，报送给宝洁公司法律部和其他法律部门，由司法部门作出公正的裁决。对于公司损失的部分，财务部门将按坏账处理。

思考：

（1）宝洁公司成功的应收账款管理经验可以给我们哪些启示？

（2）企业的信用政策与应收账款管理存在哪些矛盾冲突？

(3) 如果你是公司专业的货款催收人员，对某一长期赖账客户，你能制定出什么样的货款催收计划？

(4) 应收账款收账是我国大多数企业面临的共同性难题，借鉴保洁公司的成功经验，你能否设计出一套行之有效的应收账款管理模式？

【本章小结】

营运资金是指在企业生产经营活动中占用在流动资产上的资金。流动资产是指在一年内或者大于一年的一个营业周期内变现的资产。

营运资金来源与运用的匹配政策主要指如何安排临时性流动性资产、永久性流动资产的资金来源。根据企业资金来源的构成，一般将企业融资政策分为三种类别：正常的筹资组合、冒险的筹资组合和保守的筹资组合。

现金管理的目的是在保证企业生产经营活动现金需求的基础上，尽量节约资金使用，降低资金成本，提高资金使用效益，在流动性与营利性之间做出最佳选择。

赊销可以加速产品销售的实现，但企业在采取赊销方式促进销售的同时，会因持有应收账款而付出一定的代价。企业在制定应收账款管理政策时要权衡利弊，兼顾收益与成本。

存货的增加可以为企业带来一定的效益，但同时也增加了企业持有存货的成本，因此，存货控制的目标就是要在存货的效益与成本之间进行利弊权衡，在充分发挥存货功能的同时尽量降低存货成本，增加企业的收益。

【思考与讨论】

1. 营运资金的特点是什么？
2. 如何加速企业现金周转速度？
3. 企业信用政策包括哪些内容？企业如何确定信用政策？
4. 应收账款的日常管理包括哪些内容？
5. 最佳现金持有量的确定方法有哪些？各有何优缺点？
6. 企业应收账款政策主要包括哪些内容？信用期限决策的方法和步骤是什么？
7. 结合实际，谈谈你对恶意拖欠应收账款的看法和应对办法。

【课外作业】

一、单项选择题

1. 预付款属于（　　）。

A. 流动资产　　B. 流动负债　　C. 长期负债　　D. 长期投资

2. 应收账款管理中，调查顾客信用情况的费用属于（　　）。

A. 管理成本　　B. 机会成本　　C. 坏账成本　　D. 固定成本

3. 在账单中，2/10，*n*/30 是（　　）。

A. 信用标准　　B. 信用条件　　C. 收账政策　　D. 信用准则

4. ABC 法控制存货时，对 A 类存货应（　　）。

A. 重点管理　　B. 次重点管理　　C. 一般管理　　D. 无需管理

5. 坏账损失是（　　）。

A. 管理成本　　B. 机会成本　　C. 坏账成本　　D. 固定成本

二、多项选择题

1. 营运资金包括（　　）。

A. 流动资产　　B. 流动负债　　C. 递延资产　　D. 长期负债

2. 存货包括（　　）。

A. 原材料　　B. 在制品　　C. 半成品　　D. 产成品

3. 企业持有现金的动机有（　　）。

A. 支付　　B. 投资　　C. 预防　　D. 储备

4. 最佳现金余额的确定方法有（　　）。

A. 现金周转模式　　B. 存货模式　　C. 因素分析模式　　D. 量本利模式

5. 信用政策包括（　　）。

A. 信用标准　　B. 信用条件　　C. 收账政策　　D. 信用合同

三、判断题

1. 现金是企业中流动性最强的资产，其首要的特点是普遍的可接受性。（　　）

2. 企业现金管理的目的就是要在资产的流动性和盈利能力之间做出抉择，以获取最大的利润。（　　）

3. 现金最佳持有量就是能使企业现金的机会成本、管理成本和短缺成本之和最小的现金持有量。（　　）

4. 延长信用期限，会减少企业的销售额；缩短信用期限，会增加企业的费用，因此需认真研究确定适当的信用期限。（　　）

5. 一般来讲，应收账款逾期拖欠的时间越长，账款催收的难度越大，成为坏账的可能性也就越高。（　　）

四、计算题

1. 某企业每月平均现金需要量为 10 万元，有价证券月利率为 1%，假定企业现金管理相关总成本控制目标为 600 元。

要求：(1) 计算有价证券的每次转换成本的限额；

(2) 计算最佳现金余额；

(3) 计算最佳有价证券交易间隔期。

2. 企业所需要的某材料年度采购总量为 3 600 吨，材料单价 3 000 元，一次订货成本 8 000元，每吨材料的平均储存成本 300 元，要求测算合理的采购批量。

3. 亚洲公司每年耗用钢材 4 500 吨，该钢材的计划单价为每吨 2 000 元，每次订货成本 1 500 元，每吨钢材的储存成本平均每年 150 元。要求确定：

(1) 经济批量；

(2) 每年最佳订货次数、订货周期；

(3) 最佳存货总成本。

4. 某企业只生产销售一种产品，每年赊销额为 240 万元，该企业产品变动成本率为 80%，资金利润率为 25%，企业现有 A、B 两种收账政策可供选用。有关资料如表 7.4 所示。

表 7.4

项目	A 政策	B 政策
平均收账期（天）	60	45
坏账损失率（%）	3	2
应收账款平均余额（万元）		
收账成本：		
应收账款机会成本（万元）		
坏账损失（万元）		
年收账费用（万元）	1.8	3.2
收账成本合计（万元）		

要求：(1) 计算填列表中空白部分（一年按 360 天算）；

(2) 对上述收账政策进行决策。

第八章　资本预算决策

【学习目标】 本章的核心是了解项目投资的特点与意义；理解现金流量的内涵；掌握投资项目的各种评价指标；运用本章理论进行投资决策。

【引入案例】

“淘金热”①

在美国历史上曾经有过两次“淘金热”。一次是在加州（加利福尼亚）找金矿，一次是在德州（德克萨斯）找石油。在常人看来，寻找金矿、开采石油才是发财的唯一道路，其他之举都是不务正业。但是偏偏有“淘金者”能慧眼识商机，平凡出奇迹。

这位美国青年名叫亚默尔。他带着发财的梦想，随淘金的人群来到了加利福尼亚。面对人山人海正在挥汗如雨地寻找、开采金矿的淘金大军，他并没有马上成为他们中的一员，而是东走西看。亚默尔发现矿山气候燥热，水源奇缺，淘金者口渴难忍，常听到人们在抱怨说：“真是的，要是有人给我一杯水喝，我宁愿给他一个金币。”

亚默尔听在耳里记在心上。他不找金矿而去找水源，找到后，他把水用纱网进行过滤，做成纯净、甘甜的矿泉水，背到矿山去，交给那些淘金者喝。

水，这个地球上最平凡的东西，在这里却以金币论价。很多人淘了 15 天金没有淘到，而亚默尔却靠卖水发了大财。

点　评 在西部酷热缺水的环境下，水成了非常稀缺的资源。投资淘金，冒险机会非常大，谁都无法确定结果如何。可投资卖水，收益几乎是百分之百可以肯定的。所以，亚默尔毅然选择了卖水而不是淘金。企业在投资决策时也是如此。投资一定要首先估量投资的风险有多大，企业是不是具有承受投资失败的能力；否则，就应该坚决放弃这项投资，另寻机会。规避投资风险，避免投资失误，是进行投资前必须慎重对待的问题。

第一节　资本预算概述

资本预算亦称资本支出预算，这是关系企业长远发展的投融资预算，如固定资产的购

① 中世：《让狗吐出骨头——一分钟财务管理故事》，西苑出版社 2005 年版。

置、扩建、改建、更新等都需要在投资项目可行性论证之后，编制出反映投资时间、规模、收益以及资金筹措方式的预算。

资本支出项目对企业而言是一项重大的资本支出项目，涉及企业未来多年的生产经营状况。正确的投资决策可以使企业得到长远、快速的发展，而投资决策失误亦可使企业陷入困境甚至破产。由于资本支出项目不允许草率决策，因此，资本预算的前期工作主要是进行相关投资项目的现金流量规划与投资评价指标测算。为了保证项目建设的合理性和财务可行性，有必要做出详细的预算，以保证投资和筹资活动的正常开展。

一、项目投资的特点与意义

（一） 项目投资的特点

1. 影响时间长，具有战略性

项目投资形成的长期资产一般会使用几年或几十年，通常项目投资投资额大，并需要数年甚至数十年才能全部收回。它对企业的生产经营能力及未来发展影响深远，同时过去和现在的项目投资选择也会限制企业未来的投资选择，这就是项目投资决策的战略性质。

2. 投资风险较大

项目投资一般要经过较长时间才能收回，在这个过程中，不确定的因素很多，这就可能使固定资产投入运用所形成的产品和劳务不再适合市场需要，且投资具有不可逆转性。项目投资很难改变其使用用途，出售困难，流动性较差，变现能力较差。所以项目投资风险较大，甚至有不仅得不到报酬，而且还面临损失的可能性。

（二） 项目投资的必要性

在市场经济条件下，项目投资对促进企业发展具有重要意义，具体表现为：

（1）项目投资可实现企业经营的多元化，降低经营风险。企业既可以在原有经营方向上扩大投资，也可以在选择的新领域进行投资，以实现经营的多元化，降低企业经营风险。

（2）项目投资可实现企业资产结构的合理化。新增项目会增加企业固定资产，从而增加固定资产在全部资产中的比重，实现资本结构的合理化。

（3）项目投资可增强企业的竞争力。通过提高产品产量，降低产品成本，增强产品功能，实现产品创新等手段；同时，可提高企业的市场竞争能力，对企业的长远发展具有重要的意义。

二、项目投资的程序

(一) 项目投资的提出

项目投资的提出是根据企业的长远发展战略、中长期投资计划和投资环境的变化，在把握良好投资机会的情况下提出的。它是项目投资程序的第一步，应当考虑的因素有市场需求、现有条件、投资方式（合资建设、独资建设等）。企业无论选择何种投资，都不应当违背国家的产业政策；否则，可能造成对社会的危害和投资损失。

(二) 收集和整理资料

收集和整理投资项目的资料是投资项目评价的前提。这些资料包括的内容应当尽可能广泛，其中主要有：①技术资料。②市场调查资料。③资源和环境状况资料。④财务资料。⑤法律政策资料等。为了保证项目评价的正确性，需要对收集的资料进行必要的识别，以确保资料可靠和实用；同时要对相关资料进行必要的整理和保存，以保证随时可以采用。

(三) 项目投资的评价

项目投资的评价包括以下工作：①对提出的投资项目进行适当的分类。②计算有关项目的建设周期，投产后收入，费用和经济效益，预测现金流入和现金流出。③运用各种指标把各项投资进行排序。④写出详细的评价报告。

(四) 投资项目的决策

评价后，应按分权管理的决策权限由企业高层管理人员或相关部门经理做出最后的决策。重大的项目投资需要报董事会或股东大会批准。其结论一般可分为以下三种：①接受这个项目，可以进行投资。②拒绝这个项目，不能进行投资。③发还给项目提出的部门，重新论证，再做处理。

(五) 项目投资的执行

决定对某项目进行投资后，要积极筹措资金，实施项目投资。

(六) 项目投资的再评价

在投资项目的执行过程中应注意原来做出的投资决策是否合理，是否正确。一旦出现新的情况就要随时根据变化的情况做出新的评价，以避免更大的损失。

第二节　项目投资的现金流量

一、现金流量概述

（一）现金流量的含义

现金流量指的是在投资活动过程中，由于某一个项目而引起的现金支出或现金收入的数量。

在理解现金流量的概念时，要把握以下三个要点：

（1）投资决策中使用的现金流量，是投资项目的现金流量，是由特定项目引起的。

（2）现金流量是指增量现金流量。

（3）这里的现金是广义的现金，它不仅包括各种货币资金，而且包括项目需要投入企业拥有的非货币资源的变现价值。如厂房、设备、材料等变现价值。

（二）现金流量在项目投资决策中的作用

利润是按权责发生制确定的，现金流量是根据收付实现制确定的，两者既有联系又有区别。在投资决策中，重点讨论的是现金流量，而把利润的研究放在次要的地位，其原因为：

（1）整个项目投资有效期内，利润总计与现金净流量总计相等。所以，现金净流量可以取代利润作为评价净收益的指标。

（2）利润受人为因素影响，而现金流量具有客观性。项目投资本身往往形成固定资产，固定资产必须计提折旧。根据会计制度，企业可以选择不同的计提折旧方法，不同的折旧计提方法会使各期计提的折旧额不等，从而影响各期利润数额。若以利润作为评价投资的价值指标，必然会使项目投资决策受到企业折旧方法选择的影响，从而影响决策的正确性。而现金流量可以不受折旧计提方法等会计政策的影响，因此用现金流量作评价指标，可以比用利润评价更客观、正确。

（3）投资分析中，现金流动状况比盈亏状况更重要。有利润的年份不一定能产生多余的现金用来进行其他项目的再投资。项目投资的投资额是现金流出，如果用会计的账面利润作为评价投资的价值指标，就会存在很大风险，有利润而无现金，就无法收回投资，更无法进行再投资。因此项目投资必须重视现金流量，以现金流量作为评价投资的最主要的价值指标。

（4）采用现金流量有利于科学地考虑时间价值因素，使投资决策更符合客观实际情况。在长期投资决策中，现金流量能科学、客观地评价投资方案的优劣。

（三） 现金流量的内容

现金流量可以根据不同的标志，划分为不同的种类。

1. 按现金流动的方向划分

（1）现金流出量（cash out flows）。

一个投资方案的现金流出量，是指该方案引起的企业现金支出的增加额。主要为：

①建设投资。

这项支出是指为了使生产经营能力得以形成而发生的各项现金支出，这是投资项目最基本、最主要的支出。其具体指建设期内按投资设计方案进行的固定资产、无形资产和开办费等投资的总和，包括土地购买或租赁费用、生产设备的购置费、土建工程费、生产设备安装及维护费、人员培训费等支出。直接投资支出可能是在项目期初一次支出，也可能在项目建设中分期支出。

②增加的营运资金。

新投资项目的实施，往往扩大了企业的生产经营能力，为了使生产经营能力得到充分利用，必须相应增加原材料产品的储备，可能会引起其他流动资产的增加，同时也会引起应付账款、应付费用等流动负债的增加。增加的营运资金是增加的流动资产减去增加的流动负债后的差额。这部分资金在项目运行期间，始终处于周转使用之中，直到运行期满一次性收回。

并不是所有的投资项目均需增加流动资金，对于一些在企业原有生产能力基础上进行的技术改造、生产设备的更新，由于生产效率的提高，节省了人力、物力、财力，不仅不会引起流动资金的增加，甚至会减少流动资金的占用。在投资项目分析和评价时，应结合实际加以考虑。

垫支的营运资金与建设资金构成原始投资额，再加上资本化利息，构成项目投资总额。

③营业成本。

营业成本指在项目经营期间需用现金支付的成本。它是项目投产后最主要的现金流出项目。企业生产经营费用并不一定要用现金支付，如固定资产折旧。折旧费在会计核算中是作为费用核算的，它作为成本的一个组成部分在计算营业利润时加以扣除。但是折旧费不是付现成本，并不是实际现金的流出。因此营业成本等于生产经营费用减去折旧费用后的差额。

④所得税。

企业缴纳的所得税属于现金流出的一部分。

（2）现金流入量（cash in flows）。

一个投资方案的现金流入量，是指该方案所引起的企业现金流入的增加额。主要为：

①营业现金收入。

项目投产后必然使企业的生产能力提升，销售收入增加。项目投产后所增加的营业收入和产生的现金流入量不仅包括当期现金收入，还包括收回前期的赊销收入。

②固定资产清理变现后的税后净收入。

项目出售或报废时固定资产的变现收入扣除清理费用后的净额形成一项现金流入。

③回收垫支的净营运资本。

它主要指项目终结时收回的原垫支的营运资金形成一项现金流入。

2. 按现金流动的时间划分

投资决策中的现金流量，从时间特征上看，包括初始阶段的现金流量、经营期的现金流量和终结点的现金流量三部分。

(1) 初始阶段（建设期）的现金流量。

初始阶段的现金流量指开始投资时发生的现金流量，一般包括：

①固定资产的投资：包括固定资产购入或购建成本、运输成本、安装成本等。

②流动资产的投资：包括对材料、在产品、产成品和现金等流动资产的投资。

③其他投资费用：与长期投资有关的职工培训、谈判费、注册费等。

④原有固定资产的变价收入：主要是指固定资产更新时原有固定资产变卖所得的现金收入。

(2) 营业期（经营期）的现金流量。

营业现金流量是指投资项目投入使用后，在其寿命周期内由于生产经营所带来的现金流入和流出的数量。这种现金流量一般按年度进行计算。这里的现金流入一般是指营业现金收入，现金流出是指营业现金支出和交纳的税金。如果一个投资项目每年的销售收入等于营业现金收入，付现成本（指不包括折旧的成本）等于营业现金支出，那么，年营业现金净流量可用下列公式计算：

每年净现金流量（NCF）=每年营业收入－付现成本－所得税

或：

每年净现金流量（NCF）=净利润+折旧

(3) 终结点的现金流量。

终结点的现金流量指投资项目完结时所发生的现金流量，主要包括：

①固定资产的残值收入或变价收入。

②收回垫支的营运资金。

③为结束项目而发生的各种清理费用。

（四）现金净流量

净现金流量是指一定时期内现金流入量与现金流出量的差额。净现金流量可以一年计，也可以整个项目持续年限计。当现金流入量大于现金流出量时，净现金流量为正值；反之，为负值。在项目建设期内，净现金流量一般为负值；在经营期内，净现金流量一般为正值。进行资本投资决策时，应考虑不同时期的净现金流量，即计算年净现金流量，其公式为：

年净现金流量=年现金流入量－年现金流出量

二、现金流量的估算

预测投资项目的现金流量是项目投资评价中重要的一步。估计投资方案所需的资本支出，以及该方案每年能产生的现金净流量，会涉及很多变量，并且需要企业有关部门的参与。诸如：销售部门负责预测销售价格和销量，涉及产品价格弹性、广告效果、竞争者动向等；产品开发和技术部门负责估计投资方案的资本支出，涉及研制费用、设备购置、厂房建筑等；生产和成本部门负责估计制造成本，涉及原材料采购价格、生产工艺安排、产品成本等。财务人员负责：为销售、生产等部门的预测建立共同的基本假设条件，如物价水平、贴现率、可供资源的限制条件等；协调参与预测工作的各部门人员，使之能相互衔接与配合；防止预测者因个人偏好或部门利益而高估或低估收入和成本。

（一） 投资项目现金流量估算时应注意的问题

1. 只有增量现金流量才是与项目相关的现金流量

所谓增量现金流量，是指接受或拒绝某个投资方案后，企业总现金流量因此发生的变动。只有那些因采纳某个项目所引起的现金流入增加额，才是该项目的现金流入；只有那些因采纳某个项目所引起的现金流出增加额，才是该项目的现金流出。为了正确计算投资方案的增量现金流量，需要正确判断哪些支出会引起企业总现金流量的变动，哪些支出不会引起企业总现金流量的变动。

2. 区分相关成本和非相关成本

相关成本是指与特定决策有关的、在分析评价时必须加以考虑的成本。例如，差额成本、未来成本、重置成本、机会成本等都属于相关成本。与此相反，与特定决策无关、在分析评价时不必考虑的成本是非相关成本。例如，沉没成本、历史成本、账面成本等往往是非相关成本。例如，某公司曾经打算开发一项新产品，要上新生产线，决策前所发生的市场调查和研究开发费用就是一项沉没成本，该笔支出已经发生，不管该公司是否开发新产品，它都已无法收回，与公司未来总现金流量无关。

如果将非相关成本纳入投资方案的总成本，则可能使一个有利的方案变得不利，一个较好的方案变成较差的方案，从而造成决策错误。

3. 不要忽视机会成本

在投资方案的选择中，如果选择了一个投资方案，则必须放弃投资于其他途径的机会。其他投资机会可能取得的收益是实行本方案的一种代价，被称为这项投资方案的机会成本。例如，某企业要建新生产线，该项目需利用现有未充分利用的厂房和设备，如将该设备出租可获收益200万元。而这笔租金收入代表该项目的机会成本。机会成本不是我们通常意义上的“成本”，它不是一种支出或费用，而是失去的收益。这种收益不是实际发生的，而是潜在的。机会成本总是针对具体方案，离开被放弃的方案就无从计量确定。

机会成本与投资选择的多样性和资源的稀缺性相联系，当存在多种投资机会，而可供选择的资源又是有限的时候，机会成本就会存在。当投资项目的决策者将机会成本纳入投资决策相关因素中来，就可能发现有些看上去有利可图的投资项目实际上是不值得投资的。

4. 要考虑投资方案对公司其他部门的影响

要考虑投资活动所产生的整体效果，而不是某一个项目的孤立效果。当我们采纳一个新的项目后，该项目可能对公司的其他部门造成有利或不利的影响。例如，某家航空公司准备开辟 A—B 城市之间的航线，而新航线开通后，将会提高该家航空公司原有的 B—C 城市之间的客货运量，从而增加了 B—C 航线的现金流入量。则这种增加的 B—C 航线的现金流量应当计算到 A—B 航线这个投资项目的现金流量之中。

5. 要考虑对净营运资金的影响

在一般情况下，当公司开办一个新业务并使销售额扩大后，对于存货和应收账款等流动资产的需求也会增加，公司必须筹措新的资金以满足这种额外需求；另外，公司扩充的结果，应付账款与一些应付费用等流动负债也会同时增加，从而降低公司流动资金的实际需要。所谓净营运资金的需要，指增加的流动资产与增加的流动负债之间的差额。

6. 支付借款利息和股利均不作为现金流出量

虽然投资项目所需负债筹资（企业自有资金不能满足投资项目对资金的需求时，可申请取得专项借款或发行债券筹资）的利息支出与投资项目相关联，但由于对投资项目的分析评价一般采用折现的现金流量指标，折现率的确定往往考虑了投资项目所需资金结构的影响，所以在确定投资项目的现金流量时，只考虑全部投资的运动情况，而不具体区分自有资金和借入资金等具体形式的现金流量，即在投资决策分析时，不考虑借款利息对现金流量的影响。

7. 要考虑通货膨胀对现金流量的影响

在对投资项目现金流量进行估计时，分析人员必须考虑预期的通货膨胀因素。在对项目现金流量进行估计时，分析人员一般倾向于假设在项目的整个寿命周期里市场价格水平保持不变。如果项目能够接受的要求收益率包含通货膨胀溢价，那么所估计的现金流量也必须反映通货膨胀的影响。如果项目现金流入来自于产品的销售，那么预期的价格变化会影响现金流入的大小。如果项目发生现金流出，通货膨胀会对预期的未来工资和原材料成本产生影响。

（二） 所得税对现金流量的影响

1. 所得税对投资现金流量的影响

可折旧资产的出售或处置也会对公司项目的现金流量产生影响。一般来说，如果公司使用的一项可折旧资产以高于其已折旧账面价值出售，那么其实现的超过其账面价值和低于资产可折旧基数的部分被认为是折旧的重新收回，并要求按公司的一般所得税征税。如果资产按低于其账面价值的价格出售，其出售价格与账面价值之差为该资产的损失，这一损失应从公司一般收入中予以扣除。事实上，这一办法使公司收入中有一部分等于这一损失额的应纳税收入得以避免纳税。其净结果是避税节余等于公司一般税率乘以可折旧资产出售时产生的损失额。因此，公司账面上的损失实际上产生了现金节余。

如果企业以原有旧设备进行固定资产投资，在计算投资现金流量时，一般是以该设备的变现价值作为其现金流出量。此外还应该注意企业由此而可能支付的所得税。

投资现金流量 = 投资在流动资产上的资金 + 设备的变现价值 −（设备的变现价值 − 账面净值）× 税率

2. 所得税对营业现金流量的影响

由于所得税的影响，现金流量并不等于项目实际的收支金额。在公司应纳税收入中，折旧的扣除是作为费用项目列示的，折旧实际上减少了公司的应纳税收入。在其他条件不变的情况下，折旧的提取额越大，公司上缴的税金就越少。因此，尽管折旧本身是一项非现金性支出，但它通过直接影响应纳税的现金流出而对公司现金流量产生影响。

税后成本 = 支出金额 ×（1 − 税率）

税后收入 = 收入金额 ×（1 − 税率）

折旧抵税 = 折旧 × 税率

因此，营业现金流量应当按下式计算：

营业现金流量 = 税后收入 − 税后付现成本 + 折旧抵税

= 收入 ×（1 − 税率）− 付现成本 ×（1 − 税率）+ 折旧 × 税率

3. 所得税对终结现金流量的影响

项目终结时固定资产的出售或处置也会对公司项目的现金流量产生影响。如果该资产的残值收入超过预计的固定资产残值，那么其实现的超过部分要征税。

项目终结现金流量 = 实际固定资产残值收入 + 原投入的营运资金 −（实际残值收入 − 预计残值）× 税率

【例 8.1】 年末 ABC 公司正在考虑卖掉现有的一台闲置设备。该设备于 8 年前以 40 000元购入，税法规定的折旧年限为 10 年，按直线法计提折旧，预计残值率为 10%，已提折旧 28 800 元。目前可以按 10 000 元价格卖出，假设所得税率 30%，卖出现有设备对本期现金流量的影响是多少?

账面净值 = 40 000 − 28 800 = 11 200（元）

卖设备可以得到 10 000 的银行存款流入，此设备账面价值 11 200 元，但是只卖了 10 000 元，亏了 1 200 元。

总的现金流量为 10 000 + 1 200 × 30% = 10 360（元）

下面举例说明现金流量的计算方法。

【例 8.2】 某公司拟新建一条生产流水线，需投资 100 万元，一年建成，该流水线可以使用 5 年，期末有 10 万元的净残值，采用直线法计提折旧。投产以后，预计每年的营业收入为 50 万元，营业成本为 35 万元。投产期初要垫支流动资金 15 万元，可在项目终结时一次收回。计算该公司的现金流量。（为简化计算，不考虑所得税的影响）

项目现金流量如表 8.1 所示。

根据上述资料可计算各年的净现金流量：

经营期各年净现金流量 =（50 - 35）+（100 - 10）/5 = 33（万元）

表 8.1 项目现金流量

单位：元

年份	0	1	2	3	4	5	6
初始投资额	-100						
垫支流动资金		-15					15
经营净现金流量			33	33	33	33	33
残值							10
净现金流量	-100	-15	33	33	33	33	58

第三节　项目投资决策评价指标及其计算

一、投资决策评价指标及其类型

对投资项目评价时使用的指标分为两类：一类是非贴现指标，也称静态评价指标，即没有考虑时间价值因素的指标，主要包括回收期、投资报酬率等。另一类是贴现指标，也称动态评价指标，即考虑了资金时间价值因素的指标，主要包括净现值、现值指数、内含报酬率等。

（一）静态评价指标的含义、计算方法及特点

非贴现现金流量指标是指在指标计算中不考虑资金时间价值的决策指标，根据非贴现的现金流量指标分析评价投资项目的方法，被称为非贴现的分析评价法（也称静态分析法）。静态分析法对投资项目进行经济分析时，不考虑货币资金的时间价值，对方案进行粗略的评价。这种方法计算比较简单，在实践中也比较实用。静态评价指标主要包括投资回收期和投资报酬率指标。

1. 静态投资回收期

静态投资回收期是指在不考虑货币时间价值的情况下，用生产经营期回收投资资金来源抵偿全部原始投资所需要的时间。这里所说的原始投资包括建设投资和流动资金两部分。为了便于理解，一般采用净现金流量来解释投资回收期，就是以投资项目净现金流量抵偿原始总投资所需要的时间。它通常以年为单位。简单来讲，就是项目投入的资金用多少年才能全部收回来。

静态投资回收期法就是以投资回收期的长短作为评价投资方案优劣的一种投资决策非贴现法。

计算投资项目的回收期有两种方法：

（1）公式法：项目方案经营期每年净现金流量都相等，则回收期的计算公式如下：

$$\text{投资回收期 PP} = \frac{\text{原始投资额}}{\text{年净现金流量 NCF}}$$

（2）列表法（一般方法）：不论在什么情况下，尤其在项目经营期每年净现金流量不相等时，可以通过列表计算累计净现金流量方式（即未收回投资额），来确定回收期的方法。

$$\text{投资回收期 PP} = \frac{m + \text{第 } m \text{ 年尚未回收的投资额}}{\text{第}（m+1）\text{年净现金流量 NCF}}$$

列表法计算投资项目的回收期如表 8.2 所示。

表 8.2　投资项目的回收期计算表　　单位：元

A 方案	现金流量	回收额	未回收额
原始投资	(20 000)		
现金收入			
第一年	11 800	11 800	8 200
第二年	13 240	8 200	0
回收期 = 1 +（8 200 ÷ 13 240）= 1.62（年）			

决策法则：回收期是指投资引起的现金流入累积到与投资额相等所需的时间。它代表收回投资所需的年限。评价投资方案时，在不考虑其他评价指标的前提下，单一方案，投资回收期小于基准投资回收期，方案为好；多个方案，投资回收期越短越好。

回收期法的评价：回收期法计算简便，反映回收投资额的速度，在一定程度上考虑了投资的风险状况（投资回收期越长，投资风险越高；反之，投资风险越小），并且容易理解和使用。它的缺点在于不仅忽视时间价值，而且没有考虑回收期之后的现金流量对投资收益的贡献。实际上，往往有战略意义的长期投资早期收益较低，而中后期收益较高。回收期法优先考虑急功近利的项目，可能导致放弃长期成功的方案。因此，它不是一个测量投资收益的好指标，但目前仍然是一个进行投资决策时需要参考的重要辅助方法，主要用来测定方案的流动性而非营利性。

2. 投资报酬率

投资报酬率（投资收益率、平均投资利润率、会计收益率）是指投资项目经济寿命期内平均每年获得的税后利润与投资额的之比，是一项反映投资获利能力的相对数指标。在计算时使用会计报表上的数据。

投资报酬率法则是以投资报酬率为标准评价和分析投资方案的方法。

投资报酬率计算方法：在计算上使用会计报表上的数据，以及普通的会计收益、成本观念。

$$\text{投资报酬率（ARR）} = \frac{\text{年平均净收益}}{\text{原始投资额}}$$

决策原则：企业在进行投资决策时，首先需要确定一个企业要求达到的投资报酬率作为最低标准，然后将有关投资项目所能达到的投资报酬率与该标准比较，如果超出该标准，则该投资项目是可取的；如果达不到该标准，则应该放弃该投资项目。在有多个投资项目的互斥选择中，则选择投资报酬率最高的项目。

投资报酬法评价：该指标计算简单，简明易懂，并且该指标不受建设期长短、投资方式、回收期的长短以及净现金流量大小等条件的影响，能够说明各投资方案的收益水平。但该方法也没有考虑资金时间价值因素，将不同时期发生的会计收益给予同等的价值权重，也不能正确反映建设期长短及投资方式不同对项目的影响。同时，该方法的取舍标准是人为确定的，缺乏可靠的科学依据，不利于正确地选择投资项目。

（二） 动态评价指标的含义、 计算方法及特点

贴现的现金流量指标是考虑了货币的时间价值的投资决策指标，主要包括净现值、现值指数、内含报酬率等指标。利用贴现的现金流量指标对投资方案进行评价和分析的方法，称为贴现分析法（又称动态分析法），主要包括净现值法、现值指数法、内含报酬率法等。这些方法适用于所有的投资项目的决策。

1. 净现值（net present value）

（1）净现值的概念。

净现值（NPV）是指某个投资项目投入使用后各年的净现金流量的现值总和与初始投资额（或投资期内的各年投资额的现值总和）之差，即投资项目未来现金流入量现值与未来现金流出量现值之差，或者说是投资项目在整个期间（包括建设期和经营期）内所产生的各年净现金流量现值之和。净现值法就是利用净现值指标进行评价投资方案优劣的一种方法。

（2）计算方法。

净现值的计算，有以下不同的表达形式：

①各年现金净流量相等时。

$$\begin{aligned}\text{NPV} &= \text{年现金净流量} \times \text{年现金值系数} - \text{原始投资额现值} \\ &= \text{NCF} \times (P/A,\ i,\ n) - I_0\end{aligned}$$

式中：NCF 为年现金净流量；i 为预定的贴现率；I_0 为原始投资额。

②各年现金净流量不相等时。

$$\begin{aligned}\text{NPV} &= \sum_{i=1}^{n}(\text{各年的现金净流量} \times \text{各年的复利现值系数}) - \text{原始投资额} \\ &= \sum_{i=1}^{n}\text{NCF}_i \times (P/F,\ i,\ n) - I_0\end{aligned}$$

需注意：以上公式中的原始投资如果是分次投入的，则也需按一定的折现率折成现值，折现方法同现金流量一样。

【例 8.3】 某项初始投资 6 000 万元，在第 1 年年末流入现金 2 500 万元，第 2 年年末流入现金 3 000 万元，第 3 年年末流入现金 3 500 万元。求该投资在资金成本为 10% 时的收益（净现值）为多少？

$$\begin{aligned}\text{NPV} &= 2\,500 \times (P/F,\ 10\%,\ 1) + 3\,000 \times (P/F,\ 10\%,\ 2) + 3\,500 \times \\ &\quad (P/F,\ 10\%,\ 3) - 6\,000 \\ &= 2\,500 \times 0.909 + 3\,000 \times 0.826 + 3\,500 \times 0.751 - 6\,000 = 1\,379\ (\text{万元})\end{aligned}$$

③折现率的选择。

在投资项目评价中，正确选择折现率至关重要，它直接影响项目评价的结论。如果选择的折现率过低，则会导致一些经济效益较差的项目得以通过，如果选择的折现率过高，会导致一些好的项目不能通过。

在实务中，一般有以下方法计算折现率：

以投资项目的资金成本作为折现率。

以投资的机会成本作为折现率。

在不同阶段采用不同的折现率。计算建设期现金流量现值时，以贷款的实际利率作为折现率；计算项目经营期净现金流量时，以全社会资金平均资金收益率作为折现率。

以行业平均收益率作为项目折现率。

值得注意的是：净现值法存在一个重要的问题就是，不同年代的现金流量，或者不同种类的现金流量，其风险程度通常是不同的，因此它们使用的折现率也应该有所不同。针对这一问题，可以对净现值法进行改进，给不同的现金流量赋予不同的折现率，然后计算出一个综合的净现值，能够对项目进行更加正确评价，这种方法就是调整净现值法。它可以用以下公式表示：

$$FNPV = \sum_{i=0}^{n} \frac{NCF_{1t}}{(1+i_1)^t} + \sum_{i=0}^{n} \frac{NCF_{2t}}{(1+i_2)^t} + \cdots + \sum_{i=0}^{n} \frac{NCF_{mt}}{(1+i_m)^t}$$

（3）决策标准。

在只有一个备选方案采纳与否的决策中，如果投资项目的净现值大于0，则该项目可行；如果净现值小于0，则该项目不可行。在多个备选方案互斥选择决策中，应选择净现值是正值中最大的项目。

（4）净现值法的评价。

采用净现值指标决策的优点：①考虑了资金的时间价值，增强了投资经济性的评价。②考虑了项目计算期全部净现金流量，体现了流动性和收益性的统一。③考虑了投资风险性，主要体现在折现率的水平上。风险越大的投资项目，选择的折现率就越高。

采用净现值指标决策的缺点：①不能从动态的角度反映投资项目的实际收益率水平，当各项目投资额不等时，仅用净现值无法确定方案的优劣。②净现金流量的测量和折现率的确定比较困难，而它们的正确性对计算净现值有重要影响。③净现值计算复杂且难于理解。

【例8.4】 甲、乙两个互斥投资方案各年净现金流量如表8.3所示，已知资本成本为10%，利用净现值法判断甲、乙两方案的可行性，如果都可行，企业应选择哪个方案？

表8.3 甲、乙两方案各年净现金流量 单位：万元

年份	0	1	2	3	4	5
甲方案净现金流量	(10 000)	3 000	3 000	3 000	3 000	3 000
乙方案净现金流量	(10 000)	1 000	2 000	3 000	4 000	5 000

甲方案的净现值为：

$$NPV = 3\,000 \times (P/A, 10\%, 5) - 10\,000 = 1\,372.4 \text{（万元）}$$

乙方案的净现值为：

$$
\begin{aligned}
NPV &= 1\,000 \times (P/F, 10\%, 1) + 2\,000 \times (P/F, 10\%, 2) + 3\,000 \times (P/F, 10\%, 3) + 4\,000 \times (P/F, 10\%, 4) + 5\,000 \times (P/F, 10\%, 5) - 10\,000 \\
&= 1\,000 \times 0.909\,1 + 2\,000 \times 0.826\,4 + 3\,000 \times 0.751\,3 + 4\,000 \times 0.683\,0 + 5\,000 \times 0.620\,9 - 10\,000 \\
&= 909.1 + 1\,652.8 + 2\,253.9 + 2\,732 + 3\,104.5 - 10\,000 \\
&= 652.3\ (万元)
\end{aligned}
$$

由于甲、乙两方案的净现值都大于零，因此这两个方案都可以接受。同时甲方案的净现值大于乙方案的净现值，所以企业应该选择甲方案。

2. 内含报酬率法（internal rate of return）

（1）内含报酬率的概念。

内含报酬率又称内部收益率（IRR），是指投资项目在使用期内各期净现金流入量现值总和与投资额现值总和（或初始投资）相等时的贴现率，即使投资项目净现值为零的贴现率。它实际反映了投资项目的真实报酬。项目整个生命周期内，始终存在着未收回的投资，而项目结束时，投资恰好完全收回。它实际上可以揭示项目贷款利率的最大限度。对建设项目进行财务评价时，净现值和内含报酬率是两种较好的评估指标。并且 IRR 采用百分比表示，可以与资本成本直接比较决定项目的取舍，比较直观。

一般来讲，投资项目的内含报酬率越高，其效益就越好。内含报酬率法就是以内含报酬率为标准评价和分析投资方案的方法。

（2）内含报酬率的计算。

内含报酬率的计算可分为两种情况：

①营业期每年现金流量相等，则按下列步骤计算：

计算年金现值系数（$P/A, i, n$）。

年金现值系数（$P/A, i, n$）= 初始投资额 I_0/每年的 NCF

$$NPV = NCF \times (P/A, i, n) - I_0 = 0$$

即：
$$(P/A, i, n) = \frac{I_0}{NCF}$$

查年金现值系数表，根据年金现值系数和 n 值，在表中找出与上述年金现值系数相邻的较大和较小的两个贴现率。

根据上述两个相邻的贴现率和已求得的年金现值系数，采用内插法（插值法）计算出该方案的 IRR。

②营业期每年现金流量不相等，采用逐步测试法：

计算步骤如下：

先用估计的折现率 r_1 对拟建项目整个计算期内各年净现金流量进行折现，并得出净现值 NPV_1。如 NPV_1 等于零，则所选定的折现率即为内部收益率。

若净现值 $NPV_1 > 0$，则内部收益率 $IRR > r_1$，应重新设定 $r_2 > r_1$。再将 r_2 代入有关计算净现值的公式，求出净现值 NPV_2，继续进行下一轮的判断；若净现值 $NPV_1 < 0$，则内部收

益率 IRR $<r_1$，应重新设定 $r_2<r_1$，再将 r_2 代入有关计算净现值的公式，求出 r_2 为折现率的净现值 NPV_2，继续进行下一轮的判断。

若经过有限次测试，仍未直接求得内部收益率 IRR，则可利用最为接近零的两个净现值，正负临界 NPV_m 和 NPV_{m+1} 及相应的折现率，根据插值法计算近似的内部收益率。

【例8.5】 某投资方案，当贴现率为16%时，其净现值为338元，当贴现率为18%时，其净现值为 -22 元。该方案的内含报酬率为多少？

内含报酬率是使净现值为0时的贴现率。

$$内含报酬率=16\%+(18\%-16\%)\times\frac{338}{(338+22)}=17.88\%$$

（3）决策原则。

在只有一个备选方案采纳与否的决策中，如果投资项目的 IRR 大于资金成本率或企业要求的最低投资报酬率，则该项目可行；反之，则放弃。内含报酬率表明项目自身的实际盈利能力或所能承受的最高利率，是一个比较可靠的评估指标，一般可作为主要评估指标。在多个备选方案互斥选择决策中，应选择 IRR 大于资金成本率或企业要求的最低投资报酬率最多的项目。

（4）内含报酬率法的评价。

内含报酬率法的优点：①考虑了资金的时间价值。②内含报酬率是投资项目本身的收益能力，反映其内在的获利水平。③是相对数指标，且易于理解。因而，目前在企业投资决策中得到广泛的应用。

其缺点为：计算复杂，IRR 的求取很多因素都是要人为来确定，带有人为不确定性，很容易造成决策失误。另外，每个项目都只有一个净现值和一个获利能力指数，但在特定的情况下，内部收益率却可能不止一个，因为内部收益率的求解公式是一个 n 次方程，从数学角度看应该有 n 个解。如果项目的初始投资为（I_0），是项目现金流中唯一的负数，而其他的年税后现金流均为正值。则在所有的解中，除了一个为正外，其他解都是负数或解根本不存在。但项目的现金流中可能会出现多个负值如项目投资是分期分批地投入时，会造成多个内部收益率。为了克服以上问题，国外学者提出了修正的内部收益率法，并在实践中得到普遍运用。

这种修正的内部收益率法假定项目预期年限中所有的现金流入都以要求的收益率为再投资收益率，直到项目终止。首先，用投资者要求的收益率求出每年税后现金流入及项目期末的将来值。其次，再用投资者要求的收益率作为贴现率计算项目现金流出的现值，如果初始投资是唯一的现金流出，初始投资就是项目现金流出的现值。最后，使项目现金流入终值的现值等于现金流现值的贴现率即为修正的内部收益率。采用修正内部收益率能够很好地克服 IRR 法的不足，使项目投资决策更加符合实际。一般来说，同一项目的修正内部收益率比不修正的内部收益率要小，从而使项目评估更贴近实际。

3. 获利指数（profitability index）

（1）获利指数的概念。

获利指数又称现值指数（PI），是指投资项目在使用期内各期的净现金流入量现值总和与投资额现值总和（或初始投资额）之比。现值指数法是以现值指数为标准来评价和分析投资项目的一种方法。

（2）现值指数的计算。

①各年现金净流量相等时，其计算公式为：

$$PI=\frac{NCF\times(P/A,\ i,\ n)}{I_0}$$

②各年现金净流量不相等时，其计算公式为：

$$PI=\frac{\sum_{t=1}^{n}NCF_t\times(P/F,\ i,\ t)}{I_0}$$

（3）决策原则。

如果投资方案的获利指数大于或等于1，方案为可行方案；如果投资方案的获利指数小于1，方案不可行。如果几个方案的获利指数都大于1，那么获利指数越大，方案越好。采用获利指数进行互斥方案的选择时，正确的决策方法是在保证获利指数大于1的条件下，使追加投资所得的追加收入最大化。

（4）现值指数法的评价。

现值指数法的优缺点与净现值法基本相同，但有一个重要区别：获利指数法可从动态的角度反映项目投资的资金投入与总产出之间的关系，可以弥补净现值法在投资额不同方案之间不能进行比较的缺陷，使投资方案之间可直接用获利指数进行比较。其缺点是：除了无法直接反映投资项目的实际收益率外，计算起来比净现值率指标复杂，计算口径也不一致。

二、投资决策评价指标的比较

（一） 非贴现的现金流量指标和贴现的现金流量指标的比较

在20世纪50年代以前，世界各国企业在进行投资决策时一般都以非贴现的现金流量指标为主。但50年代以后，使用贴现现金流量指标的企业不断增多。从70年代开始，贴现现金流量指标已占主导地位，并形成了以贴现现金流量指标为主，以投资回收期为辅的多种指标并存的指标体系。贴现的现金流量指标得以广泛应用的原因主要为：

1．贴现指标考虑资金时间价值，而非贴现指标未考虑资金时间价值

非贴现指标将不同时点上的现金流量当作具有同等价值的资金量进行比较，忽略了资金的时间价值因素。这种做法实际上夸大了投资收益的价值和投资项目的盈利水平，从而可能导致错误的投资决策。贴现现金流量指标则将不同时点上的现金流量的价值折算到同一时点（投资开始时的时点）进行比较，使不同时期的现金流量在价值上真正具有可比性，为正确的投资决策打下了良好的基础。

2．贴现指标提供了科学的决策标准，而非贴现指标难以提供科学的决策标准

不论是静态投资回收期指标，还是投资报酬率指标和平均报酬率指标，其取舍标准都是

根据经验或主观判断为基础制定的，缺乏客观依据。而贴现现金流量指标（净现值指标或内部收益率指标等）的取舍标准则是以企业的实际资金成本或可能获得的必要收益率为基础制定的，具有相对较为客观的经济意义。

3．管理人员水平的不断提高和电子计算机的广泛应用，加速了贴现指标的使用

20 世纪五六十年代，只有很少企业的财务人员能真正了解贴现现金流量指标的真正含义，而今天，几乎所有大企业的高级财务人员都懂得贴现法的科学性和正确性。电子计算机的广泛应用使贴现指标中的复杂计算变得容易，从而加速了贴现指标的推广。

（二）贴现的现金流量指标之间的比较

1．净现值指标与内含报酬率指标的比较

在多数情况下，净现值指标与内含报酬率指标得出的结论是一致的。但在一些特殊的情况下，这两个指标将会给出不同的结论。

（1）初始投资不一致，一个项目的初始投资额大于另一个项目的初始投资额；

（2）现金流入的时间不一致，一个在最初几年流入的较多，另一个在最后几年流入的较多。

造成净现值指标与内部收益率指标结论不一致的更深层次的原因是由于两种决策方法对再投资收益率的假设不同。净现值指标假设各期投资的现金收益（净现金流入量）可以按照企业所要求的投资折现率进行再投资（即按照资本成本进行再投资），内部收益率指标则要求各期投资的现金收益能够按照投资项目的内部收益率进行再投资，这两种假设相比，净现值指标的假设更为合理一些。

通过以上分析不难看出，尽管内部收益率指标也考虑了资金的时间价值，并且是一种常用的投资决策指标。但在一些特殊的情况下，这一指标可能会给出错误的选择，而净现值指标却总是能给出正确的选择。因此，同样是贴现现金流量指标，在无资本限量约束的情况下，净现值指标要优于内部收益率指标，是一个比较好的决策指标。

2．净现值指标与现值指数指标的比较

净现值指标与现值指数指标所使用的数据是完全相同的，都是投资项目的初始投资额和投资收益的现值，但两者的使用方法不同。现值指数考虑的是投资收益现值相对于初始投资额的相对值，而净现值考虑的是投资收益现值与初始投资额之差。在初始投资额相同的情况下，两者的结论完全一致，但是，在初始投资额不同时，两者可能会得出不同的结论。

现值指数讨论的是投资收益的相对值，考虑的是投资项目效率的高低，而净现值指标衡量的是投资收益大小的绝对值。对投资者（企业）来说，其用于衡量项目是否可行的基本标准是其资本成本，只要项目的净现值大于零，则说明项目的收益率高于资本成本。因此，在无资本限量的前提下，企业应对所有能带来净现值的项目进行投资。而在有资本限量的情况下，企业同样应寻找净现值最大的项目组合。

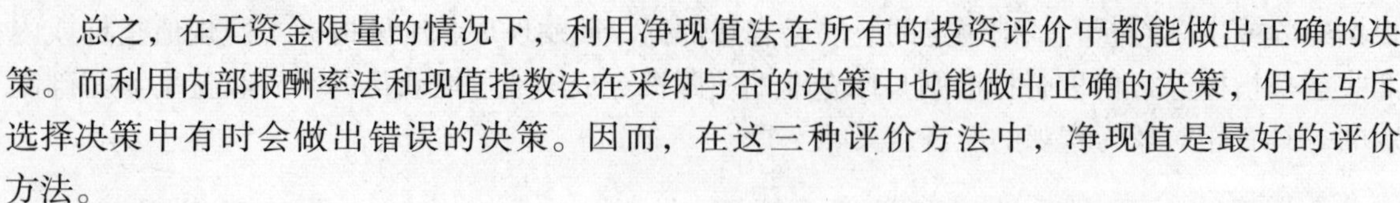

总之，在无资金限量的情况下，利用净现值法在所有的投资评价中都能做出正确的决策。而利用内部报酬率法和现值指数法在采纳与否的决策中也能做出正确的决策，但在互斥选择决策中有时会做出错误的决策。因而，在这三种评价方法中，净现值是最好的评价方法。

第四节 项目投资决策评价指标的运用

一、独立方案财务可行性评价及投资决策

在只有一个投资项目可选的条件下，利用评价指标进行决策时要注意以下要点：对于一组独立方案中的任何一个方案，都存在“接受”或“拒绝”的选择。只有完全具备或基本具备财务可行性的方案，才可以被接受；完全不具备或基本不具备财务可行性的方案，只能选择拒绝。

（一）完全具备财务可行性的条件

如果投资项目同时满足以下条件，则可断定项目具有财务可行性，应接受此投资方案。这些条件是：净现值 NPV≥0，现值指数 PI≥1，内含报酬率 IRR≥行业基准收益率 i，还有，包括建设期的静态投资回收期 PP≤$n/2$（即项目计算期的一半），不包括建设期的静态投资回收期 PP≤$p/2$（即经营期的一半），投资报酬率指标 ARR≥基准投资报酬率（事先给定）。

（二）完全不具备财务可行性的条件

如果投资项目同时不满足上述条件，而发生下列情况：净现值 NPV＜0，现值指数 PI＜1，包括建设期的静态投资回收期 PP＞$n/2$，不包括建设期的静态投资回收期 PP＞$p/2$，投资报酬率指标 ARR＜基准投资报酬率，内含报酬率 IRR＜i，则可断定项目不具有财务可行性，不应接受此投资方案。

（三）基本具备财务可行性

如果在评价过程中出现贴现指标处于可行区间，即净现值 NPV≥0，现值指数 PI≥1，内含报酬率 IRR≥行业基准收益率 i，而非贴现指标指标处于不可行区间，即回收期 PP＞$n/2$ 或 $p/2$，投资报酬率指标 ARR＜基准投资报酬率，则可以判断该项目基本具备财务可行性。

当静态投资回收期（次要指标）或投资报酬率指标（辅助指标）的评价结论与净现值指标的评价结论相矛盾时，以净现值指标的评价结论为准。

（四） 基本不具备财务可行性

如果在评价过程中出现贴现指标处于不可行区间，即净现值 NPV <0，现值指数 PI <1，内含报酬率 IRR < 行业基准收益率 i，而非贴现指标处于可行区间，即回收期 PP≤$n/2$ 或 $p/2$，投资报酬率指标 ARR≥基准投资报酬率，则可以判断该项目基本不具备财务可行性。

利用净现值、净现值率、获利指数和内部收益率指标对同一个独立方案进行评价，会得出完全相同的结论。

二、多个互斥方案的比较决策

互斥方案的决策过程就是在每一个入选方案已具备财务可行性的前提下，利用具体决策方法比较各个方案的优劣，利用评价指标从各个备选方案中找出最优方案的过程。通常，常用的方法有净现值法、净现值率法、差额内部收益率法和年等额净回收额法等。

（一） 净现值法和净现值率法

适用于原始投资相同且项目计算期相等的多方案比较决策，选择净现值和净现值率大的方案作为最优方案。例如，甲、乙、丙三个方案都需要投资 100 万元而只能选一。甲方案的净现值指标为 $NPV_{甲}=36$ 万元；乙方案的净现值指标为 $NPV_{乙}=17$ 万元；丙方案的净现值指标为 $NPV_{丙}=28$ 万元。三个方案的净现值指标都大于零，都具有财务可行性。但是，只能从其中选择一个方案，应选净现值最大的方案，所以选择甲方案。

（二） 差额内部收益率法

差额内部收益率法适合于比较两个原始投资不相同但投资期相同的方案。它是在计算差量净现金流量△NCF的基础上，计算出差额内部收益率△IRR，并据以判断方案孰优孰劣的方法。差额内部收益率的计算与内含报酬率的计算完全一样，也需要采用逐步测试法，目的是找到使净现值等于零的贴现率。

差额内部收益率△IRR 大于或等于基准收益率或设定折现率时，原始投资额大的方案较优；反之则投资小的方案较优。这种方法经常用于更新改造项目的投资决策中，项目的差额内部收益率△IRR 大于或等于基准收益率或设定折现率时，应进行更新改造；反之则不应进行更新改造。

【例 8.6】 某企业拟对尚可使用 5 年的设备进行更新改造，不涉及流动资金的投资，直线法计提折旧，所得税税率为 40%，公司资本成本为 10%。新旧设备的资料如下：

新设备资料：购置成本 60 000 元，估计使用年限 5 年，期满残值 10 000 元，每年收入 80 000 元，每年付现成本 40 000 元。

旧设备资料：购置成本60 000元，估计使用年限5年，已提折旧20 000元，期满无残值。如果现在出售该设备，可得价款20 000元。使用该设备每年收入50 000元，每年付现成本30 000元，问是否更新设备。

（1）计算初始现金流量的差量$\triangle NCF_0$：

$\triangle NCF_0 = -(60\ 000-20\ 000) = -40\ 000$（元）

（2）计算经营现金净流量的差量$\triangle NCF_{1-4}$：

$\triangle NCF_{1-4} = \triangle$收入$\times(1-40\%) - \triangle$付现成本$\times(1-40\%) + \triangle$折旧$\times 40\%$

$= (80\ 000-50\ 000)\times(1-40\%) - (40\ 000-30\ 000)\times(1-40\%) + (10\ 000-4\ 000)\times 40\%$

$= 14\ 400$（元）

（3）计算终结点现金净流量的差量$\triangle NCF_5$：

$\triangle NCF_5 = 14\ 400 + \triangle$残值$= 14\ 400 + (10\ 000-0) = 24\ 400$（元）

（4）计算差量现金流量的差额投资内部收益率$\triangle IRR$：

$\triangle NPV = 14\ 400\times(P/A, \triangle IRR, 4) + 24\ 400\times(P/F, \triangle IRR, 5) - 40\ 000 = 0$

当贴现率为24%时，$\triangle NPV = 2\ 944.76$（元）。

当贴现率为28%时，$\triangle NPV = -629.2$（元）。

所以，$\triangle NPV$在24%和28%之间，采用差值法求解：

$$\frac{\Delta IRR - 24\%}{28\% - 24\%} = \frac{0 - 2\ 944.76}{-629.2 - 2\ 944.76} \Rightarrow \Delta IRR = 27.3\%$$

差额投资内部收益率27.3%大于公司的资本成本10%，所以公司应该更新设备。

（三）年等额净回收额法

年等额净回收额法指根据所有投资方案的年等额净回收额指标的大小来选择最优方案的决策方法。年等额净回收额法适用于原始投资额不等，特别是计算期不同的多方案比较决策。在此方法下，年等额净回收额最大的方案为最优方案。

某一方案的年等额净回收额等于该方案的净现值与相关的资本回收系数的乘积。若某方案净现值为NPV，设定折现率或基准折现率为i，项目计算期为n，则年等额净回收额按下式计算：

$$A = NPV\times(A/P, i, n) = NPV/(P/A, i, n)$$

式中：A为方案的年等额净回收额；$(A/P, i, n)$为资本回收系数；$(P/A, i, n)$为年金现值系数。

在此方法下，所有方案中年等额净回收额最大的方案为最优。

三、多方案组合排队投资决策

这类决策涉及的多个项目之间不是相互排斥的关系，它们之间可以实现任意组合，分两种情况：一是在资金总量不受限制的情况下，可按每一个项目的净现值排队，确定优先考虑的项目顺序。二是在资金总量受限制的情况下，按净现值的大小，结合盈利能力指数进行各种组合的排队，从中选择能使净现值最大的方案。

投资额受到限制时的投资决策，是公司经常遇到的一种投资决策。因为，无论财务实力如何雄厚，公司都无法满足无休止的投资需求。

投资限额为40万元时可供选择的项目如表8.4所示。

表8.4　投资限额为40万元时可供选择的项目　　单位：万元

项目	投资额	收益净现值	盈利能力指数
A	12	6.7	1.56
B	15	7.95	1.53
C	12.5	2.1	1.17
D	10	1.8	1.18

表8.4中，各项目的收益净现值和盈利能力指数已通过相应计算获得，并保持不变。其中，C和D假设为两个互斥项目。为了在40万元投资限额情况下进行投资选择，可就4个项目进行组合，并在此基础上选出收益净现值最高、盈利能力指数最大的组合，见表8.5。

表8.5　对4个项目进行组合的情况　　单位：万元

可能的组合	组合后的投资额	组合后的收益净现值	组合后的盈利能力指数
ABC	39.5	16.75	1.420
ABD	37	16.45	1.412
AB	27	14.65	1.367
AC	24.5	8.8	1.221
AD	22	8.5	1.213
BC	27.5	10.05	1.252

从表8.5中看出：组合高的收益净现值为参与组合的各项目的收益净现值之和，组合后的盈利能力指数为参与组合的各项目盈利能力指数的加权平均值。组合后的收益净现值和组合后的盈利能力指数已通过相应的计算获得，并保持不变。

从表8.5中可看出：由于项目C和项目D为互斥项目，对四个项目进行组合时，不能将其组合在一起。同时可看出，六种组合形成的投资额均未超过40万元的投资限额，因此，都是合理的组合。ABC组合应为最佳组合。因为，其组合收益净现值最高，盈利能力指数最大。同时还可看出，如果用盈利能力指数对投资组合进行选择，可能会导致错误决策。例如，虽然ABD组合的盈利能力指数比AB组合的大，但其收益净现值只比AB组合的多1.99万元（16.45－14.65），而投资额却比AB组合的多10万元（37－27）。显然，ABD组合的效益不如AB组合的效益。

【案例分析】

“利达”新建项目投资决策[①]

利达制造厂是生产加湿器的中型企业，该厂现为扩大生产能力，准备新建一条生产线，

① 李艳萍：《财务管理》，经济科学出版社2006年版。

公司所得税税率为33%。有关资料如下：

（1）该生产线的原始投资颇为12.5万元，分两年投入。第一年年初投入10万元，第二年年初投入2.5万元。第二年年末项目完工，投产后每年可生产加湿器1 000台，每台销售价格为300元。项目寿命期为五年，残值2.5万元，投产时垫支流动资金25万元，这笔资全在项目结束时可全部收回。

（2）该项目生产的产品总成本的构成如下：材料费用20万元；制造费用2万元；人工费用3万元；折旧费用2万元。总会计师通过分析，得出该厂加权平均的资金成本为10%。

（3）厂部中层干部意见：

经营副总认为，在项目投资和使用期间，通货膨胀率大约在10%左右，将对投资项目各有关方面产生影响；基建处长认为，由于受物价变动的影响，初始投资将增长10%，投资项目终结后，设备残值也将增加到37 500元；生产处长认为，由于物价变动的影响，材料费用每年将增加14%，人工费用也将增加10%；财务处长认为，扣除折旧后的制造费用，每年将增加4%，折旧费用每年仍为20 000元；销售处长认为，产品销售价格预计每年可增加10%。

思考：

（1）不考虑厂部中层干部意见情况下该项目如何决策？

（2）分析影响利达投资项目决策的各因素。

（3）考虑厂部中层干部意见情况下该项目如何决策？

（4）该案例的启示？

【本章小结】

资本预算亦称资本支出预算，这是关系企业长远发展的投融资预算，如固定资产的购置、扩建、改建、更新等都需要在投资项目可行性论证之后，编制出反映投资时间、规模、收益以及资金筹措方式的预算。

现金流量指的是在投资活动过程中，由于某一个项目而引起的现金支出或现金收入的数量。现金流量可以根据不同的标志，划分为不同的种类。

对投资项目评价时使用的指标分为两类：一类是非贴现指标，也称静态评价指标，主要包括回收期、投资报酬率等。另一类是贴现指标，也称动态评价指标，主要包括净现值、现值指数、内含报酬率等。

项目投资决策评价指标可以在独立方案财务可行性评价及投资决策、多个互斥方案的比较决策、多方案组合排队投资决策中应用。

【思考与讨论】

1. 什么是现金流量？其构成内容有哪些？
2. 投资决策中使用现金流量的原因是什么？
3. 折现的主要投资项目评价指标及它们之间的联系和区别有哪些？
4. 各种项目投资决策方法的优点和缺点有哪些？在实际运用时应该如何选择？
5. 如何正确认识和运用“增量现金流量”？

6. 在折现分析决策中，如何正确认识和运用折现率？

【课外作业】

一、单项选择题

1. 下列表述不正确的是（　　）。

A. 净现值是未来报酬的总现值与初始投资额的现值之差

B. 当净现值等于零时，说明此时的贴现率为内含报酬率

C. 当净现值大于零时，现值指数小于1

D. 当净现值大于零时，说明该投资方案可行

2. 在用动态指标进行项目评价时，如果其他因素不变，只有贴现率提高，下列指标结果不变的有（　　）。

A. 净现值　　B. 投资回收期　　C. 内含报酬率　　D. 现值指数

3. 某投资项目若选用15%的贴现率，其净现值为500，使用18%的贴现率，其净现值为-250。该项目的内含报酬率为（　　）。

A. 17%　　B. 16.5%　　C. 20%　　D. 21.5%

4. 某企业当年获得的收入全部为现金，共300万元，付现成本210万元。其他成本为折旧85万元，所得税率40%。则企业的营业现金流入为（　　）。

A. 90万元　　B. 175万元　　C. 139万元　　D. 54万元

5. 某公司拟投资一项目12万元，预计使用年限6年，无残值，直线法计提折旧。该项目投产后年均现金收入47 000元，付现成本12 000元，所得税率33%。则企业的营业现金流入为（　　）。

A. 2.55万元　　B. 3.4万元　　C. 3.005万元　　D. 5.12万元

二、多项选择题

1. 在以下投资方案评价指标中，属于贴现指标的有（　　）。

A. 回收期　　B. 会计收益率　　C. 内含报酬率　　D. 现值指数

2. 在考虑所得税因素后，下列（　　）公式能计算现金流量。

A. 现金流量=营业收入-付现成本-所得税

B. 营业现金流量=税后利润-折旧

C. 现金流量=收入×（1-税率）-付现成本×（1-税率）+折旧×税率

D. 营业现金流量=税后收入-税后成本+折旧

3. 下列几种因素中影响内含报酬率的有（　　）。

A. 银行存款利率　　B. 银行贷款利率

C. 投资项目有效年限　　D. 初始投资金额

4. 下列各项中，属于营业现金流入量的有（　　）。

A. 营业收入　　B. 固定资产报废时的残值收入

C. 银行借款　　D. 回收流动资金投资

三、判断题

1. 一个投资项目是否能维持下去，取决于一定期间是否有盈利。　　（　　）

2. 投资决策中使用的现金流量就是指各种货币资金。 ( )

3. 净现值作为评价投资项目的指标，其大于零时，投资项目的报酬率大于预定的贴现率。 ( )

4. 现值指数反映投资的收益。 ( )

5. 内部报酬率是指净现值等于零时的贴现率。 ( )

四、计算题

1. 丙公司2002年年初拟对A设备投资150万元，该项目三年后建成投产。投产后每年年末现金流入量为30万元，项目使用期10年，银行存款利率为10%。

要求：比较投资方案是否可行。

2. 航运公司准备购入一设备以扩充生产能力，现有两个方案可供选择，甲方案需投资20 000元，使用寿命为5年，采用直线法计提折旧，5年后设备无残值。5年中每年销售收入为8 000元，每年的付现成本为3 000元；乙方案需投资24 000元，使用寿命为5年，采用直线法计提折旧，5年后设备有残值收入4 000元。5年中每年销售收入为10 000元，付现成本第一年4 000元，以后随着设备陈旧，逐年将增加修理费200元，另需垫支营运资金3 000元，所得税率40%。

要求：计算两个方案的现金流量。

第九章　股利分配

【学习目标】　本章的核心是了解利润的构成与分配程序，股票股利、股票分割与股票回购；理解股利理论；掌握股利政策的影响因素，股利分配政策。

【引入案例】

股利与股价的关系

美国某制造公司宣布它将减少每季度现金股利每股 0.45 元，公司把这一损失归因于石油输出国组织的石油禁运使油价大幅上扬。在公司宣布股利减少事项的当天，股价从 18 元跌至 12 元，股价跌幅达 30% 超过了股利下跌的幅度。

为什么公司每季度现金股利下跌会引起股价更大幅度的下跌？带着这个问题，让我们来阅读本章内容。

第一节　利润分配概述

一、利润总额的构成

利润是企业在一定会计期间的经营成果，是指企业在一定时期内的全部收入抵减全部支出后的余额，是企业生产经营的最终成果，其大小在很大程度上反映出企业该期生产经营的经济收益。

企业的利润分配是以实现的利润为前提的，因此正确计算一定时期的利润总额并分析其构成是确保利润正确分配的基础。

（一）利润总额

根据我国《企业会计准则》和会计制度的规定，利润是企业在一定时期内的经营成果，包括营业利润、投资净收益和营业外收支净额及补贴收入等。

利润总额 = 营业利润 + 投资净收益 + 营业外收支净额 + 补贴收入

利润总额在扣除所得税后的余额即为企业税后利润，即企业的净利润。

（二） 营业利润

营业利润是企业在一定时期内从事经营活动取得的利润，是企业利润的最重要来源。营业利润由主营业务利润、其他业务利润、期间费用构成。

营业利润＝主营业务利润＋其他业务利润－管理费用－财务费用

主营业务利润是企业从事主要的、基本的经营活动所取得的利润。

主营业务利润＝主营业务收入－主营业务成本－营业费用－营业税金及附加

其他业务利润是企业在从事基本业务以外的其他经营性业务取得的利润。由其他业务收入扣除其他业务支出后形成。

期间费用是指企业经营活动中发生的各项费用，具体包括营业费用、管理费用和财务费用。

（三） 投资净收益

投资净收益是企业对外投资取得的收益扣除投资损失的余额。企业的对外投资包括股权性投资和债权性投资两部分。

（四） 营业外收支净额

营业外收支净额是指企业营业外收入减去营业外支出的差额。营业外收入是指与企业经营活动没有直接联系的收入以及各种偶然所得。营业外支出是指与企业生产经营无直接关系的各项支出。

二、利润分配的顺序

（一） 利润分配的含义

利润分配是根据企业所有权的归属及各权益者占有的比例，对企业生产成果进行划分，是一种利用财务手段确保生产成果的合理归属和正确分配的管理过程。简单地说，利润分配就是对企业一定生产成果的分配，有广义的利润分配和狭义的利润分配两种。广义的利润分配是指对企业收入和利润进行分配的过程；狭义的利润分配则指对企业净利润的分配。本章所讨论的利润分配是狭义的利润分配。

（二） 利润分配的一般顺序

《企业财务通则》规定，企业税后利润一般按以下顺序进行分配：

第一，用于抵补被没收的财物损失，支付违反税法规定的各项滞纳金和罚款；第二，弥补以前年度亏损；第三，提取法定盈余公积金；第四，提取任意盈余公积；第五，向投资者分配利润。

【例9.1】 某有限责任公司2010年利润分配有关的资料如下：（1）当年实现税前利润1000万元，所得税税率为30%。（2）弥补超过用所得税前利润抵补期限的以前年度亏损额为500万元。（3）公司法定盈余公积金提取比例为10%，任意盈余公积提取比例为5%。（4）向投资者分配比例为50%。根据上述资料，企业利润分配的程序为：

（1）税后利润＝1 000×（1－30%）＝700（万元）

（2）弥补以前年度亏损：700－500＝200（万元）

（3）提取法定盈余公积金＝200×10%＝20（万元）
提取任意盈余公积金＝200×5%＝10（万元）

（4）可向投资者分配利润＝200－20－10＝170（万元）
向投资者分配利润＝170×50%＝85（万元）
未分配利润＝170－85＝85（万元）

第二节　股利理论

股利是指股份公司支付给股东的投资报酬。股利政策是指股份有限公司关于股利发放方面的方针和策略，是股份有限公司利润分配的一个重要组成部分。长期以来，人们一直在探讨股利政策对公司股价或企业价值有无影响的问题。股利政策作为现代公司理财的三大核心内容之一，是公司融资投资决策的逻辑延续。一般认为，其理论体系的形成始于20世纪60年代MM股利无关论的提出。之后财务学家放宽了MM股利无关论严格的假设，提出了股利相关论。

一、MM股利无关论

股利无关论认为在满足一定假设或类似假设的前提下，公司的股利政策确定与公司价值无关。股利分配对公司的股票价格不会产生影响，投资者并不关心股利的分配，股利的支付比率不会影响公司的价值。

Modigliani和Miller（1961）在其著名论文《股利政策、增长和股票股价》中全面阐述了股利无关的理论。该理论有着严格的假设条件：任何一个证券买卖者都不能影响市场价格；所有的交易者都有平等地无成本享有同类信息的权利；买卖证券没有交易成本；股利与资本利得都不存在所得税；投资者有财富增加的偏好；投资者对于通过股利增加财富或通过资本利得增加财富无偏好；每个投资者对每个公司的未来投资项目和利润都有信心等。基于以上假设，股利无关论认为：在完善的资本市场下，公司价值完全由其投资政策所决定的获利能力来影响，而不是由公司的股利政策所决定，就股利政策而言，无所谓最佳，也无所谓最次，股利政策无关轻重。但其理论成立的前提条件过于脱离现实，以致其结论与现实情况不符。MM 理论开创了股利政策理论研究的新篇章，财务学家的研究重点转移到了不完全市场条件下的股利政策理论研究。

二、股利相关论

（一） 一鸟在手

“一鸟在手（bird in hand）”理论是最早的股利理论，该理论认为，投资者对股利收益与资本利得有着不同的偏好。相比于资本利得，投资者倾向于股利收益。因为股利，特别是正常的现金股利，投资者有把握按时、按量得到收入，这好比手中之鸟。而资本利得则是有风险，不稳定的，股票价格变化太过频繁，尤其如果股价下跌，资本利得就会大大损失，甚至一文不名。由于股票价格波动较大，在投资者眼里股利收益要比资本利得更为可靠，又由于投资者一般为风险厌恶型，宁可现在收到较少的股利，也不愿承受较大的风险等到将来收到金额较多的资本利得，故投资者将偏好股利而非资本利得。

“一鸟在手”理论起初表现为股利重要论，后经 Willams（1938），Lintner（1956），Walter（1956）和 Gordon（1959）等发展成为“一鸟在手”理论。其中 Gordon 是“一鸟在手”理论最主要的代表人物。Gordon 针对股利无关论中假设投资者对资产收益和股利收入要求相同的报酬率提出了异议。Gordon 认为，在投资者心目中，经由保留盈余投资而来的资本利得的不确定性要高于股利支付的不确定性，故投资者将偏好股利而不是资本利得。这是因为现实中的市场是不完备的，由于各种不确定性因素的存在，股价经常波动，这就使某些投资者不满意于按照经常波动的价格去取得收益，或具有不确定感的资本投资收益。

“一鸟在手”理论是建立在高风险投资决策基础之上的，而非建立在股利本身某些内在价值之上，Bhatacharya（1979）将其称之为“手中鸟谬论”。

（二） 税收效应理论

在不存在税收因素的情况下，公司选择何种股利支付方式并不重要。但是，如果对现金红利和来自股票回购的资本利得课以不同的税赋（如现金股利的税赋高于资本利得的税赋），那么，在公司及投资者看来，支付现金股利就不再是最优的股利分配政策。Farrar 和 Selvwn（1967）通过研究认为，在股利税率高于资本利得税率的经济中，不管税前收益，以及个人或公司的债务额大小怎样，税后资本利得必大于税后股利所得，因此股东偏好资本利得甚于股利所得。Brennan（1979）通过创立一个股票评估模型，将 Farrar 和 Selwyn 的模型扩展到了一般均衡情况，使模型更有说服力。通过最大化投资者的预期财富效用，他认为“在给定的风险水平下，由于股利所得税高于资本利得税，股票潜在的股利收益率越高，投资者要求的证券收益率越高”。而且结论也差不多，股利较高的股票比股利较低的股票有更高的税前收益，公司最好的股利政策就是根本不发放股利。

以上理论研究说明，在存在税收因素的情况下，公司及投资者看来，支付现金股利就不再是最优的股利分配政策。由此可见，在存在差别税赋的前提下，公司选择不同的股利支付方式，不仅会对公司的市场价值产生不同的影响，而且也会使公司（及个人）的税收负担出现差异。即使在税率相同的情况下，由于资本利得只有在实现之时才缴纳资本增值税，因此，相对于现金股利而言，其仍然具有延迟纳税的好处。

税收效应理论是财务学家引进税赋后对股利政策理论的研究，强调投资者由于避税需要而不喜欢现金股利的偏好，强调高股息收益率伴随高投资收益率的收益率效应，对于目前仍较为普遍的现金股利发放形式，这显然缺乏有效的解释力。事实上，模型中有关投资者相同边际税率的假说、完全公司假设是很难满足的，当放松这些约束条件后，有可能得到新的结果。

（三） 信息传递理论

随着信息经济学的发展，Bhattacharya（1980），Ross（1977），Miller 和 Rock（1985）在股利可以传递公司信息这一假设下建立了股利分配的信号传递理论（Signaling Model），这一理论很好地解释了为什么公司发放股利这一现象。当信息对称时，所有的市场参与者（包括公司自身在内）都具有相同的信息。然而，现实中常见的情况却是信息不对称。信号传递理论认为，在信息不对称的情况下，公司可以通过股利政策向市场传递有关公司未来盈利能力的信息。一般说来，高质量的公司往往愿意通过相对较高的股利支付率把自己同低质量的公司区别开来，以吸引更多的投资者。从长远来看，盈利能力不足和资金匮乏的企业是无法按期按量支付现金股利的。公司现金股利的发放数额是其盈利能力的一条重要反映渠道。对市场上的投资者来说，股利政策的差异或许是反映公司质量差异的极有价值的信号。如果公司连续保持较为稳定的股利支付率，那么，投资者就可能对公司未来的盈利能力与现金流量抱有较为乐观的预期。

股利信号理论研究虽然取得了突破性进展，但也并非完美，尚存一些缺陷：第一，信号传递理论认为高成长性行业的股利支付率应该很高，但在实际中，像微软这样业绩斐然的公司，股利支付却很低，这与信号理论相矛盾；第二，不同行业的股利有差别，不同国家的股利也有差别，但信号传递理论却不能进行解析和预测；第三，有很多发放股利高的行业却没有表现出高的营利性。

（四） 股利代理理论

所谓的代理问题是由于公司经营者与股东之间利益不完全一致。首先将代理成本理论应用于股利政策研究的是 Rozeff（1982），他认为股利的支付一方面能降低代理成本，另一方面能增加交易成本。公司股利发放率的确定是在这两种成本之间进行权衡，以使总成本最小。代理成本说的另一篇经典性论文是 Easterbrook 于 1984 年在《美国经济评论》上发表的《股利的两种代理成本解释》（*Two Agency - Cost Explanations of Dividends*）。Easterbrook（1984）认为，在现代公司制中，众多的股东是委托人，而经理是代理人。股东是公司全部收益的受益者，而经理却不是，因此经理行为不会与股东利益相一致。因此，对股东来说，设计一套机制使经理按照他们的利益来管理公司是非常有益的。另外，Ports（2000）等学者将代理理论与股东权益保护结合起来分析股利政策，从法律角度来研究股利分配的代理问题。

股利分配的代理理论认为，股利政策实际上体现的是公司内部人与外部股东之间的代理问题。在存在代理问题的前提下，适当的股利政策有助于保证经理们按照股东的利益行事。而所谓适当的股利政策，是指公司的利润应当更多地支付给股东；否则，这些利润就有可能被公司的内部人滥用。

第三节　股利政策

一、制定利润分配政策时应考虑的因素

股利分配涉及企业是否发放股利、发放多少股利、以何种形式发放股利，以及在何时发放股利等一系列问题。股利分配并没有一个严格的客观标准，往往需要根据影响企业的内外部因素来决定。通常，这些影响因素主要包括以下几个方面：

（一）法律因素

法律因素就是有关法律、法规对股利分配的限制。企业的股利分配涉及股东、债权人等多方面的利益。为了维护各方面的利益，许多国家制定了相关的法律法规以约束企业的股利分配行为。

1．资本保全约束

资本保全是企业财务管理应遵循的一项重要原则，按照这一原则企业不能用资本金（包括实收资本或股本以及资本公积）发放股利，而只能用当期利润或留存收益发放股利。这是为了维护法定资本的安全完整，防止企业通过股利分配任意减少资本结构中的所有者权益（股东权益），以维护债权人的利益。

2．资本积累约束

企业可供分配的利润，公司只有按规定提取一定比率的公积金后，才能分配股利。这种限制的目的是为了保证公司的财务实力，保证公司生产经营和日后发展有足够的资金。企业积累限制的法律规定，既增加了企业抵抗风险的能力，又维护了投资者和债权人的权益。

3．偿债能力约束

偿债能力是指企业按时足额偿付各种到期债务的能力。只有当股利支付不影响公司的偿债能力和正常经营时，公司才能发放股利。这种限制的目的是为了维护债权人的利益，保证公司的正常运行。

4. 超额累积利润约束

由于大多数国家一般对股票交易的资本利得征税较低，而投资者接受股利交纳的所得税较高，因此许多上市公司通过少发股利，帮助股东避税。于是许多国家在法律上明确规定公司不得超额累积利润，一旦公司留存收益超过法律认可的水平，将被加征额外的税款。

（二） 股东因素

从股东角度看，在控制权、税收、稳定收入以及规避风险等方面可能对企业的股利分配提出限制。

1. 控制权考虑

企业支付较高的股利，必然会导致留存收益减少，这就加大了将来发行新股的可能性，使原有股东的股权被稀释，以致影响资本收益。尤其是企业原有持股比例较高的大股东，他们出于对企业控制权可能被稀释的担心，或者在没有能力购买新股时，他们往往希望将留存收益较多地用于再投资而不是发放股利，以此避免股权稀释，增加资本收益。

2. 避税考虑

税负是影响股东财富的重要因素，也是企业在进行股利分配时需要考虑的主要因素。目前，一些国家对股利收入征缴个人所得税，而对资本收益暂不征缴个人所得税。一些高收入的股东出于避税考虑，往往要求限制股利的支付。

3. 稳定收入考虑

依靠股利收入维持生计的股东，他们依靠定期的股利维持生活，则必然希望企业能够定期地支付稳定的现金股利，若公司留存较多的利润，将受到这部分股东的反对。

4. 规避风险考虑

如果企业将留存收益用于再投资的预期报酬低于股东利用股利投资于其他机会的预期报酬，股东就会做出规避风险的反应，往往倾向于企业能够多分配现金股利。

（三） 公司因素

股利分配不仅需要考虑企业外部的各个影响因素，还要考虑企业自身的内部影响因素，并最终制定出切实可行的分配政策。

1. 公司融资能力

企业在分配现金股利时，应当考虑自身的融资能力。如果企业的融资环境宽松，外部融资能力强，所需资金比较容易通过外部融资获得，则对内部融资的依赖性不强，可考虑多分配而少留存，股利分配率可高些；如果企业的融资环境较差，难以通过借新债或发行新股票获取资金，则只能更多地依赖于内部融资解决资金困难，在股利分配方面必然倾向于多留存少分配，股利分配率一般较低。

2. 未来投资机会

当企业预计有较好的投资机会时，宜留存较多的资金用于再投资。从目前来看，虽然减少了投资者当期的股利收益。但从长远来看，既有利于企业的发展，又有利于股权的增值。在充分披露企业的投资计划及其预计的高收益的情况下，企业采取低股利政策或股票股利政策，是能够被广大投资者所理解的，一般不会对股票价格造成负面影响。这也是为什么成长性公司一般采用紧缩的股利政策，而产品成熟性公司一般采用宽松的股利政策的原因。

3. 盈余稳定状况

企业的盈利状况是股利分配的前提，企业是否具有长期而稳定的盈利能力，是制定股利政策需要考虑的首要因素。盈利相对稳定的企业有支付较高股利的基础，一般采取高股利政策；而盈利不稳定的企业一般采取低股利政策，这样可以减少因盈利下降而造成的股利无法支付、股价急剧下降的风险。

4. 资产流动状况

资产流动性，是企业经营活动必备的基本条件。资产的流动性越好，支付股利的能力就越强。企业大量支付现金股利，会减少现金的持有量，进而降低资产的流动性。资产流动性差的企业，应当控制现金股利的分配。

5. 筹资成本

资本成本是企业选择筹资方式的主要依据，与发行新股、债券筹资相比，留存收益不需要花费筹资费用，资本成本低，是比较经济的筹资方式。如果企业一方面大量发放现金股利，另一方面又筹集资本成本较高的资金，无疑不是明智之举。因此，从资本成本角度考虑，如果企业需要增加权益资本，则应当采取低股利政策。

6. 反并购

当企业的股票价格较低时，容易被其他企业的低成本并购。此时，企业若采取高股利政策，可在一定程度上提升股票价格，达到反并购的效果。

（四） 其他因素

1. 债务合同限制

企业的债务合同，特别是长期债务合同，往往有限制企业现金股利支付的条款，以保护债权人的利益。

2. 通货膨胀

在通货膨胀的情况下，大多数企业的利润会随之提高，但企业的资金购买力下降，企业重置资产的成本大幅上扬，企业所需要的原材料价格将会提高。这时企业需要考虑留用一定的利润，来弥补购买力下降的资金缺口。

由于存在上述种种影响股利分配的因素，企业在制定股利政策时应权衡各因素给企业带来的影响，从而选择适当的股利分配政策。

二、股利政策

股利政策是指股份有限公司关于股利发放方面的方针和策略，是股份有限公司利润分配的一个重要组成部分。不同的股利政策会对公司的再投资、资本结构和每股价格等产生不同的影响。股份有限公司在选择确定其股利政策时，既要考虑各种理论分析的结果，也要考虑现实世界中各种因素所发生的实际变化对不同股利政策所带来的影响。

股利政策主要有剩余股利政策、固定股利政策、固定支付率股利政策和低正常股利加额外股利政策等。

（一） 剩余股利政策

一个公司发放普通股利的政策受投资机会与可融通资金数额的影响。企业的股利支付率取决于保留盈余来满足投资预算后剩余盈余的多少。

这种政策的主要优点是，在再投资机会较多的情况下，可节省从公司外部融通资金的成本，可减少留存收益的机会成本。因为，将公司留存收益直接用于再投资，可省去从公司外部融通资金的利息和相关费用，可提高留存收益的使用效率。

根据这一政策，公司将按如下步骤确定其股利分配额：

（1）确定公司的最佳资本结构；

（2）确定公司下一年度的资金需求量；

（3）确定按照最佳资本结构，为满足资金需求所需增加的股东权益数额；

（4）将公司税后利润首先满足公司下一年度的增加需求，剩余部分用来发放当年的现金股利。

【例9.2】 假定某公司某年提取了公积金、公益金后的税后净利润为800万元，第二年的投资计划所需资金1 000万元，公司的目标资本结构为权益资本占60%、债务资本占40%，假若目前的资金结构就是最佳资金结构，则公司投资方案所需的权益资本数额为：

$$1000 \times 60\% = 600 \text{（万元）}$$

公司当年全部可用于分配股利的盈余为800万元，可以满足上述投资方案所需的权益资本数额并有剩余，剩余部分再作为股利发放。当年发放的股利额即为：

$$800 - 600 = 200 \text{（万元）}$$

假定该公司当年流通在外的只有普通股100万股，那么每股股利即为：

$$200/100 = 2 \text{（元）}$$

选择剩余股利政策，意味着公司倾向保持理想的资本结构。

剩余股利政策的优点：充分利用留存收益这一筹资成本最低的资金来源，保持理想的资本结构，使综合资金成本最低，实现企业价值的最大化。

剩余股利政策的缺点：完全遵照执行剩余股利政策，使股利发放额每年随投资机会和盈利水平的波动而波动，不利于投资者安排收入与支出，也不利于公司树立良好的形象。

剩余股利政策一般适用于公司初创阶段。

（二） 固定股利政策

固定股利政策是指在一个较长的时期内，不管盈利情况是好是坏，公司都按固定的金额支付股利。

这一股利政策将每年发放的现金股利保持稳定或稳中有增的态势，其一般做法是：将现金股利固定在某一固定水平上，并在较长的时期内保持不变，只有当公司认为未来盈余会显著地不可逆转地增长时，才提高年度的股利发放额。该政策的理论依据是股利相关论。采用固定股利政策，要求公司对未来的支付能力做出较好的判断。一般来说，公司确定的稳定股利不应太高，要留有余地，以免形成公司无力支付的困境。

固定股利政策的优点：稳定的股利向市场及股东传递公司正常发展的信息，有利于公司树立良好的形象，增强投资者的信心，稳定股票的市场价格。利用这一股利政策，公司管理当局可向外界传递这样一种信息：公司的发展状况较为稳定，尽管出现利润下降，但以现金股利的支付来保持稳定状态，证明公司在短期内有能力改变这一现象。因此，同样也有能力保持其股东应得的收益。

固定股利政策的缺点：①公司股利支付与公司盈余相脱离，造成投资的风险与投资的收益不对称。②由于公司盈利较低时仍要支付较高的股利，容易引起公司资金短缺，导致财务状况恶化，如果公司在短期内不能扭亏，公司将缺乏足够的现金维持其稳定股利政策，造成企业资金流动性差，并且极易出现财务困难。

固定股利政策一般适用于经营比较稳定或正处于成长期，信誉一般的公司，但该政策很难长期采用。

（三） 固定股利支付率政策

固定股利支付率政策要求公司确定一个现金股利占税后利润的固定比率，后每年按此固定比率从税后利润中支付现金股利。该政策的理论依据是股利相关论。

其优点：①使股利与企业盈余紧密结合，以体现多盈多分，少盈少分，不盈不分的原则。②由于公司的盈利能力在年度间是经常变动的，因此每年的股利也应随着公司收益的变动而变动，保持股利与利润间的一定比例，体现投资风险与收益的对称。

其缺点：①由于股利波动容易使外界产生公司经营不稳定的印象，公司财务压力较大，不利于股票价格的稳定与上涨。②公司每年按固定比例从净利润中支付股利，缺乏财务弹性。③确定合理的固定股利支付率难度很大。

固定股利支付率政策只能适用于稳定发展的公司和公司财务状况较稳定的阶段。

（四） 低正常股利加额外股利政策

这是一种折中政策。即每年支付较低的正常股利，在盈余较高的年度年底发放额外股利。实行这种政策可给企业较大的动机性，并使那些依靠股利维持必要开支的股东每年都能收到数额较低但非常稳定的股利。

按照这一政策，企业除每年按一固定股利额向股东发放为正常股利的现金股利外，还在企业盈利较高、资金较为充裕的年份向股东发放高于一般年度正常股利额的现金股利，其高出部分即为额外股利。

其优点：①这种股利政策为企业，特别是利润和资金需求浮动范围较大的企业提供了一定的灵活性。②这种股利政策可使那些依靠股利度日的股东每年至少可以得到虽然较低但比较稳定的股利收入，从而吸引这部分股东。

其缺点：①股利发放仍然缺乏稳定性，额外股利随盈余的变化而变化，时有时无，给人漂浮不定的印象。②如果公司较长时期一直发放额外股利，股东就会误认为这是正常股利。一旦取消，极易造成公司财务状况逆转的负面影响，股价的下跌在所难免。

适用范围：被企业普遍采用，并为广大的投资者所认可。

第四节 股利支付

一、股利支付的程序和方式

（一） 股利支付的程序

股份有限公司向股东支付股利，前后有一个过程。主要经历股利宣告日、股权登记日、除息日和股利发放日的程序。

股利宣告日，即公司董事会按股利发放的周期举行董事会会议，决定股利分配的预分方案，交由股东大会讨论通过后，董事会将股利支付情况正式予以公告的日期。

股权登记日，即有权领取本期股利的股东资格登记截止日期。只有在股权登记日前登记在公司股东名册上的股东，才有权分享本次股利，而在股权登记日之后，登记在册的股东即使在股利发放日之前买过股票，也无权分享本次股利。

除息日，即指领取的权利与股票相互分离的日期。在除息日前，股利权从属于股票，持有股票就有领取股利的权利；除息日始，股利权与股票相分离，新购入股票的人不能分享股利。自此日起，公司股票的交易称为无息交易，其股票称为无息股。证券业一般规定在股权登记日的前四日为除息日，这是因为过去股票买卖的交割、过户需要一定的时间，如果在除息日之后股权登记日之前交易股票，公司将无法在股权登记日得知更换股东的信息，但是现在先进的计算机交易系统为股票的交割过户提供了快捷的手段，股票交易结束的当天即可办理完全部的交割过户手续。因此，现在的除息日是在股权登记日的次日。

股利发放日，即向股东实际发放股利的日期。

（二） 股利支付的形式

企业分配股利的方式有现金股利、股票股利、财产股利与负债股利，其中最常用的是现金股利和股票股利。此外，股票回购、转增股本和股票分割也起到了与股利分配类似的作用。

1. 现金股利形式

现金股利是指用货币资金支付的股利。发放现金股利的多少主要取决于公司的股利政策和经营业绩。

上市公司发放现金股利的优点在于：①迎合投资者偏好。现金股利是到手的实实在在的现实收益，不再有风险，故受到投资者的普遍欢迎。②减少代理成本。一方面，现金股利的支付可减少公司的现金流量，使经理手中可自由运用的现金流量降到最低限度，从而减少经理的无效投资和扩张；另一方面，现金股利的支付减少了留存资金，在内部融资不足的情况下，迫使公司更多地走向资本市场融资，加强了债权人对经理层的监督。③传递公司利好的未来信息。现金股利的支付可在一定程度上传递公司的利好信息，因为现金股利的支付是以充足的现金流量为前提的。当公司的会计利润高而财务状况不佳时，一般没有支付现金股利的能力。只有会计利润高且现金流量也充足的公司才有能力发放高额的现金股利。因此，公司现金股利的发放，通常会促使被市场低估股票价格的回升。

公司采用现金股利形式时，必须具备两个基本条件：第一，公司要有足够的未指明用途的留存收益（未分配利润）；第二，公司要有足够的现金。一般说来，现金流入超出现金流出的余额越多，现金的可调剂头寸与机动弹性也就越大，也就越有能力支付较高的现金股利。相反，当企业的现金头寸吃紧时，企业为了保证应付意外情况的机动性，通常不愿意也不应当承受太大的财务风险而动用现金支付巨额的股利。

2. 股票股利形式

股票股利形式是指企业以股票形式发放的股利，即按股东股份的比例发放股票作为股利的一种形式。

3. 负债股利

负债股利是公司以负债支付的股利，通常以公司的应付票据支付给股东，在不得已的情况下也有发行公司债券抵付股利的。由于票据和债券一般都是带息的，对公司来说，利息支付压力会增大。因此，它只是企业已宣布并须立即发放股利而现金暂时不足时采用的一种权宜之计。

4. 财产股利

财产股利是指以现金以外的资产支付的股利，主要是以公司所拥有的其他企业的有价证券（如债券、股票）作为股利支付给股东。由于非现金资产不易分割，财产股利的分派形式受到很大的限制，主要有实物股利和证券股利两种形式。

二、股票股利、股票分割与股票回购

（一） 股票股利

股票股利是指以本公司的股票作为股利分配给股东。股票股利既是利润分配的过程，又是股票发行的过程。只有当公司同时满足利润分配和发行新股的条件时，才能分配股票股利。

从理论上说，股票股利并不直接增加股东的财富，不导致企业资产的流出或负债的增加，因而不是企业资金的使用，同时也并不因此而增加企业的财产，而只涉及股东权益内部结构的调整，即在减少未分配利润项目金额的同时，增加公司股本额；同时还可能引起资本公积的增减变化，而股东权益总额并不改变。

【例 9.3】 某公司有关资料如表 9.1 所示。

表 9.1 某公司股票股利前后的股东权益情况

股票股利发放前			股票股利发放后		
项目	金额（元）	比重（%）	项目	金额（元）	比重（%）
普通股（每股面值 5 元，已发行 50 万股）	2 500 000	27.78	普通股（每股面值 5 元，已发行 55 万股）	2 750 000	30.56
资本公积	1 500 000	16.67	资本公积	2 250 000	25
未分配利润	5 000 000	55.55	未分配利润	4 000 000	44.44
股东权益合计	9 000 000	100	股东权益合计	9 000 000	100

注：该公司发放 10% 的股票股利，公司股票价格为 20 元。

由于公司只发放 10% 的股票股利，则需要从“未分配利润”项目转出资金为：

$$20 \times 500\,000 \times 10\% = 1\,000\,000\ (元)$$

由于股票面值不变，仍然是每股 5 元，则“普通股”项目只应当增加 250 000 元，其余 750 000 元（1 000 000 − 250 000）应当作为股票溢价转增“资本公积”，而股东权益总额不变。

分配股票股利后，就公司而言，增加了股份总数，增加了股本和资本公积，同时减少了可分配利润，但公司的现金流量不变，资金总额不变，公司价值不变，债务资金与权益资金的构成比例也不变。

发放股票股利会因普通股股数的增加而引起每股利润的下降，每股市价有可能因此而下跌，但发放股票股利后股东所持股份比例并未改变，因此每位股东所持股票的市场价值总额仍能保持不变。

【例 9.4】 如果上述公司本年盈余为 1 100 000 元，某股东持有 20 000 股普通股。发放股票股利前后相关财务指标的变动如表 9.2 所示。

表 9.2 发放股票股利前后相关财务指标的变动

财务指标	股票股利发放前	股票股利发放后
每股收益（元/股）	1 100 000 ÷ 500 000 = 2.2	1 100 000 ÷ 550 000 = 2
每股市价（元/股）	20	20 ÷（1 + 10%） = 18.18
持股比例	20 000 ÷ 500 000 = 4%	22 000 ÷ 550 000 = 4%
持股市场总价值（元）	20 × 20 000 = 400 000	18.18 × 22 000 = 400 000

就股东而言，虽然免费得到了额外的股票，手中拥有的普通股股数增加了，但每位股东在公司拥有的权益不变，随着股票价格的等比例下降，股东拥有的股权价值也不变。

发放股票股利的优点主要有：①企业发放股票股利可免付现金，保留现金同时减少筹资费用。②股票变现能力强，易流通，股东也愿意接受。③发放股票股利通常由成长中的公司所为，因此投资者往往认为发放股票股利预示着公司将会有较大的发展，利润将会有大幅度的提高，这种心理会稳定住股价甚至使股价略有上升，增强经营者对公司未来的信心。④许多国家的税法规定出售股票的收益比现金股利的收益税率要低，投资者可以获得税收方面的好处。

（二） 股票分割

股票分割又称拆股，是指将面额较高的股票交换成面额较低的股票的行为。例如，将原来的一股股票交换成五股股票。股票分割不属于某种股利方式，但能产生与股票股利类似的效果。

股票分割会增加发行在外的股数，使每股面值降低，每股盈余下降；但企业总价值不变，股东权益总额、权益各项目的金额及其相互间的比例也不会改变。因此股票分割与发放股票股利的作用非常相似，都是在不增加股东权益的情况下增加股票的数量，不同的是股票分割导致的股票数量的增加可能远大于发放股票股利，而且在会计处理上也不相同。

【例 9.5】 某公司发行面值为 2 元的普通股 400 000 股，若按照 1 股换成 2 股的比例进行股票分割，分割前后公司净利润均为 440 000 元，分割前后的股东权益项目如表 9.3 所示。

表 9.3 某公司股票分割前后的股东权益项目　　单位：元

股票分割前股东利益		股票分割后股东利益	
项目	金额	项目	金额
普通股 （面值 2 元，已发行400 000股）	800 000	普通股 （面值 1 元，已发行800 000股）	800 000
资本公积	1 000 000	资本公积	1 000 000
未分配利润	6 000 000	未分配利润	6 000 000
股东权益合计	7 800 000	股东权益合计	7 800 000
每股净利润	1.1	每股净利润	0.55

在股票分割中，唯一变化的是公司的股份总数。因此，从理论的角度来分析，股票股利和股票分割对股东都不会带来价值增值。然而，从公司的理财角度来看，股票分割却有重要的作用。

公司之所以要进行股票分割，是因为：①采用股票分割可使公司股票每股市价降低，促进股票交易。一般认为，如果股票价格过高，只有富有的人和机构投资者才买得起，就意味着公司放弃了股票的潜在市场。如果使股价下跌，购买股票的人增多，投资者信心就会增强，股价就会重新上升。因此，股票分割可以有效地控制股价的变动。②可以向投资者传递公司发展前景良好的信号。因为股票分割意味着公司想以较低的发行价格吸引投资者购买公司的新股票，亦即意味着公司投资机会较多，发展前景良好。加上公司股票交易活跃，交易量上升，这些信息将会促使投资人争相购买公司股票，从而将引起公司已分割后的股票股价上升，有利于公司股票价格上升。③可以为发行新股做好准备。股票价格过高，使许多潜在投资者力不从心而不敢轻易对公司股票进行投资。在新股发行之前，利用股票分割降低股票价格，有利于提高股票的可转让性和促进市场交易活跃，增加投资者对股票的兴趣，促成新发行股票的畅销。

（三） 股票回购

股票回购是指股份公司出资将其发行流通在外的股票以一定价格购回予以注销或作为库存股的一种资本运作方式。

股票回购的方式主要有三种：一是在市场上直接购买；二是向股东标购；三是与少数大股东协商购买。

公司采取股票回购举措是基于股东利益、公司理财和公司控制权方面考虑的，公司进行股票回购通常是出于以下目的：

（1）使股东避免高税率，以获取相对的纳税利益。当公司支付现金股利时，必须为股东代扣代缴个人所得税，造成股东利益的相对丧失。而利用股票回购，减少发行在外的普通股股数，可以提高每股收益，促使股价上涨，让股东从股价上涨中得到利益。

（2）提高财务杠杆比例，改善企业资本结构。若认为权益资本在资本结构中所占比重过大，则可通过举借外债回购股票，扩大负债比率。

（3）满足企业兼并与收购的需要。利用库存股票交换被兼并企业的股票，减少或消除因企业兼并而带来的每股收益的稀释效应。

（4）满足认股权的行使。在企业发行可转换债券、认股权证或实行高层经理人员股票期权计划以及员工持股计划的情况下，采用股票回购的方式既不会稀释每股收益，又能满足认股权的行使，无疑是一种明智的选择。

（5）在公司的股票价值被低估时，提高其市场价值。

（6）清除小股东。

【案例分析 9.1】[①]

A 股份有限公司是一家上市公司，成立于 1999 年，2002 年 6 月 5 日在深交所上市。公司主营商业零售业务，其收入多为现金，支付能力强，公司股东希望每年从该公司获取超过 8% 的红利（该大股东初始投资资本为每股 1.8 元）。

---

① 陶新元：《财务管理学》，西南财经大学出版社 2006 年版。

由于2011年公司所在地区将有两家国外大型连锁经营店设店，预计将进一步使竞争加剧，将对公司业绩产生重大影响。为了改善经营结构，提高公司盈利能力和抗风险能力，公司拟于2012年扩大经营规模，准备投资5 000万元收购B公司55%的股权。公司2012年度实现净利润50 000万元，每股收益0.5元，年初未分配利润为5 000万元。公司目前的资产负债率为60%。

根据以上情况，公司设计了三套收益分配方案：

方案一：仍维持公司设定的每股0.2元的固定股利分配政策，以2008年年末总股本100 000万股为基数，据此计算的本次派发现金红利总额为20 000万元。

方案二：以2012年年末总股本100 000万股为基数，按每股0.15元向全体股东分配现金红利。据此计算的本次派发现金红利总额为20 000万元。

方案三：以2012年年末总股本100 000万股为基数，向全体股东每10股送1股，派发现金红利0.05元。据此计算的本次共送红股10 000万元，共派发现金红利5 000万元。

思考：

根据所提供的资料，对上述三套方案的优缺点进行分析比较。

【案例分析9.2】①

东南钢铁公司创建于5年前，开发一种新的持续浇铸流程。东南钢铁公司的创建者Donald Brown和Margo Valencia曾经在一家重要的综合钢铁公司研究部门工作。但是，当该公司决定不采用他们开发的新流程时，他们决定自己干。与传统钢铁公司相比，该新流程的优势在于需要相对较少的资本。这样，Brown和Valencia可以避免发行新股，从而他们自己持有全部股份。然而，东南钢铁公司现在已经步入一个新台阶。如果公司要实现其增长目标又要维持其60%权益和40%债务的目标资本结构，必须寻求外部权益资本。因此，Brown和Valencia决定将公司公众化。直到现在，Brown和Valencia还在给自己发放合理的工资，但其获得的税后盈余不断再投资于公司，因此，股利政策不是一个问题。但是，在引入潜在的外部投资者之前，他们必须确定股利政策。

思考：

假设你现在正受雇于一个国际管理咨询公司。该公司正为东南钢铁公司筹备公开发行事宜。该公司高级咨询师Martha Millon要求你为Brown和Valencia做一个演讲。在演讲中，需要回顾股利政策理论并讨论如下问题：

（1）①“股利政策”这个术语意味着什么？

②术语“无关”“在手之鸟”和“税收偏好”曾经用来描述三种有关股利政策影响公司价值的重要理论。解释这三个术语的含义，并简要描述各种理论。

③就股利政策而论，这三种理论指出了管理层应该采取哪些行动？

④股利政策理论经验研究得出什么结论？这些对我们向管理人员讲述股利政策有何影响？

（2）讨论：①信息含量或信号假设；②顾客效应；③它们对股利政策的影响。

① （美）尤金F布瑞翰，乔尔F休斯顿：《财务管理基础》，东北财经大学出版社2004年版。

（3）①假设东南钢铁公司来年预计资本预算总额为800 000美元。你认为公司现在的资本结构（60%的权益和40%的债务）是最优的资本结构，其净收益预计为600 000美元。运用剩余股利政策确定公司股利总额和股利支付率，同时，解释何谓剩余股利政策。然后，解释如果净收益预计为400 000美元或800 000美元情形又如何？

②在剩余股利支付政策下，从一般意义上说，投资机会的变化如何影响股利支付率？

③剩余股利政策的利弊如何？（提示：别忽略信号和顾客效应。）

（4）何谓股利再投资计划？如何运作？

（5）描述实务中多数公司确定股利政策的步骤。

（6）何谓股票回购？讨论公司回购自己的股票的利弊。

（7）何谓股票股利和股票分割？股票股利和股票分割各有何利弊？

【本章小结】

企业的利润是企业在一定时期内生产经营成果的最终体现，是评价企业生产经营状况的一个重要指标。从数量上讲，企业利润为企业全部收入抵补全部支出后的余额。一般来说，企业的利润总额由营业利润、投资净收益和营业外收支净额组成。

财务管理中的利润分配，主要指企业的净利润分配，就是确定给投资者分红与企业留用利润的比例。

利润分配政策是指在法律允许的范围内，可供企业管理当局选择的、有关净利润分配事项的方针及政策，股份公司的利润分配政策也称股利政策。

股利政策理论，是关于公司发放股利是否对公司的生产经营、信誉、公司的价值等产生影响的理论。胜利政策理论有：MM股利无关论、税收效应理论、信息传递理论、股利代理理论等。

股票股利和股票分割是两个既有区别又有联系的概念，两者对所有者权益总额各个项目构成的影响有所不同，但在实践中对股利有相似的影响。

股票回购是指股份制企业出资将其流通在外的股票以一定价格购回予以注销或作为库存股的一种资本运作方式。

【思考与讨论】

1. 股利政策有哪些类型？各有何特点？
2. 为什么许多大公司愿意采用低固定股利加额外股利政策？
3. 影响企业制定股利政策的因素有哪些？
4. 股票股利与股票分割有何异同？
5. 什么是股票回购，股票回购的动因有哪些？

【课外作业】

一、单项选择题

1. 将税后利润首先用于增加投资并达到企业预定的目标财务结构，然后再分配股利，这被称为（　　）。

A. 剩余股利政策　　B. 固定分红股利政策
C. 固定分红比率股利政策　　D. 正常分红加额外分红股利政策
2. 在股利的支付方式中，主要的支付方式是（　　）。
A. 现金股利　　B. 负债股利　　C. 财产股利　　D. 股票股利
3. 某企业某年度的净利润提取盈余公积金之后的余额为2 500万元，下一年度计划追加的投资额为2 500万元。该企业的最佳资本结构为自有资金占80%，借入资金占20%。则该企业向投资者分红的数额为（　　）万元。
A. 2 500　　B. 2 000　　C. 500　　D. 1 500

二、多项选择题

1. 下列各项中属于确定利润分配政策的公司因素的内容是（　　）。
A. 规避风险　　B. 盈余稳定状况　　C. 筹资成本　　D. 偿债能力
2. 一般认为股份回购所产生的效果为（　　）。
A. 稀释公司控制权　B. 提高每股收益　　C. 改变资本结构　　D. 增强负债能力
3. 发放股票股利会引起（　　）。
A. 所有者权益总额发生变化　　B. 所有者权益的结构变化
C. 每股市价可能下降　　D. 股东的市场价值总额发生变化
4. 确定股利支付水平应考虑的因素包括（　　）。
A. 企业所处的成长周期　　B. 目前的投资机会
C. 企业支付能力的稳定情况　　D. 股利信号传递功能
5. 剩余股利政策的缺点在于（　　）。
A. 不利于投资者安排收入与支出　　B. 不利于公司树立良好的形象
C. 公司财务压力较大　　D. 不利于目标资本结构的保持

四、计算题

1. 某企业2015年实现销售收入2 480万元，全年固定成本570万元，变动成本率55%，所得税税率33%。2015年应用税后利润弥补上年度亏损40万元，按10%提取盈余公积金，按5%提取任意公积金，按提取公积金和任意公积金后利润的40%向投资者分配利润。

要求：计算2015年的税后利润、提取的盈余公积金、任意公积金和未分配利润。

2. DF公司2014年税后净利为2 000万元，2015年的投资计划需要资金900万元，公司的目标资金结构为自有资金占80%，借入资金占20%。该公司采用剩余股利政策。

要求：（1）计算公司投资需从外部筹集的资金数额；

（2）计算公司2014年度可供投资者分配的利润。

第十章　财务分析与业绩评价

【学习目标】　本章的核心是了解财务分析的含义与作用；掌握财务分析的基本方法，基本财务比率的计算，财务综合分析方法；理解企业业绩评价体系，能运用所学理论对企业财务状况和经营成果进行分析和评价。

【引入案例】

蓝田事件给我们的启示①

上市公司业绩造假由来已久，就是在一直以资本市场监管严格著称的美国近些年这种事情也频频出现，直至引发了波及全美的信用危机，致使投资者丧失信心，股市遭受重创。上市公司的业绩造假无论对于投资者，还是对于包括银行在内的债权人都可能意味着灭顶之灾，也必将给整个经济实体造成极坏的影响。

2001 年 10 月，中央财经大学研究员刘姝威的 600 字短文——《应立即停止对蓝田股份发放贷款》及相关事件引起了轰动，也预示着“蓝田神话”被一步步戳穿。刘姝威“仅仅是根据公司历年公开发表的财务报表，利用基本分析方法，主要包括静态分析、趋势分析和同业比较。分析中还包括一些财务比例，只用了最基本的 20 个比例，比如流动比率、速动比率、固定资产周转率等”。最后她得出的结论是“蓝田股份的偿债能力越来越恶化；扣除各项成本和费用后，蓝田股份没有净收入来源；蓝田股份不能创造足够的现金流量以便维持正常经营活动和保证按时偿还银行贷款的本金和利息；银行应该立即停止对蓝图股份发放贷款”。“蓝田事件”震动了股票市场，也敲醒了银行界。

蓝田事件给我们的启示就是要运用我们的财务管理知识，以及相关的公司背景资料，去分析公司公开发表的财务报表，学会如何运用财务分析手段对公司业绩数据进行深入分析。

① 迟国泰：《财务管理案例》，大连理工大学出版社 2003 年版。

第一节 财务分析概述

一、财务分析的含义与作用

（一） 财务分析的含义

财务分析就是以会计核算和报表资料及其他相关资料为依据，采用一系列专门的分析技术和方法，对企业财务状况和经营成果进行分析与评价，以利于企业的投资者、经营者、债权人及国家财税机关掌握企业财务活动情况和进行经营决策，它是企业经济活动分析的重要组成部分，也是企业财务管理的重要环节，不仅能说明企业目前的财务状况，更重要的是能为企业未来的财务决策和财务预算提供重要依据。

财务分析的起点是财务报表，分析使用的数据大部分来自于公开发布的财务报表。因此，财务分析的前提是正确理解财务报表。财务分析是一个过程。所谓“分析”，是把研究对象（一种现象、概念）分成较简单的组成部分，找出这些部分的本质特性和彼此之间的关系，以达到认识对象本质的目的。财务分析是把整个财务报表的数据，分成不同部分和指标，并找出有关指标的关系，以达到认识企业偿债能力、盈利能力和抵抗风险能力的目的。

财务分析通常只能发现问题而不能提供解决问题的现成答案，只能做出评价而不能改善企业的状况。如同医疗上的检测设备和程序，能检查一个人的健康状况但不能治病，但分析越深入越容易对症治疗。因此，财务分析又是十分重要的。

（二） 财务分析的作用

1. 有利于提高经营者的管理水平

企业的生产经营过程就是利用资产取得收益的过程，资产的管理水平直接影响企业的收益。对企业财务状况进行评价，使企业经营者能够较好地掌握企业的财务状况，发现企业在获利能力、偿债能力、营运能力和发展能力等方面不足，便于经营者分析影响企业财务状况的原因，有利于经营者找出改善企业财务状况的措施和改善经营管理、提高企业经济效益的手段。同时，企业财务评价也为企业经营者明确经营的方向、合理安排资本结构和提供财务预测、决策与计划提供依据，提高财务预测、决策、计划和控制的准确性。

2. 有利于提高投资者的决策水平

通常来说，投资者对被投资企业获利能力和发展能力较为关心，财务状况好坏直接影响投资者或潜在的投资者的投资决策、分配决策和其他重大财务决策。财务评价则为投资者的决策提供了有力的支持，一定程度上保证了投资决策的有效性和准确性。

3. 有利于保证债权人的利益

债权人作为企业的重要资金供给者之一，不仅关心获取利息的多少，而且关心债权的风险大小。财务评价为债权人提供了企业财务状况的信息，特别是企业偿债能力方面的评价信息，能够很好地帮助债权人进行债权投资决策，确定债权投资的数额、债权投资的期限、债权投资的利率以及其他债权投资条件，以有效控制债权投资风险，确保债权人的利益。

4. 有利于提高政府宏观调控水平

企业财务评价信息的揭示和应用，无疑为政府进行经济决策，特别是关于企业管理改革方面的决策，提供了很好的依据。一方面，政府有关部门可以根据企业财务评价的信息进行制度和政策落实上的自测；另一方面，政府有关部门特别是国家宏观调控部门，可以充分利用企业财务评价的信息，制定相应的财政金融政策、产业政策和贸易政策，确保国民经济的良性循环。

5. 财务分析评价有利于保证业务关联企业的利益

业务关联企业是指与企业存在业务往来的企业或称客户。他们也极为关心企业的财务状况和经营状况，通过财务分析可以揭示业务往来企业的信用状况。

二、财务分析评价指标体系的演进

（一） 国外财务分析评价指标体系的演进

19 世纪以前，由于企业规模很小，严格意义上的财务分析评价是不存在的。对企业财务评价指标体系的研究可以追溯至 19 世纪初期纺织业、铁路业、钢铁业等对成本控制的需求。早期的成本思想是一种很简单的将本求利思想，成本计算也是一种简单的以盈利为目的的计算，财务分析评价指标也只是简单的单位成本。随着资本主义商品货币经济的产生，将本求利思想已经难以适应企业管理的需要，而逐渐被提高劳动生产率来获取更多利润的思想所取代。1911 年美国工程师、“科学管理之父”泰勒（Taylor）发表了《科学管理原理》一书，创立了“泰勒制”。“泰勒制”将企业的管理工作由过去的经验式、描述式、观察式向科学化、系统化、标准化的方向发展。与此同时，财务分析评价体系则由简单计算转变为成本计算。直接材料、直接人工、制造费用、间接费用等指标开始活跃于企业的账簿之中。但是，这种区分成本性质的成本计算方法仍是对成本的事后计算和控制，并不能满足企业事前预算和事中控制的要求。美国会计工作者哈瑞（Harry）1911 年设计的标准成本制度，开创了现代财务评价指标的先河。标准成本及差异分析制度的建立，实现了成本控制由传统的事后计算向事前预算、事中控制转变；成本计算由简单的单位成本向标准成本转变。这一时期，标准成本的执行情况和差异结果分析成为该时期企业财务评价的主要内容。直到目前，标准成本制度仍然是企业成本控制的主要手段。

进入 20 世纪后，随着资本市场的发展和所有权与经营权的进一步分离，企业的经营状况和财务状况进一步被投资人和债权人所关注，对企业评价的内容进一步深化。20 世纪 20 年代前后，亚历山大沃尔（Alexander Wall）先后发表了《信用晴雨表研究》《财务报表比率分析》等多篇文章，提出了比率分析体系、综合评分等概念，选择了流动比率、净资产/负债、资产/固定资产、销售成本/存货、销售额/应收账款、销售额/固定资产、销售额/净资产等七个财务指标，用评分的方法来综合评价企业绩效，形成了著名的沃尔评分法，为企业绩效评价的发展开拓了新的思路。20 世纪 40 年代杜邦公司的财务主管唐纳森·布朗（Dolnason Brown）将投资报酬率法发展成为一个评价各个部门业绩的手段，创立了著名的杜邦财务分析系统，并发明了至今仍广泛应用的“杜邦系统图”。杜邦分析系统在企业管理中发挥的巨大作用奠定了财务指标作为评价指标的统治地位。80 年代美国管理会计委员会从财务效益的角度发布了《计量企业业绩说明书》，提出了净收益每股盈余、现金流量、投资报酬率、剩余收益、市场价值、经济收益、调整通货膨胀的业绩等 8 项计量企业经营绩效的指标。由杜邦公司所创立的杜邦财务系统以其结构严谨、内容全面、分析方便等优点，成为 20 世纪 80 年代企业财务评价的主要方法。

20 世纪 90 年代后 W. T. Grant 公司在 1966—1971 年中净收益一直很正常，并且维持在 2000 万美元以上，但是在此期间现金流转却逐年恶化，最终导致了公司的最终破产。这个案例首次引起了人们可以利用现金流量来预测企业失败。80 年代末，现金流量表作为第三张财务主要报表正式列入会计准则，现金流量的相对不可操作性也使其成为绩效评价的首选。现金流量在绩效评价中的地位得到空前的提高。

沃尔比重分析、杜邦分析系统以及美国管理会计委员会发布的《计量企业业绩说明书》对企业的财务评价都是以会计利润为基础的、未考虑企业资本成本的财务绩效评价。针对此缺陷，1991 年斯腾思特咨询公司提出了经济增加值（EVA）。EVA 从计算过程来看，是扣除了包括股权成本在内的所有资本成本后的利润即股东财富的净增加值。其目的在于促使公司经营者以股东价值最大化作为行为准则谋求企业战略目标的实现。

这些以利润为核心的财务指标在评价企业的社会性和生态方面均存在着不足，为弥补这一缺陷，非财务指标作为财务指标的补充被引入，这方面的指标体系主要有业绩金字塔、平衡计分卡、绩效四尺度以及绩效三棱镜等。

（二） 我国财务评价指标体系的演进

新中国成立以来，我国财务评价指标体系遵循了政府导向的原则，随着我国经济体制的发展和企业制度的改革，其发展经历了不同的阶段：

1. 计划经济体制下的财务评价指标

在计划经济时代，企业相当于政府计划体制中的一个生产车间，生产计划由政府计划部门制定，所需资金由政府财政部门调拨，对企业的评价指标是产量或产值。

2. 有计划的商品经济体制下的财务评价指标

1978 年十一届三中全会以后，政府对国有企业开始推行承包经营责任制，并强调权、利、效相结合，企业由过去单一的生产主体逐渐成为关心成本与效益的有计划商品经济的主体，会计利润作为评价指标被引入到对企业的考核中。企业通过与政府主管部门或财政部门签订承包合同，协商确定利润分成规则，划定决策权力范围，其内容一般包括利润税收指标、利润留存基数、债务偿还、资产增值、生产技术创新等。有计划的商品经济下，企业的财务评价指标主要有固定资产产值率、定额流动资金周转率、全部流动资金周转率、可比产品成本降低率、全部产品成本计划完成率、利润总额完成率、销售成本利润率、销售收入利润率、资金利润率。指标体系以资金、成本和利润为中心，偏重于对企业内部生产管理的评价。

3. 社会主义市场经济体制下的财务评价指标

1992 年，国有企业的股份制改革掀起高潮。同年，经国务院批准，财政部发布了《企业会计准则》。该准则对会计核算的一般原则、会计要素的计量和确认以及财务会计报告等会计核算的基本内容作了规定，形成了一个比较完整的企业会计核算制度体系。准则的颁布打破了所有制的界限，为对不同企业进行财务评价提供了可能。同时期颁布《企业财务通则》重新设计了财务评价指标，从偿债能力、营运能力、获利能力三个方面对企业进行财务评价。主要评价指标有：资产负债率、流动比率、速动比率、应收账款周转率、存货周转率、资本金利润率、销售利税率以及成本费用利润率。

1993 年 11 月中共十四届三中全会通过了《关于建立社会主义市场经济体制若干问题的决定》，强调进一步转换国有企业经营机制，建立与市场经济相适应的产权清晰、权责明确、政企分开、管理科学的现代企业制度。为适应这一要求，财政部于 1995 年颁布了《企业经济效益评价指标体系（试行）》，从企业的获利能力、偿债能力、营运能力、社会效益四个方面设计了包含销售利润率、总资产报酬率、资本收益率、资本保值增值率、资产负债率、流动比率（速动比率）、应收账款周转率、存货周转率、社会贡献率、社会积累率在内的 10 项指标。该指标体系部分体现了企业回报社会的思想。

1999 年 6 月 1 日财政部等四部委联合印发了《国有资本金效绩评价规则》及《国有资本金效绩评价操作细则》，对国有企业的财务评价进行了重新规范，重点是评价企业资本效益情况、资产经营状况、偿债能力状况和发展能力状况等四项内容，包括基本指标、修正指标和评议指标 3 个层次，共计 32 项指标。其中，评议指标是对财务评价的补充，包括企业整体素质、内部控制、公众形象、未来潜力 4 个方面的非财务指标。2002 年，财政部等四部委对《国有资本金绩效评价规则》及《国有资本金绩效评价操作细则》进行修订，制定了《企业绩效评价操作细则》，将企业绩效评价指标体系由 32 项指标改为 28 项。

2006 年 4 月 7 日国务院国有资产监督管理委员颁布了《中央企业综合绩效评价管理试行办法》，办法规定中央企业综合绩效评价由财务绩效定量评价和管理绩效定性评价两部分组成。其中，财务绩效定量评价包括盈利能力、资产质量、债务风险和经营增长四个方面；管理绩效评价包括企业发展战略的确立与执行、经营决策、发展创新、风险控制、基础管理、人力资源、行业影响、社会贡献等方面。

从国内外财务评价指标体系的发展来看，现有的财务评价指标体系主要是从营利性、偿债性、资产管理能力等方面对企业的经济利益进行评价，主要评价指标都是基于利润指标，反映了股东价值取向对企业财务评价的要求。可持续发展条件下，要求企业关注更多利益相关者的利益，要求企业在追求经济利益的同时，注重对环境责任和社会责任的履行。现有的财务评价指标体系并不能满足对企业可持续发展财务评价的要求，基于可持续发展的财务评价应不仅可以满足经济性评价的要求，还应满足社会性和生态性的要求。

三、财务分析的方法

开展财务报表分析，需要运用一定的方法，这些方法主要包括比较分析法、比率分析法、因素分析法、趋势分析法和综合分析法。

（一） 比较分析法

比较分析法是通过揭示财务活动中的数量关系和数量差异来评价企业财务状况，从中发现问题的一种分析方法。它可为进一步分析产生差异的原因和为消除差异提出建议对策提供依据。

1. 趋势分析

趋势分析就是对分析期与前期或连续数期的项目金额进行对比，这种对财务报表项目纵向分析的方法是一种动态分析。通过对比可以确定前后不同时期有关指标的变动情况，分析引起变化的主要原因、变动的性质，并预测企业未来的发展前景。

2. 同业分析

将企业主要指标同行业的平均指标或同行业先进指标进行对比，这是同一指标在不同条件下的对比。通过对比可以分析判断该企业在同行业中所处的位置，找出与先进企业之间的差距，推动企业改善经营管理，赶超先进水平。

3. 预算差异分析

将企业实际指标同预算指标进行对比。预算指标即财务管理的具体目标，它是在分析影响财务指标的主客观因素的基础上制定的。通过实际与计划的对比，可以揭示它们之间的差异，了解该项指标的完成情况和程度。

应用比较法对同一性质的指标进行数量比较时，要注意所利用的指标的可比性。比较双方的指标在内容、时间、计价标准、计算方法上的一致性。必要时，可对所用的指标按同一口径进行调整换算。

（二） 比率分析法

比率分析法是把某些彼此存在关联的项目加以对比，计算出比率，据以确定经济活动变动程度的分析方法。比率是相对数，采用这种方法，能够把在某些条件下的不可比指标变为可以比较的指标，以利于进行分析。这种方法与比较分析法相比更具有科学性和可比性。

比率指标可以有不同的类型，根据分析的目的和要求的不同，主要分为以下三类：

1. 构成比率

构成比率又称结构比率，它是财务报表中某项经济指标的各个组成部分与总体的比率，反映部分与总体的关系。利用构成比率，可以考察总体中某个部分的形成和安排是否合理，以便协调各项财务活动。如比较资金占用比重、费用消耗比重的变化，观察企业资金占用、资金消耗的情况，从中掌握经济指标活动的变化规律及其存在的问题。

2. 效率比率

效率比率是某项经济活动中所费与所得的比率，反映投入与产出的关系。利用效率比率指标，可以进行得失比较，考察经营成果，评价经济效益。如将利润项目与销售成本、销售收入、资本等项目加以对比，可计算出成本利润率、销售利润率以及资本利润率等指标，可以从不同角度观察比较企业获利能力的高低及其增减变化情况。

3. 相关比率

相关比率是指同一时期财务报表中两项相关数值的比率，反映有关经济活动的相互关系。利用相关比率指标，可以考察有联系的相关业务安排得是否合理，以保障企业运营活动能够顺畅进行。如计算资产总额与负债总额的比率、流动资产与流动负债的比率、负债与所有者权益的比率等。

比率分析法计算简便，计算结果容易判断，而且可以使某些指标在不同规模的企业之间进行比较，甚至也能在一定程度上超越行业间的差别进行比较，但采用这一方法要注意对比项目的相关性、对比口径的一致性和衡量标准的科学性问题。比率分析法要与比较分析法结合起来分析，才能全面、深入地揭示企业的财务状况、经营成果及其变动趋势。

（三） 因素分析法

因素分析法也称因素替代法，是对某个综合财务指标或经济指标的变动原因按其内在的影响因素，计算和确定各个因素对这一综合指标变动影响程度的一种分析方法。财务指标往往具有高度的综合性，一项指标的变动往往是多种因素共同作用的结果，在财务报表分析中，要了解某项指标受哪些因素的共同影响及影响的程度，这就需要通过因素分析法来解决。

采用因素分析法的出发点在于当有若干因素对分析对象产生影响作用时，假定其他各个因素都无变化，顺序确定每一个因素单独变化所产生的影响。

企业的经济活动是一个有机整体，每个指标的高低，都要受到若干因素的影响。因素分析法从数量上测定各因素的影响程度，可以帮助人们抓住问题的主要矛盾或者说更有说服力地评价企业的经营状况。

【例 10.1】 某材料标准单位成本为 1 000 元/kg。A 产品单位标准消耗量为 0. 1kg。本年度此材料实际单位成本为 1 100 元/kg，单位消耗为 0. 09kg。产量资料：预算产量 2 000 件，实际产量 2 200 件。请用连环替代法对 A 产品材料成本降低进行因素分析。

A 产品标准成本 = 实际产量 × 单位产品标准成本
= 材料标准消耗数量 × 材料标准单价
= 2 200 × 0.1 × 1 000
= 220 000（元）

A 产品实际成本 = 实际产量 × 单位产品实际成本
= 材料实际消耗数量 × 材料实际单价
= 2 200 × 0.09 × 1 100
= 217 800（元）

成本差异 = 实际成本 - 标准成本 = 217 800 - 220 000 = -2 200（元）（节约）

第一次替代：198 × 1 000 = 198 000（元）（实际消耗量下的标准成本）

原材料成本消耗量差异 = 198 000 - 220 000 = -22 000（元）（节约差异）

第二次替代：198 × 1 100 = 217 800

原材料成本价格差异 = 217 800 - 198 000 = 19 800（超支）

两因素共同影响使成本节约了 2 200 元（22 000 - 19 800）。

应用连环替代法过程中必须注意：①因素分解的相关性问题。分析指标与其影响因素之间必须真正相关。②分析前提的假定性。分析某一因素对经济指标差异的影响时，必须假定其他因素不变，否则就不能分清各单一因素对分析对象的影响程度。③顺序替代的连环性。在确定各因素变动对分析对象影响时，都是将某因素替代后的结果与该因素替代前的结果进行对比，一环套一环。一般来说，因素的替换顺序是：先替换质量指标，后替换数量指标；先替换基础指标，后替换派生指标；先替换实物量指标，后替换货币指标；先替换主导指标，后替换从属指标；先替换分子指标，后替换分母指标。

（四）综合分析法

综合分析法是指对于大量观察所获得的资料，运用多种综合指标以反映总体一般数量特征。运用分组法，以显示现象的不同类型。在分组的基础上，运用多种数量分析方法探讨总体内部的各种数量关系，综合分析方法是一种重要的分析方法，它对全面、系统、综合地评价企业财务状况有十分重要的意义。

第二节　基本财务比率分析

比率分析是财务报表分析中的一种主要方法。财务比率用来表示财务报告中各项目之间的关系，通过对各种财务比率指标的计算和分析，可以清楚地反映企业的财务状况和经营成果，为管理人员、投资者、债权人以及社会有关人员提供具有实际价值的财务信息。

基本财务比率主要反映企业四大财务能力：偿债能力、盈利能力、资产管理能力、发展能力。

一、偿债能力分析

偿债能力是指企业按期偿还债务本金、支付债务利息的能力，即还款能力。由于过去的生产经营活动而发生的债务，到期企业应无条件支付。如果到期债务不能偿付就会损害债权人的利益，企业的声誉也会受到影响，情况严重时会导致企业破产。因此，能否偿付到期债务关系到企业的经营安全，也反映了债权人债权的安全保障程度。

偿债能力分析包括短期偿债能力分析和长期偿债能力分析。短期偿债能力分析是对企业流动负债的清偿能力和保证程度的分析；长期偿债能力分析主要是对企业偿还到期债务本金与支付债务利息能力的分析。

（一）短期偿债能力分析

反映短期偿债能力的比率主要有：流动比率、速动比率和现金流动负债比率。

1. 流动比率

流动比率是企业流动资产总额与流动负债总额之比。它表明每1元的流动负债有多少流动资产作为偿还的保证，反映企业短期内偿还债务的能力。其计算公式如下：

$$流动比例=\frac{流动资产}{流动负债}$$

流动比率说明了企业有多少短期可变现的资产来保证短期负债的偿还能力，也说明了债权人短期债权的安全程度。一般来说，这个比率越高，企业短期偿债能力越强，债权人的权益越有保障。但流动比率并非越高越好，过高则表明企业流动资产占用较多，会影响资金的使用效率。按照西方企业的长期经验，一般认为，生产企业合理的流动比率是2，这是因为流动资产中变现能力最差的存货金额约占流动资产总额的一半。但这只是一个静态衡量指标，由于各企业具体情况不同，不能成为一个统一标准。

2. 速动比率

速动比率是从流动资产中扣除存货部分，再除以流动负债的比值。其计算公式为：

$$速动比率=\frac{速动资产}{流动负债}$$

$$速动资产=流动资产-存货$$

流动比率高，也不能表明企业的资金流动性强，为了更清楚地反映企业的偿债能力，从流动资产中扣除含有水分的存货，用扣除存货之后的速动资产与流动负债计算出来的速动比率反映企业的偿债能力比流动比率更精确，更令人信服。因为在流动资产中，存货属于流动性能最差的资产项目，因此在经济不景气或存货出现残次时，不能及时出售，或者按较低的价格抛售，这都会影响资金的流转和企业的支付能力。

速动比率反映了企业能用迅速变现的资产偿还短期负债的能力。通常认为速动比率为1

比较适当，低于1的速动比率被认为是短期偿债能力偏低；如果速动比率大于1，尽管债务偿还的安全性很高，但会因企业现金、银行存款及应收账款等资金占用过多而大大增加企业的机会成本。

3. 现金流动负债比率

现金流动负债比率是可立即动用的资金与流动负债进行对比所确定的比率。该指标可以说明企业本期通过自身的经营活动，在以收抵支之余所产生的现金流量净额是否足以偿还流动负债的能力，可以反映企业及时支付到期债务的能力。其计算公式为：

$$现金流动负债比率=\frac{经营活动生产的现金净流量}{流动负债}\times 100\%$$

该指标从现金流入和流出的动态角度对企业实际偿债能力进行考察。由于有利润的年份不一定有足够的现金来偿还债务，所以利用以收付实现制为基础的现金流动负债比率指标，能充分体现企业经营活动所产生的现金净流量可以在多大程度上保证当期流动负债的偿还，直观地反映出企业偿还流动负债的实际能力。一般来讲，现金比率大，说明企业用现金偿付流动负债的能力强，从偿债角度讲是好的。但如果企业长期保持较高的现金比率，说明该企业资金利用效果较差。因为现金的盈利能力低，所有持有过量现金会使企业承担过多的机会成本。

（二） 长期偿债能力分析

反映长期偿债能力的比率主要有：负债比率、利息保障倍数和产权比率。

1. 负债比率

负债比率是负债总额与资产总额的比率。它表明企业资产总额中有多大的比例是通过举债筹资的，有助于确定企业资产对债权人的保障程度。其计算公式如下：

$$负债比率=\frac{负债总额}{资产总额}\times 100\%$$

公式中的负债总额不仅包括长期负债，还包括短期负债。这是因为在现实的偿债过程中，资产变现后首先用来偿还短期负债，之后才能保证长期债务的偿还，并且长期负债最终要转化为短期负债。负债比率越小，表明企业长期偿债能力越强。

在一般情况下，负债比率会因人因时而异。股东和企业经营者通常会认为，负债比率在40%～60%是较合理的。在经济高速发展，盈利前景看好，且资本收益率高于债务利息率的条件下，可适当提高负债比率，为股东创造更多财富；反之，应降低负债比率，回避风险，防止企业陷入困境。

2. 利息保障倍数

利息保障倍数又叫已获利息倍数，是指企业息税前利润与利息费用的比率，反映了获利能力对债务偿付的保证程度。

$$利息保障倍数=\frac{息税前利润}{债务利息}$$

债权人不仅要求到期安全地收回债权本金，而且必须要获得一定的利息报酬。而利息必须来自于债务人举债经营取得的报酬——息税前利润。只有当债务人的每期息税前利润高于其每期应支付的利息时，债权人按期收取利息报酬的要求才能得到满足。一般来说，企业的利息保障倍数至少应该大于1，偿付利息才能有保障。

3. 产权比率

产权比率又称债务股权比率，也是衡量企业长期偿债能力的一个指标。它是负债总额与股东权益总额之比。其计算公式为：

$$产权比率=\frac{负债总额}{股东权益总额}$$

产权比率反映由债权人提供的资本与股东提供的资本的相对关系，反映企业基本财务结构是否稳定。一般来说，股东资本大于借入资本较好，但也不能一概而论。从股东来看，在通货膨胀加剧时期，企业多借债可以把损失和风险转嫁给债权人；在经济繁荣时期，多借债可以获得额外的利润；在经济萎缩时期，少借债可以减少利息负担和财务风险。产权比率高，是高风险、高报酬的财务结构；产权比率低，是低风险、低报酬的财务结构。产权比率同时也表明债权人投入的资本受到股东权益保障的程度。

二、盈利能力分析

盈利能力通常是指企业在一定时期内赚取利润的能力，是衡量企业是否具有活力和发展前途的重要内容。对盈利能力进行分析，可以有效地评价企业的经营业绩和管理水平，发现经营管理过程中存在的问题，帮助有关方面做出正确的决策。

常用来衡量企业盈利能力的指标主要有：净资产收益率、销售（营业）利润率、成本费用利润率、总资产报酬率、资产净现率等。对于股份有限公司，还应分析每股收益、每股现金流量、每股净资产、市盈率等。

1. 净资产收益率

净资产收益率是指企业一定时期内的净利润与平均净资产的比率，充分体现了投资者投入企业的自用资本获取净收益的能力，突出反映了投资与报酬的关系，且通用性强，不受行业的局限，是评价企业经营效益的核心指标。其计算公式为：

$$净资产收益率=\frac{净利润}{平均净资产}$$

$$平均净资产=\frac{初期所有者权益+期末所有者权益}{2}$$

一般来说，净资产收益率越高，则企业盈利能力越强。企业自有资本获取收益的能力越强，运营效益越好，对企业投资人、债权人的保证程度越高。

2. 销售（营业）利润率

销售（营业）利润率是指企业一定时期内销售（营业）利润与销售（营业）收入净额

的比率。它表明企业每单位销售（营业）收入能带来多少销售（营业）利润，反映了企业主营业务的获利能力，是评价企业经营效益的主要指标。其计算公式为：

$$销售（营业）利润率=\frac{销售（营业）利润}{销售（营业）收入净额}$$

该指标越高，说明企业通过扩大销售获取利润的能力越强；反之，则表明企业经营管理者未能创造出足够多的销售收入业绩或未能控制好成本费用。

3. 成本费用利润率

成本费用利润率是指企业一定时期的利润总额同成本费用总额的比率，表示每百元资产耗费所产生的盈利额。计算公式为：

$$成本费用利润率=\frac{利润总额}{成本费用总额}$$

如果该比率高，则表示企业以较低的资源消耗获取较高的利润。

4. 总资产报酬率

总资产报酬率是指企业一定时期内获得的报酬总额与平均资产总额的比率。总资产报酬率表示企业包括净资产和负债在内的全部资产的总体获利能力，是评价企业资产盈利能力的重要指标。其计算公式为：

$$总资产报酬率=\frac{利润总额+利息支出}{平均资产总额}$$

$$平均资产总额=\frac{期初资产总额+期末资产总额}{2}$$

一般情况下，该指标越高，表明企业的资产利用效益越好，整个企业盈利能力越强，经营管理水平越高。企业还可以将该指标与资本市场的利率进行比较，如果前者比后者大，则说明企业可以充分利用财务杠杆，适当举债经营，以获得更多的收益。

5. 资产净现率

资产净现率是经营活动现金流量与平均资产总额的比率，它反映企业每一元资产所能带来的现金。其计算公式为：

$$资产净现率=\frac{经营活动现金流量}{平均资产总额}$$

资产净现率反映企业资产的利用情况，一般在6%～8%比较正常。

6. 每股收益

每股收益也称每股利润或每股盈余，是股份公司税后利润分析的一个重要指标，主要针对普通股而言。每股收益是税后净利润扣除优先股股利后的余额，除以发行在外的普通股平均股数。其计算公式为：

$$每股收益=\frac{净利润-优先股股利}{发行在外的普通股平均股数}$$

每股收益是股份公司发行在外的普通股每股所取得的净利润，它可以反映股份公司的盈利能力的大小。每股收益越高，说明股份公司的盈利能力越强。

7. 每股现金流量

每股收益的高低虽然与股利分配有密切的关系，但是它不是决定股利分配的唯一因素。如果某一公司的每股收益很高，但是缺乏现金，那么也无法分配现金股利。因此，还有必要分析公司的每股现金流量。

$$每股现金流量=\frac{经营活动现金净流量-优先股股利}{发行在外的普通股平均股数}$$

每股现金流量越高，说明股份公司越有能力支付现金股利。该指标反映股份公司分派现金股利的最大能力，超过此限度，就要借款分红。

8. 市盈率

市盈率也称价格盈余比率或价格与收益比率，是指普通股每股市价与每股收益的比率。其计算公式为：

$$市盈率=\frac{每股市价}{每股收益}$$

市盈率是反映股份公司盈利能力的一个重要指标，投资者十分重视这个指标。这一比率是投资者做出投资决策的重要参考因素之一。一般来说，市盈率高，说明投资者对该公司的发展前景看好，愿意出较高的价格购买该公司股票，所以一些成长性较好的高科技公司股票的市盈率通常要高一些。但是，也应注意，如果某一股票的市盈率过高，则也意味者这种股票具有较高的投资风险。

9. 每股净资产

每股净资产，是期末净资产（即股东权益）与年度末普通股份总数的比值，也称为每股账面价值或每股权益。其计算公式为；

$$每股净资产=\frac{年度末股东权益}{年度末普通股数}$$

这里的“年度末股东权益”是指扣除优先股权益后的余额。

该指标反映发行在外的每股普通股所代表的净资产成本即账面权益。在投资分析时，只能有限地使用这个指标，因其是用历史成本计量的，既不反映净资产的变现价值，也不反映净资产的产出能力。例如，某公司的资产只有一块几年前购买的土地，并且没有负债，公司的净资产是土地的原始成本。现在，土地的价格比过去翻了几番，引起股票价格上升，而其账面价值不变。这个账面价值，既不说明土地现在可以卖多少钱，也不说明公司使用该土地能获得什么。

每股净资产，在理论上提供了股票的最低价值。如果公司的股票价格低于净资产的成本，成本又接近变现价值，说明公司已无存在价值，清算是股东最好的选择。正因为如此，新建公司不允许股票折价发行；国有企业改组为股份制企业时，一般以评估确认后的净资产折为国有股的股本；如果不全部折股，则折股方案与募股方案和预计发行价格一并考虑。折股比率不低于65%，股票发行溢价倍率应不低于折股倍数。

三、资产管理能力

资产管理能力比率，是指用于衡量企业进行资产管理的效率，反映企业运用资产的营运能力方面的财务比率。企业资产管理的目的是使资产获得最大的增值，从而给企业带来最大效益。而资产只有在经营周转中，在实现营业收入后才能产生增值。衡量企业资产管理效率的高低，关键是看资产的经营周转速度，即资产的占用与营业收入的实现之间是否保持一个恰当的关系。常用来衡量企业盈利能力的主要指标有总资产周转率、固定资产周转率、流动资产周转率、应收账款周转率、现金周转期和存货周转率等。

1. 总资产周转率

总资产周转率也叫总资产周转次数，是指企业一定时期内销售收入净额与平均资产总额的比率，可以用来反映企业全部资产的利用效率。它体现企业在经营期间全部资产从投入到产出周而复始的流转速度。其计算公式为：

$$总资产周转率=\frac{销售收入}{平均资产总额}$$

平均资产总额＝（期初资产总额＋期末资产总额）/2

下面财务比率中涉及的平均值均按这种方法处理，除非做出特殊说明。

在一定平均资产总额情况下，销售收入越高，总资产周转率越高，其管理或使用效率越高。因此，提高销售收入，是加速总资产周转、提高总资产管理或使用效率的关键。

2. 固定资产周转率

固定资产周转率也叫固定资产周转次数，是指企业一定时期内销售收入净额与平均固定资产总额的比率，是衡量企业固定资产利用效率的一项指标。其计算公式为：

$$固定资产周转率=\frac{销售收入}{平均固定资产总额}$$

与总资产周转率一样，在一定平均固定资产总额情况下，销售收入越高，固定资产周转率越高，其管理或使用效率越高。因此，提高销售收入，是加速固定资产周转、提高固定资产管理或使用效率的关键。

3. 流动资产周转率

流动资产周转率也叫流动资产周转次数，是指企业一定时期内销售收入净额与流动资产平均余额的比率，是反映企业流动资产周转速度的指标。其计算公式为：

$$流动资产周转率=\frac{销售收入}{流动资产平均余额}$$

在一定流动资产平均余额情况下，销售收入越高，流动资产周转率越高，其管理或使用效率越高。因此，提高销售收入，是加速流动资产周转、提高流动资产管理或使用效率的关键。

4．应收账款周转率

应收账款周转率也叫应收账款周转次数，是指企业一定时期内赊销额与平均应收账款余额的比率。它是反映企业一定时期内应收账款周转速度的指标，主要反映公司应收账款的变现速度和管理效率。其计算公式为：

$$应收账款周转率=\frac{年赊销额}{年平均应收账款}$$

式中，年赊销额可用年销售收入来代替，只是计算结果会有所不同。

在一定年平均应收账款情况下，收回的年赊销额越多，应收账款周转率越高，其管理效率越高。因此，收回赊销额，是加速应收账款周转、提高应收账款管理效率的关键。

在一定平均应收账款情况下，收回的赊销额越多，应收账款平均收款期越短，其管理效率越高。因此，收回赊销额，是缩短应收账款收款期、提高应收账款管理效率的关键。

5．现金周转期

现金周转期＝存货平均周转期＋应收账款平均收款期－应付账款平均付款期

式中，周转期、收款期和付款期一般用天数表示。

从式中可分析出，要缩短现金周转期从而提高现金使用效率，应缩短存货平均周转期和应收账款平均收款期，应在不影响信誉的前提下延长应付账款平均付款期。因此，缩短存货平均周转期和应收账款平均收款期、延长应付账款平均付款期是加速现金周转、提高现金管理效率的关键。

四、发展能力分析

发展能力是企业在生存的基础上，扩大规模、壮大实力的潜在能力。反映企业发展能力的指标主要有：销售（营业）增长率、资本积累率、总资产增长率等。

1．销售增长率

销售增长率是企业本年销售收入增长额与上年销售收入总额的比率。它反映企业销售收入的增减变动情况，是评价企业成长状况和发展能力的重要指标。其计算公式为：

销售（营业）增长率＝本年销售（营业）增长额/上年销售（营业）收入总额×100%

该指标是衡量企业经营状况和市场占有能力、预测企业经营业务拓展趋势的重要标志，也是企业扩张增量和存量资本的重要前提。不断增加的销售收入，是企业生存的基础和发展的条件，表示增长速度越快，企业市场前景越好；若指标小于零，则说明企业或是产品不适销对路，市场份额萎缩。该指标在实际操作时，应结合企业历年的销售水平、企业市场占有情况、行业未来发展及其他影响企业发展的潜在因素进行分析，或者结合企业前三年的销售增长率做出趋势性分析判断。

2．资本积累率

资本积累率是企业本年股东权益增长额与年初股东权益的比率。它反映企业当年资本的积累能力，是评价企业发展潜力的重要指标。其计算公式为：

$$资本积累率=\frac{本年股东权益增长额}{年初股东权益}\times 100\%$$

本年股东权益增长率=股东权益年末数-股东权益年初数

资本积累率是企业当年股东权益总的增长率，反映了企业股东权益在当年的变动水平，体现了企业资本的积累情况，是企业发展强盛的标志，也是企业扩大再生产的源泉，展示了企业的发展潜力。该指标值越高表明企业的资本积累越多，应付风险、持续发展的能力越大；该指标如为负值，表明企业资本受到侵蚀，所有者利益受到损害，应予以充分重视。

3. 总资产增长率

总资产增长率是企业本年总资产增长额同年初资产总额的比率，反映企业本期资产规模的增长情况，评价企业经营规模总量的扩张程度。其计算公式为：

$$总资产增长率=\frac{本年总资产增长额}{年初资产总额}\times 100\%$$

本年总资产增长额=资产总额年末数-资产总额年初数

该指标从企业资产总量扩张方面衡量企业的发展能力，表明企业规模增长水平对企业发展后劲的影响。该指标越高，表明企业一个经营周期内资产经营规模扩张的速度越快。但实际操作中，应注意资产规模扩张的质与量的关系，以及企业的后续发展能力，避免资产盲目扩张。

需要强调的是，上述四类指标不是相互独立的，它们相辅相成，有一定的内在联系。企业周转能力好，获利能力就较强，则可以提高企业的偿债能力和发展能力；反之亦然。

第三节　财务综合分析

财务综合分析就是以企业财务报表等核算资料为基础，将各项财务分析指标作为一个整体，全面、系统、综合地对企业的财务状况、经营成果进行分析，评价认识企业的整体财务状况和效率的优劣。

企业的财务报表均是由若干不同的数据组成，单个的分析方法和单个的财务指标比较孤单，不能从整体上反映企业的财务状况、经营成果和现金流量情况，特别是随着企业竞争和合作关系的加强，财务报表分析也显得比以往复杂，而财务综合分析能改善这种情形。

一、沃尔比重评分法

21 世纪初，作为财务状况综合评价的先驱者之一亚历山大·沃尔，在他出版的《信用晴雨表研究》和《财务报表比率分析》中，提出了信用能力指数的概念，把流动比率、负债资本比率、固定资产比率、存货周转率、应收账款周转率、固定资产周转率和主权资本周转率等七项财务比率，用线性关系结合起来，并分别给定各自的分数比重，然后通过与标准比率进行比较，确定多项指标的得分及总体指标的累计分数，从而对企业的信用水平乃至整个企业的财务状况做出评价，即所谓的沃尔比重评分法。

其评分方法如表 10. 1 所示。

表 10. 1　沃尔比重评分法

财务比率	比重 1	标准比率 2	实际比率 3	相对比率 4 = 3/2	评分 5 = 1 × 4
流动比率（流动资产/流动负债）	25	2. 00	2. 10	1. 05	26. 25
负债资产比率（净资产/负债）	25	1. 50	1. 30	0. 87	21. 75
固定资产比率（资产/固定资产）	15	2. 50	2. 90	1. 16	17. 40
存货周转率（销售成本/存货）	10	8	10	1. 25	12. 50
应收账款周转率（销售额/应收账款）	10	6	9	1. 5	15. 00
固定资产周转率（销售额/固定资产）	10	4	3. 50	0. 88	8. 80
主权资本周转率（销售额/净资产）	5	3	1. 95	0. 65	3. 25
合　　计	100				104. 95

由于沃尔比重评分法将彼此孤立的偿债能力和营运能力指标，进行了组合并做出了较为系统的阐述和评价。因此，对于评价企业财务状况，具有一定的积极意义。

但沃尔比重评分法从理论上讲有一个弱点，就是未能证明为什么要选择这七个指标而不是更多或更少些，以及未能证明每个指标所占比重的合理性。沃尔比重评分法从技术上讲还存在一个问题，就是当某一个指标严重异常时，会给总评分产生不合逻辑的大影响。这个缺陷是由相对比率与比重相“乘”引起的。财务比率提高一倍，其评分加 100%；而财务比率减少一倍，其评分只减少 50%。尽管沃尔评分法在理论上还有待证明，但是该方法的评价理念，能全面、综合地反映企业的价值，立体地观察、评价企业，科学地反映企业的风险。

二、综合系数分析法

综合系数分析法是指根据多目标规划原理，把所要评价的各项指标分别对照各自的标准，并根据各项指标的权重，通过功效函数转化为可以度量的评价分数，再对各项指标的单项指标分数进行加总，求得综合评价分数。

在当前的市场经济下，针对一家企业财务评价的内容主要是盈利能力，其次是偿债能力和营运能力，此外还有成长能力。它们之间大致可按10:3:3:4的比例来分配比重。盈利能力的主要指标有资产净利率、销售净利率和净资产收益率。三个指标可按2:2:1的比例安排。偿债能力有两个常用指标，成长能力有三个常用指标。仍以100分为总评分，如表10.2所示。

表10.2 综合评分的标准

指标	评分值	标准比率（%）	行业最高比率（%）	最高评分	最低评分	每分比率的差（%）
盈利能力						
总资产净利率	20	10	20	30	10	1
销售净利率	20	4	20	30	10	1.6
净资产收益率	10	6	20	15	5	2.8
偿债能力						
自有资本比率	8	40	100	12	4	15
流动比率	8	150	450	12	4	75
运营能力						
应收账款周转率	8	600	1 200	12	4	150
存货周转率	8	800	1 200	12	4	100
成长能力						
销售增长率	6	15	30	9	3	5
净利增长率	6	10	20	9	3	3.3
资本积累率	6	10	20	9	3	3.3
合　计	100	—	—	150	50	—

在给每个指标评分时，应规定上限和下限，以减少个别指标异常对总分造成不合理的影响。上限可定为正常评分值的1.5倍，下限定为正常评分值的1/2。此外，给分时不采用“乘”的关系，而采用“加”或“减”的关系来处理，以克服沃尔评分法的缺点。

三、杜邦财务分析体系

杜邦财务分析体系（简称“杜邦体系”）因其最初由美国杜邦企业创立并成功运用而得名。

该种分析法是利用各主要财务指标间的内在关系，对企业财务状况和经济效益进行综合系统分析和评价的方法。它的突出特点是：可以通过若干个主要指标之间的关系，全面、系统地反映企业的财务状况。采用这一方法，可使财务比率分析的层次更清晰、条理更突出，为报表分析者全面仔细地了解企业的经营和盈利状况提供方便。杜邦财务分析法主要是对企业净资产收益率来进行分解分析的。杜邦财务分析体系的一个流行表达式，是将净资产收益率分解为三个部分：销售净利率、总资产周转率和权益乘数，分别反映企业的获利能力、资产管理效率和财务杠杆。它是一条系统性进行财务分析的便捷之道，能够解释变动的原因和变动趋势，能综合地分析企业获利能力、营运能力和资本结构情况，为采取措施指明方向。

以净资产收益率为总指标，从影响该指标的因素入手可以做以下分解（见图10.1）。

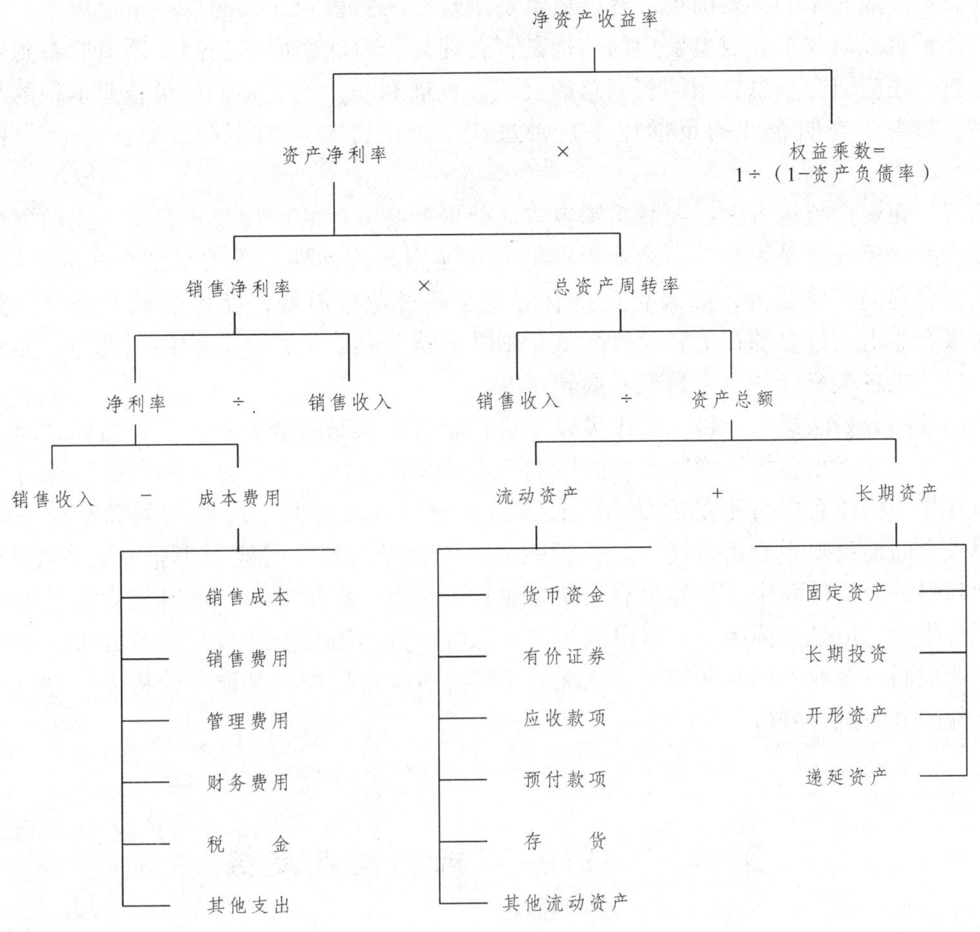

图10.1　杜邦财务分析体系

我们可以看到杜邦分析法的思路：

第一，净资产收益率是一个综合性最强的财务分析指标，是杜邦分析系统的核心。

第二，资产净利率是影响净资产收益率的最重要的指标，具有很强的综合性，

而资产净利率又取决于销售净利率和总资产周转率的高低。总资产周转率反映总资产的周转速度。对资产周转率的分析，需要对影响资产周转的各因素进行分析，以判明影响公司资产周转的主要问题在哪里。销售净利率反映销售收入的收益水平。扩大销售收入，降低成本费用是提高企业销售利润率的根本途径，而扩大销售，同时也是提高资产周转率的必要条件和途径。

第三，权益乘数表示企业的负债程度，反映了公司利用财务杠杆进行经营活动的程度。资产负债率高，权益乘数就大，这说明公司负债程度高，公司会有较多的杠杆利益，但风险也高；反之，资产负债率低，权益乘数就小，这说明公司负债程度低，公司会有较少的杠杆利益，但相应的所承担的风险也低。

第四，销售利润率反映了企业利润总额与销售收入的关系。从这个意义上看，提高销售利润率是提高企业盈利能力的关键所在。要想提高销售利润率，一是要扩大销售收入，二是

要降低成本费用。扩大销售收入具有重要的意义，它首先有利于提高销售利润率；同时它也是提高总资产周转率的必要前提。降低成本费用是提高销售利润率的另一重要因素，利用杜邦分析体系可以研究企业成本费用的结构是否合理，从而加强成本控制。这里联系到资本结构来分析，还应研究利息费用同利润总额（或息税前利润）的关系，如果企业承担的利息费用太多，就需要查明企业的负债比率是否过高，防止资本结构不合理影响企业所有者的收益。

第五，在资产营运方面，要联系销售收入分析企业资产的使用是否合理，流动资产和非流动资产的比例安排是否恰当。企业资产的营运能力和流动性，既关系到企业的获利能力，又关系到企业的偿债能力，如果企业持有的现金超过业务需要，就可能影响企业的获利能力；如果企业占用过多的存货和应收账款，则既影响获利能力，又影响偿债能力。为此，就要进一步分析各项资产的占用数额和周转速度。

运用杜邦分析法进行分析，不仅可以了解企业财务状况的全貌和各有关指标之间的结构关系，而且可以找出各指标增减变动的影响因素及其存在的问题，是一种很好的综合分析方法。但杜邦分析体系也有不足之处：①杜邦财务分析体系着眼于净资产利润率这一综合指标，很难全面地反映企业运营能力、偿债能力、盈利能力和发展能力等企业财务综合状况。②在杜邦财务分析体系中，虽然也有反映企业营运能力、偿债能力、盈利能力和发展能力的财务评价指标，但是指标单一，难以满足财务综合评价的需要。③杜邦财务分析体系不便于不同企业或同一企业不同时期的财务状况的比较。所以在运用杜邦财务分析方法时应该同时结合其他的方法进行分析。

第四节　财务分析的发展趋势

财务分析作为提供财务信息的一种主要手段，是进行正确的筹资、投资和生产经营决策必不可少的重要工具。随着市场经济的发展，决策者对财务信息提出了更高的要求，促使财务分析的依据、目的、手段及财务分析报告的方式随之发生相应的变化发展。

一、财务分析中现金流分析得到重视

现金流量分析在国外已经得到了广泛使用。分析现金流量，有助于投资者了解和评价企业获取现金和现金等价物的能力，并据以预测企业未来现金流量，正确评估企业价值。对债权人来说，分析企业的现金流量有助于评价企业的支付能力、偿债能力和周转能力。由于负债和利息都必须用现金支付，用现金流量分析企业偿债能力从理论上比以利润为基础的财务指标更为科学。对资本市场投资者来说，对现金流量分析则是洞察企业盈余操纵、分析企业收益质量和企业成长性的重要手段。

我们倡导使用现金流量分析指标并不是要否定、丢弃传统的以盈余为基础的指标体系。以权责发生制为基础的会计利润在企业经营业绩的评判上有其超越现金流量指标的一面。西

方很多学者已经通过实证研究证明：现金流量和会计盈余反映了不同维度的会计信息，两者具有很强的互补性。据此，可行的方法是在现有的指标体系中加入现金流量指标，从而构建一个新的更为完善的业绩评价财务指标体系。

二、财务分析的依据更广泛

传统的财务分析以三大会计报表表内信息为主要依据，未来的财务分析将发展成为依据表内信息、表外信息、分部信息和非财务信息所进行的全面综合的财务分析。

（一） 表外信息的分析

会计报表因其格式的固定性和以数字反映为主的特点决定了它所表达的财务信息的局限性：一方面，随着社会经济的发展和不确定因素的增加，有些报表信息变得模糊不清；另一方面，报表无法容纳公司经营的许多重要信息，而表外信息的形式多样，不拘一格，可以弥补表内信息的不足。因此，目前国际财务报告体系的一个发展趋势是：表内信息越来越概括，表外信息越来越丰富，信息质量和信息价值也越来越高。显然，仅局限于表内信息的分析是远远不够的，表外信息的分析也变得日益重要。

目前，我国会计报表附注披露的表外信息主要包括：前期生产经营情况的回顾；主要会计政策、会计估计及其变更；关联方关系及其交易；或有事项和资产负债表日后事项及其他重要事项等。只有将这些表外信息与表内信息结合起来分析，才能完整而准确地掌握企业的真实情况。如通过分析公司前期生产经营情况，可以更全面地了解企业经营活动的性质，经营活动的财务影响，并据以对公司未来的发展趋势，特别是未来抵御市场风险的能力做出客观的评价。对于上市公司存在的重大会计政策、会计估计变更，关联方交易，应注意分析企业是否在人为调节利润。如有些上市公司年报中出现会计政策的变更导致利润上升或滑坡现象，但在附注中对会计政策变更的原因未能做出合理解释，分析者应对此类公司的经营情况进行重新认识，切勿被表内信息所迷惑。

（二） 分部信息的分析

近年来，企业购并之风盛行，跨行业、跨国界的集团化公司如雨后春笋般大量涌现，集团公司在各分支机构投入的技术、资金及各分部的盈利能力、投资风险、发展前景等都存在很大的差异，母公司的合并财务报告显得过于笼统，难以据以分析出公司真实的财务状况和经营成果。因此，对于分部信息的分析往往比对合并报表的分析更有效。

分部信息，对于分析跨行业、跨地区、跨国界的集团公司的机会和风险，是一个可靠而有力的工具。通过对分部信息的分析，其一可更透彻地了解公司过去的经营业绩；其二可更全面地评价公司获取的收益和面临的风险；其三可更精确地预测公司未来盈利能力及发展前景，从而对整个集团公司做出更合理的判断。

（三） 非财务指标分析

非财务指标主要有四种，即顾客满意度：产品和服务的质量；战略目标：如完成一项并购或项目的关键部分，公司重组和管理层交接；公司潜在发展能力：如员工满意度和保持力、员工培训、团队精神，管理有效性或公共责任；创新能力：如研发投资及其结果、新产品开发能力。此外，技术目标、市场份额等指标充分运用到评价的体系中去，能够全面掌握公司的发展状况。

三、财务分析的目的以预测为主

传统的财务分析以财务报告为主要依据，侧重于评价企业过去的经营业绩和现时的财务状况。由于现行财务报告的计量绝大多数仍然采用的是历史成本计价法，这在技术日新月异及通货膨胀严重的情况下，已失去了其本身的意义。实际上，财务报告的历史信息与使用者经济决策的相关性正在日益减少，有些甚至毫无用处，因为决策是面向未来的，使用者掌握财务信息是为了做出对未来有利的决策。历史信息影响了财务分析的及时性，继而影响决策的及时性。因此，必须建立一个全国性乃至全球性的财务信息收集、分析和检索网络，企业可以在网上公布其所能提供的各种财务报告及相关信息，信息使用者通过联机可直接进入该网络，及时有效地选取、分析所需的信息，使跨公司、跨行业的财务分析更为便利。

四、财务分析报告简明适用

财务分析的结果最终是以财务分析报告的形式呈报给相关的财务信息需求者的，有些分析者撰写的财务分析报告内容全面，分析方法及过程详尽列出，篇幅冗长，面面俱到，却忽视了报告阅读者的不同需求，阅读者往往要花大量的时间才能从中寻出一些相关信息。这种财务分析报告，一方面浪费了阅读者宝贵的时间；另一方面还易导致阅读者的厌烦情绪而无心研读，自然就淡化了对决策的有用性。为强化财务分析报告传递财务信息的功能，必须突出其适用性的特征。

财务信息很多，财务分析报告不可能也不需要面面俱到，报告的内容应因人而异。首先，财务分析者应了解报告阅读者的意图和需求，在分析报告中简明、精炼地提供他们最感兴趣的信息。其次，要把握报告阅读者的管理层次，呈报给企业高层管理人员的分析报告，应注重提供与企业发展战略决策相关的宏观信息；而呈报给企业中层管理人员的分析报告，则应注重提供与企业经营决策相关的微观信息。最后，要熟悉报告阅读者具备的专业知识水平，呈报给财务专业人员的分析报告，可详细列示财务分析原理及过程，并对各财务指标进行专业性的分析说明；而呈报给非财务专业人员的分析报告，则应省略繁琐的数学模型分析过程，并尽量避免使用专业术语，行文要力求简明、通俗易懂。

第五节　业绩评价

一、业绩评价的概念及发展

业绩评价是组织管理控制系统的重要构成部分，它已经成为现代财务管理中备受关注的热点问题之一，这不仅是因为业绩评价的结果将作为分配的依据，而且因为有效的业绩评价过程本身就是促进效率提高的过程。在 19 世纪的管理文献中就有业绩评价问题的记载。在会计研究领域，约翰逊和卡普兰在《管理会计的兴衰》中提到：从 150 年前对远离总部的生产部门成本和效率的评价，到 20 世纪初杜邦等综合类组织中分部投资效益的评价，业绩评价一直是管理会计的重要内容。齐默尔曼在《决策与控制会计》中说：组织内部会计系统的最终的目的在于为组织的计划和经营决策提供必需的资料，以更好地对组织的员工进行激励和管理。

（一）　业绩评价的概念

业绩评价（performance evaluation），是指运用数理统计和运筹学的方法，通过建立综合评价指标体系，对照相应的评价标准，定量分析与定性分析相结合，对企业一定经营期间的盈利能力、资产质量、债务风险以及经营增长等经营业绩和努力程度等各方面进行的综合评判。企业业绩评价是评价理论方法在经济领域的具体应用，它是在会计学和财务管理的基础上，运用计量经济学原理和现代分析技术而建立起来的剖析企业经营过程，真实反映企业现实的经济状况，预测企业未来发展前景的一门科学。

企业业绩评价的基本特征是以企业法人作为具体评价对象，评价的内容重点在获利能力、资产运营水平、偿债能力、经营风险和后续发展能力等方面，以能准确反映这些内容的各项定量和定性指标作为主要评价依据，并将各项指标置于全行业和规模的平均水平对比之中，以期求得对某一企业公正、客观的评价结果。它是专业性的技术判断，评价内容广泛，使用指标较多，评价结果综合性强，强调客观公正性。

（二）　业绩评价研究的演变过程及发展现状

绩效评价为适应社会经济的发展变迁，不断改进。在 20 世纪以前，企业绩效评价多采用简单成本指标，评价的对象也以企业的员工为主。由于简单成本指标多是进行事后分析计算，所以造成企业反应迟钝，不利于企业进行事前和事中的成本控制。

到 19 世纪末 20 世纪初，在科学管理发展的基础上，出现了标准成本的概念，由于推行标准成本法可以降低生产成本，提高生产效率，这一时期企业绩效评价主要使用标准成本。这类绩效评价表达比较直观，有利于量化地进行绩效评价。但是，这类绩效评价的结果往往受到被评价企业的客观基础条件优劣的影响，无法体现出人们主观有效努力的程度，所以这种绩效评价体系缺乏一定的公正性，它产生的激励作用是有限的。20世纪以后，行为科学和新古典主流企业理论不断发展，在这些理论的指导下，企业的内部开始划分各个责任中心，出现了“成本中心”“投资中心”“利润中心”等。在20世纪60年代以后，企业绩效评价多以销售利润率为中心。这类绩效评价有一些优点，适应了当时企业发展的需要，但也存在一定的缺陷，比如单纯的利润指标忽略了所有者权益的机会成本；忽略了企业的外部因素；容易引起经营者的行为短期化，等等。其后，绩效评价主要从投资者和债权人的利益角度出发，评价的内容包括企业盈利能力、偿债能力等几个方面。研究成果有：美国学者亚历山大·沃尔（Acexander Wall）提出的沃尔评分法；美国米切尔（Michel）研究的美国经理人的报酬和绩效评价之间的关系；摩尔斯（Melnnes）发现了投资报酬率是常用的绩效评价指标；布隆（Brown）创立的杜邦财务分析法，等等。业绩管理在20世纪80年代后期和90年代早期极为盛行，并延续至今。而业绩评价是业绩管理的重要内容。20世纪90年代学习型组织和团队工作（teamwork）等概念在西方管理界盛行。Christopher Meyer认为，传统的绩效评价体系削弱了团队的发展，主张建立帮助团队提高绩效的评价指标和方法。Clarkson提出公司绩效分析和评价的利益相关者框架，把评价主体扩展到包括股东、债权人、管理者、员工、供应商、经销商、消费者和政府在内的利益相关者。

目前世界上实际采用的绩效评价体系大致有三种，即：传统的绩效评价体系、基于平衡计分卡的绩效评价体系、基于经济增加值的绩效评价体系。传统的绩效评价体系，一般主要从盈利能力、偿债能力、成长能力等几个方面来评价企业的财务状况。

财政部颁布的《国有资本金绩效评价规则》也属于传统的绩效评价体系，这个体系分为绩效评价制度、绩效评价指标、绩效评价标准和绩效评价组织四个部分。绩效评价指标又分为企业效益状况、资产营运状况、偿债能力状况和发展能力状况四个方面，每个方面都赋予了一定的权重。传统的绩效评价体系能够综合地反映企业的绩效，并与盈利组织的主要目标直接联系，容易被公司管理者和股东接受，有它自身的优点，但也存在一些问题，如在各财务指标赋予的权重方面就缺乏一定的理论基础；考虑权益资本的成本较少；侧重于对过去活动的财务评价，不易评价企业未来的获利能力，也难以指示企业努力的方向；偏重对企业内部的评价，在一定程度上忽视对外部环境的评价。

经济增加值是企业的税后净营业利润减去全部资本成本后的净值，这个指标反映出在一定时期内企业为股东创造的价值。经济增加值的优点在于：它考虑了企业投入的所有资本（包括权益资本）的成本，被称为是股东利润。它对由会计原则导致的在衡量企业创造价值方面的某些曲解进行了调整，从而更真实地反映了企业的绩效。它可以在一定程度上缓解因委托代理关系而产生的道德风险和逆向选择，最终降低全社会的管理成本。同时它也是一种有效的员工激励制度。但是，经济增加值也存在一些缺陷，如经济增加值无法有效地反映利益相关者对促进企业未来绩效的重要作用，可能最终影响企业的长期利益。同时，经济增加值是一个绝对指标，不同企业之间缺乏可比性，它没有考虑规模差异，会偏袒规模大而收益低的公司；没有充分考虑无形资产和智力资本。经济增加值的应用过程比较复杂，项目调整具有随意性。实践中，权益资本成本难以确定，可能会影响它的应用。而且在我国，基于经济增加值的绩效评价体系在具体应用上目前还存在一些问题，特别是国内目前还缺乏具体计算的经验。1997 年，杰弗里（Jeffrey）等人提出修正的经济增加值（REVA）指标，但是它仍是通过对财务数据的调整计算出来的财务指标，无法控制企业的日常业务流程。此外，该指标也没有充分考虑企业的其他利益相关者。

平衡计分卡（BSC）是 20 世纪 90 年代初由美国学者 Robert Kaplan 与其合作伙伴 David Norton 创建的。BSC 主要通过对财务目标、市场经营、内部管理和企业成长这四个维度的共同关注，找寻关键的、直接的成功因素，从而形成一套管理控制系统。平衡计分卡揭示了公司内部和外部之间、财务结果和这些结果的执行动因之间的关系；把公司的长远计划和短期行为联系起来；突出了无形资产的重要作用；它不仅评价企业过去的绩效，还评价企业未来成长的潜力，从而可以避免企业的短期行为，等等。平衡计分卡也存在一些问题，如在财务、顾客、内部业务，学习和成长这四个层面中选择评价指标，要面临一大难题；过多的绩效评价指标分散了经理人员的努力，在一定程度上减少了绩效评价指标体系的有效性；多个指标代表了多个不同方向，而同时令多个方向的目标最大化是不可能的；选定评价指标后，部分非财务指标量化比较困难，有些方面不易与价值直接挂钩；在各项指标如何赋予相应的比例或权重方面，缺乏有效的理论基础，等等。现行的主要绩效评价体系都有其科学合理的方面，但是也都存在一定的缺陷。因此，可以进一步对企业绩效评价的内容和方法进行分析探讨，使其不断改进完善，可以进行适应现代企业制度需要的财务和非财务相结合的企业绩效评价研究，全面完整地对企业进行评价。

二、业绩评价的要素

企业是一个复杂的系统，是人、资本、土地、技术等各要素的有机组合。企业业绩的评价是一个复杂的系统工程，必须综合多方面的因素进行综合评价，才能真正客观、正确反映企业的经营业绩。企业业绩评价系统的基本要素包括：评价主体、评价客体、评价指标、评价标准、评价方法和评价报告。

（一） 评价主体

评价主体是指谁需要对客体进行评价。从企业业绩评价的产生及发展来看，它是为解决经济活动过程中存在的诸多矛盾而建立的。这些矛盾主要包括资产所有者和经营管理者之间的矛盾，也包括政府部门以及其他相关利益主体和企业的矛盾等，这些矛盾的双方构成了系统的主客体。与矛盾的类型相适应，评价主体主要包括资产所有者、经营管理者、相关利益主体、政府部门等。不同的环境决定了不同的业绩评价主客体和评价目标。

（二） 评价客体

评价客体是指实施评价行为的对象。区分业绩评价的具体对象应该由评价主体根据需要决定，评价内容通常包括反映企业经营状况的盈利能力、资产经营水平、偿债能力、发展能力和综合竞争能力等。

（三） 评价指标

评价指标是指对评价客体的某些方面进行评价。评价指标的选择要依据客体的特性和系统目标按照系统设计的原则进行。评价客体本身具有多方面的特性，我们不可能，更没有必要了解它的全部信息，作为一个有用的工具，系统关心的是评价客体与评价目标相关的方面。这些评价指标有财务方面的，如投资报酬率、销售利润率、每股收益等；也有非财务方面的，如售后服务水平、产品质量、创新速度和能力等。

（四） 评价标准

评价标准是绩效评价的参照系，是判断评价对象优劣的基准。常用的评价标准有预算标准、历史标准、经验数据标准、预算标准、行业标准、竞争对手标准等。

预算标准，是以事先制订的年度计划、预算和预期目标作为评价标准，包括业务预算标准、财务预算标准和资本预算标准。

历史标准，就是用过去的绩效衡量现在的绩效。

经验数据标准，是通过实践总结出来的标准。

行业标准，以其他同类公司的先进或平均水平作为评价标准。

竞争对手标准，将公司的重要竞争对手的有关指标值作为评价标准。

（五） 评价方法

评价方法是企业业绩评价的具体手段。有了评价指标和评价标准，还要采用一定的评价方法来对评价指标和评价标准进行实际运用，以取得公正的评价结果。通常是采用定量分析与定性分析相结合的方法。

（六） 评价报告

评价报告是系统的输出信息，也是系统的结论性文件，它主要对评价主体产生影响。评价报告应集中体现评价的原则和目标，形式应力求规范。目前，我国国有资产管理部门出台的各套评价系统都对评价报告的格式做出了明确规定。通过总结各种具体格式并结合常见评价需求，评价报告一般包括评价主体、客体、评价执行机构、采用的评价系统、数据资料来源、评价指标体系和方法、采用的评价标准、评价责任等，还应包括企业基本情况、评价结果和结论、影响企业经营的环境、对企业未来发展状况的预测以及企业经营中存在的问题和改进建议等内容。

三、业绩评价的目的与原则

（一） 业绩评价的目的

企业业绩评价无论是对政府加强宏观调控，还是对企业改善经营管理，都将发挥重要的作用。其主要作用表现为：

1. 有利于正确引导企业的经营行为

企业业绩评价包括了企业获利能力、基础管理、资本运营、债务状况、经营风险及长期发展能力等多方面的内容评价，可以全面系统地剖析影响企业目前经营和长远发展的诸方面因素，全方位地判断企业的真实状况，并促使企业克服短期行为，注重将企业的近期利益与长远目标结合起来。

2. 有助于对经营者经营业绩的考核，建立激励与约束机制

开展企业业绩评价，可以全面正确地评定企业经营者的经营业绩，为企业资产所有者或所有者代表考核、奖惩、解雇或聘任经营者提供充分客观的依据。同时，也有利于职业经理人市场的建设和完善。

3. 有利于增强企业的形象意识，提高竞争实力

企业业绩评价的参照系统是经济运行的实际水平值，通过横向比较，开阔了企业的视野，能够使企业看到自身的实际水平及在同行业中的地位，使企业更加注重改善其市场形象，有助于提高其市场竞争实力。同时，通过对企业实施业绩评价，提供和发布评价结果，将企业的真实情况提交有关方面参考或公诸于众，可以强化对企业的社会监督。

4. 有利于促进企业改进管理方法及程序，加强企业管理制度的创新

企业业绩的评价以企业的经济效益为核心，综合考核企业的经营、管理和发展水平，评价的前提是将所有的企业都纳入市场，置于同一个分析比较范围，遵循通行的标准，剔除了因企业不规范经营而出现的效益差异，增强了评价结果的可比性和可靠性，扩大了不同类型的企业的比较基础。这种评价方法可以促进企业深化内部管理，为企业管理制度创新注入符合市场经济要求的新的驱动力。

（二） 评价原则

评价原则是设计系统时必须遵守的规则，它们是人们从长期的经济活动中总结出来的，具有普遍的适用性，集中体现了企业业绩评价活动的共性。因此，要想使评价工作取得良好效果，评价过程必须严格遵守评价原则，也只有这样才能设计出一套好的企业业绩评价系统。一般来讲，评价原则主要包括：客观公正性、全面完整性、科学合理性、可操作性。

四、责任中心及其评价方法

随着生产的不断发展和技术的不断进步，现代企业的组织结构日趋复杂，分支机构分布广泛，其所经营的产品（劳务）品种十分繁多，其所涉及的业务（作业）内容极为丰富。现代企业的生产经营通常由多个部门共同完成，或同时经营多种不同业务类型。这时，仅靠整体性预算或综合性报告来对各部门的业务进行集中控制是比较困难的。因此，须把企业划分为若干个既独立又相互联系的部门，将每一个部门作为一个在决策时受到较小限制而在经营时享有较大的自主权的“责任单位”，各单位的主管人员对企业最高管理当局负责，而企业最高管理当局则对各个责任单位提供指导和帮助，这就是所谓的分权管理。

责任中心可能是个人、班组、车间、部门，也可能是分公司、事业部，甚至是整个企业。根据不同责任中心的控制范围和责任对象的特点，可将其分为三种：成本中心、利润中心和投资中心。

（一） 成本中心的业绩评价

成本中心是指只负责计量和考核发生的成本、费用，而并不计量和考核取得的收入、利润等有关责任中心。按其投入与产出之间的相互关系的不同而区分为标准成本中心和任意成本中心。

就成本中心而言，其绩效考评的基本依据，理所当然地是成本，但它不是一般意义上的成本，而是人们常说的责任成本和可控成本。

1. 责任成本

责任成本是以责任中心为对象进行归集的有关成本。而就成本中心来说，责任成本就是某一特定成本中心主管人员必须而且能够负责或控制的有关成本、费用。按照责任会计制度的要求，企业应将未来一定时期的目标成本根据管理需要进行层层分解，具体落实到下属各个责任单位，从而形成各单位的责任成本预算。

2. 可控成本

上述所谓责任成本，并非泛指某责任单位发生的全部成本，而是特指全部成本中的可控成本部分，即可控成本。由此可见，可控成本不是归属于某一责任中心的全部成本，而是指各责任中心真正能够实施调控的、受其经营活动和业务直接影响的有关成本，它是衡量和考核成本中心工作绩效的主要依据。

为了保证对成本中心的工作绩效进行适当的考评，除正确计量、归集各该中心的责任成本，正确认识可控成本与不可控成本，以便对其所能控制和调节的直接成本实施有效和监控之外，还应妥善解决间接成本在有关责任中心之间的合理分配问题。为了正确衡量成本中心的工作绩效，企业内部各个层次的成本中心都应定期编制绩效报告。按照“例外管理原则”的要求，成本中心绩效报告应将可控成本作为重点，而为了反映成本中心业务工作全貌，报告中也应该列示不可控成本。

（二） 利润中心的业绩考评

利润中心是既要考核成本、费用，又要考核收入、利润的责任中心。利润中心的责任人既能控制其成本，又能控制其收入，但不能控制投资活动。利润中心属于企业中的较高层次，同时具有生产和销售职能，有独立的、经常性的收入来源，可以决定生产什么产品、生产多少、生产资源在不同产品之间如何分配，也可决定产品销售价格、制定销售政策，因此与成本中心相比具有更大的自主经营权。

利润并不是一个十分具体的概念，在实际工作中，对利润中心的工作业绩进行衡量和考评的客观基础或具体依据通常有四种：贡献毛益、可控贡献毛益、部门贡献毛益、税前部门利润。

企业某部门的利润表如表 10.3 所示。

表 10.3 企业某部门的利润表 单位：元

项目	金额
收入	180 000
减：变动成本	120 000
贡献毛益	60 000
减：可控固定成本	10 000
可控贡献毛益	50 000
减：不可控固定成本	10 000
部门贡献毛益	40 000
减：公司管理费用	15 000
税前部门利润	25 000

以贡献毛益 60 000 元作为业绩评价依据不够全面。部门经理至少可以控制某些固定成本。以贡献毛益为评价依据，可能让部门经理尽可能多地支出固定成本以减少变动成本支出。因此，业绩评价时至少应包括可控制的固定成本。

以可控贡献毛益 50 000 元作为业绩评价依据可能是最好的，它反映了部门经理在其权限和控制范围内有效使用资源的能力，部门经理可控制收入、变动成本和部分固定成本，因而可以对可控贡献毛益承担责任。这一衡量标准的主要问题是可控固定成本和不可控固定成本的区分比较困难。例如，折旧、保险等，如果部门经理有权处理这些有关的资产，那么它们就是可控的；反之，则是不可控的。

以部门贡献毛益 40 000 元作为业绩评价依据，可能更适合评价该部门对企业利润和管理费用的贡献，而不适合于部门经理的评价。如果要决定该部门的取舍，部门贡献毛益有重要意义。如果要评价部门经理的业绩，由于有一部分固定成本是过去最高管理层投资决策的结果，现在的部门经理已很难改变，部门贡献毛益则超出了经理人员的控制范围。

以税前部门利润 25 000 元作为业绩评价的依据通常是不合适的。公司总部的管理费用是部门经理无法控制的成本。由于分配公司管理费用而引起部门利润的不利变化，不能由部门经理负责。因为分配给各部门的管理费用的计算方法常常是任意的，部门本身的活动与分来的管理费用高低并无因果关系。

（三）投资中心的业绩考评

投资中心是既考核收入、成本、利润，又考核资金投入及效果的责任中心。在这类责任中心里，有关负责人必须同时对资金、成本、利润承担全面的经济责任，他们既要控制产品的生产与销售，又要控制营运资金，以保证各中心生产设备、材料及产成品存货等的资金需要。作为投资中心，其主管人员拥有较大的决策权限，他们既能进行短期经营决策，又能进行长期投资决策。这就是说，相对于成本中心和利润中心，投资中心是企业内部最高一级的责任中心。

评价投资中心业绩的指标通常有以下四种：

1. 投资报酬率

这是最常见的考核投资中心业绩的指标。这里的投资报酬率是部门的税前利润除以该部门所拥有的资产额。

投资报酬率＝部门税前利润/部门资产额

假设某个部门的资产额为20 000元，税前利润为4 000元，那么：

投资报酬率＝（4 000/20 000）×100%＝20%

用投资报酬率来评价投资中心业绩比较客观，可用于部门之间以及不同行业之间的比较。用它来评价每个部门的业绩，促使其提高本部门的投资报酬率，有助于提高整个企业的投资报酬率。

但用投资报酬率来评价投资中心业绩会导致部门经理放弃高于资金成本而低于目前部门报酬率的机会。如果该部门现有一个投资项目，该项目投资报酬率为18%，企业整体资金成本率为15%，该部门处于自身利益考虑可能会放弃这个项目，从而损害企业整体利益。

2. 剩余收益

为了克服由于使用比率来衡量部门业绩带来的次优化问题，许多企业采用绝对数指标来实现利润与投资之间的联系，这就是剩余收益指标。

剩余收益＝部门利润－部门资产×资金成本率

根据前边的资料计算：

部门剩余收益＝4 000－20 000×15%＝1 000（元）

用剩余收益来评价投资中心业绩可以使业绩评价与企业的目标协调一致，引导部门经理采纳高于企业资金成本的决策。但由于该指标是绝对值指标，不便于不同部门和行业之间的比较。

3. 现金回收率

投资报酬率和剩余收益的计算基础是利润，我们知道，利润受人为因素影响，并且没有考虑资金的时间价值和风险因素，现金流量是更具有客观性。用现金流量代替投资报酬率的利润指标，得出现金回收率。

现金回收率 = 营业现金流量/总资产

4. 剩余现金流量

用现金流量代替剩余收益的利润指标，得出剩余现金流量。

剩余现金流量 = 营业现金流量 - 部门资产 × 资金成本率

五、综合业绩评价体系

综合业绩评价体系指设计一套全面的、完整的指标体系用于企业业绩评价。目前世界上实际采用的绩效评价体系大致有三种，即：传统的绩效评价体系、基于平衡计分卡的绩效评价体系、基于经济增加值的绩效评价体系。传统的绩效评价体系，一般主要从盈利能力、偿债能力、成长能力等几个方面来评价企业的财务状况。综合评估法、杜邦分析系统都属于传统的绩效评价体系，在本章中都已阐述，这里主要介绍基于平衡计分卡的绩效评价体系。

进入 20 世纪 90 年代后，由于经济全球化和世界经济一体化，企业所面临的经营环境随之发生了重大变化，因而导致竞争在全球范围内加剧。企业要更好地生存和发展就需要有战略眼光和长远的奋斗目标，所以基于平衡计分卡的绩效评价体系应运而生。

平衡计分卡是 20 世纪 90 年代初由美国著名的管理学家 Robert Kaplan 与其合作伙伴 David Norton 在总结了十二家大型企业的绩效评价体系的成功经验的基础上创建的，适应时代新发展的绩效评价体系。它把企业的战略目标和实现的过程联系起来，把企业当前的绩效和未来的获利能力联系起来，通过评价体系使企业的组织行为和企业的战略目标保持一致。平衡计分卡主要通过对财务、顾客、内部业务，学习和成长这四个方面的共同关注，找寻关键的直接的成功因素，从而形成一套管理控制系统。

平衡积分卡的指标层次图如图 10. 2 所示。

在财务方面，平衡计分卡基本涵盖了传统的绩效评价要素，从而能够有效地掌握企业短期盈利状况，并能够显示企业的战略及其实施和执行是否能为最终经营结果的改善做出贡献。在平衡计分卡中，财务指标也是非常重要的一部分，因为顾客、内部业务，学习和成长这几个方面的绩效也会通过财务表现出来，企业的经营成果也是通过财务指标显现出来的。平衡计分卡的财务目标是实现股东财富最大化。股东的利益通过销售额的增长和利润的提高来实现。企业可以通过每股盈利和销售净利率等指标来衡量企业在获取利润方面的绩效。通过投资回报率等指标可以体现股东收回投资的可能性。

在顾客方面，平衡计分卡要求企业从顾客的观点来确认与顾客相关的目标与评价要素。市场占有率，顾客获得率，退货率以及顾客的满意度是衡量这方面绩效的重要评价要素，它们反映了企业在市场中提供价值的大小。企业把服务顾客的概念贯彻到企业的每一个环节，通过不断细分，把服务顾客的重要性明确到每一个部门和流程之中，转化为企业内部的指标，使产品生产销售及财务人事等部门都围绕顾客这一中心，确保为顾客提供更好的服务。

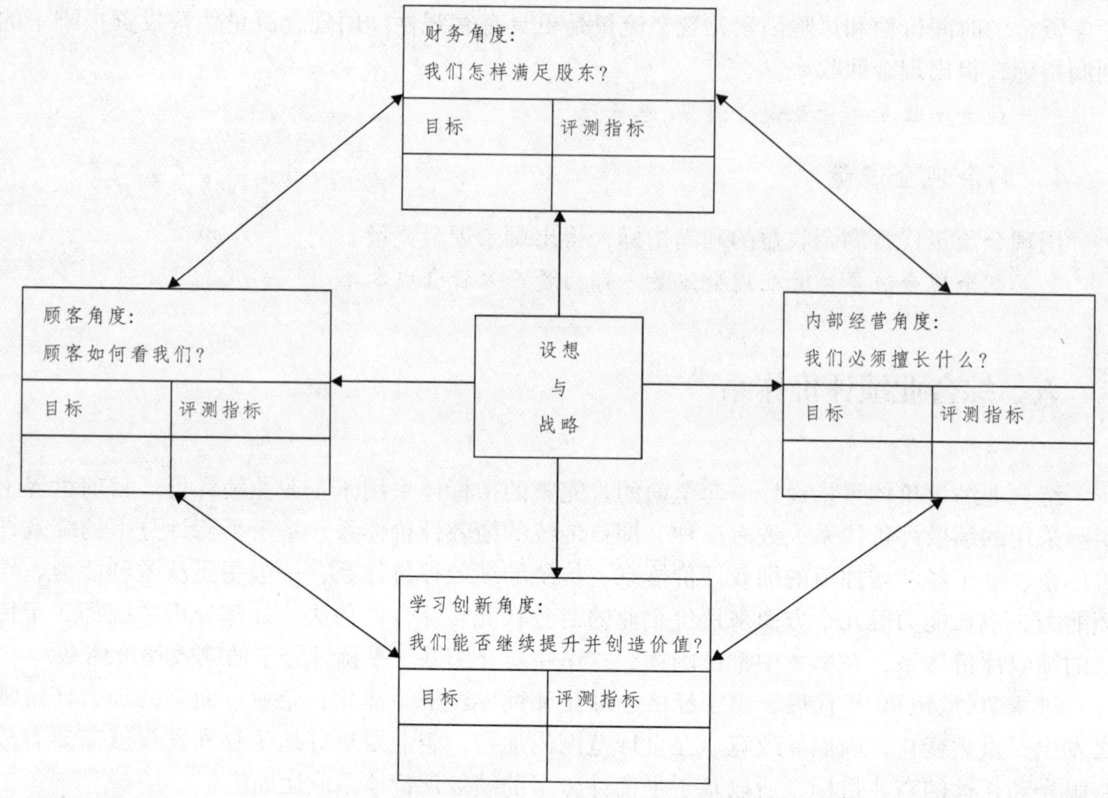

图 10.2 平衡积分卡的指标层次

在内部业务方面，内部经营管理过程衡量方法所重视的是对顾客满意程度和实现组织财务目标影响最大的那些内部过程。平衡计分卡要求企业从它的整体经营战略出发对其内部的业务流程进行分析，找出其中心环节，并使它转化为能为顾客提供较高战略价值的能力。平衡计分卡的内部指标，来自对顾客满意度有重大影响的业务程序，包括影响循环期、产品质量、雇员技能和生产率的各种要素。企业要完成顾客满意度最大化的战略，就必须监测企业内部运作的效率，督促和激励各部门高效地完成工作任务，并针对各部门和各种流程设计各项内部运作指标。

在学习与成长方面，企业为保证其竞争能力和未来发展必须加强学习和创新，企业的经营管理人员和员工都应不断探求学习与成长的机会。评价企业成长的目的在于反映企业是否具有能够继续改进和创造未来价值的能力。企业创新，提高和学习的能力，与企业的价值直接相联。创新和学习反映了公司和人员素质的提高，是企业长期稳定发展的基础，也是企业在长期竞争中的核心竞争优势。只有通过创新与学习，才能把财务、顾客、内部业务结合起来，才能增加公司的价值，使公司具备前进的动力。

平衡计分卡是一种综合性的绩效评价系统，能够比较全面地考核企业及其经营者的绩效，它的优点体现为：

第一，平衡计分卡没有仅围绕财务目标进行绩效评价，而是在保留传统财务绩效评价的基础上，又引入市场经营、内部管理和企业成长这几个方面的非财务要素进行评价，平衡计分卡突出强调了财务指标与非财务指标的有机结合以及它们之间的相互平衡，揭示了公司内部和外部之间、财务结果和这些结果的执行动因之间的关系。

第二，平衡计分卡从企业的战略目标和竞争需要出发，把公司的长远计划和短期行为联系起来，有利于企业进行战略管理。

第三，平衡计分卡使经理人员更加明确企业价值创造的动因，突出了无形资产对企业竞争成功的重要作用，着眼于企业的价值创造过程，把定性衡量和定量衡量结合起来。

第四，平衡计分卡从决策中组成指标，它不仅评价企业过去的绩效，还评价企业未来成长的潜力，从而可以避免企业的短期行为。

第五，平衡计分卡有利于企业内部的交流，在计分卡的制定、计量和评价过程中，公司总部、部门经理、雇员之间达成了关于如何实施战略的共识。

平衡计分卡自产生以来，在一些公司的应用中取得了良好的效果，被给予了较高的评价。但从总体来看，基于平衡计分卡的绩效评价体系还处于实验过程中，还需要在更广泛的和较长时间的实践中加以补充和完善。

平衡计分卡也存在一些问题：

第一，在财务、顾客、内部业务、学习和成长这四个层面中选择评价指标是一大难题。例如，在顾客层面，应从市场份额、顾客满意度、顾客留住率、顾客增长率、从顾客处获得的利润率等有关顾客的指标中选择哪些指标作为评价依据，较难决定。再如，在学习和成长层面，应该从员工士气、团队精神、员工留住率、员工培训率、员工战略技能比率中选择哪些指标作为核心评价指标，也较难决定。

第二，在平衡计分卡中包含多个系列的指标，这可能会分散经理人员的努力，从而减少绩效评价的有效性。有关“信息过载”问题的研究指出大量的指标超过经理人员决策时的处理能力，反而会降低企业绩效。一项由可选择的薪酬战略研究协会所做的研究表明，当一个激励计划采用3到5个评价指标时，绩效得益最大，如果使用过多的指标，反而会使绩效下降。可见，平衡计分卡由于使用大量的绩效评价指标，可能反而会在一定程度上影响绩效评价体系发挥作用。

第三，选定评价指标后，部分非财务指标量化比较困难，有些方面不易与价值直接挂钩，所以不足以形成完整的战略，以后的战略管理体系是否有效就更难以把握。

第四，要对企业进行绩效评价，就必须要综合考虑财务、顾客、内部业务，学习和成长四个层面的因素，这就必然涉及权重分配问题。而且不但在不同层面之间要分配权重，还要在同一层面的不同指标之间分配权重。不同的层面及同一层面的不同指标之间分配的权重不同，都有可能导致不同的评价结果。在各项指标如何赋予相应的比例或权重方面，基于平衡计分卡的绩效评价体系却缺乏有效的理论基础。

【案例分析】

XYZ 公司 2014 年 12 月 31 日资产负债表和 2014 年度的利润表如表 10.4 和 10.5 所示。

表 10.4　资产负债表

编制单位：XYZ 公司　　　　2014 年 12 月 31 日　　　　单位：万元

资产	年初数	年末数	负债及所有者权益	年初数	年末数
流动资产			流动负债		
货币资金	30	60	短期借款	50	70
短期投资	15	10	应付账款	110	150

续表 10.4

资产	年初数	年末数	负债及所有者权益	年初数	年末数
应付账款	199	398	预收账款	5	10
预付账款	21	32	其他应付款	15	10
其他应收款	25	20	应付工资	2	3
存货	350	250	应付福利费	15	10
待摊费用	10	30	应交税金	3	7
流动资产合计	650	800	应付股利	10	30
长期投资			其他未交款	2	13
长期股权投资	50	30	预提费用	8	17
固定资产			流动负债合计	220	320
固定资产原价	1 600	2 000	长期负债		
减：累计折旧	740	780	长期借款	550	700
固定资产净值	860	1 220	长期负债合计	550	700
在建工程	40	20	所有者权益		
固定资产合计	900	1 240	股本	150	150
无形资产及其他资产			资本公积	10	30
无形资产	12	15	盈余公积	60	120
其他资产	18	15	未分配利润	640	780
资产合计	1 630	2 100	负债及所有者权益合计	1 630	2 100

表 10.5　利润表

编制单位：XYZ 公司　　2014 年度　　单位：万元

项　目	上年实际	本年累计
一、主营业务收入	2 800	3 000
减：主营业务成本	2 500	2 600
主营业务税金及附加	20	25
二、主营业务利润	30	32
加：其他业务利润	250	343
减：营业费用	35	25
管理费用	40	43
财务费用	90	105
三、营业利润	155	220
加：投资收益	25	43
营业外收入	20	12
减：营业外支出	5	15
四、利润总额	195	260
减：所得税	65	85
五、净利润	130	175

思考：

根据以上报表资料，计算该公司2014年的财务指标。

（1）流动比率和速动比率；

（2）应收账款周转率（假定赊销收入占全部销售收入的70%）和存货周转率；

（3）流动资产周转率和总资产周转率；

（4）资产负债率、产权比率和权益乘数；

（5）已获利息倍数（假设该公司的财务费用均为利息费用）；

（6）销售毛利率和销售净利率；

（7）总资产净利率和股东权益净利率；

（8）绘制杜邦分析图。

【本章小结】

财务分析是指利用财务报表及其他有关资料，采用专门的方法对企业的财务状况、经营成果和现金流量状况进行比较、评价，以利于企业经营管理者、投资者、债权人及国家财税机关掌握企业财务活动情况和进行经营决策。

常用的财务分析方法是：比率分析法、因素分析法和趋势分析法。

财务分析的主要内容包括：偿债能力分析、营运能力分析、盈利能力分析和发展能力分析。

财务综合分析就是将企业视作一个完整的大系统，并将营运能力、偿债能力、盈利能力和发展能力等各方面、各要素分析融合在一个有机的整体中，全方位评价公司财务状况、经营成果。财务综合分析的主要方法有杜邦分析法和沃尔比重分析法。

业绩评价是指运用数理统计和运筹学的方法，通过建立综合评价指标体系，对照相应的评价标准，将定量分析与定性分析相结合，对企业一定经营期间的盈利能力、资产质量、债务风险以及经营增长等经营业绩和努力程度等各方面进行的综合评判。

目前世界上实际采用的绩效评价体系大致有三种，即：传统的绩效评价体系、基于平衡计分卡的绩效评价体系、基于经济增加值的绩效评价体系。

责任中心可能是个人、班组、车间、部门，也可能是分公司、事业部，甚至是整个企业。根据不同责任中心的控制范围和责任对象的特点，可将其分为三种：成本中心、利润中心和投资中心。

平衡计分卡主要通过对财务、顾客、内部业务、学习和成长这四个方面的共同关注，找寻关键的直接的成功因素，从而形成一套管理控制系统。

【思考与讨论】

1. 如何分析企业的偿债能力？
2. 如何分析企业的盈利能力？
3. 如何对企业的资产周转情况进行分析？
4. 企业投资人、债权人和企业管理人员最关心的财务指标各有哪些？
5. 如何利用杜邦分析法进行财务分析？

6. 什么是责任中心？

7. 如何利用平衡记分卡对企业进行绩效评价？

【课外作业】

一、单项选择题

1. 流动资产和流动负债同时增加相同的金额，流动比率将（　　）。

A. 变大　B. 变小　C. 不变　D. 无法判断

2. 属于短期偿债能力的指标是（　　）。

A. 资产负债率　B. 利息保障倍数　C. 股东权益比率　D. 现金比率

3. 下列说法不正确的是（　　）。

A. 销售收入影响存货周转率　B. 存货周转率与平均存货呈反比

C. 存货周转天数越大说明存货周转越慢　D. 存货周转率越高越好

4. 净利润为200万元，所得税率20%，利息费用为50万元，利息保障倍数为（　　）。

A. 3　B. 4　C. 5　D. 6

5. 正确的杜邦等式是（　　）。

A. 资产报酬率 = 销售净利率 × 总资产周转率

B. 资产报酬率 = 销售净利率 ÷ 总资产周转率

C. 股东权益报酬率 = 资产报酬率 × 平均权益乘数

D. 股东权益报酬率 = 资产报酬率 ÷ 平均权益乘数

6. 企业的采购部门在责任中心业绩评价中应视为（　　）。

A. 标准成本中心　B. 费用中心　C. 利润中心　D. 投资中心

7. 综合评分法中标准值的选择最适当的是（　　）。

A. 预算水平　B. 历史水平　C. 其他公司水平　D. 同行业先进水平

二、多项选择题

1. 按财务分析的方法不同，可分为（　　）。

A. 内部分析　B. 外部分析　C. 比率分析　D. 比较分析

2. 如何增加速动比率可以采取（　　）。

A. 增加速动资产　B. 减少流动负债　C. 增加存货　D. 减少应收账款

3. 影响现金流量比率高低的因素有（　　）。

A. 经营活动现金净流量　B. 流动负债

C. 筹资活动现金净流量　D. 投资活动现金净流量

4. 下列说法正确的是（　　）。

A. 一般情况下，债权人希望资产负债率越高越好

B. 一般情况下，债权人希望资产负债率越低越好

C. 一般情况下，股东希望资产负债率越高越好

D. 一般情况下，股东希望资产负债率越低越好

5. 属于长期偿债能力的指标是（　　）。

A. 资产负债率　B. 偿债保障比率　C. 现金比率　D. 负债股权比率

6. 平衡记分卡从（　　）方面考察企业绩效。

A. 财务　　B. 顾客　　C. 内部经营过程　D. 学习和创新

三、判断题

1. 资产负债表是反映一定时期财务状况的会计报表。

2. 净利润是营业利润课所得税后的余额。

3. 现金流量表是以现金为基础编制的财务状况变动表。

4. 利用流动比率来评价企业短期偿债能力存在一定的片面性。

5. 市盈率是衡量企业偿债能力的指标。

6. 企业业绩评价的对象不包括一般的雇员。

7. 平衡计分卡揭示业绩和业绩动因之间的关系。

四、简答题

1. 简述财务分析的作用。

2. 不同的关联人如何评价资产负债率?

五、计算题

某集团下设一A事业部，2003年实现销售收入3 000万元，变动成本率70%，固定成本为400万元，其中，折旧费为200万元。

要求：(1) 若该事业部为利润中心，固定成本中只有折旧费是部门经理不可控而应该有事业部负担，折旧费以外的固定成本为部门经理的可控成本。要求计算：①该利润中心边际贡献总额；②该利润中心负责人可控利润总额；③该利润中心可控利润总额。

(2) 若该事业部为投资中心，所占总资产总额为2 000万元，资金成本率为15%，计算该投资中心的投资利润率和剩余收益。

第十一章　企业价值评估

【学习目标】　本章的核心是了解企业价值的内涵；掌握企业价值的估价方法，企业价值评估方法；利用所学理论对企业价值进行初步评估。

【引入案例】

戴姆勒－奔驰公司和克莱斯勒公司的合并①

戴姆勒－奔驰公司和克莱斯勒公司的合并是超大型跨国并购的典范之作。双方的合并涉及各自国家的司法、税务、股东甚至汇率，但从并购提出到完成仅仅用了几个月的时间，价值评估在此过程中发挥了重要作用。戴姆勒－奔驰公司是德国最大的工业集团，其业务范围包括骑车、航空、服务和管理，公司业务主要集中于欧洲、南美、北美以及日本。克莱斯勒公司是美国第三大汽车公司，其业务主要是汽车经营和金融业务。在 1998 年 2 月 17 日，两个公司的行政、财务、法律及财务公司代表首次会面，他们最关心的问题是能否给克莱斯勒公司股东带来价值最大化，特别是戴姆勒－奔驰公司的市盈率高于克莱斯勒公司，但克莱斯勒公司的盈余高于戴姆勒－奔驰公司。在这种情况下，应该如何对这两家公司进行价值评估呢？花费大量资源进行价值评估到底有什么意义呢？

第一节　企业整体价值

现代企业以公司为其基本的组织形态，它体现了企业资本来源的市场化和公司投入的利润率驱动，企业的价值创造是使投资者获得回报和企业长久发展的源泉，而对于企业来说，价值评估可使投资者和其他利益相关者真正认识到企业的实际价值，也可使经理人认识到公司的价值，发现企业的经营潜力。因此企业价值评估极其重要，在现实经济生活中往往把企业作为一个整体进行转让、合并等，如企业兼并、购买、出售、重组联营、股份经营、合资合作经营、担保等，都涉及企业整体价值的评估问题。在这种情况下，要对企业整体价值进行评估，以便确定合资或转卖的价格。

① 傅元略：《中级财务管理》，复旦大学出版社 2005 年版。

一、企业的整体功能和价值形式

（一） 企业的整体功能

企业的整体功能是在企业持续经营中所表现的企业各个构成要素为实现经济运行价值而发挥的经济运行效能。

1. 企业的整体功能只有在经营中才能够实现

企业在运行中具有独立的“经济生命”，并可以发挥企业的整体功能，实现其供应—生产—销售的经济运行价值。

2. 企业一旦停止经营，整体功能就会丧失

当企业无法经营，不具有独立的“经济生命”时，企业整体功能就随之丧失，其经济运行价值也随之丧失，此时的企业价值只是企业财产的变现价值，即清算价值。

（二） 企业的价值形式

1. 企业实体价值与股权价值

企业实体价值是企业股权价值和债务价值之和，计算公式为：

企业实体价值＝股权价值＋债务价值

需要指出的是，公式中的股权价值并不是所有者权益的会计账面价值，而是股权的公允市场价值；债务价值也不是债务的会计账面价值，而是债务的公平市场价值。

2. 持续经营价值与清算价值

持续经营是企业赖以生存的前提，也是会计的重要假设之一。其价值强调有形资产及可识别的无形资产营运价值，一般等同于盈利能力价值。一般认为，企业的持续经营价值是企业在未来经营中所体现的现金流量的现值。

清算价值指企业被迫破产停产或其他原因（如合作经营期满），在解散清算时将企业资产部分或整体变现出售的价值。企业发生清算，大部分情况乃迫不得已。企业一旦发生清算，就丧失了整体的“集体生产力”，丧失了盈利能力及“组织资本”，清算时的企业价值仅指企业的有形资产及可识别的无形资产的净变现价值。

一个企业的公平市场价值，应当是持续经营价值与清算价值相互比较中的较高的一种。

3. 少数股权价值与控股权价值

一般情况下，企业控制权取决于对企业的控股权。少数股权的股东基本上没有决定权，而掌握控股权的股东却能够决定企业的重大事务，因此产生少数股权与控股权的差异。这种

差异的价值表现在股权交易中，当市场上仅仅是少数股权交易时，股价的市场表现平平；而一旦控股权参加交易，股价就会迅速飙升。控股权市场价值大于少数股权市场价值的溢价称为控股权溢价，这是由于转变控股权而增加的价值。转变控股权使新的企业决策者，期待运用新的管理手段增加未来企业现金流量的现值，这也是新的控股者为什么愿意承担溢价的原因。

二、公司价值理论

1958 年，莫迪里亚尼－米勒首次将企业价值表述为股权价值与债权价值之和（$V=S+D$），并且认为，在理想的、无摩擦的市场环境下，公司发行的所有证券（包括股票和债券）的市场价格由公司的盈利能力和其实际资产的风险决定，而与这些为融资而发行的证券组合无关。这就是说，对于预期息税前盈利（EBIT）和风险完全相同的企业而言其市场价值也必须相等，因为企业的价值取决于公司未来所产生的现金流量。这一由公司未来现金流量决定的企业价值用公式表示为：$V=X/r$，X 为未来现金流量，r 为实际资产的风险。之后，夏普、罗斯、布莱克－舒尔茨等又在 MM 不相关定理和资产组合理论的基础上，进一步提出了有关企业价值的评估技术和方法。夏普的资本资产定价模型（CAPM）提出了利用 β 系数对风险资产进行定价，使企业在不确定性条件下的风险价值有了定价的标准；布莱克－舒尔茨的期权定价模型提出了对不付红利的欧式期权定价，使具有期权特征的成长型企业的定价又有了依据。

尽管这些价值理论和估价技术所使用的技术参数和评价角度不同，但都内含着一个基本的理论逻辑，即企业的价值本质就是未来预期现金流的现值之和。所以，从本质上讲，企业之所以有价值，是因为企业可以通过运营为投资者带来未来的现金流量，企业价值的大小取决于它未来创造现金流的能力。企业未来预期现金流包括预期公司现金流和预期股权现金流，因此相应地，企业的价值又可以分为公司价值和股权价值。

（一） 公司价值

公司价值是企业整体价值的反映，它包括公司股东权益和债权人及优先股东等利益相关者的权益之和。公司价值有两种主要表现形式：账面价值和市场价值。账面价值即资产负债表上反映的总资产价值，它是企业资产的历史形成成本。市场价值即企业发行的全部股票和债券的市值，它主要反映了未来收益的多少。在多数情况下，账面价值不能真实反映企业未来的收益，因此账面价值和市场价值往往有较大差异。总的来说，账面价值主要用于会计目的，而在企业估价中，投资者更多关注的则是企业的市场价值。

根据企业价值理论，公司的市场价值是由该公司资本加权平均成本对预期公司现金流进行贴现得到的，用公式表示为：

$$V_A=\sum_{t=1}^{\infty}\frac{C_{At}}{(1+r_{WACC})^t}$$

式中：V_A 为企业市场价值；C_{At}为 t 时期预期公司现金流；r_{WACC}为资本加权平均成本。

（二） 股权价值

股权价值是指企业股东权益的市场价值，它等于公司整体价值与债务价值的差。股权价值可以使用股权资本成本对预期股权现金流进行贴现得到。用公式表示为：

$$V_S = V_A - V_B = \sum_{t=1}^{\infty} \frac{C_{St}}{(1+r_S)^t}$$

式中：V_S 为企业股权价值；V_A 为企业市场价值；V_B 为企业债务价值；C_{St} 为 t 时期预期股权现金流；r_S 为股权资本成本。

可以看出，公司市场价值和股权价值的最大区别在于两者所采用的现金流和贴现率不同。公司市场价值的现金流是预期公司现金流，是指扣除所有营业费用和支付利息前的剩余现金流；而股权价值的现金流是预期股权现金流，是指扣除公司各项费用、支付的利息和本金以及纳税后的剩余现金流。公司市场价值的贴现率是资本加权平均成本，而股权价值的贴现率是股权资本成本。

第二节　企业价值估价模型

一、企业的价值标准与估价模型

企业价值理论和目标企业价值类型揭示了企业的价值本质及其构成。在价值评估实践中，确定企业价值的具体方法包括三种完全不同的途径：一是收益途径；二是市场途径；三是成本途径。收益途径体现了企业价值理论的基本内涵，它把企业看成是收益的主体，反映了企业价值是由企业未来的收益能力和获利能力而决定的思想；市场途径则从交易的角度出发，把企业看成一种可买卖的商品，其价值由市场的供求力量来决定；成本途径则围绕企业的资产价值，将企业看成是一堆资产的集合体，其价值由资产的购置成本、重置成本、贬值和折旧来决定。三种不同的评估途径分别从不同的角度反映了资产的价值特征和价值尺度，决定了资产价格质的规定性和标准的唯一性，因此也称为资产评估的价值标准。对于不同的估价目的，适合于不同的价值尺度，从而要求不同的价值标准与资产业务相匹配，不同的价值标准又受一定的前提条件和决定因素制约，这种标准、前提、决定因素和估价目的相对应的关系详见表 11.1。

表 11.1　不同估价标准比较

估价标准	前提条件	决定因素	适宜的评估目的
收益途径	资产是具有独立获利能力的整体，或者说资产与经营收益之间存在稳定的对应关系；已投入使用并产生收益，未来一定时期内能持续经营	预期未来获利能力；折现率	以所有权变更为对象的评估目的

续表 11.1

估价标准	前提条件	决定因素	适宜的评估目的
市场途径	公平市场；充分的市场竞争；买卖双方没有垄断和强制；充分信息和有效市场	基础价格；供求关系；质量因素	以市场公平出售为目的
成本途径	资产处于在用状态；已投入使用并能继续使用	重置完全成本；损耗（无形损耗和有形损耗）	以资产足额补偿为目的

在价值标准约束下，具体估价模式主要包括四种：贴现现金流估价法（内在价值法）、可比公司分析法（比率估价法）、重置价值法和期权估价法。

二、企业价值评估的特点

对于持续经营的企业，在价值评估中应注意企业整体价值本身的一些特点。

1. 对于企业整体的估价相对于个别资产投资的估价要复杂得多

企业的价值，绝不是简单的各单项经公允评估后的资产价值和债务的代数和，而是体现了一种整体大于个别要素相加之和的效率特征。因此，对整体资产评估比对单项资产评估需要考虑的因素更多。

2. 企业估价的对象不是企业现在的账面价值，而是企业未来经济的增长性

因为人们买卖企业或兼并的目的是为了通过经营这个企业来获取收益，决定企业价格多少的因素相当多，其中最基本的就是企业利用自有的资产去获取收益的能力。所以，企业价值评估并不仅是对企业各项资产的评估，而是一种对企业资产综合体的整体性、动态的价值评估。对于可以预计未来现金流量的企业，可以通过未来现金流量的折现对企业的未来增长性进行估价。

三、企业价值评估方法

企业价值评估基本上有三种方法可供参考，分别是资产法、收益法和市场法。三种方法中，收益法又是运用得最为广泛的方法。

收益法是国际上通行的价值评估方法，随着经济的发展和资本市场的需求增长，收益法在我国企业价值评估中的应用将会日益增多。这种方法的基本原理是现值原理，即任何企业（资产）的价值等于其预期未来全部经济收益流（主要形式是现金流）的现值总和。由于各种不同经济收益的定义或折现率与资本化率的区别，使之在计算方法上产生了许多不同的评估模型，或者说在收益途径下有各种不同的评估方法。本节将重点分析贴现现金流量法、可比公司分析法和 EVA 估价法等三大收益价值估价方法。

（一）贴现现金流量法

贴现现金流量法是比较经典的企业估价法，此法的关键在于对未来自由现金流量的预测。自由现金流量（free cash flow，FCF）最早是由美国西北大学的 A. Rappaport 和哈佛大学的 M. Jensen 等学者于20 世纪 80 年代提出的一个全新的概念。如今它在西方企业价值评估中得到了非常广泛的应用。简单地讲，自由现金流量就是企业产生的，在满足了再投资需要之后剩余的现金流量。这部分现金流量是在不影响公司持续发展的前提下可供分配给企业投资者的最大现金额。

其基本模型为：

$$V = \sum_{t=1}^{n} \frac{\mathrm{CF}_t}{(1+r)^t}$$

式中：V 为企业（资产）的价值；n 为企业（资产）的寿命；r 为与预期现金流量相对应的贴现率（所谓“对应”是指贴现率应反映预期现金流量的风险）；CF_t 为企业（资产）在 t 时刻产生的现金流量。

由于该公式是以现金流贴现为基础的，因此称为现金流贴现模型。对不同的企业（资产）而言，未来预期现金流的含义不同：股票的 CF_t 是红利；债券的 CF_t 是利息和本金；一个实体企业或一个实际项目的 CF_t 是税后净现金流。CF_t 的不同含义，决定着该公式对目标企业的价值评估具有广泛的适应性：当目标企业为非杠杆型上市公司时，预期股票红利可以视为企业预期现金流；当目标企业为杠杆型上市公司时，企业预期现金流为股票红利与债务本息之和；当目标企业为非上市公司时，企业预期现金流即为自由现金流。不过，由于在会计上反映未来预期现金流的指标有利润、经营现金流和自由现金流，为了得到较为真实的基础价值或内在价值，预测目标企业的现金流通常运用五年或十年自由现金流量模型。贴现率则取决于所预测的现金流的风险程度，资产风险越大，贴现率就越高。

由上面的公式可以看出，用贴现现金流量法评估企业价值有三个最基本的参数：确定各期的现金流量、确定反映预期现金流量风险的贴现率和确定资产的寿命。当被估价资产的预期现金流量为正，能够根据现金流量的风险特性确定出相应的贴现率，并能比较可靠地估计现金流量产生的时间时，贴现现金流量法是一个很好的估价方法。但当上述三个条件的任何一个不能得到满足时，贴现现金流量法就无能为力或者其估价结果会产生较大的误差。

贴现现金流量法具体又分为：股权资本估价和公司整体估价。这两种方法都要贴现预期现金流量，但所使用的现金流量和贴现率有所不同。公司股权价值可以使用股权资本成本对预期股权现金流量进行贴现来得到，其中，股权资本成本是股权投资者要求的收益率。预期股权现金流量是扣除公司各项费用、支付的利息和本金以及纳税后的剩余现金流量。股利贴现模型是用贴现现金流量估价法评估股权价值的一个特例，这种方法认为，股权的价值是预期未来全部股利的现值总和。公司整体价值包括公司股东、债权人、优先股股东等利益相关者的权益。公司整体价值可以使用该公司资本加权平均成本对公司预期现金流量进行贴现来得到，公司资本加权平均成本是公司不同融资渠道的资本成本根据其市场价值加权平均得到的，公司预期现金流量是扣除所有营业费用和支付利息及纳税后的剩余现金流量。

从企业整体估价的角度来说，要对企业价值进行评估，要估计企业的自由现金流量、贴现率和经营期限。

1. 企业的自由现金流量

企业自由现金流量（FCFF）是企业经营活动所创造的、可供管理当局支配运用的那一部分现金流量，是公司所有权利要求者，包括普通股股东、优先股股东和债权人的现金流量总和。其计算方式为：

企业自由现金流量（FCFF）=息税前净收益×（1-所得税税率）+折旧及摊销-营运资本增量-资本性支出

=经营性现金流量-营运资本追加额-资本性支出

计算公式中，“资本性支出”是指厂房的新建、扩建、改建、设备的更新、购置以及新产品的试制等方面的支出。对于一个高速成长的企业来说，其当期的资本性支出较大；而对于一个成熟企业本说，其资本性支出往往较小，甚至为零。“营运资本增量”也与公司所处的发展阶段有关。在高速成长期，存货和应收账款等项目的资金占用水平较高，营运资本增量往往也较大；在成熟稳定期，则较小。由此可见，在预测企业的自由现金流量时，必须对公司当前所处的发展阶段做出合理的判断。“折旧与摊销”是指在计算利润时已经扣减的固定资产折旧和长期资产摊销数额，包括计提长期资产减值准备、固定资产折旧、无形资产和长期待摊费用摊销。

2. 贴现率的确定

估计折现率在价值评估中十分重要，它的取值大小极大地影响了评估的结果，尤其是对使用或收益年限很长的评估对象，如企业并购中的价值评估，由于假定企业是持续经营的，经营期限一般都很长，实际操作中大多假定经营期限无限长。

然而折现率的确定事实上是一项极为复杂的工作。分别从筹资和投资的角度来看，折现率就有着截然不同的含义和确定方法。此外，折现率的取值要考虑很多因素，尽管有许多理论方法如资本资产定价模型（CAPM）、资本结构与资本成本理论等给我们提供了确定折现率的理论依据，也有一些经验取值方法，但这些方法都或多或少地存在一些不足。原因在于，折现率像未来收益一样，它代表的是评估对象未来应当给予投资者或持有者的投资收益率，未来代表着不确定性，代表着风险，也代表着人们的期望。另外，影响折现率的因素除了企业财务状况、经营状况之外，甚至还受到社会心理因素的影响，表现出其社会属性。因此在某种意义上，折现率的取值可以说是一门艺术。在本书中采用了人们普遍使用的从筹资角度来确定的加权平均资本成本（WACC）作为折现率的方法。

计算税后加权平均资本成本（WACC）的公式为：

$$\mathrm{WACC}=(R_e\times W_e)+[R_d(1-t)\times W_d]$$

式中：WACC 为加权平均资本成本；R_e 为公司普通权益资本成本；R_d 为公司债务资本成本；W_e 为权益资本在资本结构中的比重；W_d 为债务资本在资本结构中的比重；t 为所得税税率。

注意：普通股和债权的比重应以市场价值为基础，而不是以账面价值为基础。

权益资本成本可以根据资本资产定价模型（CAPM）来确定，尽管这一模型需要严密的风险与收益理论，但事实证明它具有相当大的实用价值。迄今为止，资本资产定价模型仍然是衡量其他风险收益模型的一个标准，在华尔街的决策中广泛应用。其基本表达式如下：

$$E(R) = R_f + \beta[E(R_m) - R_f]$$

式中：$E(R)$ 为预期收益率；R_f为无风险利率；β 为系统风险系数；$E(R_m)$ 为市场的预期收益率；

债务资金成本决定于市场利率、信用等级、税收抵减等。

$$K_b = \frac{I_b(1-T)}{B(1-f_b)}$$

3．企业整体估价模型

企业整体价值等于以加权平均资本为折现率对企业自由现金流量进行贴现所得的价值。折现现金流量模型的不同形式如下：

（1）当 FCFF 零增长时：

$$V = \frac{\text{FCFF}}{\text{WACC}}$$

在企业持续经营的条件下，FCFF 零增长呈永续年金特征。

（2）当 FCFF 固定增长时：

$$V = \frac{\text{FCFF}_1}{\text{WACC} - g_n}$$

式中：FCFF_1 为下一年度预计现金流量；g_n 为未来时期 FCFF 的增长率。

（3）当企业在 n 年之后达到稳定状态并开始以固定的增长率 g_n 增长时：

$$V = \sum_{t=1}^{n} \frac{\text{FCFF}_t}{(1+\text{WACC})^t} + \frac{\text{FCFF}_{n+1}}{(\text{WACC} - g_n) + (1+\text{WACC})^n}$$

贴现现金流量法是西方国家理论界较为推崇的一种经典的价值评估方法，也是应用最广泛的价值评估方法。一般来说，当企业经营状况稳定，市场预期良好，战略无重大转变，投资机会不多时，采用贴现现金流量法评估的价值较为真实准确。但贴现现金流量法的应用仍有许多局限性。当企业处于下述情形时，贴现现金流量法也会失灵。

（1）企业陷入困境。此时，其未来现金流量多为负数，对于这样的企业，随时面临破产的风险，预测其未来的现金流量是非常困难的。

（2）企业的收益和现金流随着经济状况波动剧烈。运用贴现现金流量法，预测的未来现金流较为平稳。而收益剧烈波动的企业，往往在经济萧条时期，其情形同陷入困境的企业类似；而在经济繁荣时期，对其预测又会过于乐观，与实际不符。

（3）企业拥有大量未利用的资产。未来现金流量，反映的是企业全部资产产生现金流的能力，如果一个企业拥有大量未利用的资产，这些资产的价值就很难在未来现金流量折现的过程中体现出来，因而单纯运用贴现现金流量法很难准确估价。

（4）企业正在重组。重组中的企业其资产买卖、资本结构改变或股利政策变动，增加了对未来现金流量与经营和财务风险预测的难度。

（5）企业经历敌意收购，或无法正确估计并购带来的协同效应。此时，企业的管理状况发生改变，很难预测被评估企业未来的现金流量。

4. 企业价值评估方法的应用

【例 11.1】 XYZ 公司预测期为 5 年，5 年以后企业整体价值保持 4% 的固定增长率。预测期企业加权平均资本成本为 10%，后续期加权平均资本成本为 8%。预测期企业自由现金流量情况如表 11.2 所示。

表 11.2 预测期企业自由现金流量估算表 单位：万元

项目 \ 预测期	第一年	第二年	第三年	第四年	第五年
EDTT（$1-T$）	66	74	78	84	86
D（折旧）	16	14	12	12	12
$\triangle W$（增量营运资本）	12	11	9	7	6
$\triangle F$（增量固定资本支出）	16	14	12	12	12
FCFF（企业自由现金流量） $FCFFt = EBTT\ (1-T)\ +D_t-\triangle W_t-\triangle F_t$	54	63	69	77	80

$$\text{XYZ 公司预测期企业价值现值} = \frac{54}{(1+10\%)} + \frac{63}{(1+10\%)^2} + \frac{69}{(1+10\%)^3} + \frac{77}{(1+10\%)^4} + \frac{80}{(1+10\%)^5}$$

$$= 49.091 + 52.063 + 51.840 + 52.591 + 49.672$$

$$= 255\ (\text{万元})$$

$$\text{XYZ 公司后续期企业价值现值} = \frac{80 \times 1.04}{8\% - 4\%} \times \frac{1}{(1+10\%)^5} = 1\ 291\ (\text{万元})$$

$$\text{XYZ 公司企业整体价值} = 255 + 1\ 291 = 1\ 546\ (\text{万元})$$

（二）可比公司分析法

可比公司分析法是市场途径定价的典型方法，它是通过选取与被评估企业具有可比性的类似企业和变量（包括收益、账面值、销售收入、重置价值等比率）来评估目标企业的价值，也称为相对估价法或市场估价法。其基本假设前提是同一行业中其他公司与被估价公司具有可比性，并且市场对这些公司的定价是正确的。最常用的可比公司比率是行业平均市盈率（P/E），其次是价格/账面值比率（P/BV）。应用可比公司分析法的步骤一般包括：选取合适的可比公司；选取合适的经营参数和比率；估算目标企业的价值。

1. 市盈率（P/E）比较模型

市盈率（P/E）比较模型采用的是收益与市场价值比较的途径。由于它比较直观地将股票价格与当前公司盈利状况联系到一起，并且能反映一定的风险性与成长性特点，因而应用较为广泛。

如何估计市盈率呢？对于一个稳定增长型的企业，在股利贴现模型中有：

$$P_0=\frac{DPS_0\ (1+g_n)}{(r_n-g_n)}$$

由于　$DPS_0=EPS_0\times h$

所以　$P_0=\frac{EPS_0\times h\times\ (1+g_n)}{(r_n-g_n)}$

所以　$\frac{P_0}{EPS_0\times\ (1+g_n)}=\frac{h}{(r_n-g_n)}$

式中：P_0 为公司股权价值；DPS_0 为当期红利；g_n 为稳定增长阶段的股利增长率；r_n 为稳定阶段的股权资本收益率；h 为稳定阶段的股利支付率。

等式左边即为预期市盈率，等式右边为预测值。可见，公司预期市盈率同样是由预期增长率、股利支付率和风险程度等价值基础因素决定的，它是预期增长率和股利支付率的增函数，是风险程度的减函数。两阶段增长型公司和三阶段增长型公司的预期市盈率，同样可以根据股利贴现模型转换计算。

利用市盈率（P/E）比较模型确定目标企业价值时，通常可以利用两种途径选择标准市盈率：一是与企业具有可比性的公司平均市盈率；二是企业所处行业的市盈率。

可比公司市盈率首先涉及的是具有可比性公司的选择；然后企业与可比公司在增长率、股利支付率和风险程度等方面的差异比较，对被选可比公司的平均市盈率进行主观修正，从而得出标准市盈率。这里的关键是选择可比公司时必须确保在风险和成长性上具有可比性。

行业市盈率是利用某一时点上的行业截面数据，以增长率、股利支付率和 β 值作为解释变量对市盈率进行多元回归分析，得出行业市盈率的回归方程，然后将目标公司的具体数据代入回归方程中，从而得出目标公司的标准市盈率。这里有一个假设前提是，假设增长率、股利支付率和 β 值与市盈率之间存在线性关系。由于标准市盈率中已经包含了对未来收益的预期，因此，评估的结果在一定意义上也反映了企业的潜在获利能力。

2. 价格/净资产账面值比率（P/BV）模型

价格/净资产账面值比率（P/BV，也称为市净率）模型采用的是资产与市场价值比较的途径。P/BV 中的价格 P 是指股权市场价值或价格，反映了市场对企业股权价值的评价；净资产账面值 BV 是资产账面价值与负债账面值的差额，反映了资产和负债的初始成本，受会计制度和会计方法的影响较大。但与收益相比，净资产账面值相对比较稳定，由此而得出价值判断风险较小。利用价格/净资产账面值比率模型对同一行业不同企业之间的价值发现具有独特的意义，它往往能发现企业的价值是被高估或是低估，从而为价值型投资提供依据。同时，它对当期盈利为负的企业能提供较为可靠的估价。

如何估计 P/BV 呢？对于一个稳定增长型的企业，在股利贴现模型中有：

$$P_0=\frac{DPS_0\ (1+g_n)}{(r_n-g_n)}$$

由于　$DPS_0=EPS_0\times h$，

所以 $P_0=\frac{EPS_0\times h\times (1+g_n)}{(r_n-g_n)}$

如果定义净资产收益率（ROE） = 股权收益/净资产账面值 = EPS/BV

则有 $P_0=\frac{BV_0\times ROE\times h\ (1+g_n)}{(r_n-g_n)}$

式中：P_0 为公司股权价值；g_n 为稳定增长阶段的股利增长率；r_n 为稳定阶段的股权资本收益率；h 为稳定阶段的股利支付率。

等式左边即为价格/净资产账面值比率（P/BV），右边为估计值。可见，P/BV 比率与净资产收益率、股利支付率、预期增长率之间呈正相关关系，而与企业的风险程度呈负相关关系。

对于标准 P/BV 比率的选择，最常用的方法是选择一些可比企业，计算其 P/BV 比率的平均值，然后基于该平均值，对目标公司从基本因素方面进行修正，包括净资产收益率、增长率、风险程度、股利支付率等。同市盈率估价模型一样，这种方法带有较强的主观性，如果没有丰富的分析经验，很难得出合理的结论。较为科学的量化方法同样是利用行业全部截面数据进行多元回归。回归分析的被解释变量为 P/BV 比率（市净率），解释变量为年末股利支付率 R_p、利用前 5 年收益计算出的 β 值、前 5 年的盈利增长率 EGR、净资产收益率 ROE。得出回归方程后，再将目标企业的解释变量数据代入方程，从而计算出标准 P/BV 比率。

可比公司分析法是粗略估值或价值对比时广泛运用的一种估价方法。它基于市场对企业的一种整体评价，不考虑企业中各业务模块的价值，是一种从上而下的评估方法。该方法最大的特点是应用简单，当不具有企业详细数据时适用性强，可用于对复杂评估模式结果进行“现实检验”。其缺点是难以准确选择可比公司，没有考虑企业内部业务组合和其业绩表现之间的差异，如果估值乘数变动大（即股价相对业绩变动大），则难以选取乘数点（经营参数）。

（三） 基于价值创造的 EVA 估价法

EVA 估价法即为经济增加值（economic value added）估价法，它是由美国学者 Stewart 首创，并由斯腾思特管理咨询公司提出的基于企业价值创造的估价方法。该方法假设投资者可以自由地将他们投资于公司的资本变现，并投资于其他资产。在此前提下，目标企业的价值等于公司总投入资金加上公司未来经济增加值（EVA）现值之和。

应用 EVA 法估价通常包括以下步骤：确定公司具备创造 EVA 能力的年限；预测未来各期的 EVA；确定贴现率；估算企业价值。公司具备创造 EVA 能力的年限取决于公司具有竞争优势的年限，只有具有竞争优势，才能创造超越资本成本的回报。

在数值上，每年 EVA 等于经过调整后的税后营业净利润（NOPAT）减去资本费用的余额。用公式表达为：

EVA = NOPAT − 资本 × 资本成本率

这里涉及三个变量：NOPAT、资本和资本成本率。

1．估计 NOPAT

NOPAT = 销售收入 - 生产成本 - 销售、管理费用 - EVA 调整 - 营运所得税

在实践中，估计 NOPAT 可以通过对利润表进行以下项目的调整而得到：①将扣除的存货跌价准备增加调整为坏账准备增加。②将扣除的财务费用（利息支出）调整为其他长期负债隐含利息。③扣除营业外净收入和以前年度损益调整。④将扣除的所得税调整为 EVA 税。可见，NOPAT 基于会计数据，但打破了会计制度存在的多种弊端和不足，它将所有与营业无关的收支和非经常性发生的收支都剔除在核算之外，以保证真实反映公司的营业状况，准确揭示企业经营的经济增加值。它衡量了减除资本占用费用后企业经营产生的利润，是经营效率和资本使用效率的综合指数。而对任何企业来讲，提高经济增加值是创造财富的关键。

2．估计资本成本

资本成本 = 资本 × 资本成本率

= 公司当年实际投入资金总额 × 加权平均资本成本

公司当年实际投入资金总额 = 股东权益 + 少数股东权益 + 递延税项贷方余额 + 累计商誉摊销 + 各种准备金 + 资本化研发费用 + 公司所有负债

在实践中，估计资本可以通过对资产负债表进行以下项目的调整而得到：①扣除无息短期负债。②扣除累计税后营业外收支和累计税后补贴收入。③增加坏账准备和存货跌价准备。④扣除在建工程、现金和银行存款。

3．估计 EVA

对于每一期的 EVA，有公式计算：

$$\text{EVA} = \text{NOPAT} - \text{资本成本} = \text{NOPAT} - \text{资本} \times r_{\text{WACC}}$$

4．估计目标企业价值

$$\text{目标企业总价值 } V = \sum (\text{EVA}_n) / (1 + r_{\text{WACC}})^n + \text{TV}$$
$$= (\text{EVA}_1 + \text{EVA}_2 + \cdots\cdots + \text{EVA}_n) / (1 + r_{\text{WACC}})^n + \text{EVA}_i / (1 + r_{\text{WACC}})^n$$

式中：终值 $\text{EVA}_i = \text{EVA}_{n-1} / (r_{\text{WACC}} - g)$；$g$ 为增长率常数；n 为预测年限。

预测中，预测年限一般不低于 5 年，最佳为 10 年；净流动资产和资本投资应随 NOPAT 增长；终值测算时应根据行业发展情况设定增长率常数（g）。

EVA 是一种从基本面上评价企业创造股东价值的估价方法。与传统评估方法相比，它具有以下优点：强调了投资的机会成本；定量分析企业价值，明确指出价值来源，落实未来价值创造责任；明确经营效率和资本效率之间的取舍；并与企业资本预算、经营计划、战略选择、业绩考核和激励等企业管理制度定量挂钩等。但在实际应用时，它要求估算资本成本率，对业务假设（如 NOPAT 增长、资本结构、资本支出等项目）敏感性高。

【案例分析】

价值评估的重要性[①]

20 世纪 80 年代的收购浪潮导致法律方面更为严格地规定了经理和董事们对现实企业价值最大化的责任。迪斯尼公司的股东就曾起诉本公司董事会，认为董事会从萨·斯丁伯公司回购迪斯尼股份的决定减少了迪斯尼公司原有股份的价值。迪斯尼公司董事的律师们辩解说，从长期股票价格最大化的角度考虑，必须回购。尽管如此，董事会还是决定愿意为平息诉讼付出 5 000 万美元。类似地，MGM/UA 的董事受到公司股东的指控，说当 1986 年克·凯克通过杠杆收购回购公司部分股权时，董事会对其出价是否公正缺少足够的调研。在 1990 年，为使股东撤回诉讼，该公司的董事也付出了 2 000 万美元的代价。

这些案例所代表的含义再清楚不过了。公司的股票持有人会监控经理和董事们负起对公司价值最大化的责任。这又引出了一个明显的现实问题。除非经理和董事们明白一个公司的价值取决于什么，以及这种价值如何确定；否则，就不能指望他们的行为符合价值最大化原则。价值评估理论及实际评估方法的意义也在于此。这些问题在过去被看作是学术领域的问题，但现在，在经理们所关心的最大问题当中它们已经处于中心地位。执行官员们必须懂得公司价值由哪些因素决定，这样他们才能说服股东和法庭，相信他们的行为和决定是与公司价值最大化相一致的。

思考：

结合本章所学内容，谈一谈应该怎样对公司进行价值评估？

【本章小结】

企业价值评估基本上有三种方法可供参考，分别是资产法、收益法和市场法。三种方法中，收益法又是运用最为广泛的方法。

收益法是国际上通行的价值评估方法，这种方法的基本原理是现值原理，即任何企业（资产）的价值等于其预期未来全部经济收益流（主要形式是现金流）的现值总和。由于各种不同经济收益的定义或折现率与资本化率的区别，使之在计算方法上产生了许多不同的评估模型，或者说在收益途径下有各种不同的评估方法。本节将重点分析现金流贴现法、可比公司分析法和 EVA 估价法等三大收益价值估价方法。

公司整体价值包括公司股东、债权人、优先股股东等利益相关者的权益。公司整体价值可以使用该公司资本加权平均成本对公司预期现金流量进行贴现来得到，公司资本加权平均成本是公司不同融资渠道的资本成本根据其市场价值加权平均得到的，公司预期现金流量是扣除所有营业费用和支付利息及纳税后的剩余现金流量。

EVA 估价法即为经济增加值估价法。该方法假设投资者可以自由地将他们投资于公司的资本变现，并投资于其他资产。在此前提下，目标企业的价值等于公司总投入资金加上公司未来经济增加值（EVA）现值之和。

---

① 汤姆·科普兰，蒂姆·科勒，杰克·默林：《价值评估——公司价值的衡量与管理》，郝绍伦，谢关平等译，电子工业出版 2002 年版，第 3 ~4 页。

【思考与讨论】

1. 价值评估对企业经营、对投资者决策有何重要意义?
2. 价值评估方法有几大类?试举例说明不同价值评估方法的适用条件。
3. 什么是股权自由现金流量?如何计算?
4. 什么是公司自由现金流量?如何计算?
5. 如何使用 EVA 估价法?

【课外作业】

一、单项选择题

1. 企业价值大小的决定因素是(　　)。

A. 独立性　　B. 持续经营性　　C. 营利性　　D. 社会性

2. 企业价值评估的一般范围即企业的资产范围是从企业的(　　)角度界定的。

A. 资金　　B. 规模　　C. 技术　　D. 产权

3. 企业价值评估模型是将(　)根据资本加权平均成本进行折现。

A. 预期自由现金流量　　B. 预期股权现金流量　　C. 股利　　D. 利润

4. 站在企业价值评估的角度,非上市公司与上市公司的区别主要体现为(　　)折现。

A. 盈利能力　　B. 经营能力　　C. 投资能力　　D. 筹资能力

二、计算题

1. 对某整体企业进行资产评估,预测其未来 5 年内的收益额分别为 580 000 元、624 000元、653 000 元、672 000 元和 697 000 元;经过调查研究,前期各年折现率为 10%,从第六年起本金化率定为 15%,永续年金收益为 700 000 元。

要求:计算该企业资产的重估价值。

2. 某企业 2014 年支付的每股股利为 1.28 元,预期股利将永久性地每年增长 5%,股票的 β 系数为 0.9,一年期国债利率为 3.25%,市场风险补偿为 5%。

要求:估算该企业每股的价值。

第十二章　企业并购

【学习目标】　本章的核心是了解并购的意义和西方及我国企业并购的发展历史；掌握并购决策的要点和财务分析的方法；理解并购对我国企业和资本市场发展的重要意义，能用相关理论研究和分析实际的并购案例（企业并购价值评估在上一章已阐述）。

【引入案例】

中国并购的又一次浪潮①

2013 年，中国经济经历转型期，在境内 IPO 暂停和并购股利政策频出的双重刺激下，中国并购市场表现强劲，涉及的案例数与金额双双刷新纪录。根据清科研究中心最新数据显示：2013 年前 11 个月中国并购市场共完成交易 1 015 起，同比上升 23.8%，披露金额的并购案例总计 932 起，共涉及金额 726.23 亿美元，较 2012 年同期上涨 65.8%。

随着势不可挡的并购浪潮的来临，给企业带来更多的机遇与挑战，企业为何要进行并购？如何进行并购？怎样并购才能取得成功？带着这些问题，我们来学习这一章内容。

企业之间的并购行为是在市场经济条件下，企业实现迅速扩张的重要方式。它是企业通过产权交易取得对其他公司的控制权，以增强自身经济实力，实现企业发展目标的经济行为。作为产权交易高级形态的企业并购无疑急剧地加速了资本集中，有利于资源的优化配置。

第一节　企业并购概述

一、企业并购的概念

（一）　企业并购的含义

并购也称兼并与收购。所谓兼并通常有广义和狭义之分。狭义的兼并指企业通过产权交

① 清科研究中心，2014。

易获得其他企业的产权，使那些企业丧失法人资格，并获得它们的控制权的经济行为，相当于公司法中规定的吸收合并。广义的兼并是指在市场机制的作用下，企业通过产权交易获得其他企业产权并企图获得其控制权的行为。广义的兼并除了包括吸收合并外，还包括新设合并和其他产权交易形式。所谓收购则是指对企业的资产和股份的购买行为。收购和广义兼并的内涵非常接近，因此经常把兼并和收购合称为并购。并购实际上包括了在市场机制的作用下，企业为了获得其他企业的控制权而进行的所有产权交易活动。

一个与企业并购密切相关的术语是企业重组。企业重组实际上包括扩张、售出、公司控制和所有权变更，而并购应该被纳入扩张。但是在一些非学术性的场合，企业并购和企业重组经常被等同起来交替使用，没有严格的区别。

（二） 企业并购的方式

并购方式是指并购企业通过一种什么样的方式来达到控制或拥有目标公司的目的。随着国有企业改革的不断深入，企业并购活动越来越多，并购方式也呈现出多样化并向国际市场趋同的趋势。通常有以下几种方式：

1．按并购双方所处的行业，并购分为横向并购、纵向并购和混合并购三种

横向并购是指生产和销售同类产品或生产工艺相近的具有竞争关系的企业之间的并购行为。在横向并购中，优势企业与目标企业是同一行业内竞争对手的并购。纵向并购又称为垂直并购，是指生产过程或经营环节相互联系的企业之间，或者具有纵向协作关系的专业化企业之间发生的并购行为。优势企业与目标企业是同行业上下游企业间的并购。混合并购是指在彼此没有相关市场或生产过程的公司之间进行的并购行为。

2．按并购交易是否通过证券交易所，并购划分为要约并购与协议并购

要约并购是指企业并购通过证券交易所的证券交易。持有一个上市企业已发行的股份的30%时，依法向该企业所有股东发出公开并购要约，获取目标企业股权的并购方式。协议并购是指企业并购不通过证券交易所，直接与目标企业取得联系，通过谈判、协商达成共同协议，实现目标企业股权转移的并购方式。协议并购容易取得目标企业的理解和合作，有利于降低并购行为的风险与成本。

3．按企业资产的产权转移方式，大致可以分为购买资产式、购买股票（控制权）式和公司兼并

购买资产式（又叫资产收购）是指收购公司以现金、资产或以承担目标公司全部或部分债务作为现金和资产的替代支付方式，收购目标公司全部或部分资产，从而控制目标公司的业务。需要指出的是，这里的资产不仅包括房地产、设备、存货等有形资产，而且还包括专利权、商标权、租赁等无形资产。在多数情况下，如果收购只涉及目标公司开展的部分业务，通常选择购买资产式。股票收购式是指收购公司用自己的现金、债务或股票从目标公司股东那里直接购买控制权或者全部股票，从而达到对目标公司的绝对控制目的。当纳税成本或其他原因而使购买资产不尽合理时，就可以采用股票收购形式。公司兼并指一个公司合并

另一个公司，并且承担该公司全部资产和负债的交易。在兼并中，一个公司存续或者成立一个新的公司整合两公司的业务。收购方可以用现金、债券或股票来达到购买目标公司的目的。

4. 从并购行为的角度来看，分为直接并购和间接并购

直接并购是指购买方直接购买目标企业的资产或股份。直接并购又分为向前并购（或上游并购）和反向并购（或下游并购）。间接并购是指优势企业首先建立一个子企业或者以控股企业的名义并购其他企业。间接并购通常存在两种形式：三角并购和反转向三角并购。

5. 按是否利用目标企业自身资产来支付并购资金可分为杠杆并购和非杠杆并购

杠杆并购，其实质是举债收购，即以债务资本为主要融资工具，而这些债务资本大多是以目标企业的资产为担保而获得的。换而言之，并购企业不必拥有巨额资金，只需准备少量现金（用以支付收购过程中必需的律师、会计师等费用），加上目标企业的资产及营运所得作为融资担保、还款来源所贷的金额，即可并购任何规模的公司，由于此种收购方式在操作原理上类似杠杆，故而得名。非杠杆收购，是指不用目标企业自己资金及营运所得来支付或担保支付并购价款的收购方式，早期并购风潮中的并购形式多属此类。但非杠杆并购并不意味着并购企业不用举债即可负担并购价金。实践中，几乎所有的并购都是要利用贷款来完成的，所不同的只是贷款数额的多少而已。

二、企业并购的发展史

从19世纪末20世纪初到现在的一百多年中，世界经济领域先后发生了五次企业并购浪潮。

实践证明，企业并购既是企业发展的重要途径，也是市场化重新配置社会资源的有利手段。纵观西方企业发展史上的五次并购浪潮，由于不同时期的经济和社会环境不同，以及企业自身适应竞争生存的策略调整，并购在不同阶段呈现不同的战略和特点。

第一次并购浪潮发生在1883年经济大萧条之后，在1898—1902年达到顶峰，最后结束于1904年。并购几乎影响了所有的制造行业，主要类型是横向并购，即生产同种产品或类似产品的企业之间的并购，以优势企业吞并劣势企业，组成横向托拉斯。通过19世纪90年代的并购，企业减少了同行间的过度竞争，并购企业不仅获得了巨大的规模经济效益，还获得了大量的垄断利润，推动了当时生产力的发展，促成了一系列垄断企业的形成。

第二次并购浪潮发生在20世纪20年代。诺贝尔经济学家获得者，前芝加哥大学教授施蒂格勒（George Stigler）将第一次和第二次并购浪潮对比为“为了垄断的并购”和“为了寡头的并购”。第二次并购浪潮期间，许多不同的行业互相合并，最后形成寡头而不是垄断的行业格局。同时，第一次并购时期形成的合并模式继续存在。并购的主要类型是纵向并购，即产品生产过程中处于两个相邻生产阶段的企业进行合并，形成一个新的企业，以实现生产经营的纵向一体化，这种形式大大降低了交易费用。

第三次并购浪潮发生在20世纪50年代中期，以创历史性的高水平并购活动为特征，部分原因源自经济的繁荣。在被称为混合并购时期的这些年，相对较小的公司收购大公司不是稀罕的事情。实现规模经济或追逐垄断而进行并购退居次要位置，更多地将“经营产权”作为一种企业经营方式。并购方获得目标企业的产权后再进行资产重组，然后把改组后的企业整体或部分地出售出去，以获得高额收益。

第四次并购浪潮发生在20世纪70年代中后期，一直延续到90年代初（1975—1992年），其中在1984—1985年达到高峰。主要的特点是：以融资并购为主，出现了特大企业并购案例，敌意收购起到了重要的作用。第四次并购浪潮与其他三次的不同之处还在于并购目标的规模和知名度。企业并购的手段和方式更为复杂，杠杆并购成为重要方式，跨国并购日趋活跃。

第五次并购浪潮发生在20世纪90年代。随着国际经济的发展，经济全球化的逐步形成，以美、日、欧为主的发达国家又掀起了新一轮并购高潮。第五次并购浪潮以许多大型并购为特征，敌意收购相对减少，发生了更多的战略并购。第五次并购浪潮的热点是连环并购和行业合并。20世纪90年代中期，市场开始盛行互补型行业合并交易，这被称之为“连环收购”。

企业并购的百年历史说明，企业并购本身已经从单纯的企业经营行为、企业制度演化和行业变迁动力延伸到影响整个国民经济结构的重要因素。进入21世纪以来，并购活动更加频繁，事实上，在经历了5年时间的漫长等待之后，第六次并购浪潮正在悄然无息之中席卷而来。全球并购的兴起与衰退伴随着世界经济周期高峰与低谷的轮回而交替。因此，更精确地说，并购浪潮总是以一种领先者的姿态超越了经济周期。并购浪潮往往兴起于经济复苏期，并在经济增长到达顶峰之前就进入高潮，而当经济繁荣尚在维持之时，并购活动就开始降温，在达到冰点之后，经济衰退才接踵而至。

可见，国内的企业并购活动从1984年开始，短短的二十余年间，我国的企业并购已经历了三次浪潮：第一次企业并购浪潮始于1984—1987年，在1987—1989年达到高潮。在计划经济的特定历史背景下，这次并购浪潮有着深刻的政府行为背景。第二次企业并购浪潮兴盛于1992—1996年。这一次并购浪潮与第一次相比，出现了新的变化，是在计划经济体制向市场经济体制转型的背景下开始的。国有企业深化改革是其契机，企业自身的扩张愿望是其动力，有关法律法规的出台是其保证，而证券交易所的成立和有关政策的实施又为其推波助澜。第三次并购浪潮从1997年起，以上市公司并购为特征。随着我国投资机制的改革，企业融资方式已经从逐步从依靠单一的银行贷款转向间接与直接融资并举的格局，证券市场已成为企业取得长期资金支持的重要场所。

2005年，国内资本市场的重大事件——股权分置改革加速了国内资本市场的进程，完善了资本市场的定价机制，进一步促进了并购市场的发展，企业并购的方式也在不断地演进和发展。

目前，国内企业的并购方式按照并购对象所在行业来划分，主要有横向并购、纵向并购、混合并购三种。根据有关统计，三种并购在我国所占的比例分别是71%、11%、18%。横向并购是最常见的一种并购方式，其目的在于扩大市场份额，在竞争中取得优势；纵向并购又称为垂直并购，目的在于加强生产过程和各环节的配合，实现战略协同。混合并购则兼具横向并购和纵向并购的特点，目的在于实施多元化经营战略，降低企业经营风险。

第二节 企业并购支付方式及融资渠道

一、企业并购支付方式

在公司并购活动中，支付是完成交易的最后一个环节，也是关系到一宗并购交易最终能否成功的重要因素之一。在实践中，公司并购的主要支付方式有三种，即现金支付、股权支付和综合证券支付。其中，现金支付方式是最先被采用的，其后才出现了股权支付和综合证券支付。

（一） 现金支付

现金支付是并购交易中最简单的价款支付方式，目标企业一旦收到对其拥有的股份的现金支付，就不再拥有企业所有权及其派生出来的一切其他权利。现金支付包括一次支付和延期支付。延期支付包括分期付款、开立应付票据等卖方融资行为。现金支付在实务中也可以演变为以资产支付等形式，如资产置换、以资产换股权等。

（二） 股权支付

股权支付指收购方通过换股（或吸收合并）或增发新股的方式从而取得目标企业的控制权、收购目标企业的一种支付方式。在这里需要说明的是，股权支付方式特指换股、增发新股的方式。

（三） 综合证券支付

除了包括以上的形式外，还包括以下几种：

（1）公司债券支付，并购企业以新发行的债券换取目标企业股东的股票。这种支付方式是先取得的股权而后延期支付价款（即偿还债务的本息额）。公司债券作为一种支付方式，必须满足许多条件，一般情况下要求它可以在证券交易所或场外交易市场上流通。

（2）认股权证支付，是一种由上市公司发出的证明文件（或股权证券），并赋予它的持有者一种权利，即持有人有权在特定的内部有效期内，用指定的价格认购由该公司发行的一定数量（按换股比率）的新股。

（3）可转换债券支付，向其持有者提供了一种选择权，在某一给定的时间内可以用某一选定的价格将债券转换为股票。可转换债券发行时应事前确定转换为股票的期限，确定所转换股票属于何种类型和该股票的每股发行价格（兑换价格）等。

（4）优先股支付，是指并购企业使用无表决权的优先股来支付价款。

二、企业并购融资渠道

在并购中，支付产权转让费对并购方来讲是展示其实力和能力的考验，这种考验是用资金量来体现的，资金量的形成要求兼并企业具有可靠的资金来源。因此并购方能否筹集到并购所需的资金，成为制约企业并购能否成功的关键之一。

融资渠道以资金来源为标准，主要有内部融资和外部融资两大渠道。

（一）内部融资渠道

内部融资渠道是从企业内部形成的资金中开辟资金来源，筹措所需的资金。它主要包括计提折旧，提取公积金和未分配利润而形成的资金；此外，还包括未使用或未分配的专项基金、企业应付税和利息。

（二）外部融资渠道

外部融资渠道，是指公司从外部开辟资金来源，向公司外的经济主体（其中也包括公司现有股东和公司雇员）筹措资金。它主要包括银行信贷融资和发行有价证券融资等。其中，有价证券可分为普通股股票、优先股股票、债券、可转换证券、认股权证等。这里介绍的有价证券，是作为融资手段向资本市场上的广大投资者发行，以筹集资金用于并购中支付给目标企业股东。如果证券的购买对象是目标企业的股东，那么就相当于上面介绍的用综合证券方式支付并购价款。如果支付的综合证券中包含债务凭证，则实际上相当于后面将要提到的卖方融资。

第三节 企业并购的相关理论

企业并购的相关理论要解决的是企业并购的动因问题，目前西方企业并购理论界提出了很多并购理论，如市场势力理论、交易费用理论、规模经济理论、企业价值低估理论和财务协同理论等。

一、规模经济理论

规模经济理论也称经营协同效应理论，是指“1＋1＞2”的效应，也就是并购后的单位成本小于并购之前的单位成本或并购后所获得的收益大于并购之前双方收益的简单之和。

规模经济理论主要从工厂规模经济和企业规模经济两个方面来解释。

并购对工厂规模经济的提高主要体现在以下两方面：

（1）通过横向并购使工厂生产的专业化程度更高，促进固定资产生产能力的充分利用，达到最佳经济规模的要求，以降低单位产品的成本。

（2）通过纵向并购，可以有效地解决由于专业化引起的各生产流程的分离，将他们纳入同一工厂后，可减少统一生产过程的环节间隔（主要体现为市场中的交易费用），以降低生产成本和运营成本。企业并购除了为扩大企业的生产规模外，更重要的是，在生产同类产品的企业中，并购发生的动力还可能是因为并购能使竞争优势转移从而产生更大的效益。这种优势可能来自于产品差异、品牌、特殊的销售技能，也可能来自专利权、优越的组织结构以及利用低息资本的能力等方面。可以把这种竞争优势分成两种：一种是由于管理企业的技术优势，这是由企业家的能力决定的；另一种是生产技术的优势，如专利技术和生产设备技术方面的优势。这两种优势的转移主要是通过组织经验和组织资本来进行的，最终反映在相关成本上。

规模经济的另一个层次是企业规模经济，通过合并将许多生产部门置于同一个企业领导之下，可以带来一定程度的规模经济。这主要表现在：节省管理费用，由于中、高层管理费用将在更多数量的产品中分摊，单位产品的管理费用可以大大减少；多部门的企业可以对不同顾客或市场面进行专门化生产的服务，更好地满足他们各自的不同需要，而这些不同的产品和服务可以利用同一销售渠道来推销，利用相同技术扩散来生产，达到节约营销费用的效果；企业通过合并还可以集中足够的经费用于产品的研究、开发和设计以及生产工艺的改进，有利于迅速推出新产品，采用新技术；企业规模的相对扩大，使企业的直接筹资和借贷都比较容易，它有充足的财务能力采用各种新发明、新设备、新技术，适应环境和宏观经济的变化需要。实行纵向一体化和多样化经营的企业，相对于单一企业，更容易在市场发生突变的情况下继续生存。企业通过合并可以使其绝对规模和相对规模都得到扩大，从而使企业有更大能力控制其成本、价格、生产技术及资金来源，进而提高企业的生存与发展能力。

二、价值低估理论

并购企业购买目标企业的股票时，必须考虑当时目标企业的全部重置成本与该企业股票市场价格总额的大小。如果前者大于后者，并购的可能性大，成功率高；反之则相反。托宾把这一原理概括为托宾比率（Tobin ratio），即企业股票市场价格总额与企业重置成本之比。当 $Q>1$ 时，形成并购的可能性小，当 $Q<1$ 时，形成并购的可能性较大。20 世纪 60 年代美国企业并购高峰前，Q 达到相当高度。1965 年曾为 1.3，后来逐步缩小，到 80 年代初，这一比率下降幅度较大，1981 年降至 0.52。这就意味着并购目标企业比新建便宜一半，从而在很大程度上诱导了 20 世纪 80 年代以来的又一次企业并购浪潮。

价值低估理论认为，并购的动因在于股票市场价格低于目标公司的真实价格。造成价值低估的原因主要有：

（1）公司现有管理层并没有使公司的经营潜力得以充分发挥。

（2）并购者掌握了普通投资者所没有掌握的信息，依据这种信息，公司股票价格应高于当前的市场价格。

（3）公司的资产市场价格与其重置价格之间存在一定的差距。

价值低估理论从数据的角度解释了并购行为。当然，并非所有被低估了价值的公司都会被收购，也并非只有被低估了价值的公司才能成为并购目标。因此，这一理论不能单独使用，它必须有效率方面的基本原理支持。

三、财务协同理论

财务协同效应理论，是指合并给企业在财务方面带来的种种效益，这种效益的取得不是由于效率的提高而引起的，而是由于税法、会计处理惯例以及证券交易等内在规定的作用而产生的一种纯资金上的效益。其主要表现在三个方面：

（一）提高财务能力

一般情况下，合并后企业整体的偿债能力比合并前各单个企业的偿债能力强，而且还可以降低资金成本，并实现资本在购买企业和被购买企业之间低成本的有效配置。

（二）合理避税

不同类型的资产所征收的税率是不同的，股息收入和利息收入、营业收益和资本收益的税率有很大差别。由于这种差别，企业能够采取某些财务处理方法达到合理避税的目的。税收对企业合并的刺激作用主要有三种：

（1）企业可以利用税法中亏损递延条款来达到合理避税的目的。即如果公司在某一年中发生了亏损，该企业不但可以免缴当年的所得税，而且它的亏损还可以向后延递，以抵消以后几年的盈余，企业根据抵消后的盈余缴纳所得税。

（2）税收优惠来自于企业合并以后年度。当合并后的各公司由总公司统一缴纳所得税时，某一公司的亏损可以冲销其他盈利公司的收益以减少应纳所得税。不过在某些情况下，由于累进制所得税率的影响，那些获利较少的公司单独缴纳所得税可能会更好。因为每个公司的边际所得税率可能低于几个公司合并后利润的税率。

（3）在企业合并时，购买企业不用现金而是用本企业的股票按一定比率换取被购企业股东手中的股票，并刻意把这一交易安排为“免税重组”时，被购企业股东可无须缴税，除非他们再次将接受的股票出售。还有一种方式是购买企业先将被购企业的股票转换为可转换债券，一段时间后再将它们转化为普通股。这样做在税法上有两点好处：一方面，企业付给这些债券的利息是预先从收入中减去的，税额由扣除利息后的盈余乘以税率决定，这样可以少缴所得税；另一方面，企业可以保留这些债券的资本收益直到这些债券转化为普通股票为止，由于资本收益的延期偿付，企业可以少付资本收益税。

（三）实现预期效应

预期效应是指因合并使股票市场对企业股票评价发生改变而对股票价格的影响。由于预期效应的作用，企业合并往往伴随着强烈的股价波动，形成股票投机机会。投资者对投机利益的追求反过来又会刺激企业合并的发生。虽然企业股票价格受很多因素影响，但主要取决于对企业未来现金流量的判断，这一流量只能依据企业过去的表现做出大致的估计。因此，证券市场往往把市盈率，即价格/收益比（P/E 值）作为一个对企业未来的估计指标。企业在 t 时刻的股票价格等于它在 t 时刻每股收益（EPS）与 P/E 值的乘积。在外界环境相对平静情况下，在短时间内，一个企业的 P/E 值不会有太大变动，只有企业的盈利率或盈利增长率有很大提高情况时，P/E 值才会有所提高。因此，股票价格在短时间内一般不会有较大波动。当发生企业合并时，由于购买方企业规模往往较大，购买企业的 P/E 值通常被用作合并后企业的 P/E 值。当被购企业的 P/E 值低于购买企业的 P/E 值，但每股收益高于购买企业的每股收益时，说明市场由于种种原因对被购企业评价偏低。合并后，购买企业平均了被购企业的每股收益，使合并后的每股收益有可能上升，从而引起 P/E 值的上升，造成购买企业与被购企业的股票价格剧烈上升。

第四节　企业并购财务风险理论

一、企业并购财务风险的形成

（一）　企业并购财务风险的形成过程

企业并购的全过程主要包括并购可行性分析、目标企业价值的评估、出价方式的确定、收购资金的筹措、收购后的整合和债务的偿还等，上述各环节中都有可能产生财务风险。

通过参考各国研究者对并购失败各方面原因的综合研究。本书主要从目标企业价值评估风险、融资风险、并购后财务整合风险三方面对并购财务风险的形成进行简要阐述。

1. 目标企业价值评估风险

目标企业的价值评估是并购交易的精髓，每一次成功并购的关键就在于找到恰当的交易价格。目标企业的估价取决于优势企业对目标企业未来收益的大小和时间的预期，对目标企业的价值评估可能因预测不当而不够准确，而产生了并购的估价风险。其大小取决于优势企业所用信息的质量，而信息质量又取决于下列因素：

（1）优势企业是善意收购还是恶意收购。如果优势企业是善意的，并购双方则能够充分交流和沟通信息，目标企业会主动地向优势企业提供必要的资料。这有利于降低并购的风险和成本，同时可避免目标企业管理层有意抗拒而增加的不必要的并购成本。如果优势企业是恶意的，优势企业将无法从目标企业获取其实际经营、财务状况等主要资料，其结果是给公司估价带来困难。

（2）目标企业是上市企业还是非上市企业。如果目标企业是上市企业，由于它必须对外公布企业经营状况和财务报表等信息，因此，优势企业容易取得目标企业的资料进行分析。

目标企业若是非上市企业，则优势企业必须通过目标企业的合作来获得相应的信息，相对成本相对较大。

（3）目标企业审计距离并购的时间长短。如果并购时点离会计师事务所审计的时点越远，优势企业从年审报告获取的信息越不能代表目标企业并购前的经营和财务状况，据此得到的目标企业的估价就越不准确。

（4）准备并购的时间。优势企业并购的准备阶段越长，获取目标企业的相关资料就会越详尽充分，对目标企业的估价越准确，优势企业的风险也越小。

由此可见，目标企业价值的评估风险根本上取决于信息不对称程度的大小。由于我国上市公司信息披露不够充分，严重的信息不对称使并购企业对目标企业资产价值和赢利能力的判断难以做到非常准确，可能造成企业资产负债率过高或目标企业不能带来预期赢利而陷入财务困境。

2. 融资风险

资本逐利在客观上完成了社会资源的有效配置。反过来，企业作为资本逐利的载体，其融资、投资过程，就是以资本回报率作为出价，竞逐资本的过程。现代企业在其经营规模和范围与其拥有的资源在时间上并不吻合。因此，企业发展过程中有一个经营杠杆作用程度的问题。

经营杠杆反映一家企业的资源配置和使用效率，可以分解为业务杠杆和财务杠杆两个指标。业务杠杆表征企业投资项目的回收期，回收期越长，进入的资本壁垒就越高，所要求的资本回报率也就越高。财务杠杆表征企业的融资结构，债务待偿期越长，债务人越容易向债权人转移风险，债务人的财务风险就越小。融资风险属于财务风险，主要是指能否按时足额地筹集到所需资金，保证并购的顺利进行。因此，如何利用企业内部和外部的经营渠道在短期内筹集到所需的资金是并购活动能否成功进行的关键。

资金的筹措方式及数额的大小与并购方采用的支付方式有关，而并购支付方式又是由并购企业的融资能力所决定的。虽然在短期内并购者在选择金融支付工具时，既可选用本公司的现金或股票去并购，也可选用举债的方式来完成，但无论采用哪种融资途径，均存在一定的融资风险。

（1）现金并购中的融资风险。

现金并购是指企业在并购目标企业的过程中，采用以现金作为支付方式的并购。它是并购活动中最普遍采取的一种支付方式。采取这种方式带来的风险具体表现为：首先，现金并购相对于其他并购方式的资金筹集压力最大。如果并购方融资能力较差，现金流量安排不当，导致资金超支，则流动比率也会大幅度下降，这就会给并购方带来资产的流动性风险。所谓流动性风险是指企业并购后缺乏短期融资，导致支付困难的可能性。由于并购活动占用了企业大量的流动性资源，从而降低了企业对外部环境变化的快速反应和适应调节能力，增加了企业营运的风险。其次，使用现金支付工具，交易规模会受到获现能力的限制。如果企业发现了一个非常好的并购机会，但是交易规模很大，而企业的获现能力又不足以满足交易的需要，那么坚持采用现金支付方式，这笔交易就很难成交。最后，从目标公司的角度来看，由于现金支付会因无法推迟资本利得的确认和转换来实现资本增加，从而不能享受税收优惠，以及不能拥有新公司的股东权益等原因，有些企业的股东可能不太欢迎现金支付方式，从而影响并购的成功机会，带来相关的风险。

（2）股票并购中的融资风险。

股票并购是指并购企业将本企业的股票或以新发行的股票作为价款付给目标企业的股东。股票并购区别于现金并购的主要特点是，不需要支付大量的现金，因而不会影响并购企业的现金流动状况。并购完成后，目标企业的股东不会因此失去他们的所有权。只是这种所有权由目标企业转移到了并购企业，使他们成为并购企业的新股东。但是股票并购也有其自身的风险，具体表现为：首先，目标企业的股东如果拥有了控制股权，就可能反客为主，成为新公司的控制者。这种情况被称为反向收购。这样将对原有股东的利益产生很大的影响。其次，采用发行新股来换取目标企业的资产或股票，意味着参与分配利润的股份增加，原来股东的收益就会被摊薄，稀释股权，减少每股净资产和收益，造成股价的波动，给公司业绩增长带来压力。最后，由于现阶段股票发行额度控制，并按地方、行业进行额度分配，因此上市公司并购非上市公司如何解决新增资部分的上市仍存在着一定的障碍，为完成并购而发行股票也受到制约。

（3）负债融资并购中的融资风险。

负债融资并购是指在完成收购的资金中，负债占较高比例。通常，收购方用以收购的自有资金一般仅占收购总资金的10%～20%，其余绝大部分的收购资金主要来源于负债。实际上，在目标公司资产负债表中通常以负债取代股本的地位，使收购不仅是股权的转移。更重要的是，它使公司的财务结构发生了变化。公司的财务结构将因负债的增加而从保守性或中性变成激进性的，也即高风险性的财务结构。一方面，并购中所需的大量资本是靠借贷得到的，在采用浮动利率的情况下，如果利率回升，将会加大收购方的利息负担，甚至会出现难以支付的情况。另一方面，负债融资要求贷来的资金收益率高于其资金成本。因此，并购方往往担心获利不够利息支出而裁减研发部门，或干脆卖掉资产偿债以降低利息费用。而这样做的结果往往使目标企业的资本结构发生变化，财务结构也向高风险转变，从而牺牲了公司的长期发展利益。

3. 并购后财务整合风险

企业并购是一项复杂繁琐、涉及面广、充满风险的系统工程，它几乎涵盖了企业的全部风险。在并购交易完成后，并购方取得目标公司的经营控制权只是完成了并购的第一步，接下来，还必须对并购后的公司进行整合发展，而财务上的整合也是极为重要的一环，若整合不当，以往所隐藏的财务风险就很可能会爆发出来，使企业难以应对，甚至导致并购失败。根据德国学者马克思·M. 贝哈的调查，并购最终流产于整合阶段的比例占53%。

根据并购企业财务风险发生的原因不同，我们通常将财务整合风险划分为外因型风险和内因型风险。

外因型风险也叫环境风险。其中影响最大的因素是国家的法律法规的变化和政府行为，尤其是政府行为对并购企业的影响巨大。因此并购企业的管理者在企业内部管理的同时要密切关注国家的经济形势和法律法规的变化，以便及时做出调整，规避风险。当然外部环境因素还包括投资者（如国民收入、购买力、购买动机、购买行为）、供应商（如供货方式、价格、数量等）、竞争对手（竞争策略、竞争数量、市场占有率等）、销售商、政府行为（如工商部门、税务部门、企业行政主管部门等）。例如，中国加入世界贸易组织后增加了外资股权比例，同时消减或消除了进口关税和障碍，这必将对国内企业造成很大的冲击，如汽车制造业、食品饮料业、交通运输业、电信、制造业、金融业等。因此企业要给予足够的关注，提早做出应对措施，以减少市场的冲击。

内因型财务风险按其表现形式分为财务组织机制风险、理财风险、财务行为人风险。

财务组织机制风险是指并购企业在整合期内由于相关的企业财务机构设置、财务管理制度、财务组织更新、财务协同效应等因素的影响，使并购企业实现的财务收益与预期的财务收益发生背离，因而遭受损失的机会和可能性。

理财风险是指并购企业在整合期内，由于财务运行过程和财务行为的影响，使并购企业实现的财务收益与预期的财务收益发生背离，因而遭受损失的机会和可能性。并购企业在进行资产经营的过程中，对并购企业的资产、成本、财务运作、负债、盈利等财务职能按照协同效益最大化的原则实施财务整合和科学监控，以实现企业并购的目的。但由于宏观环境和具体环境的不确定性，并购企业内部财务行为的管理失误和财务过程的管理波动的综合作用而使企业并购后未能实现预期的并购目的，从而导致了财务风险和财务危机。

财务行为人风险是指由于并购企业财务组织内部的管理主体因恶意或善意的财务失误和财务波动，以及财务行为的监控不力从而导致并购企业的财务风险。

（二） 企业并购财务风险产生的根本原因

企业并购虽然面临着多种多样的风险，诸如市场风险、体制风险、法律风险、人事风险、反并购风险、经营风险、整合风险等。但无论是法律风险还是体制风险，无论是反收购风险还是经营风险，无一例外地都会通过并购成本影响并购的财务风险。

毫无疑问，风险来自于未来结果的不确定性，但与过程的不确定性因素密切相关。风险能确定未来结果概率的不确定性，而不确定性则不能确定未来不同结果的概率事件，风险是一个比不确定性外延要小的概念。因此，本书认为产生企业并购财务风险的根本因素在于两个方面：过程的不确定性和信息的不对称性。

1. 过程的不确定性

企业并购过程中的不确定性因素很多。从宏观上看，有国家宏观经济政策的变化、经济周期性的波动、通货膨胀、利率汇率变动；从微观上看，有并购方的经营环境、筹资和资金状况的变化，也有反收购和收购价格的变化，还有收购后技术的时效性、管理协调和文化整合的变化等。所有这些变化都会影响企业并购的各种预期与结果发生偏离。同时，企业并购所涉及的领域非常宽泛，包括：①法律，并购企业所在国家的法律环境，如商法、公司法、税法、反垄断法等；②不同并购方式的法律条件，企业内部公司章程等；③财务，企业财务如资产、负债、税项、现金流量等和并购活动本身的财务，如价格、支付方式、融资方式、规模、成本等；④人员；⑤市场网络；⑥专有技术、独特的自然资源、政府支持等；⑦环境，企业所处的有关利益各方联系起来的“关系网”，如股东、债权人、关联企业、银行、行业上会等。所有这些领域都可能是导致并购财务风险的不确定性原因。

本书认为，不确定性因素通过由收益决定的诱惑效应和由成本决定的约束效应机制来影响企业并购预期的偏离。一方面，不确定性因素具有价值增值的特点，这就给决策人员带来了价值诱惑力，强化了控制负偏离追求正偏离的目标和动机；另一方面，不确定性因素又客观存在着导致成本膨胀的可能性，各种外部和内部因素综合作用的结果不能排除可能带来的损失，这又给决策人员带来了一定的约束力。这种价值诱惑力和成本约束力的双重作用形成了诱惑效应-约束效应机制。当诱惑效应大于约束效应时，并购的预期与结果发生正偏离，取得并购成功；当诱惑效应小于约束效应时，并购的预期与结果发生负偏离，造成财务风险危机。

2. 信息的不对称性

信息经济学认为，信息不对称性主要表现为两个方面：一是不对称发生的时间；二是不对称信息的内容。从不对称发生的时间上看，有事前不对称和事后不对称，事前不对称导致逆向选择行为，事后不对称导致道德风险；从不对称发生的内容上看，有行动不对称和知识不对称，行动不对称导致隐藏行动，知识不对称导致隐藏知识。

在企业并购过程中，信息不对称性对财务风险的影响主要来自事前知识的不对称性，即收购方对目标公司的知识或真实情况信息永远少于被收购方对自身企业的知识或真实情况信息。收购方在不完全掌握信息的情况下采取贸然行动，往往只看到目标公司诱人的一面，过高估计合并后的协调效应或规模效益，而对目标公司隐含的亏损所知甚少。一旦收购实施后，各种问题马上暴露出来，造成价值损失。可见，信息不对称性对财务风险的影响是一种决策影响，是并购双方处于信息不对称地位而导致错误的决策。

有关企业并购的财务风险，国内外现有多种定义：赵宪武（2002）认为，企业并购财务风险指的是并购融资以及资本结构变化所引起的财务危机，甚至导致破产的可能性；同时，并购导致股东收益的波动性增大也是财务风险的一种表现形式。杜攀（2000）认为，企业并购的财务风险主要是指并购对资金的需求而造成的筹资和资本结构风险。屠巧平（2002）认为，财务风险是由于公司采取举债方式筹集资本而产生的公司可能丧失偿债能力的风险和股东收益的可变性。杰费里·C. 胡克（2000）指出，财务风险是由于通过借债为收购融资而制约了买主为经营融资并同时偿债的能力引起的，“财务风险由用以为交易融资的负债数额和将要由购买方承担的目标企业的债务数额等因素决定的”。所以，概括起来，本书认为上述观点可以表述为：企业并购的财务风险是由筹资引起的偿债风险和股东收益风险。

（三） 企业并购财务风险防范的意义

1. 确保整体并购战略的制定与顺利开展

财务风险防范对于整体并购战略的重要意义体现在战略的制定和确保其顺利实施两个方面。初步分析财务风险的来源与性质，科学预测风险发生概率与可能损失有利于总体并购战略的科学制定。战略实施过程中，面对具体财务风险进行有效的风险防范，确保融资与支付活动的顺利开展是实现整体并购战略的有力保证。

2. 趋利避害提高并购效益

财务风险贯穿于企业并购活动的全过程，对并购活动的主要影响体现在使并购成果的不确定性增加方面。科学的财务风险防范机制将对上述不确定性进行有效防范与控制，降低财务风险所造成的损失，同时发掘收益机会，实现趋利避害提高并购效益的目的。

3. 综合控制并购风险，防止连锁反应

由于财务风险自身所特有的综合性特点，它与并购活动中的其他风险密切相关，其他并购风险往往集中地体现为财务风险。因此，财务风险防范是并购风险防范的核心与重点。只有建立健全财务风险防范机制才能统筹全局，实现对并购风险的整体管理，控制各种风险爆发产生连锁反应的不良影响，确保整体并购目标的实现。

二、企业并购财务风险的管理

在激烈的市场竞争中，上市公司兴衰成败在很大程度上取决于上市公司的财务状况，财务状况的好坏是决定上市公司生存与发展的基本条件。近年来，许多上市公司因盲目并购，以致发生财务失败而导致破产清算。其原因在于出现财务风险预兆信号时，未能做出准确、科学的判断，更未能采取对策，防范财务失败，势必造成财务失败乃至破产。因此，如果能够及早预测财务风险，对于保护投资者和债权人的权益、政府管理部门监控上市公司质量和证券市场风险，都具有重要的现实意义。

（一）完善资本市场整体建设

我国资本市场的不完善和国有企业并购动因不清，对于我国现代财务风险管理有着不小的影响。因此，本书认为，我国上市公司在并购实践中，进一步加强我国资本市场的整体建设对于减少上市公司并购中的不确定因素进而规避并购财务风险有着不可小觑的作用。针对我国企业并购过程中现存的问题，要做到以下几点：

1. 继续完善我国资本市场体系，为企业并购提供良好的外部环境

完善资本市场监管，增加透明度，统一证券监管机构，强化信息披露制度。规范高效的中介机构可以降低上市公司并购的交易成本，提高并购的效率，从而促进上市公司并购的良好发展。

2. 精心策划，慎重选择并购目标和并购方式

并购活动作为实现企业长期战略的重要手段，必须与企业的战略发展保持一致。要仔细分析并购对象，搞清对目标企业的并购能否增强企业的竞争力，促进长远发展。对并购活动要有系统周密的计划，对可能出现的意外情况要有充分准备并提出解决方案。此外，选择切实可行的并购模式和并购方向对保证并购活动的成功至关重要；否则，不仅达不到预期目的，还会浪费大量的人力、物力和财力。

3. 大力发展并规范中介机构

中介机构有专业的人才、科学的程序和方法，在并购中主要履行服务和监督职能，其服

务和监督渗透到并购的全过程。一是中介机构能够比较独立地对目标企业的经营能力、发展潜能、财务状况等进行评估，对其内部制度、法律权利关系等进行判断；二是中介机构能比较准确地掌握目标企业的各类信息，改变信息不对称的现象，减少估价风险；三是中介机构还可以在并购方制订并购方案时提供咨询服务，告诫并购方，“在一定条件下，当企业规模超过一定限度时，会出现由规模经济转为规模不经济的现象”。

（二） 加强财务管理与监控

1. 适度负债

公司在实施并购重组过程中评价、控制负债风险时，必须考虑多种因素，重点考察本企业的规模和实力、销售收入的成长率和稳定性、资产结构的影响、财务结构的弹性大小、被收购方的财务状况和偿债能力。同时，企业还应注重债务资本的流动性、经济性和安全性，采取措施控制负债经营风险。从债务资本的流动性来说，应根据实际情况，恰当地选择长期债务与短期债务的最佳结合。注意合理规划债务的期限，对长、短期负债的盈利能力与风险进行权衡，以确定既能使风险最小又能使企业在并购后盈利能力最大化的长、短期负债比例，使其与投资期限相衔接，并安排好现金流量。在实务中，公司举债规模控制有很多方法可供采用，如资本成本决策法、无差别点分析法等。负债经营的临界点是全部资金的息税前利润等于负债利息。在达到临界点之前，提高负债将使股东获得更多的财务杠杆利益。一旦超过临界点，加大负债比率就有可能出现财务危机。

2. 加强现金流量管理

上市公司的基本目标是股东财富或上市公司总价值最大化。因此，上市公司总价值最大化不能停留在账面盈利上，而要以价值的可实现性和变现能力作为前提。把现金和利润放在同等重要的位置，加速资金回笼和周转，提高资产变现能力，加强对应收账款的管理和催收力度，尽量减少呆坏账。

从短期来看，企业管理层应通过现金流量预算管理来做好现金流量控制，做好每一年度的现金收支预算，据此作为公司资金计划控制和考核的基本依据。同时，根据年度现金流量预算制定出分时段的动态现金流量预算，对战略收购计划进行动态控制。从长期来看，要做好历年资金变动的比较分析，可将公司历年的资金状况变动做一个资金变动趋势表，从总体上把握资金的来源、去向及其趋势。

3. 提供重组融资支持

在企业兼并重组的过程中，融资支持问题常常是制约重组问题顺利进行的瓶颈环节。以资产置换为例，尽管母公司为支持上市公司的发展向其提供了优质资产，但如果上市公司不能对这些资产及时提供其发展所需的资金，这些原本优质的资产、项目可能在上市公司的载体中逐渐发生变质，甚至转为劣质资产。一些西方流行的融资方式已经在我国尝试性的开始运用，并在成功的基础上推广，如资产抵押证券和在我国兴起的产业基金、风险基金等。资产抵押证券（ABS）是一种以资产未来收益为支撑的证券化融资方式，它以项目所拥有的资产为基础，以项目资产的预期收益为保证，通过资本市场发行债券募集资金。原则上，只要投资项目所投的资产在未来一定时期内可以带来现金收入都可以进行资产抵押证券融资，在进行融资时一般都要由一个专门的机构 SPC（Special Purpose Corporation）作为融资中介。SPC 可以是一个信托投资公司、信用担保公司或其他独立法人。企业在重组中无论是收购了一个好的项目还是通过资产置换引入一块优质资产，一般都需要后续融资来支持该项目的正常运转和发展。如果这些项目在未来能产生稳定的收益，则可以考虑运用 ABS 的融资方式。产业基金以特定产业为投资对象，风险基金则专门向高科技行业（如软件、网络、生物医药等）为代表的风险性项目提供初期融资的专门基金。美国硅谷及高科技产业的蓬勃发展便直接得益于风险投资的大力支持。产业基金和风险基金都已是我国准备大力发展的新型融资方式，可针对该项目（或资产）的不同状况向特定的产业基金或风险基金寻求融资支持。

（三）加强并购后的财务整合

企业实施并购后，财务必须实施一体化管理，目标企业必须按并购企业的财务管理模式进行整合。财务整合是实现并购企业对目标企业的有效控制的途径，更是实现并购战略的重要保障。财务具有信息功能，也是并购企业获取目标企业信息的重要途径。企业并购整合期的财务风险防范可以采取如下对策：

（1）把握好并购整合的度。企业并购整合并非把目标企业分拆，完全融合到并购公司中，而是根据并购类型、并购双方的具体情况，如双方产业关联度、地域重合性、人力资源状况和市场状况等，做到宜合则合、宜分则分，方能巩固和提高并购整合的成效。国外许多成功并购案例中，对于财务整合都高度重视，并购企业所派出的财务主管具有很高的综合素质。他们不仅懂得生产运营过程，而且通晓市场、金融、财税等多方面的知识。

（2）套利出售。并购方在完成并购后应妥善处理被并购企业资产，根据流动性不同对待长、短期资产。实践中，可将不符合经营战略的资产出售，以抵消筹资所引起的债务；也可采取各种方式将不良资产转让出去，以减少财务风险。

（3）果断撤资。并购后，如果出现某些预料之外的情况，使并购整合的结果与原来设想制定的战略规划差距较大，或者因企业的生存环境发生变化而使并购的目标不能实现，企业应果断撤资，以防范财务风险，避免持续下去造成更为严重的损失。

第五节　企业并购的整合

一、并购整合的概念界定

企业并购是重要的理论问题，更是重要的实践问题。并购使各国、各产业的市场集中度有了很大程度的提高，出现了很多跨国公司和大型企业。然而从现实情况来看，许多企业的并购并没有实现预期的效果，许多强强联合的企业也未能取得令人满意的结果，许多企业甚至又走上解体的道路。这些状况已经引起了人们的广泛关注，已经达成了一些共识：并购的整合成功与否是并购成败的主要原因，而财务整合更是其中重要的因素。因此，为了推进企业并购的成功，需要对并购中的财务整合进行研究。

目前，国内外学者都在使用“整合”这一概念，但对其含义的解释尚不多见。李显君博士（2004）认为，整合一词是由 reconstruction and integration 翻译而来，其内涵包括重建或重构，统一或一体化两层含义。整合是对事物的结构进行重构并形成新的一体化过程。苗明杰教授（2003）认为，所谓整合，就是将组织中每个人、各部门的活动综合并协调一致的过程。杨洁教授（2005）认为，整合是一个合成词，整是指整顿和调整，合是指组合和协同。把两个词结合起来，整合就是指调整组合，整顿协同，实现各组成部分的协调与一体化。广义上讲，整合就是对已有经营资源进行的重新配置，以保证资源得到理性的运用效果。狭义上讲，整合是指当企业一方获得另一方的资产所有权、股权或经营控制权之后，为了能使整个集团或组织向着一个特定的目标迈进，并购方或并购双方共同采取一系列在合并进程提高合并绩效的措施、手段和方法，从而通过整合将自己的或者是优秀的管理理念、文化理念和财务系统等渗透到并购后的企业中去。整合一词应包含以下几层含义：①结合成一个整体，即将众多离散的因素、部分组合在一起；②修缮整体功能并将不完善之处调整为完善；③实现协同，即将各相关因素之间的匹配关系进行调整，使其相互协调；④实现各因素对目标实现的合力。

综合来看，并购整合就是并购双方在并购战略远景的驱动下，通过采取一系列战略措施、手段和方法，对企业要素进行系统性融合和重构，并以此来创造和增加企业价值的过程。并购整合从广义上来说是对资源的并购和整合，必然也要导致对财务、资产和债务等资源价值形态的整合。它与其他整合的不同点在于，各种资源要素的单项整合，最终都要借助财务、资产和债务的整合来实现，都要通过财务、资产和债务的状况与质量的变化来体现。

并购整合包括六个方面的内容，即战略整合、文化整合、人力资源整合、管理整合、能力整合和财务整合。根据企业情况的不同，整合的侧重点也有所不同，但一般企业的整合都包括这六个方面的内容，并且这六个方面的工作往往互相交织、互相影响，从而决定了整合的成败。由于企业经营文化、经营规模和管理方式的多样性，使整合管理实务性非常强并且没有固定的模式可循，对于企业而言很难把握，但整合的理论是相同的，流程是相同的，目标是一致的，即整合企业增强核心竞争力以达到企业增值，实现企业价值最大化的目标。

二、并购整合的理论研究

在西方，对并购整合的研究开始较早，已形成了一些较为成熟的理论。总体说来，可分为四个学派：资本市场学派、战略学派、组织行为学派以及过程学派。这四大学派从不同视角研究并购整合问题，但都涉及管理要素，对研究并购企业的财务整合有一定的借鉴价值。

（一） 资本市场学派

资本市场学派的代表主要是金融经济学家，他们研究的核心问题是：并购能否创造价值？如果能，那么是为谁创造价值？价值创造又是源自何处？有效市场理论认为，股票价格是未来现金流量及其相关风险信息的无偏估计。他们研究双方的股票价格在宣布并购前后的波动后认为，一般情况下，在并购活动中，目标企业的股东能获利，而并购企业的股东则不能获利，他们顶多是不赚也不赔。

关于创造价值的来源，资本市场学派的经济学家认为在并购活动中，创造的价值来源于债权人的损失、税收效应、雇员或供应商的财富转移以及代理成本的节约等。但在他们的研究中，出现一些矛盾的结论，因此对于并购企业价值来源的问题并未达成共识。依据资本市场学派经济学家的观点，并购企业的股东并不能从接管中获利，那么为什么并购活动仍然在不断地发生呢？

Ruback（1983）提出三种解释：①或者是因为经理人员错误地估计了并购的价值；或者是因为经理人员以牺牲股东财富为代价来实现自身财富的最大化。这种说法承认并购的发生并没有带来实际利益。②并购的真实利益被由之带来的管理上的困难所抵消。③只有某些特定类型的并购活动使企业的股东获利。

Roll（1986）提出另一种解释，即“自负假设”：如果接管无集中利益，并购的动因就在于并购者自负地假设他们的评价是正确的。换言之，即管理者一贯高估目标企业的价值。资本市场学派的经济学家们意识到了通过资源再配置来创造价值的意义，并提醒进行并购的决策时充分考虑价值创造潜力，但资本市场学派的研究尚有许多不足之处：该学派的理论虽承认并购活动创造价值，但并未进一步说明价值是如何创造的；资本市场理论研究的一些重要假设，尤其是市场效率方面的假设与管理现实不符；用经理人员的“自负”、机会主义、错误决策等来解释并购是不全面的；资本市场学派研究的重点是对整个社会经济效率的影响而非对企业个体，因此无法指导企业个体并购及其管理的实践。

（二）战略学派

战略学派的经济学家主要研究并购的类型对成败的影响，关注特定双方的业务关联度，从“战略匹配”的角度考察如何搜寻目标企业。

这些经济学家的共性是，将企业并购的过程划分为目标确定、目标企业的搜寻及筛选、战略评价、财务评价、谈判和交易以及并购后的管理等几个阶段。其中一个重要研究成果是Salter和Weinhold（1979）分析企业并购的过程的著述，广泛讨论和描绘了每一步骤。在研究中他们发现，尽管样本中的并购行为创造了价值，但与并购者最初的并购动机即预期的利益不一致（Souder和Chakrabarti，1984）。这是因为，并购后管理以并购前的计划为依据虽然重要，但并购整合所需要的往往是一个随机的过程。在这个过程中，组织管理风格和整合能力将起到关键的作用。为了回避以上的缺陷，一些经济学家也提出了许多的看法：Jemison和Sitkin（1986）提出，并购整合重点涉及过程和组织而不是战略计划；Psyne（1987）认为，整合是为实现并购的业绩目标而如何执行战略的问题；Searby（1969）和Kitching（1967）提出，并购后许多组织及战略的变化可能就产生于在被收购企业中执行一系列战略决策的努力。

在战略学派的研究中有一个非常严重的缺陷，那就是未考虑战略执行的困难，即把关联性与管理“依存关系”等同或混淆，过度强调战略任务，而忽视了人际间、组织间、文化间的各种冲突和摩擦这些价值创造的实际障碍；他们虽已认识到战略执行和管理在整合中的重要性，但并未具体讨论执行战略和组织管理方面的问题；将企业并购的过程人为地分成几个独立阶段，与管理现实不符。

（三） 组织行为学派

组织行为学派主要研究并购对组织及个人的影响，他们的研究重点在于：并购对个人的影响，及缺乏“组织关联”和“文化关联”时会产生什么样的问题。依据研究方式的不同，可将组织行为学派的整合理论研究者分为三个主要分支：第一大分支遵从人力资源管理传统，关注并购中发生的人力问题；第二大分支强调危机管理，认为并购是组织危机的特例；第三大分支属于文化研究者，关注文化的兼容性。也由此产生了这三大分支各自的主要理论观点：

1. 并购对人力资源的影响

Schweiger 和 Walsh（1980）曾对此做过综述，但在他们的理论研究当中一个典型的表现是，只考虑消极的影响，对可能带来的职业机会及报酬的改善很少提及。Schweiger 和 Walsh（1990）通过研究并购对人力资源的影响得出结论：并购与雇员离职间的复杂关系会被大量结构变量所中和。

对员工离职的解释主要有两种不同的看法：金融经济学家的看法较为乐观，他们认为，员工的离职是财务收益的潜在来源，无效率的管理层将被高效的新管理层所取代；组织行为学家却认为，人力资源的大量流失是糟糕的管理整合造成不断恶化的工作环境的最后征兆。

Graves（1981）考察被收购企业的成员是否接受和认同新的所有者和管理者及其认同的程度，提出了一些减少人力成本的管理措施，诸如加强沟通、关心员工、心理咨询等。在他的研究当中有一个隐含的假设：识别并购中的主要人力资源问题有助于更公平、冲突更少地解决执行的问题。

2. 危机管理

这一分支的组织行为学家研究的重点是被收购企业中个人的集体经验。其中比较有代表性的理论成果之一是 Devine（1984）提出的，他认为在“并购危机”期间，被收购企业成员将经历震惊、防御性撤退、承认现实和最后适应几个心理过程。

3. 文化兼容性

Napier et al.（1989）认为：并购在组织中引起的变化大小和范围是一个影响组织冲突及其绩效的重要变量。Dvid 和 Singh（1994）经研究得出四个层次的文化风险来源，即环境文化风险、跨组织的文化风险、组织的文化风险以及经营的文化风险。Nahavandi 和 Malekzadeh（1993）提出“文化适应”的概念，指出组织间的文化整合可采取四种模式，即同化、整合、隔离和破场。

除以上主要的影响因素外，还有一些其他的影响因素：Blake 和 Moulon（1984）提出，企业历史也是影响并购绩效的重要变量，他们认为有过冲突却被要求协作的群体可能已形成了严重的协作障碍；Sales 和 Mirvis（1985）提出被收购企业的担心主要集中在它将在多大程度上可继续保留自己的个性。同年，他们提出解决这个问题的对策之一是：增进对双方文化要素的了解和双方组织间的相互理解及尊重；Buono，Bowditch，Lewis（1988）提出对策之二是：对将发生的变迁进行积极有效的沟通。

组织行为学派的研究主要针对组织及个人，较资本市场学派对企业并购及其管理的实践更有指导意义；同时也更注重管理风格和整合能力的研究，所以与战略学派相比，更符合管理的现实。但组织行为学派的研究也存在一些缺陷：他们认为组织和战略相比较，前者更为重要，但在实际的管理工作中，战略有着举足轻重的地位；他们主要从个人是否接受或适应新环境的角度来考虑并购的整合，然而企业并购的整合是一个随机的复杂过程，有着许多的影响因素，这些因素间又是相互作用有机地结合在一起的，仅仅从个人是否接受或适应新环境的角度来考察是不全面的；研究人力资源影响这一分支的经济学家大多只考虑并购行为给员工带来的消极影响，却忽视了其为员工创造新的职业机会和发展空间的一面。

（四）过程学派

过程学派的经济学家同时从战略和组织方面研究并购的过程如何影响企业战略目标的实现。Jemison 和 Sitkin（1986）提出的一个观点可以作为这一学派的代表观点，他们承认并购的过程本身是一个决定并购绩效的重要潜在变量。过程学派的研究仍承认战略匹配和组织匹配的重要性，但考虑到了并购的决策及整合过程对最后绩效的影响。

平衡战略和组织因素的观点最早出现在 Mace 和 Montgomery（1962）的著述中，他们明显注意到了过程的重要性。在他们的著作中提到，“源自并购的价值主要取决于处理管理整合问题的技能”。

在过程学派的研究中，有两位十分重要的研究者：第一位是 Jemison（1986）。在研究企业并购行为中，他是第一次把结果（即竞争优势的改进）与整合过程（导致战略能力转移的两个组织中成员的相互作用）联系起来的人，他明确提出并购的价值创造源自于战略能力的转移，并详细讨论了此过程中的一些阻碍及促进的因素（1988），并指出竞争优势是通过双方不同组织层次间的相互作用形成的。另一位是 Haspeslagh。他与 Farquhar（1987）第一次提出综合考虑战略匹配与组织匹配的并购整合的随机架构。他们提出了战略匹配与组织匹配的概念，认为战略匹配是指产业、市场、技术方面增进或补充母企业战略的程度，而组织匹配则是指管理、文化及员工上的匹配，影响双方日常经营的整合，战略匹配的程度决定并购的价值创造潜力，而组织匹配的程度决定战略执行的困难程度，这两者是实现价值创造的必要条件。在战略匹配与组织匹配并购整合的随机架构的基础上，他们提出了三种整合模式：第一种是吸收模式，适合于双方具有高度相互依赖性而保持组织独立的要求不高时。应用这种模式，目标企业被并入母企业的结构中。此时，整合的重点在于何时、以何种速度进行整合。第二种是保护模式，适合于双方相互依存度低而保持组织独立的要求较高时。第三种是共生模式，适合于并购双方具高度依赖性且保持组织独立的要求高时。应用这种模式的关键在于要依据在并购中寻求利益的文化载体确定哪些地方可以施加干预和文化影响。

过程学派的经济学家已经认识到并购整合中管理因素的意义，关注双方战略匹配与组织匹配平衡，弥补了战略学派和组织行为学派偏重某一方面的缺陷，并讨论了整合过程的一些具体管理要素，对于并购企业的整合实践有一定的指导作用，但仍存在一些不足之处：在Jemison的理论中存在一些缺陷：首先，他并未区分一般要素与核心要素；其次，他忽视了并购整合过程中的关键要素保护、积累和发展的问题；最后，对作为企业核心竞争力主要来源的战略制定、组织学习、知识的积累、优质企业文化的培育和保护等重要因素没有给予应有的重视。在过程学派的研究中，仍然未提出一个清晰的并购整合的理论分析框架，只是对一些影响因素的讨论，不利于管理整合过程有条不紊地进行。

三、并购整合中的财务整合

（一） 财务整合的概念边界

财务整合贯穿于并购的整个过程，财务整合的概念边界可以通过其过程得到阐释。财务整合一般需要经历三个阶段：

第一阶段是前期准备阶段。首先，企业根据自身发展战略的要求制定并购策略，初步勾画出拟并购的目标企业的轮廓，制定出对目标企业的预期标准，如所属行业、规模大小、市场占有率等。并据此在市场上搜寻并购对象，对各个目标进行初步比较，筛选出一个或少数几个候选目标，并进一步就目标企业的资产、财务、税务、技术、管理和人员等关键信息进行深入调查和全面评估。其具体包括在实施阶段的财务整合可行性分析，对并购企业的一般分析、尽职调查、详尽分析和价值评估等。

第二阶段是财务整合实施阶段，也是整个整合过程的核心阶段。当双方签订协议进行交接后，在进行了全面评估并建立了整合基础的情况下，引入财务整合的内容和方法。在这一阶段应进行阶段性评估，并对财务整合计划做出调整，以促进财务整合的进程。在整合阶段中，财务整合是整合的核心，与战略整合、文化整合、人力资源整合、管理整合和能力整合之间的关系密切而不可分，同时六种整合是密切相关、互相渗透的，不得轻视任何一种并购整合。几个方面的工作相辅相成、互相交织，共同影响了并购整合的成败。

第三阶段是财务整合评估和一体化阶段。此时的工作重点在于整合后财务整合的效果分析，工作重点是评估整合的效果，并且平稳地进入正常的运作时期。在实际运用中，整合模式应根据并购企业的行业特点、并购的类型等实际情况进行适当的调整，以获得最佳的整合效果，最后取得并购的协同效应。

由此可以得出，财务整合既是并购整合的分析前提，又是并购整合的具体方面，还是并购整合的集中结果，在并购整合中无疑占据着极其重要的核心地位。

（二） 基于纵向并购的财务整合

财务整合是并购整合的重要子系统，所谓财务整合，就是利用特定的财务手段，对财务事项、财务活动、财务关系进行整理、整顿、整治，以使企业的财务运作更加合理、协调，能相互融合的一种自我适应行为。它是对现有财务管理系统的调整和修复，通过财务整合可以使被接管公司财务管理不善、成本管理费用过高和资产结构不合理等问题得到解决。

纵向并购又称为垂直并购，是指企业与供应厂商或客户的合并，是企业将同本企业生产紧密相关的生产、营销企业兼并过来，以形成纵向生产一体化；同时也是指在生产工艺或经销商有前后衔接关系的企业间的并购，目的在于加强生产过程和各环节的配合，实现战略协同。

基于纵向并购的财务整合是指在纵向并购中，并购方为了实现纵向生产一体化的规模经济效应，以降低交易成本，提高生产效率，实现资源的优化配置，提高企业价值为目的，对财务目标、财务制度、财务机构、交易行为等整合的过程和手段。

不同类型的并购方式，财务整合的内容既有其共性，也各有其特点。相比较而言，基于纵向并购的财务整合具有以下优势：加强生产过程和各环节的配合，实现战略协同；以内部组织替代市场交换，能够有效地解决专业化分工引起的生产流程的分离，降低交易成本，实现纵向整合效应；实行纵向一体化发展战略，实现了上下游产业无缝链接，规避了风险，拓展了企业发展空间。

1．财务整合的原则

财务整合具有特殊性，因而在整合过程中必须遵循相应的原则和要求。一般来说，财务整合的原则与其他整合的原则是不同的。

（1）财务整合的一般原则。

企业并购中，财务整合一般应遵循以下原则：

①统一性原则。

财务整合的目的在于调整并购双方的资源、制度等内容，组建合理的结构，形成财务资源统一配置的组织形式。财务整合的统一性原则包括两个方面的内容：①目标统一原则，指被并购双方的财务目标协调统一，财务上的目标与总目标要统一；②财务制度体系及会计核算体系的统一性原则，财务制度体系与会计核算体系的统一有利于对被并购公司的信息统计、考核评价等的监管。

②及时性原则。

并购双方一旦签订协议，并购方应立即派遣高级财务人员进驻被并购方，开始快速的财务整合，财务整合不同于其他整合，如文化整合和人力资源整合是慢慢渗透的过程，财务整合要及时迅速，否则很有可能导致并购失败。

③有效性原则。

财务整合的有效性原则是指对并购后的资产、投资、负债等进行鉴别，确定企业在并购后什么资产适合战略发展的目的，具有战略意义，什么资产可以带来短期效益等，从而优化并购后的资产质量，保证资产结构的合理性，提高资产收益率；对于并购后企业的投资来说，需要确定某些投资是不是影响其财务的稳定性，其财务风险是否在企业的控制范围之内。整体来说，对资产、负债、投资的效率性和战略符合性的确定，有利于保证企业获得最佳的经济效益，保证战略目标的实现。

④结构匹配性原则。

每个企业都有自己的资产结构、负债结构、资产负债结构、权益结构，合理的上述结构是财务稳健性的基础，因而并购后的企业不仅要保持资产、负债内部协调，而且需要保证它们之间的匹配对称，消除并购双方的不协调，保证企业经营活动对财务的要求，从而提高财务协同效应能力，降低风险。

⑤成本效益原则。

在企业的经营活动中，总体原则是要求投入所获得的产出必须大于投入本身。换句话说，在进行财务整合时，必须确保成本效益原则，只有当预期产生的收益大于投资、营运资本以及改制成本时，并购整合行为才具有经济性。当然，这种原则必须结合战略符合性考虑，或许在某些情况下，仅仅注重财务的短期性对战略发展是有害的，注重企业的长远发展和战略性要求可能更重要，因而成本效益原则必须结合战略性原则考虑。

⑥灵活性原则。

经济环境的复杂多变，要求财务整合要具有灵活性，财务整合必须以统一性为基础，但这并不意味着僵化呆板。相反，是要在遵循财务整合原则的基础之上保持财务整合的灵活性，防止财务整合过程中的权力过分集中以及因此而造成的环境反应迟钝。

⑦科学性与先进性原则。

由于财务管理手段和方式的发展日新月异，企业不仅应该注重财务管理手段、方式、制度的实用性，而且需要把握其先进性和科学性。随着现代科学技术的发展，财务管理手段的现代化需要通过现代信息技术整合财务管理，提高财务管理的有效性，增加其灵活性。

⑧强制性原则。

并购时被并购企业财务制度的选择要坚持融合性，即如被并购方的某些财务制度优于并购方或同行业的财务制度，则并购方应该吸收其合理部分，但一旦并购后企业的财务制度形成，则必须强制性执行。

（2）财务整合的主要原则。

由于纵向并购的特殊性，基于纵向并购的财务整合除了要遵循并购财务整合的一般性原则外，还要遵循以下原则：

①尽可能利用国家和地方政府所给予的各种政策优惠，以减少市场变化带来的不利影响。

②尽可能发挥作为纵向一体化企业所具有的在降低生产成本、交易成本、抗击风险等方面的优势。

③在产品定位方面，应当避开与国内竞争对手在低端产品方面的竞争。

④采用分权控制方式，这样可以增加目标企业的经营自主权和生产经营的灵活性，激发创新活力，调动并购双方管理人员的积极性。

2. 财务整合的内容

财务整合的内容分为：财务管理目标整合、存量资产整合、存量负债整合、财务组织机构整合、会计核算体系整合、财务管理制度整合、绩效评价体系整合、现金流转内部控制整合八个大的方面（见图 12.1），它们构成了相互协调、相互制约的整合框架。当然，在具体实施财务整合时，需要企业结合自身情况以及并购活动的特点，针对每个方面的目标及内容，分别寻找财务整合的切入点，并对其进行重点整合。

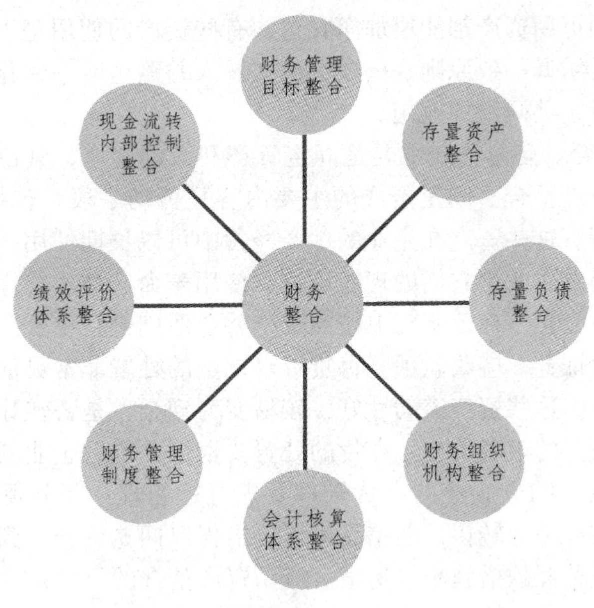

图 12.1

财务整合的内容非常丰富也比较复杂，而财务整合也是整合管理的一个子系统，它不仅需要进行系统内的自我调整，由于其本身是一个开放的系统，更需要与其他整合系统，如人力资源、文化、管理等方面进行交互配合。因此，财务整合的框架内容是基于前面分析的基础之上，将企业并购财务整合中的重点内容提炼出来架构而成的。

（1）财务管理目标整合。

财务管理目标直接影响企业财务体系的构建，决定各种财务方案的选择和决策。这也影响到并购后的企业财务管理的发展方向以及在日常财务活动中所运用的技术方法。由于并购双方所处的具体环境不同，其经营战略也会存在很大差异，这很可能导致它们的财务管理的具体目标也不同。企业并购交易阶段完成以后，为了限制被并购企业在经营理财过程中谋求自身局部利益最大化的倾向，追求一体化整合效果与财务协同效应，以实现目标企业整体利益的最大化，并购企业应根据内外环境的变化以及经营战略的变化，从并购后的整体出发确定统一的财务管理目标以规范目标企业理财行为，协调相互间的矛盾冲突，消除目标企业财务管理目标的逆向选择问题，从而引导并购双方能够沿着并购企业整体利益最大化的轨道高效、协调、秩序化地运行和发展。

（2）存量资产整合。

存量资产整合是指在并购后，以并购方为主体对并购双方企业（主要是被购方）范围内的资产进行鉴别、吸纳、分拆、剥离、整合等优化组合活动，它是企业财务整合的核心。通过存量资产整合可以使并购企业的组织结构更完善，负债比率更合理、生产成本更低，最后达到资产利用率更高，以实现企业价值最大化。

资产整合是被并购公司高效运营的重要一环，因此为了资产整合能够达到预期效果，在对资产进行整合时必须遵循以下原则：①可用性原则。考虑并购后的企业资产是否符合已调整的经营目标和总体发展战略，可用的资产予以保留，不能用的则予以出售，以便把财务资源配置到能产生最佳效益的部门。②成本收益原则。资产的使用与运营必须考虑所付出的成本与获得收益的大小，只有当其产生的收益大于其使用成本时，该项资产的使用才是合理的。因此，并非每一项可用资产都能增加净收益，有些资产的使用是不经济的，应该采取适当的措施予以处置。③协调一致原则。一项资产在投入并购企业一体化经营过程中，必须与其他相关资产协调配合，共同发挥效用。

A. 有形资产的整合。有形资产主要是固定资产和流动资产，其特点各异，所以有不同的处置方式。①固定资产整合。固定资产的主要内容是劳动手段，包括建筑物、机器设备、运输设备、办公设备等。这些资产在企业的生产经营中可以长期使用，其价值逐渐转移到产品中去。这些资产的处置要区别它们的现行价值、使用寿命、技术特性、生产效率以及技术进步条件下被淘汰的可能性，在此基础上按照资产整合原则进行整合。②流动资产整合。流动资产包括现金、有价证券、应收款项、存货等。现金的处置非常灵活。有价证券即企业短期投资如股票、债券等，这些资产流动性好，较易变为现金，是否转让主要看并购方企业对资金的需求和股票、债券的市场价格。存货的处置要根据并购后企业的发展方向确定其是否有价值，有价值的要按并购方企业的存货管理要求进行管理；部分暂时无用的可清点、盘存、入库；完全无用的应考虑转售，滞销品可折价出售以回笼资金。到期的应收款项应按照相关的管理制度结合各种催款措施予以追索。流动资产整合的目的是为了控制和提高流动资产的质量，改善流动资产的结构，加快流动资产的周转速度。

B. 无形资产的整合。对无形资产的整合也十分重要，并购中涉及的无形资产主要包括目标企业拥有的专利权、专有技术、商标权、专营权及土地使用权等。无形资产是并购后较易被忽视的资产，虽然它们不具有实物形态，但它们作为企业资产的一部分对企业有很大的价值。所以，企业并购后应重视无形资产的利用与整合。①专利权整合。专利权是指对某一产品的造型、配方、结构、制造工艺或程序拥有的特殊权力。对目标企业的专利权整合首先要确定它的价值、先进程度、剩余时间，然后根据企业的经营方向和发展战略决定保留还是转让。②特许经营权整合。特许经营权又称专营权，企业可以凭此获得超额利润。由于企业控制权的变动，必须经过原授权人的同意才可继续拥有此项权利。在授权人同意的基础上，企业可视其是否与企业经营方向一致进行处理，与经营方向不一致的，应停止使用；特许经营收益大于经营成本的可以保留。③商标权整合。商标权又称商标专用权，指目标企业的产品名称、字样、图形等商标，经登记后成为注册商标，为目标企业所独享。并购方企业可根据商标在消费者心目中的形象、地位、该商标产品的市场占有率等因素考虑用与不用。④专有技术整合。专有技术也叫技术机密，它指企业没有申请专利的先进或特有的工艺技术、设计方案、主要技术参数等。由于其具有特定的价值，大多数并购方企业应对该项无形资产予以保留，如与企业发展战略无关的，可以在技术市场上予以转让，有些过时的可以淘汰。⑤土地使用权整合。在西方国家中，企业所拥有的土地，一般划归为固定资产。在我国，企业只拥有土地使用权而没有所有权，应列为无形资产，它体现企业在一定时期内使用土地的法定权利。在考虑并购后企业的发展战略所需要的土地使用量、土地所处位置、土地的增值潜力等因素的前提下，再考虑目标企业的土地使用权是保留还是转让。⑥商誉整合。商誉是企业整体价值和单项有形资产及可辨认无形资产价值之间的差额，是企业赚取超额利润的能力。从其形成的来源看，商誉可分为自有商誉和外购商誉。自有商誉（也称自创商誉），是指作为持续经营的企业，其价值高于其拥有的净资产公允价值的部分。企业并购中形成的是外购商誉，即当并购一家企业时，并购方企业所支付的并购成本大于目标企业可辨认有形资产的公允价值的差额就是商誉。它是通过资产整合形成的。并购后商誉应予以摊销。

(3)存量负债整合。

存量负债整合是指在整合阶段将企业的负债通过债务人负债责任转移和负债转为股权等调整措施的总称，是对这一过程中各项工作的组织和协调。从债务整合的内涵来看，主要有以下两种形式：

A. 承担债务式。承担债务式是指被并购企业的债务全部由并购企业承担。即并购企业在承担债务的同时，也控制了被并购企业的资源。并购后企业在整合资源的同时，应对随资源转移过来的负债进行整合，整合过程必须按照“资源组合与负债结构应保持匹配和对称性”的要求进行，资源被剥离出售的变现款可用来支付近期计划偿还的债务。企业对未来将要偿还的债务应做到未雨绸缪，利用并购整合的契机来提高资源的流动性和变现能力，以增强未来偿债能力。负债整合应该与资产整合同步进行，以利于随时评估资产与负债的对称关系的合理性，并有效控制资产经营风险和负债筹资风险，使企业的总风险控制在企业可接受的范围之内，并继续经营。

B. 负债转股权。负债转股权即债转股式整合，是指为了减轻并购企业的债务负担，将被并购企业的负债转化为股权的形式。如果由并购企业承担被并购企业的全部债务，将会造成并购企业未来偿债压力太大。在这种情况下可以将一部分债务转为股权，将债权人转移为企业的股东，从而使企业负债率降低，保持合理的资本结构。①要将企业各类债权人按照求偿权的优先级别分类统计，同一级别的债权人在进行资本结构调整时享有相同的待遇。一般而言，在优先级别居前的债权人得到妥善安排之后，优先级别居后的债权人才能得到安置。②要确定接受债务的实体，即由谁来接受该债务。接受人一般有以下四类：一是被并购企业的原债权人，但应视其是否愿意接受将自己的债权转换为股权；二是并购企业的原股东，他们为保持控股地位，防止股权被稀释，往往会主动承担部分债务；三是其他投资人，如银行等金融机构、其他法人、机构投资者等，如果他们愿意接受债务，也可以成为企业的新股东；四是并购后企业对有关资源剥离后，围绕一些被剥离资源新设立的法人实体，在实际运行中，企业将负债转移到该法人实体，该负债可由原债权人继续持有或转化为股权，由不同的股东持有。负债转股权这种形式，既有利于债权人，也有利于债务人，它可以使债务企业摆脱财务困境，保证企业持续、稳定地经营，同时也将促进企业股权多元化的发展和现代企业制度的建立。

(4)财务组织机构整合。

财务组织机构整合在很大程度上影响并购的成功与否，所以，并购企业的管理者必须重新设计其组织结构，以支持新的发展战略。并购后，对企业整体组织机构的整合实际上与重新设置企业的管理组织机构原理上是一样的，但两者也有一定的区别。调整时要从管理组织机构一体化角度考虑，以避免局部调整导致与原体系的不协调，造成管理中的矛盾与新问题。

财务组织机构整合的步骤：

①拟订计划。

拟订计划包括调整的目的、要求、内容、方法和程序，并予以公告。除此之外，还要包括调整后的组织机构图，并说明其层次、职能、职责权力范围等。

②制定制度。

制定管理制度、法规草案，作为对原有的制度、法规的替代。不仅应有对全体人员共同的准则，也有对各级管理人员、各部门、各基层工作人员等的特定制度，作为组织机构调整后正常运行的保障。

③明确职权。

对财务组织机构调整的领导小组，应明确其职责权力，由其领导组织机构调整的全部工作，调整完成之后，小组即行解散。

④实际调整。

进行实际调整，并对调整过程中出现的新情况和新问题，探求原因，征求意见并寻找办法对调整方案加以修正，以期最终确定调整方案的实施。

⑤分析评估。

调整后的组织机构试运行一段时间，再出现新问题，要探求原因，征求意见并寻找办法对调整方案加以修正，以期最终确定调整方案的实施。若仍有一些问题，则应根据企业的经营目标和营运要求，再做一些调整，以便调整后的组织机构能正常地、有效地领导企业的经营活动。

（5）会计核算体系整合。

会计核算体系整合是统一财务制度体系的具体保证，也是并购企业及时、准确获取被并购企业信息的重要手段，更是统一绩效评价口径的基础。不论是收购还是兼并，若欲对双方营运作业予以合并，则账簿形式、凭证管理和会计科目等必须予以统一，这样有利于进行业务的融合。会计核算体系主要取决于资产并购后的企业规模、组织形式和内部管理的具体要求。不同的并购方式对会计核算体系建立所提出的要求是不同的，资产置换、股份回购、资产剥离、股权转让只涉及经济业务的会计处理问题，一般不会改变企业的会计核算体系和会计管理体系；而公司创立合并从会计主体的角度看是新会计主体的成立，创立后涉及新会计主体会计核算体系的建立问题。

吸收合并和创立合并面临的是单一独立核算单位的会计核算体系。它涉及财务会计核算体系和管理会计核算体系两大部分。财务会计核算体系是按照《会计法》《企业会计准则》的统一要求，针对企业自身规模、组织形式建立起来的。管理会计核算体系要体现企业内部管理与控制的特征，当然，在实际工作中，财务会计核算体系和管理会计核算体系是密不可分的。企业通过吸收合并或创立合并完成并购后，如果规模不大，业务不复杂，应选用集中核算的模式；如果因规模扩大、经济业务复杂而无法采用集中核算的，应在企业统一核算盈余、统一对外报告的前提下建立“分级核算、分级管理”的核算体系，企业内部的分级核算实际上属于为满足内部管理和控制需要而建立的责任会计核算制度。此外，还有母子公司会计核算体系。在股权收购的并购方式下，被并购方保留法人资格，母公司和子公司都是独立的会计主体，各自进行独立核算并对外编制会计报表。资产并购后的母公司要按照整体经营战略的规划，对本公司的会计核算制度进行相应调整，同时要规范子公司的会计核算制度。鉴于子公司独立实体的特征，其会计核算制度的规范不必照搬母公司的会计制度，而应该从会计核算连续性方面考虑，在保持原会计制度的基础上按母公司的统一管理要求进行修改和完善。具体应做以下几方面的工作：①统一规定会计期间和会计报表决算日。②统一规定主要经济业务的会计方法，如存货计价方法、折旧方法、外币折算方法等。对于各子公司因行业特点而无法在母公司范围内采用统一方法的，会计核算制度应详细规定子公司可供选择的方法范围以及每一种方法应具备的使用条件。③按《合并报表暂行规定》的要求确定合并报表的范围和无需纳入合并范围的子公司。

(6) 财务管理制度整合。

财务管理制度整合是保证并购企业有效、有序运行的关键，归根结底是企业所实行的一系列的财务政策的选择。并购前，各方企业根据各自的总体目标和现实要求指定或选择有利于自身发展的财务政策，因此，处于不同利益主体地位的并购各方在并购前其财务政策会存在很大的差别，而并购后各方又成为一个新的经济利益体，其总体目标具有一致性。因此，在选择财务政策时不能再仅仅从单个企业的角度出发，而应当以并购后的企业利益和目标为基础来选择或制定财务政策。财务制度整合主要包括投融资制度、固定资产管理、流动资产管理、工资管理、利润管理和财务风险管理等内容的整合。以股权收购方式为例，该种并购方式下往往形成的是一个企业集团。这就要求在企业内部建立一套较有特色和完善的财务管理体制，深化以财务预算为龙头的财务管理模式，建立财务管理网络机构，完善财务管理职能。这样才能保证企业经营活动的协调发展，以适应并购后企业集团经营跨度大、管理层次多的特点。

根据并购后企业管理机制的特点及对财务管理的要求，建立以并购方企业财务中心为中心，以各被并购公司财务部、财务室为网络的三级财务管理网络体系。由财务中心协调各级财务管理机构的职能，以发挥财务管理的总体效能。它们之间的关系是管理与被管理、监督与被监督、控制与被控制、服务与被服务的关系。

①一级财务管理机构：企业财务中心。

工作定位是：对被并购公司发挥监督、控制、顾问、银行的作用，为企业经营战略的实施提供服务。即以财务预算为依据，对被并购公司的财务进行监督和控制，实现其财务预算、资金管理、财务分析、成本费用管理、资产管理、内部银行、各项政策研究以及会计核算等基本职能。与这些职能相适应，在财务中心设立了包括财务预算、资金管理、成本费用管理、资产税政管理、财务结算管理（内部银行）、会计核算和内部审计在内的财务管理机构，它们之间相互联系、相互依托，主要从事的是对整个企业财务管理和对被并购公司会计核算工作的规范工作。

②二级财务管理机构：被并购公司财务部。

工作定位是：对被并购公司的生产经营活动进行监督、控制和评价，并及时准确地向集团企业和所属被并购公司的经营管理者提供具体的财务信息。在职能设置上，应摒弃一般企业重会计核算、轻财务管理的思想，要求主要企业一定要将财务与会计分开，以发挥财务管理在企业管理中的核心作用，做到“算为管用，管算结合”。

③三级财务管理机构：财务室。

工作定位是：开展目标成本管理服务。因此，抓好成本核算的基础工作，准确核算产品的成本，向各被并购公司财务部门提供产品成本信息，促使目标成本的实现是其主要职能。尤其值得指出的是，为充分发挥各级财务管理机构的作用，应该十分重视财务信息在这三级机构中的联结和纽带作用。

(7) 绩效评价体系整合。

绩效评价体系整合是指并购企业对企业运用指标体系的重新优化与组合。它作为企业管理控制系统的一个组成部分，很大程度上取决于组织结构特征。只有适应组织结构的绩效评价系统，才能有助于实施适当的控制。企业组织的结构随着企业战略并购的发生而变化，因此绩效评价系统也需要随组织结构的演进而调整，以取得和谐一致。

从层次上看，企业绩效评价体系可分为两个层次：第一层次是企业整体层次的绩效评价，按照评价对象的不同又分为企业绩效评价和管理者绩效评价；第二层次是企业内部各层次、各子公司的绩效评价，按评价对象的不同又可分为部门绩效评价和员工绩效评价。

从程序上看，绩效评价的程序包括确立评价目标、设计评价指标、选择评价标准、获取评价信息、形成评价结论这五个过程。因此，并购后的企业必须将并购双方的考核系统加以整合，建立适合并购后企业发展战略的绩效评价体系。其中最重要的有两个方面：一是选择绩效评价方法；二是设计绩效评价指标。目前的绩效评价方法有很多，每种方法适用于不同的评价对象，也各有利弊。这里对绩效评价方法不多做讨论，重点探讨一下绩效评价指标选择的问题。

①绩效评价指标体系的重建应遵循企业战略管理的理念和原则，取决于组织结构特征，只有适应组织结构的绩效评价系统，才能有助于实施适当的控制。企业组织的结构随着企业战略并购的发生而变化，因此绩效评价系统也需要随组织结构的演进而调整，以取得和谐一致。

②技术创新层面绩效评价指标体系。该层面的指标体系应由新产品、新工艺研究开发费用的投入及使用效率、新工艺的创新能力以及开发时间等指标组成。

③业务流程层面绩效评价指标体系。就制造业来说，即为企业内部生产经营过程，主要是指企业按顾客的需要进行产品生产的具体工艺过程等。该层面的指标体系主要有：产品的生产效率、机器设备的生产效率和产品售后服务。

④人力资源层面绩效评价指标体系。财务、客户、技术创新和业务流程列举了取得业绩突破所要掌握的要素，人力资源则成为推动上述四项评价指标取得好成绩的动力，企业战略经营强调的是未来的发展，对未来的投资，可使企业保持核心竞争力，形成战略竞争优势，而人则是形成这些优势的关键。该层面的评价指标主要由员工能力、员工满意度、员工培训、员工生产效率等指标组成。综合上面四个方面的指标，可以构建绩效评价体系的框架。

（8）现金流转内部控制整合。

现金流转的速度和质量直接关系到企业资金运用及效益水平，因此，应进行有效控制。由于不同企业对其控制的程度不尽相同，所以并购方应该对其进行整合。内部现金流转的控制以预算为标准。预算是用数字表明的预期成果，财务预算则是企业在计划期内反映有关预计现金收支、经营成果和财务状况的预算。由于企业内外各种因素的影响，企业的实际现金流转情况不可能与预算完全相等。现金流转控制的职能就在于发现实际与预算的差异，找出差异产生的原因，并采取相应的措施调整营业和财务上的安排，以防止损害企业财务系统正常运行的情况发生；同时还可以改善和提高企业的经营质量。现金流转内部控制的整合，是要求并购交易完成后，并购企业应明确规定被并购企业在何时汇报现金流转情况，所涉及的内容包括现金收支日报、现金收支月报、公司预算执行情况的分析报告等。这样可以使并购企业掌握企业现金流转情况，以便决定什么时候调整影响现金流转的营业活动和财务活动，以及调整程度的大小。

3. 财务整合的模式

不同的企业并购有不同的并购动机和具体的并购目标，不同的企业也有不同于其他企业的生产、经营管理特点和缺陷，因此企业并购中的财务整合有不同的财务整合模式。

(1) 移植模式。该种模式是指将并购方的财务控制体系适时地全面移植到被并购企业中，强制性地要求被并购方贯彻执行。该原则主要适应于以下几种情况：①被并购方的管理体系尤其是财务控制体系混乱，严重影响了被并购企业的发展，而并购方企业有着科学完善且行之有效的财务管理体系。在这种情况下，把并购方的财务控制体系或者是根据被并购方的具体情况，参照并购方的财务控制体系设计新的财务控制体系，采用强制性的注入方式，直接注入被并购企业。这样不仅会有效地改善被并购方的财务控制状况，还可以加快整合的进程。②并购方为了迅速扩大自身的规模，一次性地并购多家企业。在此种情况下，就可以把并购方的财务控制体制直接地移植到被并购的各个企业当中，这样有利于并购后整个企业集团业务的开展。

(2) 融合模式。原则上，移植模式要求被并购方要完全执行并购企业的财务制度体系，但如果并购的双方处于均势的地位，简单地把并购方的财务制度体系强加给被并购企业，势必会严重地影响企业并购整合的正常顺利进行，甚至有可能导致并购的失败。另外，由于纵向并购涉及不同的产业部门和不同的经营行为，很难找到一套既适应于并购企业，又适应于各个被并购企业的财务制度体系。而融合模式是将并购后原有企业的财务制度中的先进性和科学性等加以吸收和融合，形成新的财务制度管理体系，这样的财务制度管理体系显然有利于并购后新企业的组织管理和生产经营。

(3) 分立模式。分立模式是指并购完成后，并购双方的财务控制体系基本不动，仍在财务控制上保持相对的独立性。运用这种控制模式的前提是并购双方都有较完整的财务控制体系，并且双方的直接关联比较少。这种企业并购财务整合模式主要适应于以资本为核心的财务并购中，在这种并购体系，并购企业只对被并购企业的一些财务核心内容进行控制，而不涉及被并购企业的具体财务管理体系。

【案例分析】

海信收购科龙[①]

青岛海信空调有限公司成立于1997年，是海信集团先后投资近12亿元人民币、引进国际领先的变频空调生产技术组建的，以生产家用变频空调为主导产品的现代化大型企业。公司地处青岛海信平度家电工业园，工程占地50万平方米，厂房面积25万平方米。拥有世界先进的全自动氦检漏装置、热量计量室、噪音实验室等设备，并配套国内先进的整机成套检测线，辅之以按国际质量认证体系标准建立的质量保证体系和一流的革新管理体系，被专家评定为目前中国技术先进的大型变频空调生产基地。通过不断扩大规模，公司已突破300万套的年生产能力。海信空调自1997年4月投放市场后迅速占据国内变频空调市场的半壁江山，并以“节能、舒适、长寿”的变频空调赢得国内外消费者的认可。目前，海信空调产品已远销欧洲、美洲、非洲、东南亚、中东等国家和地区。公司在2004年年底的内部总结中，认为自己过去几年中最大的两个遗憾是规模不足和资本经营不力。恰逢其时，深陷困境的科龙为海信提供了千载难逢的机遇，一旦收购成功，海信电器就将成为国内黑白家电市场上的

① 杨洁：《企业并购整合研究》，经济科学出版社2005年版。

行业巨头，以弥补公司在制冷行业的缺陷。

广东科龙电器股份有限公司是中国当时规模最大的制冷家电企业集团之一，电冰箱年产达800万台，空调年产400万台，在国内冰箱及空调市场均占有重要地位，特别是冰箱市场的占有率连续十年位居全国第一。科龙一贯注重科技领先，1996年因无氟电冰箱技术获得行业内屈指可数的国家科技进步奖，2000年因碳氢物质替代CFC制造系统再获行业内同类别唯一的国家科技进步奖。至2001年，科龙已有十项冰箱核心处于国内领先地位，其中有五项更高居世界领先地位。2003年，在全球环境基金（GEF）组织举办的"节能明星冰箱"大赛中，科龙一举夺魁，获得"节能明星"大奖，标志着科龙冰箱的节能环保已达世界领先水平。2002年3月，科龙独立研发出划时代的冰箱分立多循环制冷技术，并将此项技术应用于自由多温区冰箱上，在世界上首次成功实现了冷藏室及冷冻室的独立循环和系统分时控制。在保证国内市场的同时，科龙国际化也迅猛发展，国际营销网络已覆盖全球75个国家及地区，国际营销的显著增长，出口业务收入增长连续两年翻番。2003年以来，科龙在国际营销中与全球知名制造商、大型家电连锁及超市建立了广泛的销售合作关系，外销以每年翻一番的速度增长，已成为公司利润及收入的一个主要增长点。另外，科龙的人才高素质化运动，使人才选聘国际化、人才使用高素质化、薪酬福利欧美化、人才开发科学化、人才管理制度化和人才培养职业化。科龙目前已形成了较好的人才梯次储备，设立了博士后流动站，有硕士及硕士以上文凭的共260多人，大学本科学历3 000多人，中级以上职称人员600多人，有国外教育和工作背景的100多人。人力资源作为科龙的第一资源，为科龙的管理创新、技术创新、营销创新提供了不断优化的人力资本，给公司的快速发展提供有力的保障。

从科龙公司2004年以前的年度报告看，公司经营情况良好。然而科龙电器2005年8月30日发布半年中报，称该公司去年虚增利润1.12亿元。中报承认，公司于2004年度多确认销售收4.31亿元。由于此项错误，使公司本年度年初未分配利润减少1.12亿元。中报显示，公司上半年主营业务收入45.58亿元，同比下降7.56；亏损4.87亿元，去年同期为盈利1.59亿元。此外，公司2003年还漏记应收及应付款项各6 500万元。同时，在科龙系6人被采取强制措施之后，公司董事张宏也被采取刑事强制措施。除虚增利润外，科龙还披露了一些以往的非法交易。公告称，该公司一子公司开设了账外的银行户头，并从2003年3月至2004年2月期间进行了一连串交易，该户头之操作涉及利用未经公司许可而刻制的公司法人章及财务专用章，涉及金额1.3亿元。科龙电器于2005年4月5日起接受中国证监会立案调查，此后科龙系开始土崩瓦解，公司生产陷于停顿。在这种情况下，科龙电器选择资产重组已成为必然选择。海信空调协议受让格林科尔持有的2.62亿科龙股份，占科龙总股本的26.43%。股份的转让价格为9亿元人民币，折合每股3.432元，首付款5亿元。

海信收购科龙后，将与科龙进行资产置换，对空调资产整合海信有两种选择：一是海信将空调资产注入科龙，科龙则相应剥离小家电产业及低端产品；二是科龙通过定向增发，收购海信空调的空调资产。在整合海信与科龙的空调资产同时，科龙也将完成股改。同时，海信将冰箱产业注入科龙，一方面可以继续增强科龙在冰箱领域的领先地位，另一方面也可以使海信电器摆脱掉毛利率较低的冰箱产业。通过收购科龙，海信集团将成为国内白色家电的巨无霸之一，其在白色家电的实力直逼同城兄弟——海尔。特别是在冰箱、空调两个产品上，海信集团将实现大跃进。在冰箱产业上，海信集团将借收购一跃成为国内老大；而在空调产业上，也将一举跻身第一集团军行列，与格力、海尔、美的平起平坐。

思考：

根据本文，围绕海信收购科龙的动因、收购方式、并购后的整合等问题进行分析，做出总结。

【本章小结】

并购也称兼并与收购。

并购方式是指并购企业通过一种什么样的方式来达到控制或拥有目标公司的目的。按并购双方所处的行业，并购分为横向并购、纵向并购和混合并购三种。按并购交易是否通过证券交易所，并购划分为要约并购与协议并购。按企业资产的产权转移方式，大致可以分为购买资产式、购买股票（控制权）式和公司兼并。从并购行为的角度来看，分为直接并购和间接并购。按是否利用目标企业自身资产来支付并购资金，可分为杠杆并购和非杠杆并购。

公司并购的主要支付方式有三种，即现金支付、股权支付和综合证券支付。并购融资渠道以资金来源为标准，主要有内部融资和外部融资两大渠道。

企业并购的相关理论要解决的是企业并购的动因问题，目前西方企业并购理论包括市场势力理论、交易费用理论、规模经济理论、企业价值低估理论和财务协同理论等。

企业并购的全过程主要包括并购可行性分析、目标企业价值的评估、出价方式的确定、收购资金的筹措、收购后的整合和债务的偿还等，上述各环节中都有可能产生财务风险，包括目标企业价值评估风险、融资风险、并购后财务整合风险这三方面。

并购整合就是并购双方在并购战略远景的驱动下，通过采取一系列战略措施、手段和方法，对企业要素进行系统性融合和重构，并以此来创造和增加企业价值的过程。并购整合包括六个方面的内容，即战略整合、文化整合、人力资源整合、管理整合、能力整合和财务整合。

【思考与讨论】

1. 什么是并购？并购有哪些类型？
2. 如何理解并购的动因理论？
3. 并购的财务风险是怎样形成的？
4. 财务整合应贯彻什么原则？主要包括哪些内容？

【课外作业】

一、单项选择题

1. 在购并一体化整合中，最困难的整合是（　　）。

A. 文化一体化　　B. 管理一体化　　C. 作业一体化　　D. 财务一体化

2. 企业集团通过借款的方式购买目标公司的股权，取得控制权后，再以目标公司未来创造的现金流量偿付借款的收购方式是（　　）。

A. 现金支付　　B. 杠杆收购　　C. 股票收购　　D. 卖方融资

3. 在两家公司兼并中，结束其中的一家，另一家存续下来。这种兼并称（　　）。

A. 吸收兼并　　B. 新设兼并　　C. 资产兼并　　D. 股份收购

4. 并购类型不属于按并购实现方式划分的是（　　）

A. 承担债务式　B. 要约收购　C. 现金购买式　D. 股权交易式

二、多项选择题

1. 企业并购外部融资渠道有（　　）。

A. 普通股股票　B. 债券　C. 认股权证　D. 折旧

2. 企业并购的过程包括（　　）。

A. 并购可行性分析　B. 目标企业价值评估　C. 出价方式的确定

D. 收购资金的筹措　E. 收购的整合和债务的偿还

3. 财务整合的一般模式包括（　　）。

A. 移植模式　B. 融合模式　C. 分立模式　D. 叠加模式

三、论述题

试论企业并购整合中财务整合的重要性。

第十三章　国际财务管理

【学习目标】　本章的核心是了解国际财务管理的重要性和主要内容；掌握外汇风险的防范及国际投融资管理的主要内容和方法；理解国际转移价格，并能运用相关知识解决和分析我国企业在国际财务管理中遇到的实际问题。

【引入案例】

沃尔玛在中国市场的扩张①

沃尔玛公司因其成功地遍布全美国的零售店而闻名。1996 年，它在有 370 万人口的中国深圳建立了两个零售点。这些零售点规模巨大，包括本地产品以及进口商品。沃尔玛的产品定价低于深圳其他零售店的 3% ~5%。因为沃尔玛公司的零售店的盈利超过它在深圳所需要的资金，所以又将这些多余利润汇回美国。沃尔玛公司已经在其他城市建立了更多的零售处。

沃尔玛公司在跨国经营中在理财管理方面面临怎样的风险？如何化解风险？带着这些问题，我们来学习这一章内容。

随着全球经济一体化进程的加快，企业国际业务活动迅速发展，特别是跨国公司的国际业务的发展，要求管理人员从全球的角度来考察、分析业务。国际业务的财务管理的基本原理也是依据和国内业务财务管理相同的价值基础。虽然国际财务管理活动可以筹集利更多的低成本的资本，可以在更大的范围内进行资本预算，但是国际财务管理活动要比国内财务管理活动更为复杂，而且还要面临着国内业务所没有的风险因素，如外汇风险、政治风险等。国际财务管理是财务管理的一个新领域，它主要研究国际企业从事跨国性生产经营活动而在组织财务活动、处理财务关系时所遇到的特殊问题。

对于国际财务管理的内容，国内外财务著作的阐述有所不同。有的把国际金融的一些内容，如国际货币体系、国际筹资管理、国际投资管理、外汇风险管理等，列作国际财务管理的内容。也有的把国际会计的一些内容列作国际财务管理的内容，如合并会计报表、物价水平调整会计、比较会计等。鉴于财务管理的基本职能是合理地筹资、投资和用资，结合国际理财所涉及的特殊问题。国际财务管理应该包括以下主要内容：

（1）外汇风险管理。外汇风险管理是国际财务管理的一项独特的基本内容，是国际财务管理与国内财务管理的根本区别之所在。由于外汇汇率大幅度变动可能会给企业带来收益，

① 丁涛，杨宜苗：《沃尔玛在中国市场的扩展、模式、进程及战略研究》，《中国零售研究》2013 年第 2 卷第 1 辑。

但也可能造成重大损失。国际企业的财务管理人员必须熟知外汇风险管理的程序和方法，以便为企业增加收益，减少损失。

(2) 国际融资管理。国际经营活动的资金需求量大，仅靠自有资金和国内资金难以负担，需要在国际范围内筹集资金。国际金融市场的建立和完善为国际企业的国际融资提供了便利条件。

(3) 国际投资管理。国际筹资的目的在于进行国际投资。虽然国际投资的决策原理与国内投资基本相同，但是需要考虑的因素却更为复杂。

(4) 国际转移价格管理。国际转移价格的制定以实现公司的全球战略、追求全球利润最大化为根本目标。各国的税收制度及其他法规的不同，加上国际市场存在结构性缺陷和交易性缺陷，为跨国公司最大限度地使用转移价格，以实现其全球战略提供了诱因和条件。

第一节　外汇风险管理

一、外汇风险的概念及分类

外汇风险（foreign exchange risk）有广义和狭义之分，广义的外汇风险是指由于汇率、利率变化以及交易者到期违约或外国政府实行外汇管制，给外汇交易者可能带来的任何经济损失或经济收益。狭义的外汇风险仅指因两国货币汇率的变动给交易双方中任何一方可能带来的损失或收益。本节所讨论的外汇风险主要是指狭义的外汇风险。

企业的外汇风险一般可分为交易风险、折算风险和经济风险三类。此外，还有税负风险等。税负风险是指汇率变动对跨国公司各种税负所带来的风险，如汇率变动对应税收入发生影响，随之将会影响企业实际税负。由于折算风险并不会给企业带来实际现金流的变化，本节中我们主要讨论交易风险与经济风险的防范。

二、交易风险

（一） 交易风险的概念

交易风险是指企业在以外币进行的各种交易过程中，由于汇率变动而引起损失的可能性。

（二） 交易风险的种类

(1) 以商业信用方式购买或销售商品或劳务，而价格是用外币计算的，在货物装运或劳务提供后，而货款或劳务费用尚未收支的这一期间，外汇汇率的变化而发生的风险。例如，美国某跨国公司向我国香港某公司出售一台设备，该设备的制造成本为15 000美元，售价为130 000港元，合同签订时的汇率为1美元=7.6港元。按此汇率计算，美国跨国公司可获利2 105美元。但合同规定付款日是在六个月之后，六个月之后的汇率可能会发生变化，因而会使美国跨国公司收到的货款可能大于也可能小于17 105美元。假如付款日的汇率为1美元=7.7港元，则跨国公司实际收到的货款是16 883美元，减去制造成本15 000美元，实际获利只为1 883美元。损失的222美元就是交易风险。

（2）借入或借出外币，在债权债务清偿前所存在的风险。其道理和上面是一样的。对债权，如果外币升值，则公司可获利得，外币贬值，则公司就会损失；反之，对债务，如果外币升值，公司就会产生损失，外币贬值，公司就会获取利得。

（3）在期汇交易中，由于合同的远期汇率与合同到期日的即期汇率不一致，而使交易的一方按远期汇率换得（或付出）货币数额多于或少于按即期汇率换得（或付出）的货币数额而发生的风险。在外汇交易中，期汇合同的交易是指为避免外汇汇率变动的损失而将外汇结算的时间及所用汇率以契约形式确定下来的外币交易，也就是在期汇合同中已预先约定在未来日期进行交割的汇率。例如，美国一公司预计在未来的两个月内日元的汇率将上升，于是该公司就与外汇经纪银行签订了一项60天后交割1 000万日元的期汇合同，合同规定60天后外汇经纪银行按远期汇率1美元=250日元卖给该公司1 000万日元。假定60天后的即期汇率是1美元=240日元，那么该公司在合同到期日以美元买进经纪银行的1 000万日元来履行合同，然后又将这1 000万日元按即期汇率抛出，可兑换41 666.67美元，这多兑的1 666.67美元是该公司的投机获利。因为是投机，所以也有损失的时候，关键要看投机者的预测能力。但是对大多数采用期汇交易的公司来说，期汇合同的外币交易是用来“套期保值”的，而不仅仅是用来投机获利。“套期保值”的做法是：预先购买在未来特定日期交割的外国货币的期货以备日后用以支付债务，或预先售出期货以待日后交割外国货币。通过这样的处理，公司就可以避免因汇率变动而带来的风险和损失。

（三） 交易风险的管理策略

1. 准确预测汇率变动的长期趋势

做好汇率预测工作，掌握汇率变动趋势，便于在国际收付中正确选择和使用收付货币。

2. 正确选用收付货币

在对外经济交易中，计价货币选择不当往往会造成损失。例如，美国一进出口公司出口产品时以美元计价进行结算，进口产品时以日元计价，如果美元贬值，该公司将蒙受损失，如表13.1所示。

表13.1 计价货币选择不当示例

汇率	出口应收款	出口应付款
成交日1美元=110日元	1万美元	110万日元相当于1万美元
成交日1美元=100日元	1万美元	110万日元相当于1.1万美元

当美元贬值时，由于出口以美元计价，出口收到的贷款不受汇率变动影响，始终为 1 万美元。而进口以日元计价，同样支付 110 万日元，在成交日价值 1 万美元，而在结算日价值为 1. 1 万美元，即该公司将损失 1 000 美元。反之，如果该公司改变计价货币，情况将完全不同。即出口以日元计价，进口以美元计价，这样该公司不仅不会蒙受损失，还会额外获得 1 000 美元的利润，如表 13. 2 所示。

表 13. 2　计价货币选择恰当示例

汇率	出口应收款	出口应付款
成交日 1 美元 =110 日元	110 万日元相当于 1 万美元	1 万美元
成交日 1 美元 =100 日元	110 万日元相当于 1.1 万美元	1 万美元

可见，正确选择计价收款货币对于国际经济业务相当重要。一般原则如下：

（1）计价收付货币必须是可兑换货币。自由兑换货币可随时兑换成其他货币，既便于资金的应用和调拨，又可在汇率发生变动时，便于开展风险转嫁业务。

（2）收硬付软。即在出口贸易中，力争选择硬货币来计价结算；进口贸易中，力争选择软货币计价结算。但是在实际业务中，货币选择并不是一相情愿的事，因为交易双方都想选择对自己有利的货币，从而将汇率的风险转嫁给对方。因此，交易双方在计价货币的选择上往往产生争论，甚至出现僵局。为打开僵局，促使成交，使用“收硬付软”原则要灵活多样。例如，可通过调整商品价格的方法，把汇率变动的风险计进商品的价格中；同时还可采取“软硬对半”策略等。

（3）综合考虑汇率变动趋势和利率变动趋势。这主要是指在国际市场上筹措资金时，低利率债务不一定就是低成本债务，高利率债务也不一定就是高成本债务。例如，有 A、B 两笔债务，A 债务以美元计价年利率为 12%。B 债务以日元计价年利率为 8%，而美元汇率将贬值 4%，日元汇率将升值 4%，这样 A 债务的实际利率是 8%，而 B 债务的实际利率为 12%。因而，实际上 B 债务的成本比 A 债务的成本高。

3. 提前与延迟

就是在外币坚挺时，对外币应收账款应延期收回（尤其是当所在国规定外汇收入必须立即兑换为本币时），对外币应付账款则应提前支付；当外币疲软时，外币应收账款便应提前收回，而应付账款当力争延迟支付。如果交易双方属于不同利益的两个公司，则在提前或延迟收支时，得益方将会被要求应付给对方一定的折扣或风险费，具体费率由双方协商确定。在有些国家里，对提前与延迟支付做了一些限制性规定。

4. 加列货币保值条款

如果选择的合同货币仅为一种，为增加保险系数，可以在有进出口合同或对外借贷合同中加列货币保值条款，将外汇风险转移给交易对方，或由双方共同承担。

现行的货币保值条款多为“一揽子”货币保值，即同时利用多种货币保值，以免受汇率波动损失的一种方法。具体做法是，先选定若干种货币作为保值货币，把合同中所规定的支付货币与各种保值货币的汇率定死，然后确定各保值货币所占的权重。在到期付款时按当时的汇率变动情况、权重进行调整。在浮动汇率下，虽然各种货币汇率每天每时都在变动，但方向和幅度不一致，有的上升，有的下降，有的幅度大，有的幅度小，以“一揽子货币”对避免外汇风险是十分有效的方法。

5. 在金融市场上利用金融工具进行避险

通过外汇市场和货币市场的各种交易防范外汇风险的各种方法，主要有以下几个方面。

(1) 即期外汇交易。

即期外汇交易又称现汇交易，是指外汇买卖成交以后，在两个营业日内（不包括成交的当日）办理交割的外汇交易。

在进口的场合，可以运用即期外汇交易防范风险。其操作方法是：在进口成交的当日，进口商便可与外汇银行做一笔即期外汇交易，从外汇银行买到与进口金额等额的外汇，待结算票据以向出口商支付。这样，即使在进口成交日以后计价结算的外币汇率上涨，由于进口商已经将该货币提前买到，也不会蒙受任何损失。

(2) 远期外汇交易。

远期外汇交易又称期汇交易，是指外汇买卖双方成交以后，当时并不办理交割，而是按照合同规定，在约定的将来某一时日才能办交割的外汇交易。

远期外汇交易适用于进出口和期限为一年的短期对外借贷等各种场合。其操作方法是：在出口或短期对外贷款成交的当日，出口商或债权人便可与外汇银行做一笔期限与出口结算日或收回贷款日相吻合的远期外汇交易，向外汇银行卖出远期外汇；而在进口或短期从外借款成交的当日，进口商或债务人则可与外汇银行做一笔期限与结算日或归还借款日相吻合的远期外汇交易，从外汇银行买进远期外汇。由于远期外汇交易所依循的远期汇率在远期外汇交易成交的出口当日便载入合同，并不随实际汇率的变动而改变，因此，出口商或债权人以计价结算或计值清偿货币所能兑换到的本国货币或其他外币数额，进口商或债务人为购买计价结算或计值清偿货币所需支付的本国货币或其他外币数额在远期外汇交易成交的当口便确定下来，从而消除了外汇风险。

(3) 外币期权交易。

外币期权交易是一种合约性的远期外汇交易。外币交易双方首先签订一个合约，该合约要注明保险费、交易币别、交易金额、协定价格、合约的有效期限等内容。然后，期权的买主向期权的卖主支付保险费，买下代表期权的合约。根据该合约，期权的买主有权在合约的到期日或到期前以协定价格买进或卖出规定数量的外币，或自动放弃这种权力。

在进口或短期从外借款的场合，在成交的当日，进口商或债务人可以期权买主的身份，做一笔买进期权的交易，期权合约的有效期应与进口结算日或归还借款日相吻合。到期权合约到期日，亦即进口结算日或归还借款日，如果当日即期汇率高于协定价格，则进口商或债务人便可履约，行使买进规定数量外币的权力，以按相对低的协定价格买到的外币对出口商或债权人支付；反之，如果当日即期汇率低于协定价格，则进口商或债务人可以不履约，让期权合约自动失效，而在外汇市场上按相对低的即期汇率买到外币，据以支付。在出口或短期对外贷款的场合，在成交的当日，出口商或债权人可以期权卖主的身份做一笔卖出期权的交易，期权合约的有效期应与出口结算日或收回贷款日相吻合。到期权合约到期日，亦即出口结算日或收回贷款日，如果当日即期汇率低于协定价格，则出口商或债权人可履约，行使卖出规定数量外币的权力，将收到的贷款或本金按相对高的协定价格卖出；反之，如果当日即期汇率高于协定价格，则出口而或债权人便可以不履约，自动放弃所享有的权利，而在外汇市场上按相对高的即期汇率将收到的贷款或本金卖出。

（4）外币套期保值。

外汇汇率套期保值，就是利用外汇期货交易，确保外币资产或外币负债的价值不受或少受汇率变动带来的损失。

国际贸易中的应收款、给国外附属机构贷款、货币市场存款等，如用外币支付，都可利用套期保值来避免损失。

例如，假设美国一家制造商在瑞士有家工厂，该厂急需资金以支付即期费用，6 个月后财务情况会因购买旺季来到而好转。美国制造商正好有多余的资金可供瑞士工厂使用，于是便汇去 730 万瑞士法郎。为避免将来汇率变动带来损失，一方面在现货市场买进瑞士法郎，同时又在期货市场卖出同等数量的瑞士法郎，情形如表 13. 3 所示。

表 13. 3　空头套期保值

现货市场	期货市场
6 月 1 日 买进 300 000 瑞士法郎 汇率：0. 401 5 美元/瑞士法郎 价值 120 450 美元	6 月 1 日 卖出 2 份 12 月瑞士法郎 期货合约，每份 150 000，共 300 000 瑞士法郎 汇率：0. 406 0 美元/瑞士法郎 价值 121 800 美元
12 月 1 日 卖出 300 000 瑞士法郎 汇率：0. 406 0 美元/瑞士法郎 价值 121 800 美元	12 月 1 日 买进 2 份 12 月瑞士法郎期货合约 汇率：0. 406 5 美元/瑞士法郎 价值 121 950 美元
盈利 1 350 美元	损失 150 美元

首先，美国制造商是在现货市场买，期货市场卖：然后在现货市场卖，期货币场买，即“等量相对”的原则。只有这样，一个市场上受的损失才能由另一个市场的盈利来弥补。其中的奥秘在于，无论现货法郎还是期货法郎，其价格波动受同样的因素支配，要涨都涨，要跌都跌。

（5）掉期交易。

掉期交易是指在买入或卖出即期外汇的同时，卖出或买入同种货币远期外汇的外汇交易。掉期有两种方式：一是买入即期外汇与卖出远期外汇的结合；二是卖出即期外汇与买入远期外汇结合。

在套利的场合，可运用掉期交易防范外汇风险。所谓套利是指货币持有者，根据两个不同货币市场上短期投资利率的差异，将货币资金由利率低的货币市场调往利率高的货币可场。例如，伦敦货币市场短期投资的年利率为 12%，而纽约货币市场短期投资的年利率却为 10%。一位美元持有者如果投资于纽约货币市场，则比投资于伦敦货币市场少获年利率 2% 的利息。于是，该美元持有者为多获利息，便于某月 1 日进行一笔即期外汇交易，以美元买入即期英镑然后将英镑掉往伦敦货币市场，进行为期 6 个月投资，收回投资时英镑对美元汇率下跌，蒙受以英镑换回的美元数额减少的损失。该美元持有者便可买入即期英镑的同时，做一笔远期外汇交易，卖出与短期投资期限相吻合的 6 个月远期英镑。这样，无论日后英镑对美元汇率如何跌落，该美元持有者也不会受任何影响。

三、经济风险

（一） 经济风险的概念

经济风险是由于意料不到的汇率波动引起的企业营业现金流量发生的波动。经济风险是外汇风险中最重要的风险，因为这种风险对企业经营产生长期影响。对经济风险的管理属于企业战略管理的范围。这是因为它所涉及的空间领域非常广，时间跨度相当长，业务活动范围又是全面整体性的。在空间上要同许多国家的许多市场发生联系；在时间上要展望许多年，一般要延续七八年；在业务上不仅同财务管理有关，而且同企业的营销、生产、资源供应和工厂布局的方针策略有密切关系。经济风险对企业经营业务的影响是全面的。

如在20世纪60年代后期，德国大众汽车公司曾是世界上最大的汽车出口商之一，而且美国是它最大的市场。可是，在1969年、1971年、1972年德国马克对美元几次升值，从1969年的4马克兑换1美元，到1972年年末升为2.7马克兑换1美元。德国马克升值的结果使大众汽车公司的汽车在美国市场缺乏竞争力，其销售量从1968年的57万辆降为1976年的20万辆。而且在欧洲也面临着由德国马克升值所产生的市场竞争困难，因为汇率变化削弱了其对法国雷诺、意大利菲亚特的竞争力。

结果，该公司的经营利润从1969年盈利3.3亿马克降为1973年亏损8.07亿马克。很显然，这是因为该公司对这种经济风险的影响事先没有采取相应的战略管理措施所造成的。该公司接受了这个教训，在以后的经营战略上采取了一系列改进措施。第一，在筹资方向上从单纯在国内筹资改为部分向国外筹资，尤其是像美国资本市场筹资，以多种货币代替一种货币，减少经济风险影响。第二，在生产场所上从单纯在国内生产改为在多国生产，特别是在美国设立生产工厂以减少马克升值的风险。第三，在国外，主要是在美国采购零部件和设备，以平衡外汇余额，降低马克升值的压力。

（二） 经济风险的管理策略

经济风险应采取不同的方法进行管理，这就是经营与财务的多元化政策。

1. 经营方面的多元化

经营多元化是指跨国公司在国际范围内分散其销售、生产地址及原材料来源。由于不同地区和国家的汇率变动是不同的，有时是相反的，因而对公司的影响也不相同，在某些国家和地区的分、子公司的经营项目的现金流量的现值可能会减少，而另外的国家和地区的分、子公司项目的现金流量现值却可能增加。对整个跨国公司来讲，就会出现现金流量较平稳的过程，从而防止或抵消经济风险。

2. 财务方面的多元化

财务多元化灵活多变，经常使用以下三种方法：

（1）筹资多元化。这是指跨国公司在多个不同的资本市场中等集资金，也就是从多种货币中寻求资金来源。由于不同倾向的升值和贬值可能是不同或相反的，风险也会因此而减少或避免。

（2）投资多元化。这是指跨国公司向不同的国家和地区投资，赚取不同的外汇收入，也就是通过投资多元化来达到经营多元化，从而缓解甚至消除经济风险。

（3）外币债权和债务逐个配对。这是指跨国公司尽可能地将各种外币的债权和债务缩小差额，差额越小，外汇汇率变动的影响也就越小。或者是跨国公司不将其外汇收入兑换成本国货币，而是将它全部存入银行外币账户中，作为进口和支付其他费用。这样，既可以节省买卖差价和银行手续费，又可以使汇率变动引起的汇率损失和汇率收益相抵。

第二节　国际筹资

一、国际筹资的概念

（一）国际筹资的概念

国际筹资是指在国际金融市场上，运用各种金融手段，通过各种相应的金融机构来进行的资金融通。随着国际资本流动速度的加快，对资金需求的增加，国际筹资越来越成为一国筹资的重要手段。

（二）国际筹资的特点

1. 筹资环境比一般国内企业更复杂

由于国际企业不仅在公司集团内部融通资金，而且更多地在公司集团外部，尤其是在国际资本市场上筹措资金，筹资的机会相对较多。与此同时，筹资中所受的影响因素也较多，如各国的政治气候、法律环境、经济条件及文化背景等，而且大部分因素都处于不断地变化之中，其不确定性较大。因此，国际企业的筹资风险也较大。

2. 筹资机会、渠道更多

由于国际企业所需资金较多，因而不是公司集团内部相互融通资金所能解决的，也非一般银行或其他单一组织能完全满足的。通常，国际企业需要跨越国界在地区性市场或国际市场上筹措资金。团此，国际企业有更广泛的资金来源。

3. 融资决策难度大

无论在筹资渠道和筹资方式的选择上，还是在筹资结构及综合成本的设定上，或是在筹资方案的选择及筹资风险的防范上，国际企业所需考虑的因素都较多，其难度较大，要求也较高。

二、国际融资的筹资渠道和筹资方式

（一）国际筹资渠道

筹资渠道是指资金需求者资金的来源。国际筹资渠道主要有以下四个方面：

1. 来自跨国公司内部的资金

这是指跨国公司内部母公司与子公司之间、子公司与子公司之间相互提供资金。

其形式主要有：

（1）股权筹资。母公司向子公司投入股权资本，资金自母公司流向子公司。这种形式有利于加强母公司对子公司的控制权，但面临较大的风险，如外汇风险、股利汇回风险，也存在财产被没收或国有化的风险。

（2）内部贷款。母公司利用自有资金向子公司贷款或子公司之间进行贷款。这种方式的优点是：支付的利息具有抵税功能，筹资成本较低，避免利润无法汇回的风险；其缺点是：子公司从国外借入资金面临的外汇风险较大。

2. 来自本土国的资金

跨国公司可以充分利用其在本土国的影响力，从本土国的金融机构、政府组织、企业及社会公众获得资金。具体说来包括：从本土国金融组织获得贷款，在本土国资本市场上发行债券、股票筹资，通过本土国有关政府机构或经济组织获得贸易信贷三条途径。其优点是比较容易取得，但面临较大的外汇风险。

3. 来自东道国的资金

跨国公司可以根据东道国的经济状况和金融环境在资本市场上发行股票或债券筹资，也可以从当地金融机构借款，从而筹集到所需资金。在东道国筹资的优点是政治风险较低、债务利息可以抵税、外汇风险小，但削弱了母公司对子公司的控制。

4. 来自国际金融机构或第三国的资金

跨国公司可以从各种国际金融机构如世界银行、国际复兴开发银行、国际开发银行、亚洲开发银行等取得贷款满足资金需求，也可以从第三国的金融市场上获得资金。

（二）国际筹资方式

国际筹资方式是指跨国公司在国际资本市场上取得资金的具体形式，它与国际融资渠道既有联系，又有区别。同一渠道的资金往往采用不同的方式取得，而同一筹资方式往往又用于不同的筹资渠道。国际筹资方式主要有国际股权筹资、国际举债筹资两大类。

1．国际股权筹资

国际股权筹资主要是指国际股票筹资，即跨国公司通过在国际资本市场上发行以外国货币为面值或以外国货币计价的股票向社会筹集资金的一种方式。传统上大多数跨国公司的主要股权资本来自母公司所在国的投资者。但近年来，一些跨国公司来自国外投资者的股权资本比例有所上升。这是因为国外投资者喜欢通过购买跨国公司的股票来实现国际股权组合投资以降低投资风险。

进行国际股权筹资有如下四个优点：

（1）在跨国公司存续期内所有筹集的资金属于永久性资本无需偿还。

（2）普通股股利的分派与否、分配多少视公司经营情况而定，而无法律限定，因此不会成为公司的固定负担。

（3）发行国际股票能提高公司在国际上的知名度，有利于开拓国际市场同时也为跨国公司进行国际举债提供了基础。

（4）在通货膨胀的情况下，采用股权筹资能使国际股东抵消一部分由于通货膨胀对购买力的影响，因而更容易吸引资金。

当然，进行国际股权筹资也存在一些缺点：①发售新的普通股可能会稀释原有大股东的控制权；②由于国际股东承担的风险较大，因而股东要求的报酬率也会较高，从而提高了融资成本；③相对于其他融资方式而言，国际股权筹资的发行费用较高。

2．国际举债筹资

跨国公司通过举债筹集资金，具体方式包括国际债券筹资、国际信贷筹资和国际租赁筹资。

（1）国际债券筹资。

即跨国公司在本国以外的金融市场上发行以外国货币或欧洲货币为面值，由外国金融机构承销债券的一种筹资方式。按照面值与发行债券所在国的关系，国际债券可以分为外国债券、欧洲债券和全球债券。

国际债券筹资的优点：①筹资期限较长，一般在10年以上；②利率较低，一般低于同期银行贷款，融资成本也低于国际普通股的资本成本；③偿还方式灵活，可以提前偿还也可以延期偿还；④适当运用债务的财务杠杆作用既可以增加股东财富也不会引起控制权稀释。

国际债券筹资的缺点：①发行程序较复杂，准备时间较长，发行费用较高；②利息成为跨国公司的固定负担；③增加跨国公司的破产风险。

（2）国际信贷筹资。

国际信贷筹资是指跨国公司向世界范围内的国际金融机构或其他经济组织借贷的一种筹资形式，包括如下四种方式：

①国际银行贷款。国际银行贷款是指借款人通过本国银行在国际金融市场上向外国贷款银行借入资金的一种信贷方式。国际货币市场很多，但最主要的为欧洲货币市场和亚洲货币市场。欧洲货币市场是存放和借贷欧洲货币的国际金融市场。欧洲货币是指在原发行国领土

以外流通、交换、存放、借贷和投资的各种货币。例如，“欧洲美元”乃是指在美国境外流通、存放和借贷的美元。因此，欧洲货币市场产生于欧洲，但已不是一个地区性而是一个世界性的货币市场，有人称之为国际货币市场。亚洲货币市场是存放和借贷亚洲货币的国际金融市场。亚洲货币是存放在亚太地区国际银行中的境外美元和其他可自由兑换硬通货的总称。从广义上讲，亚洲货币市场是欧洲货币市场的一个分支，其利率水平受伦敦银行间同业拆放利率的影响。

国际银行信贷无论是最初的放贷还是最终的收回，都采取货币资本形式。它有三个特点：一是没有附加条件限制，可用以购买任何国家和地区的货物；二是手续简单，支取自由，贷款供应充沛，可灵活选用币种和还本付息的方式；三是与发达国家国内银行信贷相比，其利率较低。但因这种信贷大多是中长期的，除采用国际金融市场的浮动利率按复利计算利息外，还要支付承诺费、管理费、代理费以及杂费等贷款费用，因此资金成本较高。

②政府贷款。政府贷款是指一国政府利用国库资金向另一国提供的优惠性贷款。这种贷款一般是某一发达国家向某一发展中国家提供的。政府贷款具有贷款期限长、利息低，常用于指定项目，程序复杂，常伴有购买限制条款等特点。

③国际金融组织信贷。国际金融组织是指许多国家共同兴办的，为了达到某项共同目的在国际上进行金融活动的机构。按参与组织的国家多少、业务范围大小，可分为全球性的国际金融组织和地区性的国际金融组织。国际货币基金组织、世界银行等都属于全球性的国际金融组织。像亚洲开发银行等就属于地区性的国际金融组织，它的任务是通过贷款进行投资，提供技术援助，以促进亚太地区的经济发展与合作。

④国际贸易信贷。国际贸易信贷也称跨国公司的进出口信贷，是指一国为支持和扩大本国出口，增强国际竞争能力，以对本国出口给予利息补贴或提供信贷担保的方法，鼓励本国的银行对本国的出口商或外国进口商（或其银行）提供利率较低的贷款，以解决本国出口商资金周转的困难，或满足国外进口商对本国出口商支付货款需要的一种信贷方法，其具体形式主要有两种：卖方信贷和买方信贷。

卖方信贷是指在大型机械或成套设备贸易中，出口公司所在国银行向出口公司（卖方）提供的信贷，它属于商业信用。在这种信贷方式下，出口公司付给银行利息和费用一般转嫁给国外的进口公司。贷款手续简单，使用方便。

买方信贷是指在大型机械或成套设备贸易中，由出口公司所在国银行向进口公司（买方）或进口公司所在国银行提供的用以支付货款的信贷，它属于银行信用。有关利息和费用不包括在贷款之中。这种信贷方式可使进出口贸易即期现汇成交，有利于出口公司及时收回货款，也使进口公司负担的费用和利息较少。但其手续较为复杂、贷款限定用途，条件较为严格。

3. 国际租赁筹资

国际租赁筹资也是跨国公司一种重要的筹资方式。在租赁融资中，承租人为了获得资产的经济用途承诺向出租人定期支付租金，这种规定的债务使租赁可以看作一种与借款类似的筹资方法。租赁可分为融资租赁和经营租赁。在融资租赁中与所有权相关的大部分经济利益及风险都转移给了承租人，在经营租赁中则相反。

国际租赁的优点：

（1）减轻跨国公司总体税负，利用国际租赁的方式，跨国公司集团内部可以转移利润．从而达到避税的目的。

（2）便于内部资金的国际转移。

（3）降低政治风险，若子公司东道国政治风险较高，该子公司可以从当地租赁公司租赁固定资产，避免其财产被国有化。

国际租赁的缺点在于租赁费较高，增加了资金成本。

三、国际企业筹资战略

筹资战略是国际企业跨国筹资管理的重要组成部分。由不同筹资渠道与筹资方式所决定的筹资成本的高低，直接影响国际企业的经营成本和理财成效。与筹资机会俱增的筹资风险，影响公司总体的风险水平与筹资来源。筹资结构合理与否，也会直接影响国际企业的后续筹资能力，进而影响其成长程度与发展水平。总之，跨国筹资的成本、风险及结构，既影响跨国理财的成效，又影响国际企业的成长。

因此，国际企业可从全球战略的高度，权衡各类可利用的资金来源，从中择优并合理地组合，以达到总体筹资成本最小化、避免或降低筹资风险、设定最优筹资结构等三大筹资战略目标。具体来说，其主要内容为：

（一） 筹资成本最小化

国际资本市场正伴随着生产与资本国际化而趋于统一。但是，由于各种人为和非人为因素的影响，国际资本市场仍可细分为众多的差异化市场。不同市场上的资金，因风险不同，又受政府补贴或缴纳税收等因素的影响，其筹资成本各异，从而为国际企业实现筹资成本最小化战略目标提供了机会。另外，国际企业也凭借其内部一体化的组织能力和全球战略的信息网络，能够及时、准确地把握这种机会。

（二） 避免或降低筹资风险

就筹资风险而言，任何一种重要的筹资安排，都会对公司总体的风险水平及筹资来源产生影响。因此，国际企业在进行筹资安排时，无论是由母公司筹资还是子公司筹资，都必须考虑风险因素，并努力避免或降低筹资风险。

（三） 设定最优筹资结构

在寻求低成本和低风险的筹资来源时，国际企业必须设立和确定最优筹资结构。国际企业的筹资结构，也称筹资组合或资本结构，主要是确定最佳的债务资本比率。为此，国际企业应当考虑下列几个主要问题：

（1）国际企业的总体资本结构，其中必须关注与债务筹资有关的违约或破产风险，维护公司总体的外部形象和资信地位。

（2）子公司或投资项目的资本结构，必须根据国际企业总体的资本结构，结合子公司或投资项目的具体情况而定。

（3）母公司未担保或未合并子公司的债务，其中主要考虑的是这些债务对国际企业整体价值的可能影响。

第三节　国际投资

一、国际投资概述

（一）国际投资的概念

国际投资指投资者跨越国界投入一定数量的资金或其他生产要素，以期望获得比国内更高利润的一种投资，它是国际企业财务管理的一项重要内容。

国际投资按投资主体可以分为公共投资（由政府部门进行的国际投资）和私人投资（由企业或个人进行的国际投资）。由于公共投资一般带有援助性质，在此不作为国际财务管理研究的内容。

国际投资按投资方式可分为国际直接投资和国际间接投资。国际直接投资是指投资者在其所投资的企业中拥有足够的所有权和控制权或具有足够程度的控制权的投资。最初意义上的国际直接投资是指在国外建立企业进行生产和设立商店直接销售的一种经营活动。现代意义上的国际直接投资是指在国外取得控制权的投资。直接投资的结果通常是以子公司或分公司的形式而存在。国际间接投资是指投资者不直接掌握投资对象的资产的所有权，或在投资对象中没有足够的控制权的投资。间接投资一般指证券投资。本节所讨论的重点是国际直接投资。

（二）国际直接投资的动机

从经济学角度进行分析，我们可以将国际投资的动机归纳为如下三个方面：

1．经济动机

经济动机表现为投资者力图充分利用其资本优势、厂商优势、内部化优势和区位优势，选择投资于不同国家的不同资产以分散投资风险，最大限度地获取差额利润或使其垄断优势效用最大化。

2．战略动机

战略动机表现为投资者为了谋求在全球范围内的长远利益而开拓市场、寻求原材料、提高生产效率、吸取知识和经验以及寻求政治上的稳定等。跨国公司在国外市场获取原材料进行生产、加工、销售或出口，一方面能满足当地需求，另一方面能满足国际市场需求。在各国寻求廉价生产要素提高生产效率的同时，还可以尽量学习和吸收当地的技术和管理经验。

3．行为动机

行为动机表现为跨国公司的外部环境的促进因素和组织内部的个人倾向。外部的促进因素主要有：外国政府、公司营销人员和客户的建议，对丧失市场的担心，在海外经营取得成功的一些人的影响，在国内市场中来自海外强大竞争者的影响等。这些因素可以更为直接地表现为元件和其他产品创建市场、利用现有设备、专有技术资本化、恢复原来拥有但失去的市场等。跨国公司的内部个人倾向则主要是其主观意志的体现。

二、国际直接投资中的特殊问题

无论是进行国内投资还是国际投资，投资决策的程序基本相同，使用的分析法也基本相同。本节只就国际直接投资中的一些特殊问题进行初步探讨。

（一） 国际投资的评价主体问题

在分析直接投资项目时，是以国外的投资项目本身作为评价主体还是以进行国际直接投资的母公司为主体，往往会导致不同的结果。由于受到税收管理和外汇管制的影响，国外项目可获得的现金流量与母公司可获得的现金流量存在很大差别，具体情况如下：

（1）东道国政府对股利汇回进行不同程度的限制；

（2）特许权使用费、服务费和管理费等费用对母公司而言是收益，对子公司来说却是费用；

（3）各国税率不完全相同；

（4）汇率不断变化造成外汇价值被动；

（5）各国通货膨胀率存在差异；

（6）在跨国公司内部实行转移定价，会使项目给母公司增加的现金流量与项目总的现金流量不符。

对于确定国际投资评价主体问题，各国学者主要持以下三种观点：

（1）认为应以母公司作为评价主体，这是因为进行国际投资的目的是为了实现母公司财富最大化的目标，母公司的现金流量最终是为了支付股利。

（2）认为应以投资项目作为评价主体，这是因为投资目标应当反映股东国际化这样的内在特性。跨国公司更注重长期发展，倾向于将投资项目创造的资金用于再投资，而不是汇回本土国。

（3）认为应当将子公司和母公司作为主体分别评价。因为财务目标是多元的，应当考虑利益相关者的利益，分别评价更有利于评价子公司管理层的经营业绩，更好地建立激励机制。

以上三种观点都有其合理的一面，值得注意的是评价主体的不同将会对投资决策中的现金流量分析产生重大影响。

（二） 国际直接投资的现金流量分析

从方法上讲，国际直接投资现金流量分析与国内投资现金流量分析并无重大差别。但在国际投资分析中应当充分认识各国税收制度、金融机构、外汇管制、财务准则及金融资产流动性的限制对现金流量的影响，区分母公司与子公司的现金流量。

在国际直接投资现金流量的分析中，应注意如下一些特殊问题：

1．初始现金流量

一个项目的初始投资通常包括投资在厂房、机器设备等固定资产上的实际支出和垫支的营运资金，但在进行国际投资确定初始现金流量时，有时会遇到一些特殊情况。例如，在A国的X公司准备在B国建一项目Y，需要资金1 000万元，X公司原来在B国有100万元的资金被冻结，不能换成本国货币汇回A国。但现在由于投资于Y项目，被冻结的资金可以利用，则这100万元应作为初始现金流量的减项予以扣除，这样就会使现金流出量减少。

2．终结现金流量

确定终结现金流量的方法有以下两种：

（1）清算价值法，主要适应于那些投资项目寿命终了不能再继续经营的项目。有关的固定资产的清理收入和收回的垫支的营运资金便是项目的终结现金流量。

（2）收益现值法，即对那些经营期限终了但项目还能继续使用的投资项目，在经营期满后可根据尚可使用年限，以适当的贴现率将每年产生的净现金流量折成现值作为项目的终结现金流量。但在国际投资中，有的投资项目的所在国有关法律可能规定了投资项目经过一定年限后即归东道国，在这种情况下项目的终结现金流量为零。

3．汇回母公司的现金流量

（1）如果以母公司作为评价主体，则所用的现金流量必须是汇回母公司的现金流量。如果东道国对现金流量的汇回没有任何限制，那么项目产生的净现金流量能全部成为母公司的现金流量；如果东道国对汇回母公司的现金流量有各种限制，那么只能将可汇回的金额视为母公司的现金流量。

（2）现金流量换算中应当选择汇回现金流量时的汇率进行换算。

（3）国际投资项目汇回的现金流量中，以股利形式汇回的现金流量一般已在东道国缴纳了所得税，为了避免出现双重纳税，一般在国外已纳税的现金流量汇回母公司时可享受一定的纳税减免。

国际直接投资项目评估的具体步骤大致可以分为三步：

（1）从子公司角度评价项目的现金流量。

（2）具体预测母公司可得到的现金流量的具体数量、时间和形式。

（3）从母公司角度广泛地考虑该项目投资所导致的非直接的收益与成本，进行现金流量分析。

三、国际直接投资中的风险

在进行国际直接投资时应当充分考虑政治风险、经济风险和交易风险。

（一） 政治风险

政治风险主要是指国际经济活动中由于东道国的政局变动以及采取的政治性措施变化导致外国投资者经济损失的风险，包括：

（1）国有化风险，即东道国将外国投资者的投资和财产收归该国所有。子公司的财产被国有化之后，母公司往往得不到补偿，或即使有补偿其补偿金额往往低于市场价值。

（2）战争风险。这类带有灾难性质的风险给跨国公司带来的损失往往得不到补偿。

（3）转移风险。即由于东道国实行外汇管制，跨国公司无法将其子公司创造的利润或子公司的资产转移回本土国或其他国家。

（4）其他风险。如某些东道国对外国投资者实行差别待遇，规定较高的税率、雇用员工中东道国居民的最低比例、在环保和社会福利方面较高的标准等，以此削弱跨国公司的竞争实力。跨国公司应当尽量避免在政治风险较高的国家或地区进行投资。

（二） 经济风险

跨国公司面临的经济风险主要包括宏观和微观两方面。宏观方面的经济风险主要是指国民生产总值增长率的变化、利率变动、通货膨胀、贸易条件变化、税收结构调整等引起的风险。这些可能给跨国公司带来损失也可能带来收益。微观方面的经济风险主要是指市场供求关系和价格的变化、公司内部技术装备和设备利用率的变化、产品结构的调整、工人劳动生产率和原材料价格的变化，以及其他可能出现的意外情况。分散经济风险的主要方法是多元化经营。以上是跨国公司在进行国际直接投资时不能忽视的经济风险。

（三） 交易风险

交易风险指因两国货币汇率的变动给交易双方中任何一方可能带来的损失。这里的外汇风险主要指交易风险，交易风险产生于以商业信用方式购买或销售商品或劳务、借入或借出外币以及期汇交易中，管理好交易风险，要做到准确预测汇率变动的长期趋势，在国际收付中正确选择和使用收付货币，加列货币保值条款，在金融市场上利用金融工具进行避险。

第四节 国际企业转移价格

一、国际转移价格概述

（一） 国际转移价格的概念

跨国公司的转移价格（transfer price），是指跨国公司母公司与子公司之间、子公司与子公司之间进行商品、劳务或技术交易时所采用的内部价格。这种内部价格的制定以实现公司的全球战略、追求全球利润最大化为根本目标，与同类商品、劳务或技术的市场价格并无必然联系。转移价格不是由市场竞争所决定的价格，而且由国际企业少数高层人员决定。所以，它不受市场供求关系影响，只服从于国际企业全球战略目标的需要。

各国的税收制度及其他法规不同，加上国际市场存在结构性缺陷和交易性缺陷，为跨国公司最大限度地使用转移价格，以实现其全球战略提供了诱因和条件。

（二） 国际转移价格的作用

1．优化资金配置

跨国公司在其全球经营中，不仅要充分利用众多的资金市场进行筹资和投资，还需要在整个公司体系内统筹调度资金，使多余资金能得到集中管理，投往可获高利的地方。但不少东道国（尤其是发展中国家）对外资的调度都做了许多限制性规定，如对利润汇出的限制等。跨国公司为了绕过这些限制，可以运用转移价格手段，如用较高的转移价格向设在某东道国的子公司发货，或者减少股权投资额，以高利贷款的方式将资金以利息的形式调出。

2．减轻总体税负

减少税负通常是跨国公司制定转移价格时所考虑的主要目标。减少税负主要包括减少所得税和减少关税两种。

（1）减少所得税。

跨国公司在许多国家设立了子公司，各东道国的所得税率高低不一。跨国公司可以利用转移价格把盈利从位于高税率国家的公司转移到位于低税率国家的公司，以减少公司的纳税总额。

跨国公司还可以利用避税港，通过运用转移价格策略来降低税负总额。所谓避税港，即低税区或免税区。这些低税区或免税区要求外国公司缴纳的税率很低，或根本不需纳税；对

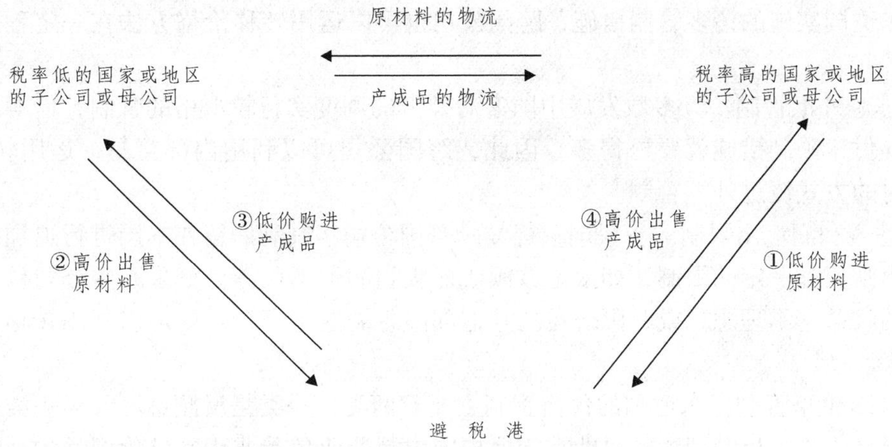

图 13.1　转移价格运用的三地模型

3. 调节利润水平

跨国公司可以根据经营需要，通过制定转移高价或转移低价来影响（调低或调高）子公司的账面利润水平。

调低子公司账面利润可以达到以下效果：

（1）当某一子公司在当地获利甚高之时，就可能招致东道国政府的特别注意，诱使其要求重新谈判跨国公司进入的条件并制定新政策，分享其盈利，或者强迫该跨国公司分散一部分股权给当地投资者，甚至可能导致征用或没收。因此，跨国公司常常利用转移价格，使其子公司的账面利润不至于过高。

（2）子公司利润过高会诱使竞争者进入市场，有时为了避免招致竞争对手，跨国公司也会利用转移定价来掩盖子公司真实的获利水平。

（3）应付工会。为了应付当地工会可能提出的增加工资和福利的要求，跨国公司也常有意使账面呈现为低利甚至亏损状态。

（4）对付合资伙伴。为了使当地合资伙伴少分得一杯羹，跨国公司通常要尽量利用转移价格将利润转移到母公司或其他独资子公司。有时，为了帮助子公司在东道国树立良好形象，以方便融资、获取投资机会或政府优惠条件，跨国公司也会通过转移价格把利润移至该子公司，调高其账面利润。至于运用转移定价把利润移到位于低税国家的子公司以减少税负，就更属常见。

4. 避免限制和风险

可以运用转移价格来避免的风险主要有两类：

（1）外汇风险。跨国公司可以在预测汇率变动趋势的基础上，运用转移价格（可适当配合使用“提前与延迟”方法），减少汇率波动导致的损失或获取汇率波动所带来的好处。

（2）政治风险。如果某一子公司的东道国存在政治风险，那么跨国公司可以通过转移定价方法，对售往该子公司的商品实行高转移价格而指令该子公司向其他姐妹公司进行销售时使用低转移价格，或向该子公司收取各种名目的高昂的管理费、技术服务费等，从而使投资能较快地从东道国转移出来。

对于东道国实施的诸多管制措施，跨国公司也可以运用转移价格方法在一定程度上绕过管制。

（1）逃避外汇管制。大多数发展中国家对外汇的调度实行较严格的管制，但对国际贸易中的外汇支付，限制措施就要松得多。因此，跨国公司可以利用内部交易，运用转移价格，以贸易支付的方式绕过外汇管制。

（2）逃避利润汇出限制。一般国家都鼓励跨国公司将其利润留在本国进行追加投资，面对利润汇出则实施一定的限制，如限定数额或征收利润汇出税等。如果跨国公司认为在当地追加投资的收益率不理想，或跨国公司的其他部门急需这笔资金，则可以利用转移价格使利润转移出来。

（3）针对价格管制。东道国的价格管制主要有两类：一类是反倾销法，另一类是对某些产品限定最高售价。反倾销法的目的在于保护国内制造业免受非正常低价商品的冲击。为了避免倾销指控，跨国公司可以通过转移定价提高产品的成本，从而在提高产品售价的同时，使其子公司的销售利润并没有相应上升；在商品面临最高限价时，跨国公司为了制造提价借口，可以将该商品或生产该商品的中间产品以高转移价格出售给当地子公司，形成较高的销售成本，迫使当地物价管理部门做出让步。

5. 避开反垄断法

许多国家制定了反垄断法。对裁定垄断的标准，各国法律并不一致。一些国家主要是根据产品的售价水平来裁定企业是否有垄断行为，价格水平越高则被裁定为垄断的可能性越大。因此，跨国公司在面临反垄断威胁时，应当运用转移低价来降低中间产品价格，从而使最终产品的售价得以降低。

6. 获取竞争优势

获取竞争优势通常体现为两方面：一是争夺市场，击败竞争对手。当子公司需要扩大市场或进入新市场时，如果遇到强大的竞争对手，跨国公司便可发挥整体优势，集中力量，以转移低价向子公司供货，使子公司可以在市场上进行低价竞销，最终击败竞争对手。二是扶植新公司，增强新建公司的竞争能力。跨国公司可以向新设子公司高价收购，低价销售，使该子公司在当地市场呈现为盈利可观的良好形象，从而帮助子公司迅速在当地市场打开局面。主要做法见表13.4。

表13.4

做法1	当产品从甲国向乙国转移时，如乙国关税较高，并且是从价税，那么，公司就将转移价格定得很低，以减少应缴纳的税金
做法2	如果某国征收的所得税很高，将产品转移价格定的高些；将产品转移该国时，把转移价格定的低些。这样，就可降低公司在该国的利润，从而减少在该国应缴纳的所得税
做法3	如果某国实行外汇管制，对外国子公司的利润汇出实行严格限制或征税，则跨国公司在向该国的子公司转移产品时，可将价格定的高些；产品由该国转出时，将价格定的低些，以减少在该国的利润，避免利润汇出时的麻烦，也可少纳税
做法4	如果某国已经出现或即将出现较高的通货膨胀率，为了避免资金在该国大量积累，在向该国子公司转移产品时，可将价格定的高些；由该国转出时，将价格定得低些

二、国际转移价格制定的影响因素

跨国的母子公司之间虽然存在控制与被控制的关系，然而在法律形式上，两者处于不同国家政府管辖之下，均为独立实体，受不同政治体制、法律制约。除了在开设企业和经营业务上有不同的制度规定之外，对于资金转移同样也要受到不同程度的约束管制，面临着很多限制。跨国公司在其内部转移资金时，必须考虑的环境因素主要有如下几种：

（一） 政治限制

当东道国缺少外汇，又不能向外借款或通过其他方式吸引外来投资时，其政府很可能会公开或变相地阻止资金转移。如东道国政府实行外汇管制，使该国货币不可兑换，将资金完全封锁，这是公开地阻止资金的国际流动。东道国政府对外资企业的汇回股利征收带有没收性质的税款；通过种种制度拖延对外资企业发放必要的许可证或实施索要高额费用等法律限制，这是变相地阻止资金的国际转移。

（二） 外汇交易成本限制

有些国家通过外汇交易的不同成本费用来对外汇的汇出加以限制。当资金从一种货币形态转化成另一种货币形态时必然涉及外汇交易成本。尽管在通常情况下外汇交易的交易费用和外汇卖出价与买入价之间的差额只占交易额的一小部分，但资金转移额很大或转移频繁时，跨国公司就必须对外汇交易成本予以重视。此外，东道国当地管理部门的规定，诸如要求转移国际资金必须交当地指定银行办理或禁止跨国公司对内部成员企业之间应收账款、应付账款的国际冲兑等，这些也应视为交易成本费用的重要组成部分。

（三） 税收限制

税收是一个国家政府调节经济的重要杠杆。东道国通过制定税收政策同样可以起到限制资金转移的作用。一方面，东道国政府可以对资金转出课以重税；另一方面，税制结构的复杂性和相互作用的关系也使资金转出十分困难。跨国公司通过制定转移价格等方式在国际间进行资金转移，难以在各国税收部门之间保持平衡，这样会造成不可调和的国家之间的税收利益冲突，在这种情况下跨国公司面临被双重征税的风险。为了使转移价格得到有关国家税收部门的认可，跨国公司必须为转移价格的制定寻找充分合理的依据，这在一定程度上限制了转移价格在资金转移方面的作用。

跨国公司内部资金的转移最容易受到限制的项目是：子公司向母公司支付股息、上缴股本、支付特许权使用费和管理费等。东道国的国际收支平衡对这些资金的流动很敏感。多数东道国通常采用公开或隐蔽的方式限制这些资金转移，而跨国公司则是千方百计地采用各种公开或不公开的措施规避东道国在资金转移方面所设置的障碍和限制。这是跨国公司资金转移的一个重要特征。

三、国际转移价格的制定

（一） 制定国际转移价格的方法

常见的转移价格的制定方法有以下四种：

（1）以市场为基础的定价方法，即以转让产品时的市场价格作为跨国公司内部转移定价的方法。采用这种方法所确定的内部转移价格基本上接近于正常的市场交易价格，但最终的内部转移价格由市价扣除一个固定比率的折让形成，以便给购买者留下获利的空间。这是一种常见的定价方法。

（2）以成本为基础的定价方法，即转移价格是以供应公司的实际成本、标准成本或预算成本为基础加上一个固定比率的毛利来确定。

（3）协商定价方法，指跨国公司每个利润中心（销售方和采购方）都被当作独立的经营实体，可以自由定价。

（4）双重定价方法，指跨国公司主管当局允许销售和购买利润中心按不同的转移价格记录内部产品和劳务的转移，即对销售利润中心采用以市价为基础的定价方法，对购买利润中心采用以成本为基础的定价方法。

以上四种方法各有利弊，每一种方法均无法同时满足分权化、自主化、绩效评价和激励的目标，跨国公司在进行转移定价决策时只有按其总目标进行选择才能通过转移价格获取最大利益。

（二） 国际转移价格的形式

在实践中，常用的转移价格有如下几种形式：

（1）通过控制原材料和零部件的进出口价格来影响产品成本。

（2）通过向子公司出售的固定资产的价格来影响子公司的产品成本。各国的税法对于固定资产的使用年限和折旧方法做出了详尽的规定，因此，母公司通过规定子公司固定资产使用年限来影响产品成本不一定有效。但是，当税法对有关固定资产使用年限和折旧方法的选择留有较大的选择余地时，母公司对于公司固定资产使用年限和折旧方法做出的规定，就可以影响子公司的产品成本。

（3）通过转让无形资产（如专利、专有技术、商标和厂商名称等）影响子公司的成本和利润。

（4）利用产品销售给予子公司的酬金、回扣来影响子公司的销售收入。

四、国际转移价格的管理

大多数国家为保证其税收利益和国内企业的竞争地位，对跨国公司转移定价都做了或多或少的限制性规定。

1. 运用"比较定价原则"

所谓比较定价是指把同一行业中某类产品一系列的交易价格和利润率进行比较，如果发现某一跨国公司子公司的进口货价过高或出口货价过低，不能达到该行业的平均利润率时，税务当局有权按"正常价格"补征税款。此处的"正常价格"通常被定义为"卖给无关的客户同类商品的价格"，实质上与"独立交易原则"的"局外价格"是同样的意思。

2. 对外国跨国公司的子公司制定特别的征税方法

如"公式分配法税收"，即是东道国政府对跨国公司子公司征收所得税的一种计算方法。该法按一定公式对外国公司的应税利润进行估算，从而使跨国公司希望通过转移价格来降低子公司的账面利润以逃税的企图难以实现。

3. 直接管制

东道国还通过加强合资企业财务管理与监督、建立涉外审计制度、加强海关监管职能等措施来限制跨国公司运用转移定价手段。

【案例分析】

Capital 水晶公司利用货币期货与期权①

Capital 水晶公司是一家德国水晶产品的大型进口商，这些水晶饰品将卖给全美著名的零售店。进口产品将以德国马克标价。每季度，该公司需要 5 亿德国马克。目前，它正在盘算，如果需要套期保值的话，是应该用货币期货还是货币期权为期三个月后的进口套期保值。马克即期汇率为 0.6 美元，该买入期权每单位支付期权费 0.01 美元。

Capital 对三个月后马克将升值到 0.62 美元充满信心。该公司以前对马克价值的预测都比较准确。公司管理风格是风险厌恶型。如果经理人员能达到最低的业绩水平年底就能收到红利。而且红利是固定的，即无论业绩高出最低水平有多少，红利不变。如果业绩低于最低水平，没有红利，并且将来在公司的提升也是不可能的。

思考：

(1) 作为该公司的一名财务经理，你被分配的工作是在三种可能策略中进行选择：

①购买期货对德国马克头寸进行套期保值。

②购入买入期权对德国马克头寸进行套期保值。

③不进行套期保值。说出你的建议并解释理由。

(2) 假定前面给出的信息中有如下差异：该公司修订了它对三个月后德国马克的预测，即认为马克将升到 0.57 美元。根据该修订，提出建议说明公司是否应：

①购买期货对德国马克头寸进行套期保值。

②购入买入期权对德国马克头寸进行套期保值。

---

① 潘丽春：《国际企业财务管理》，浙江人民出版社 2008 年版。

③不进行套期保值。说出你的建议并解释理由。你的建议是否会使股东财富最大化?

【本章小结】

外汇风险有广义和狭义之分，广义的外汇风险是指由于汇率、利率变化以及交易者到期违约或外国政府实行外汇管制，给外汇交易者可能带来的任何经济损失或经济收益。狭义的外汇风险仅指因两国货币汇率的变动给交易双方中任何一方可能带来的损失或收益。企业的外汇风险一般可分为交易风险、折算风险和经济风险三类。

国际筹资是指在国际金融市场上，运用各种金融手段，通过各种相应的金融机构而进行的资金融通。国际筹资的特点有融资环境比一般国内企业更复杂、融资机会、渠道更多、融资决策难度大。国际筹资渠道指资金需求者资金的来源。国际企业进行国际筹资时，筹资渠道主要有来自跨国公司内部的资金、来自本土国的资金、来自东道国的资金、来自国际金融机构或第三国的资金。

国际筹资方式是指跨国公司在国际资本市场上取得资金的具体形式。国际筹资方式主要有国际股权筹资、国际举债融资两大类。

国际投资指投资者跨越国界投入一定数量的资金或其他生产要素，以期望获得比国内更高利润的一种投资。国际投资按投资主体可以分为公共投资和私人投资。国际投资按投资方式可分为国际直接投资和国际间接投资。

国际投资的动机归纳为经济动机、战略动机和行为动机。

跨国公司的转移价格是指跨国公司母公司与子公司之间、子公司与子公司之间进行商品、劳务或技术交易时所采用的内部价格。国际转移价格的作用为优化资金配置、减轻总体税负、调节利润水平、避免限制和风险、避开反垄断法、获取竞争优势。

常见的转移价格的制定方法有四种：以市场为基础的定价方法，以成本为基础的定价方法，协商定价方法，双重定价方法。

【思考与讨论】

1. 什么是外汇风险？外汇风险有哪三种?
2. 国际筹资渠道有哪些?
3. 国际投资决策要注意那些特殊问题?
4. 国际转移价格的作用是什么?

【课外作业】

一、单项选择题

1. 由发行人在某一外国债券市场上，以该国货币为面值发行的债券是（　　）。

A. 欧洲债券　　B. 外国债券　　C. 多国债券　　D. 货币择权债券

2. 国际企业筹资多元化的目的在于（　　）。

A. 规避交易风险　B. 规避经济风险　C. 规避折算风险　D. 规避政治风险

3. 由于汇率变动而引起的公司预期现金流量净现值发生变动而造成损失的可能性，被称为（　　）。

A. 经济风险　B. 折算风险　C. 交易风险　D. 混合风险

4. 为了使国际企业的整体纳税额减少，由低税国子公司向高税国子公司的出口业务应采取（　　）。

A. 高价策略　B. 低价策略　C. 市价策略　D. 议价策略

二、多项选择题

1. 国际筹资的特点可归纳为（　　）。

A. 国际金融环境复杂化　B. 国际筹资风险更大

C. 国际筹资手段多样化　D. 国际筹资渠道多元化

2. 国际企业子公司向母公司移动的资金包括（　　）。

A. 股利　B. 贷款利息　C. 专利权使用费

D. 管理费　E. 母公司抽回部分投资资金

3. 国际企业筹资应遵循的基本原则是（　　）。

A. 合理确定资金需求量　B. 适时取得所需资金

C. 认真选择资金来源　D. 确定最佳资金结构

E. 最大限度地减少外汇风险

4. 外汇风险包括（　　）。

A. 交易风险　B. 政策风险　C. 换算风险　D. 经济风险

三、判断题

1. 国际转移价格也称国际转让价格，它是指国际企业管理当局以其全球战略目标为依据，在其子公司之间进行商品和劳务交易时所采用的内部价格。（　　）

2. 国际项目投资的评价主体不同，评价结果也就不一样。（　　）

3. 如果子公司所在东道国通货膨胀率高，那么母公司向其转移商品时应采取低价转移政策。（　　）

4. 国际企业应收账款如采用软货币结算，收款方希望提前收回，付款方希望推迟支付。（　　）

四、简答题

1. 简述国际企业财务管理的特点。

2. 简述外汇风险的管理策略。

附录：时间价值系数表

附录1 1元的复利终值系数表

$$(F/P, i, n) = (1+i)^n$$

n	1%	2%	3%	4%	5%	6%	7%	8%	9%	10%
1	1.0100	1.0200	1.0300	1.0400	1.0500	1.0600	1.0700	1.0800	1.0900	1.1000
2	1.0201	1.0404	1.0609	1.0816	1.1025	1.1236	1.1449	1.1664	1.1881	1.2100
3	1.0303	1.0612	1.0927	1.1249	1.1576	1.1910	1.2250	1.2597	1.2950	1.3310
4	1.0406	1.0824	1.1255	1.1699	1.2155	1.2625	1.3108	1.3605	1.4116	1.4641
5	1.0510	1.1041	1.1593	1.2167	1.2763	1.3382	1.4026	1.4693	1.5386	1.6105
6	1.0615	1.1262	1.1941	1.2653	1.3401	1.4185	1.5007	1.5869	1.6771	1.7716
7	1.0721	1.1487	1.2299	1.3159	1.4071	1.5036	1.6058	1.7138	1.8280	1.9487
8	1.0829	1.1717	1.2668	1.3686	1.4775	1.5938	1.7182	1.8509	1.9926	2.1436
9	1.0937	1.1951	1.3048	1.4233	1.5513	1.6895	1.8385	1.9990	2.1719	2.3579
10	1.1046	1.2190	1.3439	1.4802	1.6289	1.7908	1.9672	2.1589	2.3674	2.5937
11	1.1157	1.2434	1.3842	1.5395	1.7103	1.8983	2.1049	2.3316	2.5804	2.8531
12	1.1268	1.2682	1.4258	1.6010	1.7959	2.0122	2.2522	2.5182	2.8127	3.1384
13	1.1381	1.2936	1.4685	1.6651	1.8856	2.1329	2.4098	2.7196	3.0658	3.4523
14	1.1495	1.3195	1.5126	1.7317	1.9799	2.2609	2.5785	2.9372	3.3417	3.7975
15	1.1610	1.3459	1.5580	1.8009	2.0789	2.3966	2.7590	3.1722	3.6425	4.1772
16	1.1726	1.3728	1.6047	1.8730	2.1829	2.5404	2.9522	3.4259	3.9703	4.5950
17	1.1843	1.4002	1.6528	1.9479	2.2920	2.6928	3.1588	3.7000	4.3276	5.0545
18	1.1961	1.4282	1.7024	2.0258	2.4066	2.8543	3.3799	3.9960	4.7171	5.5599
19	1.2081	1.4568	1.7535	2.1068	2.5270	3.0256	3.6165	4.3157	5.1417	6.1159
20	1.2202	1.4859	1.8061	2.1911	2.6533	3.2071	3.8697	4.6610	5.6044	6.7275
21	1.2324	1.5157	1.8603	2.2788	2.7860	3.3996	4.1406	5.0338	6.1088	7.4002
22	1.2447	1.5460	1.9161	2.3699	2.9253	3.6035	4.4304	5.4365	6.6586	8.1403
23	1.2572	1.5769	1.9736	2.4647	3.0715	3.8197	4.7405	5.8715	7.2579	8.9543
24	1.2697	1.6084	2.0328	2.5633	3.2251	4.0489	5.0724	6.3412	7.9111	9.8497
25	1.2824	1.6406	2.0938	2.6658	3.3864	4.2919	5.4274	6.8485	8.6231	10.835
26	1.2953	1.6734	2.1566	2.7725	3.5557	4.5494	5.8074	7.3964	9.3992	11.918
27	1.3082	1.7069	2.2213	2.8834	3.7335	4.8223	6.2139	7.9881	10.245	13.110
28	1.3213	1.7410	2.2879	2.9987	3.9201	5.1117	6.6488	8.6271	11.167	14.421
29	1.3345	1.7758	2.3566	3.1187	4.1161	5.4184	7.1143	9.3173	12.172	15.863
30	1.3478	1.8114	2.4273	3.2434	4.3219	5.7435	7.6123	10.063	13.268	17.449
40	1.4889	2.2080	3.2620	4.8010	7.0400	10.286	14.974	21.725	31.409	45.259
50	1.6446	2.6916	4.3839	7.1067	11.467	18.420	29.457	46.902	74.358	117.39
60	1.8167	3.2810	5.8916	10.520	18.679	32.988	57.946	101.26	176.03	304.48

续表

n	12%	14%	15%	16%	18%	20%	24%	28%	32%	36%
1	1.1200	1.1400	1.1500	1.1600	1.1800	1.2000	1.2400	1.2800	1.3200	1.3600
2	1.2544	1.2996	1.3225	1.3456	1.3924	1.4400	1.5376	1.6384	1.7424	1.8496
3	1.4049	1.4815	1.5209	1.5609	1.6430	1.7280	1.9066	2.0972	2.3000	2.5155
4	1.5735	1.6890	1.7490	1.8106	1.9388	2.0736	2.3642	2.6844	3.0306	3.4210
5	1.7623	1.9254	2.0114	2.1003	2.2878	2.4883	2.9316	3.4360	4.0075	4.6526
6	1.9738	2.1950	2.3131	2.4364	2.6996	2.9860	3.6352	4.3980	5.2899	6.3275
7	2.2107	2.5023	2.6600	2.8262	3.1855	3.5822	4.5077	5.6295	6.9826	8.6054
8	2.4760	2.8526	3.0590	3.2784	3.7589	4.2998	5.5895	7.2058	9.2170	11.703
9	2.7731	3.2519	3.5179	3.8030	4.4355	5.1598	6.9310	9.2234	12.166	15.917
10	3.1058	3.7072	4.0456	4.4114	5.2338	6.1917	8.5944	11.806	16.060	21.647
11	3.4785	4.2262	4.6524	5.1173	6.1759	7.4301	10.657	15.112	21.199	29.439
12	3.8960	4.8179	5.3503	5.9360	7.2876	8.9161	13.215	19.343	27.983	40.037
13	4.3635	5.4924	6.1528	6.8858	8.5994	10.699	16.386	24.759	36.937	54.451
14	4.8871	6.2613	7.0757	7.9875	10.147	12.839	20.319	31.691	48.757	74.053
15	5.4736	7.1379	8.1371	9.2655	11.974	15.407	25.196	40.565	64.359	100.71
16	6.1304	8.1372	9.3576	10.748	14.129	18.488	31.243	51.923	84.954	136.97
17	6.8660	9.2765	10.761	12.468	16.672	22.186	38.741	66.461	112.14	186.28
18	7.6900	10.575	12.375	14.463	19.673	26.623	48.039	85.071	148.02	253.34
19	8.6128	12.056	14.232	16.777	23.214	31.948	59.568	108.89	195.39	344.54
20	9.6463	13.743	16.367	19.461	27.393	38.338	73.864	139.38	257.92	468.57
21	10.804	15.668	18.822	22.574	32.324	46.005	91.592	178.41	340.45	637.26
22	12.100	17.861	21.645	26.186	38.142	55.206	113.57	228.36	449.39	866.67
23	13.552	20.362	24.891	30.376	45.008	66.247	140.83	292.30	593.20	1178.7
24	15.179	23.212	28.625	35.236	53.109	79.497	174.63	374.17	783.02	1603.0
25	17.000	26.462	32.919	40.874	62.669	95.396	216.54	478.90	1033.6	2180.1
26	19.040	30.167	37.857	47.414	73.949	114.48	268.51	613.00	1364.3	2964.9
27	21.325	34.390	43.535	55.000	87.260	137.37	332.95	784.64	1800.9	4032.3
28	23.884	39.204	50.066	63.800	102.97	164.84	412.86	1004.3	2377.2	5483.9
29	26.750	44.693	57.575	74.009	121.50	197.81	511.95	1285.6	3137.9	7458.1
30	29.960	50.950	66.212	85.850	143.37	237.38	634.82	1645.5	4142.1	10143.
40	93.051	188.88	267.86	378.72	750.38	1469.8	5455.9	19427.	66521.	*
50	289.00	700.23	1083.7	1670.7	3927.4	9100.4	46890.	*	*	*
60	897.60	2595.9	4384.0	7370.2	20555.	56348.	*	*	*	*

附录2　1元的复利现值系数表

$$(P/F,\ i,\ n)\ =\frac{1}{(1+i)^{n}}$$

n	1%	2%	3%	4%	5%	6%	7%	8%	9%	10%
1	0. 9901	0. 9804	0. 9709	0. 9615	0. 9524	0. 9434	0. 9346	0. 9259	0. 9174	0. 9091
2	0. 9803	0. 9612	0. 9426	0. 9246	0. 9524	0. 9434	0. 9346	0. 9259	0. 9174	0. 9091
3	0. 9706	0. 9423	0. 9151	0. 8890	0. 8638	0. 8396	0. 8163	0. 7938	0. 7722	0. 7513
4	0. 9610	0. 9238	0. 8885	0. 8548	0. 8227	0. 7921	0. 7629	0. 7350	0. 7084	0. 6830
5	0. 9515	0. 9057	0. 8626	0. 8219	0. 7835	0. 7473	0. 7130	0. 6806	0. 6499	0. 6209
6	0. 9420	0. 8880	0. 8375	0. 7903	0. 7462	0. 7050	0. 6663	0. 6302	0. 5963	0. 5645
7	0. 9327	0. 8706	0. 8131	0. 7599	0. 7107	0. 6651	0. 6227	0. 5835	0. 5470	0. 5132
8	0. 9235	0. 8535	0. 7894	0. 7037	0. 6768	0. 6274	0. 5820	0. 5403	0. 5019	0. 4665
9	0. 9143	0. 8368	0. 7664	0. 7026	0. 6446	0. 5919	0. 5439	0. 5002	0. 4604	0. 4241
10	0. 9053	0. 8203	0. 7441	0. 6756	0. 6139	0. 5584	0. 5083	0. 4632	0. 4224	0. 3855
11	0. 8963	0. 8043	0. 7224	0. 6496	0. 5847	0. 5268	0. 4751	0. 4289	0. 3875	0. 3505
12	0. 8874	0. 7885	0. 7014	0. 6246	0. 5568	0. 4970	0. 4440	0. 3971	0. 3555	0. 3186
13	0. 8787	0. 7730	0. 6810	0. 6006	0. 5303	0. 4688	0. 4150	0. 3677	0. 3262	0. 2897
14	0. 8700	0. 7579	0. 6611	0. 5775	0. 5051	0. 4423	0. 3878	0. 3405	0. 2992	0. 2633
15	0. 8613	0. 7430	0. 6419	0. 5553	0. 4810	0. 4173	0. 3624	0. 3152	0. 2745	0. 2394
16	0. 8528	0. 7284	0. 6232	0. 5339	0. 4581	0. 3936	0. 3387	0. 2919	0. 2519	0. 2176
17	0. 8444	0. 7142	0. 6050	0. 5134	0. 4363	0. 3714	0. 3166	0. 2703	0. 2311	0. 1978
18	0. 8360	0. 7002	0. 5874	0. 4936	0. 4155	0. 3503	0. 2959	0. 2502	0. 2120	0. 1799
19	0. 8277	0. 6864	0. 5703	0. 4746	0. 3957	0. 3305	0. 2765	0. 2317	0. 1945	0. 1635
20	0. 8195	0. 6730	0. 5537	0. 4564	0. 3769	0. 3118	0. 2584	0. 2145	1784	0. 1486
21	0. 8114	0. 6598	0. 5375	0. 4388	0. 3589	0. 2942	0. 2415	0. 1987	0. 1637	0. 1351
22	0. 8034	0. 6468	0. 5219	0. 4220	0. 3418	0. 2775	0. 2257	0. 1839	0. 1502	0. 1228
23	0. 7954	0. 6342	0. 5067	0. 4057	0. 3256	0. 2618	0. 2109	0. 1703	0. 1378	0. 1117
24	0. 7876	0. 6217	0. 4919	0. 3901	0. 3101	0. 2470	0. 1971	0. 1577	0. 1264	0. 1015
25	0. 7798	0. 6095	0. 4776	0. 3751	0. 2953	0. 2330	0. 1842	0. 1460	0. 1160	0. 0923
26	0. 7720	0. 5976	0. 4637	0. 3604	0. 2812	0. 2198	0. 1722	0. 1352	0. 1064	0. 0839
27	0. 7644	0. 5859	0. 4502	0. 3468	0. 2678	0. 2074	0. 1609	0. 1252	0. 0976	0. 0763
28	0. 7568	0. 5744	0. 4371	0. 3335	0. 2551	0. 1956	0. 1504	0. 1159	0. 0895	0. 0693
29	0. 7493	0. 5631	0. 4243	0. 3207	0. 2429	0. 1846	0. 1406	0. 1073	0. 0822	0. 0630
30	0. 7419	0. 5521	0. 4120	0. 3083	0. 2314	0. 1741	0. 1314	0. 0994	0. 0754	0. 0573
35	0. 7059	0. 5000	0. 3554	0. 2534	0. 1813	0. 1301	0. 0937	0. 0676	0. 0490	0. 0356
40	0. 6717	0. 4529	0. 3066	0. 2083	0. 1420	0. 0972	0. 0668	0. 0460	0. 0318	0. 0221
45	0. 6391	0. 4102	0. 2644	0. 1712	0. 1113	0. 0727	0. 0476	0. 0313	0. 0207	0. 0137
50	0. 6080	0. 3715	0. 2281	0. 1407	0. 0872	0. 0543	0. 0339	0. 0213	0. 0134	0. 0085
55	0. 5785	0. 3365	0. 1968	0. 1157	0. 0683	0. 0406	0. 0242	0. 0145	0. 0087	0. 0053

续表

n	12%	14%	15%	16%	18%	20%	24%	28%	32%	36%
1	0. 8929	0. 8772	0. 8696	0. 8621	0. 8475	0. 8333	0. 8065	0. 7813	0. 7576	0. 7353
2	0. 7972	0. 7695	0. 7561	0. 7432	0. 7182	0. 6944	0. 6504	0. 6104	0. 5739	0. 5407
3	0. 7118	0. 6750	0. 6575	0. 6407	0. 6086	0. 5787	0. 5245	0. 4768	0. 4348	0. 3975
4	0. 6355	0. 5921	0. 5718	0. 5523	0. 5158	0. 4823	0. 4230	0. 3725	0. 3294	0. 2923
5	0. 5674	0. 5194	0. 4972	0. 4762	0. 4371	0. 4019	0. 3411	0. 2910	0. 2495	0. 2149
6	0. 5066	0. 4556	0. 4323	0. 4104	0. 3704	0. 3349	0. 2751	0. 2274	0. 1890	0. 1580
7	0. 4523	0. 3996	0. 3759	0. 3538	0. 3139	0. 2791	0. 2218.	0. 1776	0. 1432	0. 1162
8	0. 4039	0. 3506	0. 3269	0. 3050	0. 2660	0. 2326	0. 1789	0. 1388	0. 1085	0. 0854
9	0. 3606	0. 3075	0. 2843	0. 2630	0. 2255	0. 1938	0. 1443	0. 1084	0. 0822	0. 0628
10	0. 3220	0. 2697	0. 2472	0. 2267	0. 1911	0. 1615	0. 1164	0. 0847	0. 0623	0. 0462
11	0. 2875	0. 2366	0. 2149	0. 1954	0. 1619	0. 1346	0. 0938	0. 0662	0. 0472	0. 0340
12	0. 2567	0. 2076	0. 1869	0. 1685	0. 1372	0. 1122	0. 0757	0. 0517	0. 0357	0. 0250
13	0. 2292	0. 1821	0. 1625	0. 1452	0. 1163	0. 0935	0. 0610	0. 0404	0. 0271	0. 0184
14	0. 2046	0. 1597	0. 1413	0. 1252	0. 0985	0. 0779	0. 0492	0. 0316	0. 0205	0. 0135
15	0. 1827	0. 1401	0. 1229	0. 1079	0. 0835	0. 0649	0. 0397	0. 0247	0. 0155	0. 0099
16	0. 1631	0. 1229	0. 1069	0. 0980	0. 0708	0. 0541	0. 0320	0. 0193	0. 0118	0. 0073
17	0. 1456	0. 1078	0. 0929	0. 0802	0. 0600	0. 0451	0. 0258	0. 0150	0. 0089	0. 0054
18	0. 1300	0. 0946	0. 0808	0. 0691	0. 0508	0. 0376	0. 0208	0. 0118	0. 0068	0. 0039
19	0. 1161	0. 0829	0. 0703	0. 0596	0. 0431	0. 0313	0. 0168	0. 0092	0. 0051	0. 0029
20	0. 1037	0. 0728	0. 0611	0. 0514	0. 0365	0. 0261	0. 0135	0. 0072	0. 0039	0. 0021
21	0. 0926	0. 0638	0. 0531	0. 0443	0. 0309	0. 0217	0. 0109	0. 0056	0. 0029	0. 0016
22	0. 0826	0. 0560	0. 0462	0. 0382	0. 0262	0. 0181	0. 0088	0. 0044	0. 0022	0. 0012
23	0. 0738	0. 0491	0. 0402	0. 0329	0. 0222	0. 0151	0. 0071	0. 0034	0. 0017	0. 0008
24	0. 0659	0. 0431	0. 0349	0. 0284	0. 0188	0. 0126	0. 0057	0. 0027	0. 0013	0. 0006
25	0. 0588	0. 0378	0. 0304	0. 0245	0. 0160	0. 0105	0. 0046	0. 0021	0. 0010	0. 0005
26	0. 0525	0. 0331	0. 0264	0. 0211	0. 0135	0. 0087	0. 0037	0. 0016	0. 0007	0. 0003
27	0. 0469	0. 0291	0. 0230	0. 0182	0. 0115	0. 0073	0. 0030	0. 0013	0. 0006	0. 0002
28	0. 0419	0. 0255	0. 0200	0. 0157	0. 0097	0. 0061	0. 0024	0. 0010	0. 0004	0. 0002
29	0. 0374	0. 0224	0. 0174	0. 0135	0. 0082	0. 0051	0. 0020	0. 0008	0. 0003	0. 0001
30	0. 0334	0. 0196	0. 0151	0. 0116	0. 0070	0. 0042	0. 0016	0. 0006	0. 0002	0. 0001
35	0. 0189	0. 0102	0. 0075	0. 0055	0. 0030	0. 0017	0. 0005	0. 0002	0. 0001	*
40	0. 0107	0. 0053	0. 0037	0. 0026	0. 0013	0. 0007	0. 0002	0. 0001	*	*
45	0. 0061	0. 0027	0. 0019	0. 0013	0. 0006	0. 0003	0. 0001	*	*	*
50	0. 0035	0. 0014	0. 0009	0. 0006	0. 0003	0. 0001	*	*	*	*
55	0. 0020	0. 0007	0. 0005	0. 0003	0. 0001	*	*	*	*	*

附录3　1元的年金终值系数表

$$(F/A,\ i,\ n)=\frac{(1+i)^n-1}{i}$$

n	1%	2%	3%	4%	5%	6%	7%	8%	9%	10%
1	1.0000	1.0000	1.0000	1.0000	1.0000	1.0000	1.0000	1.0000	1.0000	1.0000
2	2.0100	2.0200	2.0300	2.0400	2.0500	2.0600	2.0700	2.0800	2.0900	2.1000
3	3.0301	3.0604	3.0909	3.1216	3.1525	3.1836	3.2149	3.2464	3.2781	3.3100
4	4.0604	4.1216	4.1836	4.2465	4.3101	4.3746	4.4399	4.5061	4.5731	4.6410
5	5.1010	5.2040	5.3091	5.4163	5.5256	5.6371	5.7507	5.8666	5.9847	6.1051
6	6.1530	6.3081	6.4684	6.6300	6.8019	6.9753	7.1533	7.3359	7.5233	7.7156
7	7.7135	7.4343	7.6625	7.8983	8.1420	8.3938	8.6540	8.9228	9.2004	9.4872
8	8.2857	8.5830	8.8923	9.2142	9.5491	9.8975	10.260	10.637	11.028	11.436
9	9.3685	9.7546	10.159	10.583	11.027	11.491	11.978	12.488	13.021	13.579
10	10.462	10.950	11.464	12.006	12.578	13.181	13.816	14.487	15.193	15.937
11	11.567	12.169	12.808	13.486	14.207	14.972	15.784	16.645	17.560	18.531
12	12.683	13.412	14.192	15.026	15.917	16.870	17.888	18.977	20.141	21.384
13	13.809	14.680	15.618	16.627	17.713	18.882	20.141	21.495	22.953	24.523
14	14.947	15.974	17.086	18.292	19.599	21.015	22.550	24.215	26.019	27.975
15	16.097	17.293	18.599	20.024	21.579	23.276	25.129	27.152	29.361	31.772
16	17.258	18.639	20.157	21.825	23.657	25.673	27.888	30.324	33.003	35.950
17	18.430	20.012	21.762	23.698	25.840	28.213	30.840	33.750	36.974	40.545
18	19.615	21.412	23.414	25.645	28.132	30.906	33.999	37.450	41.301	45.599
19	20.811	22.841	25.117	27.671	30.539	33.760	37.379	41.446	46.018	51.159
20	22.019	24.297	26.870	29.778	33.006	36.786	40.995	45.762	51.160	57.275
21	23.239	25.783	28.676	31.969	35.719	39.993	44.865	50.423	56.765	64.002
22	24.472	27.299	30.537	34.248	38.505	43.392	49.006	55.457	62.873	71.403
23	25.716	28.845	32.453	36.618	41.430	46.996	53.436	60.893	69.532	79.543
24	26.973	30.422	34.426	39.083	44.502	50.816	58.177	66.765	76.790	88.497
25	28.243	32.030	36.459	41.646	47.727	54.865	63.249	73.106	84.701	98.347
26	29.526	33.671	38.553	44.312	51.113	59.156	68.676	79.954	93.324	109.18
27	30.821	35.344	40.710	47.084	54.669	63.706	74.484	87.351	102.72	121.10
28	31.129	37.051	42.931	49.968	58.403	68.528	80.698	95.339	112.97	134.21
29	33.450	38.792	45.219	52.966	62.323	73.640	87.347	103.97	124.14	148.63
30	34.785	40.568	47.575	56.085	66.439	79.058	94.461	113.28	136.31	164.49
40	48.886	60.402	75.401	95.026	120.80	154.76	199.64	259.06	337.88	442.59
50	64.463	84.576	112.80	152.67	209.35	290.34	406.53	573.77	815.08	1163.9
60	81.670	114.05	163.05	237.99	353.58	533.13	813.52	1253.2	1944.8	3034.8

续表

n	12%	14%	15%	16%	18%	20%	24%	28%	32%	36%
1	1.0000	1.0000	1.0000	1.0000	1.0000	1.0000	1.0000	1.0000	1.0000	1.0000
2	2.1200	2.1400	2.1500	2.1600	2.1800	2.2000	2.2400	2.2800	2.3200	2.3600
3	3.3744	3.4396	3.4725	3.5056	3.5724	3.6400	3.7776	3.9184	4.0624	4.2096
4	4.7793	4.9211	4.9934	5.0665	5.2154	5.3680	5.6842	6.0156	6.3624	6.7251
5	6.3528	6.6101	6.7424	6.8771	7.1542	7.4416	8.0484	8.6999	9.3983	10.146
6	8.1152	8.5355	8.7537	8.9775	9.4420	9.9299	10.980	12.136	13.406	14.799
7	10.089	10.730	11.067	11.414	12.142	12.916	14.615	16.534	18.696	21.126
8	12.300	13.233	13.727	14.240	15.327	16.499	19.123	22.163	25.678	29.732
9	14.776	16.085	16.786	17.519	19.086	20.799	24.712	29.369	34.895	41.435
10	17.549	19.337	20.304	21.321	23.521	25.959	31.643	38.593	47.062	57.352
11	20.655	23.045	24.349	25.733	28.755	32.150	40.238	50.398	63.122	78.998
12	24.133	27.271	29.002	30.850	34.931	39.581	50.895	65.510	84.320	108.44
13	28.029	32.089	34.352	36.786	42.219	48.497	64.110	84.853	112.30	148.47
14	32.393	37.581	40.505	43.672	50.818	59.196	80.496	109.61	149.24	202.93
15	37.280	43.842	47.580	51.660	60.965	72.035	100.82	141.30	198.00	276.98
16	42.753	50.980	55.717	60.925	72.939	87442	126.01	181.87	262.36	377.69
17	48.884	59.118	65.075	71.673	87.068	105.93	157.25	233.79	347.31	514.66
18	55.750	68.394	75.836	84.141	103.74	128.12	195.99	300.25	459.45	700.94
19	63.440	78.969	88.212	98.603	123.41	154.74	244.03	385.32	607.47	954.28
20	72.052	91.025	102.44	115.38	146.63	186.69	303.60	494.21	802.86	1298.8
21	81.699	104.77	118.81	134.84	174.02	225.03	377.46	633.59	1060.8	1767.4
22	92.503	120.44	137.63	157.41	206.34	271.03	469.06	812.00	1401.2	2404.7
23	104.60	138.30	159.28	183.60	244.49	326.24	582.63	1040.4	1850.6	3271.3
24	118.16	158.66	184.17	213.98	289.49	392.48	723.46	1332.7	2443.8	4450.0
25	133.33	181.87	212.79	249.21	342.60	471.98	898.09	1706.8	3226.8	6053.0
26	150.33	208.33	245.71	290.09	405.27	567.38	1114.6	2185.7	4260.4	8231.3
27	169.37	238.50	283.57	337.50	479.22	681.85	1383.1	2798.7	5624.8	11198.0
28	190.70	272.89	327.10	392.50	566.48	819.22	1716.1	3583.3	7425.7	15230.3
29	214.58	312.09	377.17	456.30	669.45	984.07	2129.0	4587.7	9802.9	20714.2
30	241.33	356.79	434.75	530.31	790.95	1181.9	2640.9	5873.2	12941.0	28172.3
40	767.09	1342.0	1779.1	2360.8	4163.2	7343.9	22729.	69377.	*	*
50	2400.0	4994.5	7217.7	10436.	21813.	45497.	*	*	*	*
60	7471.6	18535.	29220.	46058.	*	*	*	*	*	*

附录4　1元的年金现值系数表

$$(P/A, i, n) = \frac{1-(1+i)^{-n}}{i}$$

n	1%	2%	3%	4%	5%	6%	7%	8%	9%
1	0.9901	0.9804	0.9709	0.9615	0.9524	0.9434	0.9346	0.9259	0.9174
2	1.9704	1.9416	1.9135	1.8861	1.8594	1.8334	1.8080	1.7833	1.7591
3	2.9410	2.8839	2.8286	2.7751	2.7232	2.6730	2.6243	2.5771	2.5313
4	3.9020	3.8077	3.7171	3.6299	3.5460	3.4651	3.3872	3.3121	3.2397
5	4.8534	4.7135	4.5797	4.4518	4.3295	4.2124	4.1002	3.9927	3.8897
6	5.7955	5.6014	5.4172	5.2421	5.0757	4.9173	4.7665	4.6229	4.4859
7	6.7282	6.4720	6.2303	6.0021	5.7864	5.5824	5.3893	5.2064	5.0330
8	7.6517	7.3255	7.0197	6.7327	6.4632	6.2098	5.9713	5.7466	5.5348
9	8.5660	8.1622	7.7861	7.4353	7.1078	6.8017	6.5152	6.2469	5.9952
10	9.4713	8.9826	8.5302	8.1109	7.7217	7.3601	7.0236	6.7101	6.4177
11	10.3676	9.7868	9.2526	8.7605	8.3064	7.8869	7.4987	7.1390	6.8052
12	11.2551	10.5753	9.9540	9.3851	8.8633	8.3838	7.9427	7.5361	7.1607
13	12.1337	11.3484	10.6350	9.9856	9.3936	8.8527	8.3577	7.9038	7.4869
14	13.0037	12.1062	11.2961	10.5631	9.8986	9.2950	8.7455	8.2442	7.7862
15	13.8651	12.8493	11.9379	11.1184	10.3797	9.7122	9.1079	8.5595	8.0607
16	14.7179	13.5777	12.5611	11.6523	10.8378	10.1059	9.4466	8.8514	8.3126
17	15.5623	14.2919	13.1661	12.1657	11.2741	10.4773	9.7632	9.1216	8.5436
18	16.3983	14.9920	13.7535	12.6593	11.6896	10.8276	10.0591	9.3719	8.7556
19	17.2260	15.6785	14.3238	13.1339	12.0853	11.1581	10.3356	9.6036	8.9501
20	18.0456	16.3514	14.8775	13.5903	12.4622	11.4699	10.5940	9.8181	9.1285
21	18.8570	17.0112	15.4150	14.0292	12.8212	11.7641	10.8355	10.0168	9.2922
22	19.6604	17.6580	15.9369	14.4511	13.1630	12.0416	11.0612	10.2007	9.4424
23	20.4558	18.2922	16.4436	14.8568	13.4886	12.3034	11.2722	10.3711	9.5802
24	21.2434	18.9139	16.9355	15.2470	13.7986	12.5504	11.4693	10.5288	9.7066
25	22.0232	19.5235	17.4131	15.6221	14.0939	12.7834	11.6536	10.6748	9.8226
26	22.7952	20.1210	17.8768	15.9828	14.3758	13.0032	11.8258	10.8100	9.9290
27	23.5596	20.7069	18.3270	16.3296	14.6430	13.2105	11.9867	10.9352	10.0266
28	24.3164	21.2813	18.7641	16.6631	14.8981	13.4062	12.1371	11.0511	10.1161
29	25.0658	21.8444	19.1885	16.9837	15.1411	13.5907	12.2777	11.1584	10.1983
30	25.8077	22.3965	19.6004	17.2920	15.3725	13.7648	12.4090	11.2578	10.2737
35	29.4086	24.9986	21.4872	18.6646	16.3742	14.4982	12.9477	11.6546	10.5668
40	32.8347	27.3555	23.1148	19.7928	17.1591	15.0463	13.3317	11.9246	10.7574
45	36.0945	29.4902	24.5187	20.7200	17.7741	15.4558	13.6055	12.1084	10.8812
50	39.1961	31.4236	25.7298	21.4822	18.2559	15.7619	13.8007	12.2335	10.9617
55	42.1472	33.1748	26.7744	22.1086	18.6335	15.9905	13.9399	12.3186	11.0140

外国公司的法律管制较为松弛，公司的资金调拨和利润分配都有相当的自由。因此，许多跨国公司在避税港设立名义性的分支机构，有计划地制定转移价格，将各附属公司的利润转至避税港，以逃避各东道国的税收，降低公司的总体纳税水平。

例如：一家日本跨国公司需要将半成品卖给它在英国的子公司，它可以先以低价售给设在某避税港的子公司，再由该子公司以高价转卖给英国的子公司。实际上，货物直接由日本运抵英国，并不经过该避税港。但这一会计方法的运用却使日本母公司因低价出售而无盈利，英国子公司因高价买入亦无盈利，双方的盈利都转移到了设在避税港的子公司，从而使公司总体的纳税负担得以减轻。

例如，有一集团公司，它的四个分公司分布在甲、乙、丙、丁四个国家。公司所得税税率在这四个国家分别为：甲国60%、乙国50%、丙国30%、丁国20%，在甲国的分公司为在乙国的分公司提供矿物加工原料。甲国以50万元的代价收购了一百吨矿物原料，按规定的20%的利润率计算，甲国分公司应以60万元的价格标准将这笔原料转售给在乙国的分公司，然后由乙国分公司加工后再以130万元的价格将制成品出售。按照这样的做法，甲、乙两国分公司的税负就分别为：

甲国：(60－50) ×60% =6（万元）

乙国：(130－60) ×50% =35（万元）

该集团公司的税负总额为：6 +35 =41（万元）

现在甲国分公司不采取直接向乙国分公司供货的方式，而是以52万元的低价出售给丁国的分公司，再由丁国的分公司酌情报价后以90万元的价格转售给丙国的分公司，再由丙国分公司以125万元的价格转给乙国分公司，最后乙公司仍以130万元的价格将产品在市场上出售。

这样甲、乙、丙、丁四个分公司所承担的税负会大大低于41万元。

甲国纳税为：(52－50) ×60% =1.2（万元）

乙国纳税为：(130－125) ×50% =2.5（万元）

丙国纳税为：(125－90) ×30% =10.5（万元）

丁国纳税为：(90－52) ×20% =7.6（万元）

税款总额为：1.2 +2.5 +10.5 +7.6 =21.8（万元），比原来41万元少19.2万元，占41万元的47%。可见，公司集团与低税国从中受益，而高税国蒙受损失。甲国国库损失4.8万元（即6－1.2），乙国国库损失32.5万元（即35－2.5）。丙国国库增加10.5万元，丁国国库增加7.6万元。甲、乙两国国库损失之和为：4.8 +32.5 =37.3（万元）。丙、丁两国国库增收为：7.6 +10.5 =18.1（万元），加上公司集团的因转让定价而少纳的税额（19.2万元）刚好与甲乙两国国库损失之和相等，即18.1 +19.2 =37.3（万元）。

转移价格运用的三地模型见图13.1。

（2）降低关税。

进口关税 = 到岸价 × 关税税率

可见，改变到岸价可降低关税。

续表

n	10%	12%	14%	15%	16%	18%	20%	24%	28%	32%
1	0.9091	0.8929	0.8772	0.8696	0.8621	0.8475	0.8333	0.8065	0.7813	0.7576
2	1.7355	1.6901	1.6467	1.6257	1.6052	1.5656	1.5278	1.4568	1.3916	1.3315
3	2.4869	2.4018	2.3216	2.2832	2.2459	2.1743	2.1065	1.9813	1.8684	1.7663
4	3.1699	3.0373	2.9137	2.8550	2.7982	2.6901	2.5887	2.4043	2.2410	2.0957
5	3.7908	3.6048	3.4331	3.3522	3.2743	3.1272	2.9906	2.7454	2.5320	2.3452
6	4.3553	4.1114	3.8887	3.7845	3.6847	3.4976	3.3255	3.0205	2.7594	2.5342
7	4.8684	4.5638	4.2883	4.1604	4.0386	3.8115	3.6046	3.2423	2.9370	3.6775
8	5.3349	4.9676	4.6389	4.4873	4.3436	4.0776	3.8372	3.4212	3.0758	2.7860
9	5.7590	5.3282	4.9646	4.7716	4.6065	4.3030	4.0310	3.5655	3.1842	2.8681
10	6.1446	5.6502	5.2161	5.0188	4.8332	4.4941	4.1925	3.6819	3.2689	2.9304
11	6.4951	5.9377	5.4527	5.2337	5.0286	4.6560	4.3271	3.7757	3.3351	2.9776
12	6.8137	6.1944	5.6603	5.4206	5.1971	4.7932	4.4392	3.8514	3.3868	3.0133
13	7.1034	6.4235	5.8424	5.5831	5.3423	4.9095	4.5327	3.9124	3.4272	3.0404
14	7.3667	6.6282	6.0021	5.7245	5.4675	5.0081	4.6106	3.9616	3.4587	3.0609
15	7.6061	6.8109	6.1422	5.8474	5.5755	5.0916	4.6755	4.0013	3.4834	3.0764
16	7.8237	6.9740	6.2651	5.9542	5.6685	5.1624	4.7296	4.0333	3.5026	3.0882
17	8.0216	7.1196	6.3729	6.0472	5.7487	5.2223	4.7746	4.0591	3.5177	3.0971
18	8.2014	7.2497	6.4674	6.1280	5.8178	5.2732	4.8122	4.0799	3.5294	3.1039
19	8.3649	7.3658	6.5504	6.1982	5.8775	5.3162	4.8435	4.0964	3.5386	3.1090
20	8.5136	7.4694	6.6231	6.2593	5.9288	5.3527	4.8696	4.1103	3.5458	3.1129
21	8.4687	7.5620	6.6870	6.3125	5.9731	5.3837	4.8913	4.1212	3.5514	3.1158
22	8.7715	7.6446	6.7429	6.3587	6.0113	5.4099	4.9094	4.1300	3.5558	3.1180
23	8.8832	7.7184	6.7921	6.3988	6.0442	5.4321	4.9245	4.1371	3.5592	3.1197
24	8.9847	7.7843	6.8351	6.4338	6.0726	5.4509	4.9371	4.1428	3.5619	3.1210
25	9.0770	7.8431	6.8729	6.4641	6.0971	5.4669	4.9476	4.1474	3.5640	3.1220
26	9.1609	7.8957	6.9061	6.4906	6.1182	5.4804	4.9563	4.1511	3.5656	3.1227
27	9.2372	7.9426	6.9352	6.5135	6.1364	5.4919	4.9636	4.1542	3.5669	3.1233
28	9.3066	7.9844	6.9607	6.5335	6.1520	5.5016	4.9697	4.1566	3.5679	3.1237
29	9.3696	8.0218	6.9830	6.5509	6.1656	5.5098	4.9747	4.1585	3.5687	3.1240
30	9.4269	8.0552	7.0027	6.5660	6.1772	5.5168	4.9789	4.1601	3.5693	3.1242
35	9.6442	8.1755	7.0700	6.6166	6.2153	5.5386	4.9915	4.1644	3.5708	3.1248
40	9.7791	8.2438	7.1050	6.6418	6.2335	5.5482	4.9966	4.1659	3.5712	3.1250
45	9.8628	8.2825	7.1232	6.6543	6.2421	5.5523	4.9986	4.1664	3.5714	3.1250
50	9.9148	8.3045	7.1327	6.6605	6.2463	5.5541	4.9995	4.1666	3.5714	3.1250
55	9.9471	8.3170	7.1376	6.6636	6.2482	5.5549	4.9998	4.1666	3.5714	3.1250

参考文献

[1] 李伯圣，蔡柏良. 财务管理学［M］. 北京：高等教育出版社，2006.

[2] 丙明杰. 超载一流的智慧——现代企业管理的创新［M］. 上海：上海译文出版社，1994.

[3] 崔新健，王巾英. 集团公司战略组织与管理［M］. 北京：清华大学出版社，2005.

[4] 王风彬. 集团公司与企业集团组织：理论·经验·案例［M］. 北京：中国人民大学出版社，2003.

[5] 吴树畅. 相机财务论［M］. 北京：中国经济出版社，2005.

[6] 刘顺喜. 财务管理［M］. 上海：华东师大出版社，2006.

[7] 魏明良. 财务管理［M］. 北京：北京经济管理出版社，2006.

[8] 单惟婷，马颖. 公司财务分析［M］. 上海：上海财经大学出版社，2002.

[9] 张先治. 财务分析［M］. 北京：中国财政经济出版社，2004.

[10] 欧阳令南. 财务管理理论与分析［M］. 上海：复旦大学，2005.

[11] 李岚. 财务管理实务［M］. 北京：清华大学出版社，2005.

[12] 王遐昌，邱浩. 财务管理学：理论与实务［M］. 上海：立信会计出版社，2003.

[13] 乔世震，乔刚. 漫话财务管理［M］. 北京：中国财政经济出版社，2002.

[14] 罗福凯. 财务理论专题［M］. 北京：经济管理出版社，2004.

[15] 闫书丽，宋靖. 财务管理［M］. 成都：西南财经大学出版社，2006.

[16] 陈昭方，滕家国. 美国公司财务管理［M］. 武汉：武汉大学出版社，2004.

[17] 韩良智. 怎样阅读与分析上市公司财务报告［M］. 北京：经济管理出版社，2004.

[18] 财政部注册会计师考试委员会办公室. 财务成本管理［M］. 北京：科学经济出版社，2014.

[19]［美］齐默尔曼. 决策与控制会计［M］. 大连：东北财经大学出版社，2000.

[20]［美］布瑞德福特·康纳尔. 公司价值评估［M］. 北京：华夏出版社，2010.

[21] 傅云略. 财务管理［M］. 广州：厦门大学出版社，2008.

[22] 姚立根，常树春. 财务管理［M］. 北京：科学出版社，2010.

[23] 刘淑莲. 财务管理［M］. 大连：东北财经大学出版社，2013.

[24] 王化成. 财务管理［M］. 北京：中国人民大学出版，2013.

[25] 唐现杰，孙长江. 财务管理［M］. 北京：科学出版社，2013.

[26] 刘敬芳. 财务管理［M］. 上海：立信会计出版社，2013.

[27] 郭素娟，于涵. 财务管理［M］. 北京：中国财政经济出版社，2014.

[28] 于晓红，梁毕明，李娜. 财务管理［M］. 北京：北京大学出版社，2014.

[29] ROSS S. The determinants of capital structure: the incentive - signaling APP roach [J]. Bell Journal of Economics, 1977 (8): 23 - 40.

[30] MERTON H MILLER. Kevin rock [J]. The Journal of Finance, 1985, 40: 1031 - 1051.

[31] RICHARD H THALER. The end of behavioral financial [J]. Financial Analysts Journal, 1999: 11 - 12.

[32] MICHAEL ROZEFF. How companies set their dividend - payout ratios [J]. Chas Financial Quarterly, 1982.

[33] 许萍. 会计人员能力框架问题研究 [D]. 厦门: 厦门大学, 2006.

[34] 金明慧. 基于循环经济的企业财务管理研究的理论基础 [D]. 哈尔滨: 东北林业大学, 2008.

[35] 孙烨, 陈霞. 财务管理实践教学的内容与方法 [J]. 吉林大学学报, 2014 (8).

[36] 史红燕. 企业并购的财务风险控制 [D]. 北京: 中国社会科学院, 2010.

[37] 蒋冗. 现金流量分析与企业财务风险控制 [J]. 山西财经大学学报, 2013 (1).

[38] 张晓亮. 财务管理概念框架之批判反思 [J]. 财会月刊, 2014 (7).

[39] 孙烨, 陈霞. 财务管理实践教学的内容与方法 [J]. 吉林大学学报, 2014 (8).

[40] 李晶, 祁丽, 张慧敏. 财务管理专业大学生就业力提升路径探析 [J]. 哈尔滨金融学院学报, 2014 (3).

[41] 谢达理, 汤炎非, 徐泓. 应用型财务管理本科课程研究 [J]. 财会月刊, 2014 (6).

[42] 杨洁. 企业并购整合研究 [M]. 北京: 经济科学出版社, 2005.